TL. KARWENDEL

WETTERSTEIN

ERSKOPF
54 m

MITTENWALD

SOIERN

WALCHENSEE

JACHENAU

JOCHBERG

WALCHENSEE (O

KESSELBERG

KOCHE

BENEDIKTEN-
WAND
1800 m

KO

BENEDI

ZWIESEL
1348 m

BAD HE

PLOMBERG
1248 m

HEIGLKOPF
1206 m

STALLAUER WEIHER

WACKERSBERG

OBERB

ÖLZ

B

ISAR

FISCHBACH

NACH MÜNCHEN

THE LIBRARY

OF

WALTER T. NAU

R. Schulze-Kossens

Militärischer Führernachwuchs der Waffen-SS

Die Junkerschulen

MUNIN VERLAG GMBH · OSNABRÜCK

Den gefallenen und überlebenden
europäischen Freiwilligen gewidmet

Inhaltsverzeichnis

Vorwort

Es ist nicht ganz leicht, 48 Jahre nach Aufstellung der ersten Schule, die das militärische Führerkorps der damaligen SS-Verfügungstruppe ausbilden sollte, die Geschichte dieser Junkerschulen zu schreiben.

Zu oft haben sich Organisationsformen und Lehrpläne geändert, und die Kriegsjahre besonders brachten neue Aufgaben mit sich, die selbst denen oft unbekannt blieben, die im Frieden an diesen Schulen ausgebildet wurden. Wenn ich nun diese Arbeit vorlege, dann muß ich mich bei vielen bedanken, die mir dabei geholfen haben. Ohne diese Hilfe wäre dieses Buch unvollständig geblieben.

Dank habe ich Herrn Dr. Wegner vom Militärgeschichtlichen Forschungsamt Freiburg abzustatten, der mir seine noch unveröffentlichte Dissertation über „Das Führerkorps der bewaffneten SS 1933-1945" zur Einsicht überließ. Diese Arbeit hat es mir ermöglicht, Textstellen aus Dokumenten zur Kenntnis zu nehmen und zu zitieren, die mir selbst als Angehörigem unserer ehemaligen Truppe bedauerlicherweise nicht zugänglich sind. Trotz Befürwortung durch den „Beauftragten der Bundesregierung in Berlin" hat sich das unter amerikanischer Verwaltung stehende „Berlin Document Center" außerstande gesehen, einem „Benutzungsantrag" zu entsprechen. Ob der geschichtlichen Forschung und Wahrheitsfindung damit gedient ist, mögen andere beurteilen.

Ich habe es mir versagt, mich mit Schlußfolgerungen und der ausführlichen Darstellung jener Probleme in Dr. Wegners Dissertation auseinanderzusetzen, die meine eigene Arbeit thematisch berühren. Dies erschien umsomehr angebracht, als die Endfassung des Textes von Dr. Wegner vor Abschluß meiner eigenen Arbeit noch nicht vorlag. Mir ist zudem die Absicht bekannt, eine Stellungnahme zu den Ausführungen von Dr. Wegner zu gegebener Zeit an geeigneter Stelle zu veröffentlichen, die sich nicht nur auf Teile dieser Arbeit beschränkt.

Für die großzügige Hilfe bei meinen Studien möchte ich Mr. Robert Wolfe, Chief Modern Military Branch und Mr. Wagner vom National-Archives Washington (D.C.), Herrn Dr. Henke vom Bundesarchiv Koblenz und den Mitarbeitern des Militärarchivs Freiburg meinen Dank sagen. Von ausländischen Freunden muß ich die Norweger Ole Brunæs und Sverre Kjelstrup, den Franzosen H. F., den Dänen Jørg Holst, den Engländer Andrew Mollo, den Schweizer Benno Schaeppi, den Flamen Frans Vierendeels und den Schweden Lennart Westberg mit Dank erwähnen. Aus dem deutschen Kameradenkreis schulde ich großen Dank Joachim Ruoff, Walter Tripps für seinen Bericht über den Sport in Tölz, Joachim Nietsch für seine Ausführungen über Dienstgrade und Abzeichen des Führernachwuchses mit den Zeichnungen von Dieter Deuster, Gerd Knabe für die Einleitung zur „Benimm-Vorschrift", W. B. und Paul Krellmann für ihre Studien und Briefe zur weltanschaulichen Thematik. Wolfgang Vopersal und Jost Schneider haben mir aus ihren Archiven viele Unterlagen geliefert. Eberhard Heder hat meine Arbeit kritisch durchgesehen, während Dr. Gerd Heuer und Hermann Buchmann manchen wertvollen Ratschlag gaben.

Allen Freunden und Kameraden muß ich meinen aufrichtigen Dank aussprechen, die mir Briefe und Bilder sowie Dokumente zugänglich machten und dadurch das Buch besonders bereicherten.

Richard Schulze-Kossens

Führung

„Das Beispiel und die persönliche Haltung des Offiziers
und der in Führerstellen verwendeten Soldaten
sind von bestimmendem Einfluß auf die Truppe.
Der Offizier, der vor dem Feinde Kaltblütigkeit, Entschlossenheit
und Wagemut zeigt, reißt die Truppe mit sich fort.
Er muß aber auch den Weg zum Herzen seiner Untergebenen finden und ihr
Vertrauen durch Verständnis für ihr Fühlen und Denken, sowie durch nie
rastende Fürsorge erwerben.
Das gegenseitige Vertrauen ist die sicherste Grundlage der Manneszucht in
Not und Gefahr".

Truppenführung (TF) Teil I vom 17.10.1933 Ziffer 8

Armee und Staat

„Als Dienerin der Nation steht die Armee über der Politik, und das muß so bleiben. Ihre Ergebenheit gilt dem Staat, und es steht dem Soldaten nicht zu, seine Ergebenheit wegen seiner politischen Ansicht zu ändern. Es muß klargestellt werden, daß eine Armee nicht eine Ansammlung von Individuen ist, sondern eine kämpfende Waffe, geformt durch Disziplin und kontrolliert durch die Führer.

Das Wesen der Demokratie ist Freiheit, das Wesen der Armee Disziplin. Es hat nichts zu sagen, wie intelligent der Soldat ist; die Armee würde die Nation im Stich lassen, wenn sie nicht gewohnt wäre, Befehlen augenblicklich zu gehorchen.

Das schwierige Problem, strikten Gehorsam gegenüber den Befehlen zu erreichen, kann in einem demokratischen Zeitalter durch Einschärfung von drei Prinzipien erreicht werden:

1. Die Nation ist etwas, was der Mühe wert ist.
2. Die Armee ist die notwendige Waffe der Nation.
3. Pflicht des Soldaten ist es, ohne zu fragen, allen Befehlen zu gehorchen, die die Armee — das heißt die Nation — ihm gibt."

Der englische Feldmarschall Montgomery über „Armee und Nation", Auszüge aus einer Rede, gehalten am 26.7.1946 in Portsmouth anläßlich der Verleihung des Ehrenbürgerrechts. (TIMES, London am 27.7.1946)

Zur Einführung

I. Absichten des Verfassers

Die Geschichte der SS-Junkerschulen fand im Mai 1945 mit dem Reich, das sie errichtet hatte, ihr Ende. Die ehemaligen Absolventen der Schulen waren gefallen, hatten nach der Niederlage Schluß gemacht oder waren weit verstreut. Die sich wiedertrafen, hatten alle Ursache, sich fragend anzuschauen: Was nun? Es gab auf diese Frage grundverschiedene Antworten. Für nicht wenige waren Hoffnungen untergegangen, deren Erinnerung es ihnen unmöglich machte, vom Leben noch irgendetwas zu erwarten, das sich lohnen würde. Viel mehr Überlebende, als unsere laute Öffentlichkeit weiß, wurden zu Schattenmenschen. Andere verfielen dem Vergangenen gegenüber in zweckloses Räsonieren, als ob sich an der Geschichte etwas ändern ließe, als ob ihr noch die Wahl offenstünde, dem „Wenn" und dem „Hätte" der Gescheiterten Zugeständnisse zu machen; aber sie ist kein Versuch, den man im Fall des Mißlingens umbauen könnte, sie läßt im Vorübergehen den beiseite, der mit ihr rechtet, anstatt ihr Urteil anzunehmen. Man muß sich nur davor hüten, dieses Urteil anders als faktisch zu verstehen. Der Sieger hat nicht notwendigerweise auch Moral und Recht auf seiner Seite.

Andere tun so, als ob nichts gewesen wäre und leben erfolgreich in den Tag, vielleicht nur eine Weile, bis sie sich selbst bei dieser Gedankenlosigkeit ertappen oder von anderen ertappt werden. Das alles ist fruchtlos. Geschichte läßt nicht willkürlich mit sich umspringen, sie fordert ihr Recht von jedem nach dem Maß seiner Fähigkeiten und Möglichkeiten, mehr oder weniger. Sie richtet nicht gleich, aber sehr bestimmt. Wer Geschichte erlebt hat, den umschließt sie fest, mit seinen Irrtümern und Schwächen, mit seinem Glauben und seiner Hoffnung. Man kann sein Leben nicht wie einen Film zusammenschneiden, um es sich und anderen problemlos vorzuführen. Absichten und Ergebnisse menschlichen Wirkens waren niemals miteinander notwendig verknüpft wie Ursachen und Wirkungen. Sie sind es auch heute nicht. Im Spielraum zwischen beiden gibt es Unberechenbares: Glück und schicksalhafte Verstrickung. Gewachsen zeigt sich der Geschichte nur derjenige, dem es gelingt, in ihr so einzuwurzeln, wie er eben ist. Das ist schwierig und lohnend.

Die Geschichte der Junkerschulen beginnt bei den sachlichen Voraussetzungen. Bei Kriegsende wurde das Material, das hier aufgearbeitet werden sollte, zum Teil vernichtet, mit und ohne Absicht. Zum Teil wurde es verschleppt oder sonstwie verstreut. Einiges davon findet man in den Archiven wieder, bis hin zum National-Archiv Washington. Zumeist stammt es aus Kriegsjahren. Andere Dokumente sind zufällig bei ehemaligen Absolventen der Junkerschulen erhalten geblieben. Manches läßt sich Briefen entnehmen, die in neuerer Zeit geschrieben wurden.

Auch zeitgeschichtliche Darstellungen gibt es, in denen von den Junkerschulen der Waffen-SS die Rede ist. Einige davon sind spürbar um Erkenntnis der tatsächlichen Verhältnisse bemüht, andere verbreiten unsachliche und falsche Behauptungen. Bemerkenswert ist die über 900 Seiten umfassende Dissertation des Amerikaners Robert Arthur Gelwick über die Personalpolitik der Waffen-SS [1]. Er beklagt sich, es lägen bisher noch wenige zuverlässige Auskünfte über sein Sachgebiet vor, weil „besonders ausländische Publizisten die Waffen-SS eher als eine Elitetruppe von Gangstern bezeichnen".[2] Gelwick zieht unter anderem zahlreiche auch in Deutschland erschienene Abhandlungen mit heran, zum Teil recht kritisch. Einige Behauptungen, wie die von Gert Buchheit, daß die „Verfügungstruppe an Massenexekutionen im Polenfeldzug beteiligt war", widerlegt er als unwahr.[3] In mehreren Kapiteln untersucht Gelwick offizielle Kriegsdokumentationen aus verschiedenen Lagern, unter anderem Gerichtsakten über Kriegsgerichtsverfahren der Waffen-SS gegen eigene Angehörige. Er kommt zu dem Ergebnis, daß weniger als 0,3 % der Waffen-SS-Angehörigen verurteilt wurden und dieser Prozentsatz unter dem Durchschnitt von Wehrmacht und Polizei liegt.

Nach sorgfältiger Prüfung von Struktur und Organisation kommt er zu dem Ergebnis, die Waffen-SS sei allein zu dem Zweck aufgestellt worden, eine kampfstarke militärische Truppe zu sein, und sie habe nach Prüfung ihrer Einsatzfähigkeit durch das OKW unter Befehl von Heereskommandeuren die in sie gesetzten Erwartungen erfüllt. Sie sei „vor Kriegsende de facto als Teil der Wehrmacht" anerkannt gewesen, „ohne vierter Wehrmachtsteil zu sein."[4]

Das offizielle US-Handbuch über die deutsche Armee, das er zum Beleg seiner eigenen Ergebnisse zitiert, bezeichnet 1943 folgerichtig die Waffen-SS als Kampftruppe:[5]

> „Diese Divisionen sind ausgerüstet wie gleiche Divisionen des Heeres und kämpfen im Felde unter dem Befehl des Heeres"

So offenkundig diese Tatsache für jeden Eingeweihten ist, so schwer fällt es manchen Zeithistorikern, sie zur Kenntnis zu nehmen. Als Amerikaner wundert sich Gelwick über diese Schwierigkeiten so lange nach Kriegsende. Sinn dieses Buches kann es jedoch nicht sein, für oder gegen zeitgeschichtliche Veröffentlichungen zu sprechen. Es ist der Versuch eines unmittelbar Beteiligten, unter Bereitstellung erhaltener Dokumente über die Ausbildung der Waffen-SS-Führer an den Junkerschulen zu berichten. Der Verfasser ist von der Notwendigkeit eines solchen Buches ganz besonders durch ehemalige europäische Freiwillige überzeugt worden, die ihre Beweggründe ebenso wie die Tatsachen ihres Dienstes in manchen publizierten Äußerungen bis zur Unkenntlichkeit entstellt fanden. Eine zugleich besonnenere und unmittelbare Darstellung der Verhältnisse kann daher auch einem Zeithistoriker nicht unwillkommen sein.

Neuerdings häufen sich die Fälle, in denen Sachberichte über die Zeit vor 1945 als Versuche politischer Rechtfertigung oder gar tendenzieller Wiederaufnahme verschrieen werden. Im Gegensatz zu Darstellungen kommunistischer Autoren, die immer aus Parteilichkeit mit politischer Zielsetzung schreiben und diese Aufgabe ausdrücklich und programmatisch erfüllen, liegt diesem Bericht eine derartige Absicht fern. Aber die Schwierigkeit ist keineswegs neu. Schon beim Geschichtsunterricht an der Junkerschule Tölz etwa war es angesichts der wirkenden politischen Kräfte nicht selbstverständlich, daß Geschichte als unwiederholbar dargestellt und das Verhalten der an geschichtlichen Ereignissen Beteiligten als situationsgebunden nicht zu unmittelbarer Nachahmung empfohlen wurde. Was war vom Siebenjährigen Krieg und von Stalingrad unmittelbar zu gebrauchen? Sinn geschichtlicher Untersuchung kann es nicht sein, solche Ereignisse auf Kosten der historischen Wahrheit ins Schönere und Allgemeinere umzudeuten zum Zwecke praktischen Gebrauchs, sogenannte Gesetzlichkeiten daraus zu entwickeln, die der Geschichte selbst fremd sind. Dort kommt es in der Tat auf das bestimmende Faktum an. Jedes sinnvolle Verhältnis zur Geschichte beginnt mit der Kenntnis der bestimmenden Fakten. Wer ihre unmittelbare Nachahmung befürchtet, ist kein Historiker.

Spätestens als in Tölz europäische Freiwillige als Junker erzogen, wurde erkennbar, daß die gängige Ideologie in der bisherigen Form nicht zu halten war. Es bildete sich eine Geisteshaltung heraus, in der europäische Gemeinsamkeiten von parteiamtlichen Lehren rangierten. In den wenigen Wochenstunden, die für den Geschichtsunterricht frei waren, konnte man die europäischen Junker nicht damit behelligen, vorgeschichtliche Völkerschaften an der Form ihrer Waffen, Geräte und Gräber zu unterscheiden, und noch weniger ließ sich europäische Geschichte zu einem Vorgang vereinfachen, in dem das „nordische Prinzip" herrschte. Das Gelächter, das der Lehrer dafür geerntet hätte, würde man ihm in dieser Lage sogar aus Gesichtspunkten bloßer politischer Klugheit nicht verziehen haben.

Geschichtliche Entwicklungen haben ihre eigene Mächtigkeit; sie setzen sich gegen Entstellungen und Fehldeutungen schließlich durch. Es ist jederzeit besser, sie zu respektieren als sie zu deformieren.

Besonders galt diese Regel, wenn man gezwungen war, die Waffen bedingungslos niederzulegen. Vom Vergangenen grundlos zu schwärmen, um daraus billige Hoffnungen abzuleiten, war in dieser Lage nicht angebracht. Andererseits haben wir uns als Bollwerk verstanden gegen einen Gegner, gegen den später auch die NATO aufgebaut wurde und dessen aggressive Absichten ungebrochen fortbestehen. In unserer Welt ist jeder jedermanns Nachbar geworden. Wen das nicht erregt und beunruhigt, der möge sich der Aufgabe entziehen, diese Herausforderung der Geschichte anzunehmen. Es geht dabei nicht um die Fragen was eine andere Nation, was die Welt für uns, sondern was wir für uns selbst und damit für andere tun sollen.

Wir hoffen, daß eine solche Haltung vergolten wird, wann auch immer, vielleicht unseren Enkeln.

Der Verfasser beabsichtigt nicht, ein „interessenpolitisches Plädoyer für die ideele und materielle Rehabilitierung" der Waffen-SS zu schreiben, wie ein Zeitgeschichtler, der dies für ein kritisches Urteil hält, Haussers Buch genannt hat.[6] Vielmehr berichtet er hier als unmittelbarer Zeitzeuge, als Tatzeuge, über die Junkerschulen, über Dinge, die einmal in seinen täglichen Pflichtenkreis gehörten und über die zu urteilen er sich das Recht nimmt. Das Buch soll die erhaltenen Lehrpläne bekannt machen, die für manche Autoren bisher undurchdringlich waren, und strittige Verhältnisse sachlich erörtern.

Es wird jedoch nicht verkannt, daß man die Wirksamkeit und den „Geist" von Schulen nicht durch die bloße Wiedergabe der Fakten anschaulich macht. Und auf solche Anschaulichkeit käme es nicht unwesentlich an. In Briefen ehemaliger Tölzer zum Beispiel kommt es überdeutlich zum Ausdruck, daß sie dies so empfinden: „Man kann den Geist von Tölz nicht wieder lebendig machen, das meine ich als einer der ältesten Tölzer, der ein wenig Herzblut in Tölz gelassen hat. Tölz war einmalig, ist nicht zu konservieren, nicht zu kopieren, nicht wieder aufzuwecken. Ich meine, um Tölz kann nicht geredet werden, und eine Aufzählung von Fakten genügt nicht, um Tölz darzustellen. Damit meine ich immer den Kern der Sache . . ."[7]

Das Gefühl für das Einmalige und Unwiederholbare eines geschichtlichen Zustandes ist eben mit der Erkenntnis seiner Eigenart untrennbar verbunden. Es ist daher umso notwendiger, diese Eigenart darzustellen und womöglich zu verstehen. Frans Leemans, flämischer Junker, heute Architekt in Brasilien, hat seinen über die Fakten hinausgehenden Grundeindruck vom „Tölzer Geist" noch genauer geschildert:

> „Tölz war zweifellos eine gute Offiziersschule. Aber sie war mehr als das. Zwischen ihren Mauern wuchs der Gedanke eines neuen Europa.
>
> Ihr Geist war nicht nur auf die rein militärische Schulung ausgerichtet, sondern darüber hinaus auf die kommenden konstruktiven Aufgaben einer großzügigen und faszinierenden Neugestaltung. Die gemeinsame übernationale ideologische Überzeugung sollte die Brücke sein zwischen den altehrwürdigen Traditionen des westlichen Abendlandes, die es zu schätzen und zu erhalten galt, und den noch ungeahnten Errungenschaften des neuen technischen Zeitalters.
>
> Taktik, Waffenlehre, Geländeübungen und Sport, aber auch Beethoven, Wagner und Mozart, das war Tölz.
>
> Nicht nur gehorchen und ausführen, sondern auch und vor allem: überlegen — entscheiden — verantworten. Die letzte Freiheit war die des eigenen Gewissens. Der Tölzer Geist war selbstverständlich entschlossen, tatkräftig, männlich und sogar spartanisch, aber auch verhalten und besonnen, weltoffen und lebensbejahend, aufgeschlossen und befreiend und nicht ohne Humor und Esprit. Gerade diese positive Lebenseinstellung hat es uns ehemaligen Tölzern leichter gemacht, einen verlorenen Krieg mit Anstand zu überleben und uns in der heutigen Welt zurechtzufinden. Denn Tölz war vor allem eine Schule des Charakters."[8]

So ist Geschichte, aber sie darf nicht die Kraft verzehren, die wir morgen für uns und andere brauchen. Bei jedem Leben, soweit es abgeschlossen vor uns liegt, prüfen wir, was es an Tüchtigem, Vernünftigem, Gutem in den drängenden Notwendigkeiten der Zeit zu Tage gebracht hat. Der Zwang, den die unabänderliche Vergangenheit auf jeden legt, darf den Willen zu freier Selbstbestimmung nicht ersticken. Eine Jugend ohne Höhenflug, ein Alter ohne Stolz und weises Lächeln im Rückblick auf Vollbrachtes, Gewolltes, Nichterreichtes, wer möchte so dahineilen? Menschlich kann man nicht leben in horizontloser Niederung. Es ist gut, wenn es Gipfelpunkte gibt, die sich bestimmen lassen, wie unterschiedlich auch der Gesichtswinkel sein mag, aus dem man sie bestimmt. Wir sind in eine Zeit hineingeboren, die uns in unserer Jugend hart geprüft hat. Im Mannesalter mußten wir uns bewähren. Wer seine Prüfung bestanden hat, braucht nichts zu bewältigen. Wir wissen, daß Schuld „der Übel größtes" ist. Jeder mag sein Herz erforschen. Aber die ehemaligen Soldaten der Waffen-SS haben keinen generellen Grund, bis ans Ende der Tage in Sack und Asche herumzulaufen. Mit ihnen hört die Geschichte nicht auf, und wieder werden Zeiten kommen, wo junge Menschen gefordert und Männer geprüft werden, auch sie auf unvergleichliche und unwiederholbare Art, aber doch nicht ohne die Möglichkeit wirksamer Hilfe aus einer vorurteilslos und klug betrachteten Geschichte.

II. Die Aufgabe der Junkersschulen

Die Waffen-SS besaß am Ende des Zweiten Weltkrieges zur Ausbildung ihres Führerkorps vier Junkerschulen. Zu den im Frieden errichteten Junkerschulen Tölz und Braunschweig waren weitere in Klagenfurt und Prag getreten, gegen Ende des Krieges war die Junkerschule Braunschweig nach Zerstörung durch einen Luftangriff nach Posen-Treskau verlegt worden.

Aufgabe dieser Schulen war die Ausbildung eines fachlich befähigten Offiziersnachwuchses. Sie waren wie die entsprechenden Einrichtungen der gesamten Wehrmacht Kriegsschulen, die militärische Führer heranzubilden hatten, also Männer, die militärische Einheiten führen konnten. Es schieden daher von selbst alle Praktiken aus, die diesem Ziel im Wege standen, jedenfalls wenn solche Hindernisse oder Irrwege erkannt wurden.

Der Amerikaner George H. Stein, der im übrigen die Waffen-SS als militärische Organisation mit Lob bedenkt, wiederholt in seinem Buch über die Geschichte der Waffen-SS den altbekannten Vorwurf, die aus den Junker-schulen hervorgegangenen jungen SS-Führer hätten dem menschlichen Leben — auch ihrem eigenen — geringen Wert beigemessen und ihr Leben ebenso wie das der Männer bereitwillig aufs Spiel gesetzt.[9] Nicht nur aus allge-mein menschlichen Gründen ist diese Behauptung unwahrscheinlich, sondern auch aus den sachlichen Gründen militärischer Notwendigkeiten. Der Entstehung dieser Legende kommt man leicht auf die Spur. In seinem Buch „Der Orden unter dem Totenkopf" lokalisierte Heinz Höhne sie genauer: „Die Heeresoffiziere stießen sich da-ran, daß die Führer der Waffen-SS offensichtlich nie gelernt hatten, die ihnen anvertrauten Menschen umsichtig einzusetzen. Manche, freilich nicht alle SS-Führer, praktizierten im Felde, was sie sich auf den Junkerschulen ein-geprägt hatten: den Tod zu geben und den Tod zu empfangen, sei höchstes Gebot der Truppe".[10] Es braucht nicht erläutert zu werden, warum eine solche Lehre dem Sinn einer Kriegsschule widerspricht und, wäre sie je-mals bemerkt worden, sofort mit Entschiedenheit zurückgewiesen worden wäre.

Nicolaus von Below grenzt den Entstehungsort der Legende noch enger ein: „Der Frankreichfeldzug hatte eini-ge in Hitlers Umgebung viel besprochene Fragen aufgeworfen, einmal die Verluste der Waffen-SS. Aufgrund for-scher, leichtsinniger und unerfahrener Führung hatten die wenigen Verbände der SS ungemein hohe Verluste. Die jungen SS-Soldaten hatten sich ohne Überlegung und ohne Geschick eingesetzt, bewundernswert, aber un-verantwortlich. Hitler sprach über diese Vorfälle und über die Möglichkeit, sie abzustellen."[11]

Diese zeitgeschichtliche Darstellung müßte zu dem Schluß zwingen, daß es Hitler nie gelungen wäre, die Verant-wortlichen der Waffen-SS zu belehren und die 1940 angeblich gerügten Mängel ihrer Führerausbildung abzustel-len.

Zu den Sonderbarkeiten der Zeitgeschichte nach 1945 gehört es, daß man nicht wenige Urteile und Ansichten aus der Zeit des Dritten Reiches ungeprüft übernommen und allenfalls mit umgekehrten Vorzeichen verwendet hat. Um eines dieser historisch sanktionierten Gerüchte handelt es sich hier, und es hat bisher keinen Zeithistori-ker beunruhigt, daß er in seinen Vorstellungen von der Führerausbildung der Waffen-SS offenbar die Ansichten Hitlers teilte. Was diese „Vorfälle", von denen nach Below gesprochen wurde, eigentlich waren, hat bis heute niemand hinreichend untersucht, ebensowenig wie die tatsächlichen Verlustziffern der Waffen-SS-Verbände und deren wirkliche Ursachen. Es gab jedoch vor und nach 1945 ein Interesse, die Legende von der Erziehung zur Verantwortungslosigkeit aufrechtzuerhalten.

Einer der Miturheber dieser üblen Nachrede war John B. Priestley. Ein Dramatiker, der die Widersprüche unse-res Daseins kennen müßte, scheute sich nicht, im Auftrage der Kriegspropaganda parteiliche Entstellungen zu verbreiten. Priestley war nach Kriegsende auch auf deutschen Bühnen erfolgreich. Vorher hatte er mitgeholfen, die durch jahrhundertelanges Außenseitertum ohnehin katastrophale Verständnislosigkeit der englischen Öf-fentlichkeit für europäische Lebensinteressen mit seinen Erfindungen noch zu verstärken. 1943 verbreitete er über den englischen Sender BBC Geschichten über „Tölz, diese kleine Stadt, in der man nun eine besondere Schule zur Ausbildung der Waffen-SS errichtet hat." In seiner Propagandaschelte charakterisiert er die europäi-schen Freiwilligen folgendermaßen: „Dort findet man eine Elite der Nazi-Raufbolde und Schlächter, junge Män-ner, die bedachtsam und sorgfältig brutalisiert werden, so daß sie eifrig und willig sind, alle und jeden niederzu-schlagen und niederzumähen. Und diese Männer sind keine gewöhnlichen Soldaten, obwohl sie manchmal an der Front kämpfen mögen. Sie sind . . . ausgebildet, das Nazi-Regime gegen Revolutionen der Zivilbevölkerung . . . oder, falls notwendig, gegen die meuternde Wehrmacht selbst zu schützen. Seit einiger Zeit wissen wir, hauptsächlich aus in Libyen erbeuteten Dokumenten, daß ungefähr 50 % der Schüler nicht deutsch sind."[12] Priestley ist 1894 geboren und brauchte die Ernsthaftigkeit seiner Ansichten nicht mehr selbst zu prüfen. Die englischen Soldaten, die im Westen gegen die Waffen-SS antreten mußten, urteilen gerechter über ihren Gegner.[13]

Die vor 1945 allenfalls noch erklärlichen Verleumdungen behielt man nach 1945 bei. In Kürze zusammengefaßt, ergeben sich gegen die Erziehung der Waffen-SS-Führer vier Vorwürfe:
- ihnen sei eine unsoldatische, aber gleichwohl militaristische Gesinnung eingeimpft worden,
- man habe ihr Verantwortungsgefühl betäubt und unbedingten Gehorsam verlangt,
- man habe sie von der Wertlosigkeit des Lebens überzeugt und
- sie zum Instrument brutaler und aggressiver Machtübung — gegen wen auch immer — ausgebildet.

Man trifft diese Vorstellungen in verschiedenen Kombinationen in der zeitgeschichtlichen Literatur des In- und Auslandes. Gelwick betrachtet mit Verwunderung, daß Karl Dietrich Bracher in seinem Buch über die deutsche

Diktatur von der Waffen-SS unter anderem behauptet, sie sei "als politisch-ideologische Spezialtruppe im Gegensatz zur Armee" aufgestellt worden und des Versuchs verdächtig, „die Macht über die Armee zu ergreifen".[14] Über Organisation, Einsatz und Kampf der Waffen-SS, das heißt über die historischen Fakten, wisse Bracher nichts. Gelwick kommt zu dem Ergebnis, es sei unglaublich, daß "ein Buch ein Vierteljahrhundert nach dem Zusammenbruch die alten Verleumdungen über die Waffen-SS wiederbeleben und wiederholen kann."[15] Speziell die Junkerschule Tölz wurde das Ziel eines weiteren Propagandaangriffs. Im Juli 1943 behauptete "The Times" in einem Artikel über „Hitlers Pretorian Guard", in Tölz würde die „Fünfte Kolonne" Hitlers ausgebildet.[16] Der Angriff zielte auf das neutrale Schweden, da in diesem Zusammenhang von der Anwerbung schwedischer Freiwilliger für die Waffen-SS berichtet wurde. Die Stimmung in Schweden war überwiegend englandfreundlich, aber die Neutralität Schwedens war für das Deutsche Reich eine Lebensfrage. Schwedische, von England beeinflußte Zeitungen benutzten den englischen Bericht zur Agitation, so daß der „Völkische Beobachter" zu einer Pressekampagne eingesetzt wurde, um den Angriff mit der Fünfte-Kolonne-Theorie gegen die schwedische Neutralität abzuwehren.[17] Später hat der Schwede Sartamorinen den Vorwurf in einem Buch wiederholt.[18] Statt sich mit solchen abwegigen Erfindungen auseinanderzusetzen, will unser Buch zeigen, wie und mit welchen Inhalten die Junkerschulen ihre militärische Aufgabe erfüllt haben, das Führerkorps der Waffen-SS auszubilden. Hierfür ein Beispiel voraus:

Ein Teilnehmer eines Kriegs-Junkerlehrgangs in Klagenfurt berichtet, einer seiner stärksten und für sein Leben erzieherisch wirksamen Eindrücke sei eine Maßnahme seines Taktiklehrers gewesen, durch die er seinen Schülern die Verantwortung des Führers für seine Männer einprägte. Er ließ nach der Karte als taktische Aufgabe den Angriff über einen Fluß ausarbeiten, danach den Zeitplan und die notwendigen Befehle diskutieren und mit allgemeiner Zustimmung festsetzen. In der Nacht alarmierte er die Junkerschaft genau zu dem von ihr selbst festgesetzten Zeitpunkt und ließ das Planspiel in der Realität abrollen. Vollkommen erschöpft und zum Flußübergang kaum noch fähig, trafen die Junker später als geplant im Bereitstellungsraum ein. Hier ließ der Taktiklehrer den Angriff anhalten, zeigte seinen Schülern, daß es zum Flußübergang bei der angenommenen Lage bereits viel zu hell und ein Erfolg allenfalls nur noch mit hohen Verlusten zu erzwingen sei. Sie selbst wären in diesem Fall die Opfer. Nach einer kurzen Erholungspause ließ er an Ort und Stelle, vom hohen Flußufer aus das Gelände überblickend, den Angriffsplan überarbeiten und nach Berichtigung erkannter Fehler verbessert neu aufstellen.[19]

So und ähnlich werden auch andere Taktiklehrer an den vier Junkerschulen verfahren sein. Sie hatten im Krieg fast durchweg erprobte Soldaten vor sich, die wußten, wovon die Rede war und die das Leben keineswegs verachteten; am wenigsten war ihnen das ihrer Kameraden gleichgültig. Woher sonst ließe sich die hohe Zuverlässigkeit und moralische Stärke der Waffen-SS-Divisionen erklären? Sie beruhte wie bei allen anderen Divisionen des Heeres auf dem Grad gegenseitigen Vertrauens, das niemand sich durch Verantwortungslosigkeit erwirbt. Es war auch nicht blinder Gehorsam, wenn sich ein Junker im Krieg auf Befehl seines Ausbilders in eine Pfütze warf. Man wußte, anders als in Friedenszeiten, daß Deckung im Feld das Leben retten konnte. Es gab da nichts mehr zu erklären oder einzurichten. Man mußte nur noch das Gesichtsfeld erweitern, aus der Gruppe den Zug, die Kompanie, das Bataillon werden lassen. Wer diesen Anforderungen nicht genügte, fiel in den Zwischenprüfungen durch und fuhr wieder zu seiner alten Einheit. Zurück blieben, auch in den späteren germanischen Offiziers-Lehrgängen, rund zwei Drittel des Anfangsbestandes.[19a] Die Auslese war hart, aber sie unterlag sachlichen Kriterien, die aus der militärischen Aufgabe der Schule hergeleitet waren. Dabei hatte man gegenüber anderen Kriegsschulen allenfalls den Vorteil, daß ausschließlich Freiwillige auszubilden waren.

III. Der Ehrgeiz der Junkerschulen

Freiwilligkeit verpflichtet auch denjenigen, dem sie dient, zu größerer Rücksichtnahme und Achtung. Die SS-Junkerschulen waren daher nicht einfach durch Disziplinierung und ideologische Nötigung zu regieren, auch wenn diese Absicht ursprünglich bei Himmler bestanden haben sollte. Ihre Kommandeure und ihre Lehrer hatten ernstlich im Sinn, die Wirksamkeit früherer Kriegsschulen durch neuartigen, angemessenen und sinnvolleren Lehrbetrieb zu übertreffen. Dieser Vorsatz hatte die Bereitschaft zu ständiger kritischer Beobachtung und Korrektur zur Folge. Als ab August 1944 die Generalstabslehrgänge und die Lehrgänge für höhere Adjutanten des Heeres für jeweils acht Tage nach Tölz kommandiert wurden, um Einblick zu nehmen in die Ausbildung der Führer der Waffen-SS, war manchen Heeresoffizieren dieser Ehrgeiz fremd. Im Tagebuch des Heeres-Personalamtes findet sich unter dem 26.9.1944 die Eintragung:

„. . . daß der Besuch der Junkerschule Tölz die Masse der Lehrgangsteilnehmer nicht hundertprozentig befriedigt hat, da ihnen ein Schulbetrieb in einer friedensmäßigen Form vorgeführt wurde, wie er kaum vor Beginn des Krieges an den Kriegsschulen des Heeres geboten werden konnte."[20]

Die Wirkung dieser „friedensmäßigen Form" zeigte sich alsbald in der Haltung der dort ausgebildeten SS-Führer. Ein Sportlehrer, der mit geeigneten Lehrgangsteilnehmern nebenbei regelmäßig musizierte, erinnert sich in einem Brief an „die Begegnung mit den Junkern in den herrlichen Sportübungsstätten mit der umfangreichen Geräteausstattung. Daß ich da mit meinen Mitarbeitern Begeisterung und Freude bei den jungen Menschen wecken konnte, war fast eine Selbstverständlichkeit, zumal die körperlichen Voraussetzungen, gepaart mit dem Willen, sich den Anforderungen zu stellen, bei fast allen Junkern vorhanden waren."[21]. Und weiter an anderer Stelle: „Als der Musik von jeher leidenschaftlich zugetan, als Ausübender und Lehrer, fand ich den Hörsaal mit einer herrlichen Orgel, ein Novum in einer Kriegsschule, und einen Musikraum mit einem Flügel vor. Und so entstand mit der Zeit ohne diesen dienstlichen Auftrag ein Musikschaffen, das aus der Arbeit in Tölz nicht wegzudenken war. Dazu kamen die musikalischen Veranstaltungen mit kleinen und großen Orchestern aus dem nahen München, mit Solisten und Musikern aller Art, die eine einmalige Bereicherung der Tölzer Ausbildung bedeuteten."[22]

Die besten Junker wurden zu den Festspielen nach Bayreuth oder Salzburg geschickt, die Münchener Philharmoniker gastierten in Tölz, und in den Regalen der Schulbibliotheken fand man ganz selbstverständlich auch gegnerische Literatur, die sonst unter Verschluß gehalten oder ganz entfernt war.

Zum Milieu der Junkerschulen ist ferner der Landschaftsraum zu rechnen, der in jedem Fall bewußt gewählt war und bei keinem Lehrgangsteilnehmer ohne Eindruck blieb. Es dürfte keiner ideologischen Belehrung mehr bedurft haben, um den Absolventen begreiflich zu machen, was sie sich zu verteidigen vorgenommen hatten. Das gilt auch für den größeren europäischen Rahmen. Die Junkerschulen hatten sich bald aus den verhältnismäßig traditionellen, oft nur oberflächlich umgedeuteten Zwängen früherer Friedens-Lehrpläne befreit und begonnen, sich neuen Aufgaben zu stellen.

Zuerst erwuchsen diese Aufgaben aus dem immer härter werdenden Krieg um Sein oder Nichtsein und aus den Erfahrungen der Lehrgangsteilnehmer, die sich nicht mehr kritiklos mit Überflüssigem belasten wollten, dann kam die außerordentliche Ausweitung der Truppe hinzu, zuerst im nationalen, dann im europäischen Rahmen. Da an den Junkerschulen Freiwillige zusammenkamen, konnte niemand sich den Einwänden des anderen entziehen. Dieser ständig kritische Gedankenaustausch zeigte eine Wachheit und Lebendigkeit, die ungewöhnlich und für Dogmatiker beunruhigend war.

Man muß sich klarmachen, daß im Dritten Reich die ideologische Schulung — der sogenannte weltanschauliche Unterricht — für alle Truppenteile der Wehrmacht vorgeschrieben war. Wenn man der Waffen-SS eine Sonderstellung im Rahmen der Streitkräfte nachsagen will, so kann man sie am wenigsten von dort ableiten. Eher läßt sich feststellen, daß bei der Führerausbildung der Waffen-SS die Lehrer des Faches „Weltanschauliche Schulung" oder „Erziehung" eine Freiheit genossen, die ihre Unterrichtsinhalte jeder Vergleichbarkeit zu entziehen drohte. Kein Lehrer war für diese Aufgabe speziell vorbereitet. Insgesamt jedoch geht man sicher nicht fehl, wenn man für den Unterricht an den Junkerschulen einen Prozeß wachsender Entideologisierung feststellt, der am weitesten in Tölz unter dem Einfluß der europäischen Junker fortgeschritten war.

Der weltanschauliche Unterricht hat eine etwa feststellbare Besonderheit der Waffen-SS ganz sicher nicht wesentlich beeinflußt oder gar verursacht.

Soweit es eine Besonderheit gab, muß man die Ursachen woanders suchen. Eine davon war ganz sicher der Ansporn einer bewußt gepflegten kameradschaftlichen Gleichheit bei strikter Wahrung der Rangordnung, die den Ton des persönlichen Umgangs und das Verhältnis des Manns zur Truppenführung so entscheidend bestimmte, daß man die Waffen-SS in ihrem inneren Klima als klassenlose Truppe bezeichnen muß. Es beeindruckte die Junkerschüler, daß ein von ihnen sehr verehrter Inspektionschef sie vor der Prüfung aufforderte, sich selbst zu beurteilen. Sie taten es im Bewußtsein des Risikos ohne Umschweife, und ihr Vertrauen war berechtigt.

Die Waffen-SS war in ihrer größten Ausdehnung noch immer zu klein, um den sprichwörtlichen Marschallstab im Tornister versprechen zu können, aber wer sich als befähigt erwies, konnte unabhängig von sonst vorgeschriebenen Bedingungen Offizier werden und schließlich auch zum General aufsteigen. Es gibt keinen Mangel an Beispielen. Und man befand sich stets unter Kameraden, das heißt unter Gleichen und hatte alle Möglichkeiten, die zu verwirklichen man imstande war.

Die Zugänge waren nicht nur offen zu militärischen Rängen, sondern, solange es die Kriegslage noch gestattete, auch zu jedem persönlich erreichbaren Bildungsgrad.

IV. Schwierigkeiten mit dem Reichsführer

Bei der Einordnung und Wertung schriftlich überlieferten Materials kommen selbst korrekt arbeitende Wissenschaftler leicht in Gefahr, programmatische Äußerungen führender Nationalsozialisten stärker zu gewichten, als ihnen im geschichtlichen Zusammenhang zusteht. Auch Dr. Bernd Wegner hat in seiner sorgfältigen, mit vielfach bisher unbekanntem Material ausgestatteten Dissertation über „Das Führerkorps der bewaffneten SS von 1933-1945" den Vorstellungen Himmlers größere Bedeutung beigemessen, als sie jemals für die Waffen-SS erlangen konnte.[23.]

Himmlers Ideen waren der Truppe immer fremd geblieben und von den Ereignissen, zum Beispiel den Entwicklungstendenzen innerhalb der Truppe, längst überholt. Abgesehen von der Tatsache, daß Himmler in der Waffen-SS denkbar unpopulär war, findet man bei genauerem Zusehen auch in verhältnismäßig leicht zugänglichen Quellen, wie in Helmut Heibers Dokumentation[24], Hinweise auf das Auseinanderklaffen von organisatorischer Stellung und ideologischem Anspruch einerseits und politischem oder gar militärischem Einfluß andererseits. Himmler war „Reichsführer-SS", aber er hatte in der Waffen-SS nichts Wesentliches zu bestellen.[24a] Die Tatsache, daß die Truppe im Einsatz dem OKH/OKW unterstand, schuf für ihre Führer in der Praxis einen erheblichen Freiraum, den sie in der Regel zu nutzen verstanden.

Als Hausser 1942 ein SS-Panzerkorps kommandierte, beschwerte sich Himmler bei ihm brieflich über die nach Ansicht mancher Zeithistoriker „fanatisierten", an den Junkerschulen erzogenen jungen SS-Führer:

> „Der alle Nerven anspannende Kampfeinsatz ist in diesen Wochen nicht vorhanden, so daß das jüngste und das junge Führerkorps, zum Teil noch ungefestigt, glaubt, an alles und jedes die Sonde seiner Kritik anlegen zu können. Man bejaht selbstverständlich die SS, aber nur so, wie die jungen Herren der Waffen-SS sie nach ihren Gedanken sich vorstellen. Man kritisiert über alles und jedes, über militärische Maßnahmen, die von der Reichsführung-SS kommen, ebenso sehr wie über politische Maßnahmen, die auf polizeilichem Gebiet von uns durchgeführt werden." Nach einem Ausfall gegen die mangelnde Bereitschaft zur politischen Bildung, die bei vielen Divisionen des Heeres weit größer sei, fährt Himmler fort: „Von der ganzen geistreichen Einstellung unseres jungen Führerkorps zur Allgemeinen SS, wie diese Herren sie sich nach dem Krieg vorstellen, möchte ich ganz schweigen."[25]

Auch SS-Obergruppenführer Steiner wurde auf Anweisung Himmlers vom Chef des SS-Hauptamtes zur Rede gestellt, weil er „den lästerlichen Ton, den immer noch manche Männer in der SS-Division „Wiking" mir als dem Reichsführer-SS gegenüber sich in ihren Gesprächen in Kasinos usw. erlauben", nicht energisch bekämpfte. Schon im August 1942 hatte Himmler einen Brief an Steiner konzipiert, in dem er die Kritiksucht des Führerkorps scharf rügte. Der Brief war jedoch nicht abgeschickt worden.

Das Erlebnis der harten Kämpfe an der Ostfront und die Begegnung mit den europäischen Freiwilligen entfremdete die Führer der Waffen-SS den ideologischen Vorstellungen ihres Reichsführers immer mehr. 1942 war ein Pamphlet mit dem Titel „Der Untermensch" herausgegeben worden, dessen Propagandathesen allen Erfahrungen an der russischen Front zuwiderliefen. Es entwickelte sich eine zuerst vorsichtige, dann immer heftigere Opposition der Frontoffiziere gegen die Haltlosigkeit und Unwahrhaftigkeit dieser Broschüre, so daß Steiner offiziell intervenierte, um die weitere Verbreitung zu verhindern. SS-Standartenführer d'Alquen sagte dem Reichsführer persönlich: „Wenn unsere Männer diese Broschüre hier sehen, dann werden sie sich fragen: . . . die uns da so zusetzen und bessere Panzer haben als wir und auch sonst in Taktik und Strategie auf der Höhe sind, das sollen Untermenschen sein?"[26] Die Verteilung der Broschüre bei den Waffen-SS-Einheiten wurde eingestellt, während sie bei Einheiten des Heeres und des Reichsarbeitsdienstes offenbar noch eine Weile kursierte.

Die Vorstöße der Frontoffiziere und die militärische Lage, besonders nach dem Verlust von Stalingrad und unter dem Eindruck immer gefährlicherer Partisanentätigkeit, führten schließlich am 15.2.1943 zu einer Anordnung des Reichspropagandaleiters der NSDAP, die mit Datum vom 20.2.1943 vom Reichsführer-SS für alle SS- und Polizeikräfte verbindlich gemacht wurde. Darin wird festgestellt, es sei nicht opportun, „die Angehörigen der Ostvölker direkt oder indirekt, vor allem in öffentlichen Reden oder Aufsätzen herabzusetzen und in ihrem inneren Wertbewußtsein zu kränken." Der Erlaß erklärt ohne Umschweife, es müsse „jede Kraft des europäischen Kontinents, also auch vor allem der Ostvölker, in den Kampf gegen den jüdischen Bolschewismus eingesetzt" und jede Entgleisung vermieden werden, die der Sowjetpropaganda eine Handhabe gebe, „womöglich auf das Zeugnis führender Persönlichkeiten des Reiches hinzuweisen, welche die Knechtung der Völker des Ostens zum Ziele hätten."[27]

Inzwischen hatte sich die allgemeine Lage jedoch so verschlechtert, daß der Erlaß notwendigerweise unaufrichtig erscheinen mußte und seine Wirkung weitgehend verfehlte.

Den Beweis seiner Truppenfremdheit erbrachte Himmler nach den harten und verlustreichen Kämpfen um Charkow, als Hausser durch seinen Ungehorsam gegen einen dreimal erteilten Führerbefehl sein SS-Panzerkorps gerettet und mit seinen Männern die Stadt wiedererobert hatte. Der Reichsführer suchte das SS-Panzerkorps auf und hielt eine Rede, in der er „den Schrecken und Terror" rühmte, der dem Angriff der SS-Divisionen in der Schlacht um Charkow vorausgegangen sei. Ihm trat ihm der Kommandierende General Hausser entgegen. Im Nürnberger Prozeß sagte er später aus: „Ich habe ihm darauf gemeldet, daß das völlig falsch wäre. Wir hätten nicht durch Terror unsere Erfolge erworben, sondern durch den tapferen Einsatz von Offizier und Mann."[28]

Aus diesen Einheiten kamen die Schüler und die meisten Lehrer der SS-Junkerschulen im Kriege. Nicht das notwendige Übel der politischen Schulung, sondern die Erfahrung des Krieges bestimmte dort den Inhalt und den Ton der Ausbildung. Der Engländer Reitlinger, obwohl sonst ein Freund absurder politischer Anekdoten, kommt deswegen doch zu dem Urteil:

> „Unter dem Einfluß von Haussers Kadettenschulen entwickelte die Waffen-SS das wirksamste aller militärischen Ausbildungssysteme des Zweiten Weltkrieges".[29]

Es ist schon erstaunlich, welche Erziehungsmittel Reitlinger den SS-Junkerschulen zutraut, freilich angeblich auf Anweisung Himmlers: „Eine Stunde Sport vor dem Frühstück, danach eine köstliche Morgenmahlzeit aus Mineralwasser und Haferbrei, dreimal in der Woche Instruktion über das beispielhafte Leben des Führers, über die Ideologie des Nationalsozialismus oder die Philosophie der rassischen Auslese. Pflichtlektüre und Hauptlehrbücher „Der Mythos des 20. Jahrhunderts" von Alfred Rosenberg und das Buch des Reichsbauernführers Darré über den „Neuadel aus Blut und Boden". Der Verfasser gesteht, daß er zu bibliographischen Hilfsmitteln greifen mußte, um die Titel richtig wiedergeben zu können.

Und es wird noch absurder, wenn Reitlinger behauptet, daß die Führeranwärter im Geländedienst eine Handgranate abziehen, sie auf den Helm legen und strammstehend warten mußten, bis sie explodierte![30]

Himmlers unsoldatischer Tod bestätigte vielen Führern der Waffen-SS, was sie längst instinktiv oder bewußt erfaßt hatten. Er war nie einer der ihren gewesen. Darum wurde auch nicht der Ruf laut, er möge sich an die Spitze der Truppe stellen und im Kampf fallen.

Es schien, als hätten die Soldaten der Waffen-SS dem Reichsführer-SS und seiner Weltanschauung zu Recht mißtraut. John Toland überliefert, Graf Schwerin von Krosigk habe Himmler geraten, zu Montgomery zu fahren und die Verantwortung für seine Männer zu übernehmen. Er sei aber mit wenigen Begleitern zunächst in den Untergrund gegangen. Als Werner Grothmann, der Chef-Adjutant der Waffen-SS, „gewahr wurde, daß sein Chef eine Giftkapsel besaß und die Absicht hatte, im Notfall von dieser Möglichkeit Gebrauch zu machen, hielt er Himmler vor, in einem solchen Fall würde er sich auf leichtem Weg davonmachen, der seinen Gefolgsleuten nicht offenstehe. Es sei die Pflicht des Reichsführers, so fuhr Grothmann fort, nicht nur für seine Männer die Verantwortung zu übernehmen, sondern auch klarzumachen, daß es sich bei der Waffen-SS, dem SD und den Bewachungsmannschaften der Konzentrationlager um grundverschiedene Einheiten handele." Himmler habe dagegen Einwendungen erhoben und es den jungen Offizieren überlassen, der Welt zu sagen, was er getan und was er nicht getan habe.[31]

Auch wenn man davon überzeugt ist, daß Himmler praktisch keine Möglichkeit hatte, Grothmanns Erwartungen zu entsprechen, läßt sich seine einseitige Entscheidung nicht aus der hauseigenen Ideologie begründen; die stillen oder offenen Vorbehalte der Soldaten gegen die Weltanschauung des Reichsführers aus den Jahren vorher und ihre Reserve gegenüber deren Ansprüchen wurden durch diesen Ausgang noch nachträglich gestützt.

Die Weltanschauung der an den Junkerschulen ausgebildeten Führer kam aus ganz anderen Quellen als aus politischer Schulung. Die Führer der Waffen-SS waren Soldaten und machten ihre prägenden Erfahrungen in dem Dienst, den sie täglich zu leisten hatten, unter anderem auch an den Junkerschulen; dazu gehörten an erster Stelle das Vertrauen in die unmittelbare Führung und das Erlebnis unbedingter Kameradschaft. Spätestens als die europäischen Freiwilligen nach Tölz und von Tölz aus zur Truppe kamen, verbreitete sich die Einsicht, daß auch andere Völker gute und oft bessere Eigenschaften besitzen als wir und daß wir Deutschen gründlich umzulernen hatten. Die Vorstellung, Himmler habe in der Waffen-SS eine politische Truppe nach seinem Bilde geschaffen, verfehlt die geschichtliche Wirklichkeit ganz und gar. Was dem Reichsführer mißfiel, kritische Umsicht in der Sache, Freimut in der Äußerung der Ansichten und Frische des Tons, gehörte zu den wirksamsten Vorzügen und Ergebnissen der Ausbildung an den SS-Junkerschulen.

V. Die europäische Bewegung

Bedenkt man, wie wenig Zeit unter den schweren Belastungen des Krieges für Neubesinnung und Entwicklung in der Führerausbildung gegeben war, so wird man die unverkennbaren Ansätze umso aufmerksamer beobachten. Der sicherlich wesentlichste Antrieb kam ab 1942/43 aus der Notwendigkeit, die freiwilligen europäischen Junker in das Ausbildungssystem einzugliedern. Zum erstenmal wurde in Tölz ein europäisches Offizierskorps aus 12 Nationen für den Einsatz im Osten geschult.[32] Für diese Erziehungsarbeit gab es kein Beispiel und erst recht keine Richtlinien vorgesetzter Dienststellen. Ein neuer Weg mußte überlegt, geplant und begangen werden. Erleichtert wurde die Lösung dieser Aufgabe durch den guten Willen der freiwilligen Europäer, die sich durchweg schon im Kampf an der Front bewährt hatten, im Rahmen reichsdeutscher oder neuaufgestellter Freiwilligen-Einheiten. Geleistet wurde sie von jungen Kommandeuren und Ausbildern der Truppe.

Die unerläßliche Überlegung konnte hier nicht ersetzt werden durch Strenge und Drill. Die Ausbilder brauchten Einfühlungsvermögen und ausgewogenes Eingehen auf die Mentalitäten der verschiedenen Nationen. Wer die Erfahrung gemacht hat, weiß, daß ein Niederländer anders als ein Norweger, ein Däne anders als ein Franzose angesprochen werden wollte. Neue Formen des Miteinander mußten entwickelt werden, und das in einem alle Erdteile erschütternden Weltkrieg. Auch der Typus des Offiziers wandelte sich. Der Einzelne repräsentierte zunächst sich selbst, mit seiner Persönlichkeit und seiner Opferbereitschaft, dann aber auch sein Land in einer größeren Gemeinschaft, in der die eigene Nation ihren Platz zu beanspruchen hatte. Größe, Bedeutung und politische Struktur des Heimatlandes standen erst an zweiter Stelle und waren nicht mehr entscheidend für die Wertschätzung des Mannes. Die reichsdeutschen SS-Führer haben sich auf diese neue Lage nicht ohne Mühe umgestellt, aber es gelang, die europäischen Freiwilligen einzugliedern, ohne ihre Eigenart anzutasten. Durch deren Einfluß änderte sich das Klima in Tölz grundlegend. Die deutschen Ausbilder, so heißt es bei Hans Werner Neulen, seien am Anfang noch nicht fähig gewesen, sich auf die einzelnen nationalen Besonderheiten einzustellen und das totalitäre Denkschema zu verlassen. „Dies änderte sich erst im Laufe des Krieges, als sich der Herrenmenschendünkel abschliff, eine neue Generation europäischer Offiziere die Junkerschulen verließ und die Zahl ausländischer Offiziere in den multinationalen Verbänden erhöht wurde."[33]

Daß die weltanschauliche Schulung von Anfang an in den Sog dieser Entwicklung geriet, liegt auf der Hand. In einer Zeit konkurrierender Weltstaaten wollten die Europäer es sich nicht mehr leisten, kleinliches Gezänk gegeneinander auszutragen. Es mußte herausgefunden werden, was sie einte. Die jahrhundertealte Rede vom Abendland verlangte nach einem für alle verbindlichen Inhalt. Er mußte das bezeichnen, was allen Europäern gemeinsam anhaftete, Nichteuropäern jedoch mehr oder weniger fremd war. Die Haltung amtlichen Unterrichtsvorschlägen gegenüber wurde kritischer, die Bereitschaft, weniger dogmatische Wege zu gehen, wuchs, Einwände Andersdenkender nahm man mit größerer Aufmerksamkeit und Toleranz zur Kenntnis. Dies blieb schließlich nicht ein nur geduldeter Vorgang, sondern die beginnende Entwicklung fand ihren Niederschlag auch in Lehrplänen und Unterrichtsentwürfen. Der Vortrag tagespolitischer Fragen war ohnehin von jeher den Junkern vorbehalten. Nun wurden auch die dogmatischen Themen auf Wert und Glaubwürdigkeit geprüft. Die weltanschauliche Schulung kam in Bewegung. Manche Themen waren durch ideologiegeschichtliche Zufälle in die Lehrpläne geraten, darunter mehrere vor- und frühgeschichtliche Spezialitäten. Sie entfielen jetzt. Aber auch dogmatische Kernstücke begannen in zweifelhaftem Licht zu erscheinen. Zu ihnen gehörte der Rassegedanke. „Der NS-Begriff der Rasse, nach dem Aufstellen slawischer Divisionen zunehmend unglaubwürdiger geworden, wich dem verbindenden Element des Anti-Kommunismus, der insbesondere die östliche und westliche SS zusammenschweißte. Entscheidenden Anteil hatte hier die SS-Junkerschule Tölz, wo Offiziersanwärter aller Nationen ausgebildet wurden."[34] Nun war auch vorher niemals ernsthaft gelehrt worden, das deutsche Volk gehöre ganz oder überwiegend einer einzigen Rasse an. Man überwand die Schwierigkeiten durch die Lehre, in der Geschichte Europas und, von dort ausgehend, in der Weltgeschichte, seien alle wirklich schöpferischen Leistungen von nordisch bestimmten Menschen vollbracht oder wenigstens angeregt worden.

Die europäischen Junker ließen sich auf Vereinfachungen dieser Art nicht ein und erwarteten die Würdigung konkreter und unverwechselbarer Fakten, die sie fast immer weitaus besser beherrschten als ihre deutschen Kameraden. Sie brachten zudem ihre eigenen Interessenschwerpunkte mit. Die interne deutsche Geschichte und die kulturelle Entwicklung der deutschen Länder schien ihnen weniger wichtig. Das Parteiprogramm der NSDAP berührte sie überhaupt nicht. Immer wieder betonten sie, es sei der Kampf gegen den Bolschewismus, der sie einige, diesen Kampf empfanden sie als historisch notwendig und wollten ihn in den gemeinsamen Zügen europäischer Kultur und Geschichte begründet sehen. Politisch und ideologisch ergab sich daraus die Forderung nach einem einigen Europa.

Was in der Auseinandersetzung entdeckt wurde, war so neu nicht, wie es in diesem Augenblick aussah. Aber es enthielt den lebenskräftigen Keim einer geistigen und praktischen Sammlung, die sich abseits von der offiziellen Ideologie und Propaganda vollzog. Drei Grundgedanken lieferten die Hauptstützen für den historischen Überblick:

1. Das Erbe der Antike, besonders der griechischen und römischen Antike, als Fundament der gemeinsamen Kultur, das heißt der Künste und Wissenschaften, des Rechts und der Technik.

2. Das Christentum in seiner geschichtlichen Wirksamkeit, unabhängig von den persönlichen Ansichten der Beteiligten über die Kirche.

3. Die germanische Völkerwanderung, die Übertragung der Reichsgewalt (Translatio Imperii) auf die fränkischen und deutschen Kaiser und die europäische Staatenwelt, die sich als vorerst letzter Zustand daraus entwickelt hat.

Der Ansatz hatte seine Schwächen. So hätte es nahegelegen, da das antike Erbe als Fundament der gemeinsamen weltlichen Kultur bezeichnet wurde, im Christentum das Fundament gemeinsamer Religiosität zu sehen. Dies war jedoch nicht zu erwarten. Zudem wurde dieses Problem niemals gelöst, heute so wenig wie damals. Im politischen Bereich gab und gibt man sich den Anschein, als ob man es durch „Pluralismus" umgehen könnte. Pluralismus verhindert den Anspruch auf ideologische Alleinherrschaft und ermöglicht eine zivilisierte Umgangsform, ein Ziel, das schon weit über dem bislang Erreichten liegt, das allerdings bereits die Junkerschulen aus ihrer geschichtlichen Lage heraus gegen die offizielle Lehre anstreben mußten. Wenn die Bevölkerung einer wie immer gearteten staatlichen Einheit in den Grundüberzeugungen von dem, woran man glauben darf, widersprüchliche Standpunkte vertritt, dann kann auch die staatliche Einheit nicht lange währen.

Liberalität und Toleranz sind nur die unabdingbare Voraussetzung, nicht aber die Lösung der geistigen Aufgabe. An ihr arbeitet Europa auch heute noch vergebens. Das Problem war 1943 nicht nur praktisch, sondern auch theoretisch erkannt. Professoren verschiedener in- und ausländischer Universitäten wurden nach Tölz zu einer Tagung eingeladen, deren Thema die europäische Gemeinsamkeit war.

Von alledem war kaum etwas in die Öffentlichkeit gedrungen, und das schien auch nicht in jeder Hinsicht wünschenswert. Parteipropaganda kommt zu keiner Zeit ohne einen forschen Dogmatismus aus, der die zarten Sämlinge des Geistes stets mit Frost und Unwetter bedroht. Die öffentliche Meinung in Deutschland wäre in der zweiten Kriegshälfte, als diese neue Entwicklung sich anbahnte, außerstande gewesen, Gedankengängen zu folgen, wie sie zum Beispiel in Tölz offen diskutiert wurden. Auch in den reichsdeutschen Divisionen der Waffen-SS wußte man nicht viel davon, stellenweise gar nichts. Tölz bildete jedoch jährlich fast 1000 Führeranwärter der Waffen-SS aus, die von den Fronteinheiten kamen und zu ihnen wieder zurückkehrten. Es besteht kein Zweifel, daß sie ihre Erfahrungen und ihre Ansichten dorthin mitnahmen und sich nicht scheuten, Propagandathesen aus ihrem Blickwinkel zu beurteilen.

Freiwillige Bereitschaft zu Opfern erzwingt ein Mitspracherecht und erzeugt eine Macht, die der politischen Intrige immer wegen ihrer Selbständigkeit fürchterlich sein wird.

Die europäischen Junker hatten ihr Opfer an Gesundheit und Leben bewußt ins Auge gefaßt. Sie standen in vaterländischer Gesinnung denjenigen ihrer Landsleute, die sie nach der totalen Niederlage verfemten und verfolgten, vielleicht besonders nah. Der Sinn für diese Tragödie ist in einer Zeit, in der man geneigt ist, alles für berechenbar und machbar zu halten, gänzlich abgestumpft. Wenn aber schon Zeitgeschichte sich aus moralischen Überzeugungen nähren soll, wie so oft gefordert wird, so ist es unsere Aufgabe, die Opfer und das Verdienst unserer Waffenkameraden so zu sehen, wie sie es damals verstanden, als sie manches aufgaben und verließen, was ihnen lieb war, um an unserer Seite zu suchen, was sie für notwendig hielten.

„Eine neue Nation wird in Tölz geboren", so schrieb Jean Mabire. „Sie sind nicht Deutsche geworden, aber sie sind auch nicht mehr nur Franzosen. Frankreich, erklärt Chabert, ist für mich wie meine engere Heimat, die Touraine. Jetzt brauche ich ganz Europa . . ."[35]

Es geht hier längst nicht mehr um ein „Plädoyer". Dafür ist es zu spät. Viele der ehemaligen Freiwilligen wurden nach dem Krieg zu Hause zum Tode oder zu langjährigen Freiheitsstrafen verurteilt, waren zumindest als „Kollaborateure" schwerster Diskriminierung ausgesetzt. Es geht um unser geschichtliches Selbstverständnis, wie es Hausser zu begründen sucht:

> „Mag zwischen jenem Bild von Europa, das sich damals die europäischen Freiwilligen gemacht haben, und der heutigen Vision eines europäischen Gemeinwesens auch ein grundlegender Unterschied bestehen; eines wird man bei ihrer Beurteilung aus historischer Sicht aber doch wohl feststel-

len dürfen: Sie haben über die Grenzen ihrer Nationalstaaten hinaus an etwas Größeres, an ein Zusammengehen gedacht. Wie konnte dies anders geschehen als unter den Zeichen und den Gegebenheiten ihrer Zeit? An ihren persönlichen Vorteil können sie dabei nicht gedacht haben, dies war bei dem ihnen abverlangten Einsatz des Lebens und der Gesundheit nicht ‚zeitgemäß‘.“[36]

Es kamen so viele Freiwillige aus allen Ländern, daß es bei den begrenzten Mitteln und Möglichkeiten schwierig wurde, diesen Zustrom in sinnvolle und verantwortbare Bahnen zu lenken. Neulen schreibt „von einer Freiwilligenbewegung, die sowohl was den Umfang als auch die Ziele anbetrifft, in der Geschichte einmalig ist.“[37] So bildete sich die europäische Freiwilligenarmee nicht durch Konstruktion, sondern durch ein kräftiges, rational nur schwer berechenbares Wachstum. Die Waffen-SS wäre ohne die Europäer das Gardekorps geblieben, als das sie sich im Grunde selbst verstanden hatte. Nun wurde sie mehr und mehr zu einem militärisch und politisch wirksamen Machtfaktor, dessen Entwicklung auch diejenigen nicht mehr absahen, die sich diese Truppe ursprünglich als verfügbares Instrument, als „Verfügungstruppe“ gedacht hatten.

Neulen wundert sich darüber, daß Hitler auf den ab 1940 einsetzenden Strom nichtdeutscher Freiwilliger der Waffen-SS nicht in irgendeiner Form reagierte, zum Beispiel durch politische Versprechungen. Es gab jedoch überhaupt keinen nationalsozialistischen Neuordnungsplan für Gesamteuropa.[38] Hausser bezeichnet das als verhängnisvollen politischen Fehler Hitlers.[39] Sven Blindheim, norwegischer Major und hochdekorierter Widerstandskämpfer, sagt in seinem Buch über die Norweger in der Waffen-SS den Deutschen nach, sie hätten anfangs dem Europagedanken fremd gegenübergestanden und alles für geringwertig gehalten, was nicht deutsch war. Im Gegensatz dazu sei auf der Junkerschule Tölz der Europagedanke „geradezu gepredigt“ worden, mit dem Erfolg, „daß die jungen in Tölz ausgebildeten Norweger nicht nur die Ansprüche einer Elitetruppe erfüllten, sondern auch nicht weniger nationalbewußt gewesen seien als die Norweger auf englischer Seite.“[40]

In der letzten Phase des Zweiten Weltkrieges war es in der Waffen-SS kein grundsätzliches Problem mehr, wenn Wallonen unter Flamen, Franzosen unter Letten, Niederländer unter Esten, Bayern unter Norwegern und Sachsen unter Dänen kämpften und umgekehrt. Können, Erfahrung und Führungsqualitäten des einzelnen Offiziers waren die entscheidenden Kriterien geworden. Zu den letzten, die in Berlin den Sowjettruppen Widerstand leisteten, gehörten französische Freiwillige der Waffen-SS, Skandinavier, Esten, Letten, Flamen, Siebenbürger, Wallonen, Schweizer und Niederländer. Sie ernteten keinen Dank dafür. Das Regiment „Kurt Eggers“, um ein weiteres Beispiel zu nennen, vereinigte Intelligenz aus 15 Nationen Europas unter gleichen Rechten und Pflichten bis zur letzten Stunde. Dort fiel unter anderem in der Normandie ein Schwede, als er seinen schwerverwundeten französischen Kameraden aus dem Feuer schleppte. Dort dienten mit den Söhnen Knut Hamsuns die Söhne des damals amtierenden isländischen Staatspräsidenten Björnson und Amerys, der zu dieser Zeit Minister im Kabinett Churchill war.[41] Die meisten von ihnen hatten die Junkerschule Tölz durchlaufen.

VI. Zeugnisse der Bewährung

Infolge genauer Kenntnis der Zusammenhänge betrachtet Gelwick, dessen Schlüsse wir allerdings nicht durchweg nachvollziehen können, die verbreiteten Vorurteile gegen die Ausbildung des Führerkorps der Waffen-SS aus besonnenem Abstand. Unter anderem zitiert er den General Westphal, der die übliche Behauptung wiederholt, daß „der Waffen-SS und ihren Offizieren die notwendige Übung und Erfahrung gefehlt habe und dadurch große Menschenverluste entstanden seien, was nicht ausgeschlossen habe, trotzdem große taktische Erfolge zu erzielen.“[42] Diese Beschuldigungen wiederholt Westphal in seinen 1975 erschienenen „Erinnerungen“. Demgegenüber beruft sich Gelwick auf offizielle Darstellungen sowohl der Amerikaner wie der Briten, die voll seien „von Bewunderung für die Ausbildung und den Mut der Waffen-SS.“[43] Der Amerikaner Stein bestätigt außer einer Reihe von bekannten Unfreundlichkeiten gegen unsere Truppe doch den Eindruck, daß „in streng militärischer Sicht“ ein generelles Lob angebracht erscheine. Er findet dieses berechtigte Lob beispielhaft in einem Weihnachtsbrief, den der Oberbefehlshaber des III. Panzerkorps, General von Mackensen, 1941 an den Reichsführer-SS schrieb. In diesem Brief teilt der Kommandierende General, zu dessen Korps eine ihm unterstellte SS-Division gehörte, dem Reichsführer-SS mit,

> „wie er und die anderen Divisionen über diese Truppe denken. . . Ich kann Ihnen versichern, der Name der Leibstandarte hat nicht nur bei ihren Vorgesetzten, sondern auch bei ihren Kameraden vom Heer den allerbesten Klang. Jede Division wünscht sich die Leibstandarte zum Nachbarn so-

wohl im Angriff wie in der Verteidigung. Ihre innere Disziplin, ihr frisches Draufgängertum, ihre fröhliche Unternehmungslust, ihre durch nichts zu erschütternde Krisenfestigkeit, auch wenn es mal schwer oder auch sehr schwer ist, ihre Härte sind beispielhaft, ihre Kameradschaftlichkeit — das möchte ich besonders betonen — vorbildlich und nicht zu übertreffen.

Dabei zeichnet ihr Führerkorps eine wohltuende Bescheidenheit im Auftreten nach außen aus. Eine wahre Elitetruppe, die unter meinem Befehl zu haben ich stolz und froh bin und auch ferner mir aufrichtig und hoffentlich nicht vergeblich wünsche.

Diese uneingeschränkte Anerkennung hat sich die Leibstandarte durchaus durch eigene Kraft und eigenes Können und übrigens auch eigenes militärisches Wissen vor einem Feinde erworben, der an Zähigkeit, Verbissenheit, Zahl und Bewaffnung nicht gering einzuschätzen ist."[44]

Der Inhalt dieses von Stein zum Beleg seines eigenen Eindrucks herangezogenen Briefes von 1941 ließe sich leicht ergänzen durch zahlreiche Tagesbefehle von Generalen, die inzwischen durch Veröffentlichungen bekannt geworden und ohne Schwierigkeiten zugänglich sind.[45]

Einen solchen Ruf erwirbt man sich unter Soldaten nicht durch Verantwortungslosigkeit und blinden Gehorsam.

„Die Grundlagen für die Bewährung im Felde sind in der Friedensausbildung gelegt worden. Das Bild dieses Nachwuchses, der späteren Regiments- und Divisionsführer, ist einheitlich und ausgeglichen. Sie waren auf den Junkerschulen und in der Truppe theoretisch gut geschult, meist auf Lehrgängen des Heeres geprüft und an den Aufgaben im Felde in einer sich ständig erhöhenden Führerverantwortung gewachsen. Sie bildeten ein verläßliches und bewährtes Führerkorps," so Paul Hausser.[46]

Von 450 Junkern der beiden ersten Tölzer und des ersten Braunschweiger Junkerlehrganges hatten 269 die Prüfung bestanden. 10 von ihnen wurden Divisions- und Schulkommandeure, 15 weitere Generalstabsoffiziere. Insgesamt wurden ausgezeichnet: 47 mit dem Deutschen Kreuz in Gold, 40 mit dem Ritterkreuz, 15 erhielten das Eichenlaub zum Ritterkreuz und 5 das Eichenlaub mit Schwertern.[47]

Auch das jüngere Führerkorps kam von den Junkerschulen, die nicht bei den Formen und Inhalten der Ausbildung von 1939 stehengeblieben waren, sondern sich den extremen Anforderungen des Krieges gestellt hatten. Um dieser geschichtlichen Wahrheit willen ist dieses Buch geschrieben.

Status der SS-Führerschulen
und der späteren SS-Junkerschulen

Der Status der SS-Führerschulen — später in SS-Junkerschulen umbenannt — kann nur in Zusammenhang mit den vom Reichsverteidigungsminister am 24.9.1934 erlassenen und „auf eine Entscheidung des Führers" und „Besprechungen mit der Reichsführung-SS" zurückgehenden Richtlinien zur Aufstellung der SS-Verfügungstruppen betrachtet werden.[48]

Diese Richtlinien besagen, daß die Existenz einer von der Reichswehr unabhängigen, stehenden bewaffneten Truppe der SS offiziell anerkannt war. Besoldungsmäßig wie dienstrechtlich war nun die SS-Verfügungstruppe mit der Wehrmacht gleichgestellt.

In dem Erlaß des Reichsverteidigungsministers steht unter Ziffer 8:

> „Die Führer der SS-Verfügungstruppe werden durch die SS selbst aus deren Angehörigen herangebildet. Die Beförderungsgrundsätze sind denen der Wehrmacht anzugleichen. Die Heranbildung der Führer erfolgt in drei FÜHRERSCHULEN, deren Etat vom Reichsführer der SS aufgestellt und vom Reichsverteidigungsminister (Heeresleitung, Allgemeines Heeresamt) genehmigt wird."

Ziffer 13 der Verordnung besagt:

> „Die militärische Ausbildung ist durch folgende Maßnahmen zu fördern:
> a) Kommandierung von Lehroffizieren des Heeres zur SS-Verfügungstruppe und zu den Führerschulen der SS,
> b) Kommandierung von SS-Führern zur Dienstleistung bei Truppenteilen und zur Teilnahme an Lehrgängen (Schulen) des Heeres,
> c) Verlegung von SS-Verbänden auf Truppenübungsplätze und Heranziehung zu Manövern zum Zwecke gemeinsamer Übungen mit Truppenteilen des Heeres."

„Bereits Anfang 1935, als die SS-Verfügungstruppe 6000 Mann, ihr Führerkorps etwa 300 Führer zählte, wurden die Schulen Tölz und Braunschweig mit einer Schülerkapazität von jährlich je 250 Schülern veranschlagt. Für die Planstelle eines Schulkommandeurs wurde bereits ein SS-Brigadeführer vorgesehen."[49].

Man muß annehmen, daß Himmler schon damals an eine erhebliche Verstärkung der SS-Verfügungstruppe dachte, weil er bereits im gleichen Jahr mit dem Neubau einer Führerschule am Ortsrand Tölz mit einer ungleich größeren Kapazität begann. Sie wurde Ende 1937 bezogen.

„Es ist also das hinsichtlich der SS-Verfügungstruppe beobachtete Bestreben Himmlers, ihre Investitionsausgaben an dem für die Zukunft zu erwartenden Wachstum der Truppe zu orientieren, grundsätzlich auch für die Junkerschulen festzustellen."[50]

„Verglichen zu den hierzu erforderlichen Mitteln[51] nehmen sich die Haushaltsentwürfe der Junkerschulen bis 1938 mit ihren 3-5 Millionen RM bescheiden aus — sei es, was die konstant bleibende Zahl der Planstellen[52] oder den nur geringen Anteil der „einmaligen Ausgaben"[53] betrifft. Für eine solche Stagnation gibt es mehrere Erklärungen: Die Kostenstruktur einer Offiziersschule ist nicht unbedingt mit der von vollausgerüsteten Feldverbänden vergleichbar, zum anderen war mit den Plänen Himmlers von 1935 für die Führerausbildung ein so großer Rahmen vorgesehen, daß an eine weitere Expansion nicht zu denken war, solange die bereits zugestandenen Kapazitäten nicht voll ausgenutzt werden konnten."

„Es kann vermutet werden, daß die relative Stagnation der Planstellen und Haushaltsmittel eine unmittelbare Folge der bis 1939 ungeklärten Rechtsstellung dieser Schulen war. Zwar hatte der Erlaß des Reichsverteidigungsministeriums vom 24.9.1934 über die SS-Verfügungstruppe bestimmt, daß die SS-Verfügungstruppe ihre Führer selbst ausbildet, doch weigerte sich das Reichskriegsministerium, die Schulen als Bestandteil der SS-Verfügungstruppe anzusehen." Begründet wurde das mit der Tatsache, daß die Zahl der an den Schulen ausgebildeten Führer „den Bedarf der SS-Verfügungstruppe um ein Vielfaches überstieg."[54] Die Wehrmacht hatte sich nur bereiterklärt, 20-25 Führeranwärtern die an der Junkerschule verbrachte Ausbildungszeit als Wehrdienstzeit anzuerkennen.[55] Mochte sich die Reichsführung-SS auch intern über diese Einschränkungen hinwegsetzen, so konnte doch weder das Innen- noch das Finanzministerium infolge der haushaltsrechtlichen Mitprüfungsbefugnis der Wehrmacht[56] deren Veto übergehen. Um die Schulen überhaupt finanzieren zu können, wurden darum seit 1935 die erforderlichen Mittel aus dem Etat der SS-Verfügungstruppe abgezweigt, entstehende Mehrausgaben wurden „im Wege der Haushaltsüberschreitung" beschafft.[57]

„Ein derartiger Finanzierungsmodus konnte für die Reichsführung-SS auf die Dauer kaum zufriedenstellend sein. Nicht allein, weil er Jahr für Jahr höchst komplizierte und langwierige Etatverhandlungen erforderlich machte, er bot auch keinerlei gesetzliche Grundlage für Planstellenanforderungen seitens der Junkerschulen. Außerdem schuf die Rechtsunsicherheit zahlreiche versorgungsrechtliche, personal- und ressortpolitische Probleme."[58]

All diese Gründe veranlaßten Himmler spätestens seit Herbst 1935 zu wiederholten Interventionen bei Hitler, ohne daß es zu einer eindeutigen Klärung des rechtlichen Status der Junkerschulen geführt hätte.[59]

Erst der „Führer-Erlaß" vom 17.8.1938 brachte eine grundsätzliche Klärung, daß die SS-Verfügungstruppe, die SS-Totenkopfverbände und die Polizei die Kosten anteilig für die Zahl der Junker tragen sollten, „die ihrem errechneten Führerbedarf entspricht."[60] Zugleich wurde angeordnet, daß den aus der SS-Verfügungstruppe kommenden Junkern ihre an der Junkerschule verbrachte Dienstzeit auf die Wehrpflicht anzurechnen sei.[61]

Die nach dem Polenfeldzug erfolgende Zusammenfassung aller SS-Truppenverbände führte dann die Entwicklung zu ihrem logischen Ende: der völligen Integration der Junkerschulen in die Waffen-SS.

Der Einfluß der SS-Junkerschulen auf die Entwicklung der Waffen-SS

Die Leistung einer Truppe im Kampf bleibt eine Gemeinschaftsleistung, zu der alle Soldaten quer durch alle Ränge beitragen.

Dennoch haben zu allen Zeiten Führer das Gesicht einer Truppe geprägt. Einheitlich konnte es nur sein, wenn die prägenden Einflüsse von gleicher Art und allgemein wirksam waren. Verbindliche Vorschriften allein können das nicht bewirken. Tradition kann ein wesentlicher Faktor sein; im Krieg aber kommt dem gemeinsamen Kampferlebnis eine noch weit größere Bedeutung zu. Darüberhinaus kann einer Truppe nur der Einfluß ihres Führerkorps zu einer typischen und unverwechselbaren Prägung verhelfen.

Der SS-Verfügungstruppe der Vorkriegszeit — als einer Neuschöpfung — fehlte jede eigene Tradition im Sinne der Fortführung einer ungebrochenen Entwicklung. Sie übernahm zwar Werte und Vorbilder deutschen Soldatentums, doch traten dazu auch andere Vorstellungen. Ein einheitliches Bild der Truppe ergab sich daraus nur bedingt. Auch nach der Errichtung der Inspektion der SS-Verfügungstruppe wurde den einzelnen Verbänden noch eigener Spielraum zur eigenständigen Entwicklung eingeräumt, in dem Eigenart und Vorstellungen des Kommandeurs bestimmend waren. Innerhalb der von gemeinsamen Auffassungen und gemeinsamer Zweckbestimmung gezogenen Grenzen konnten so neue Verfahren der Ausbildung und der inneren Führung der Truppe erprobt werden,[62] mit unterschiedlichen Schwerpunkten und dem selbstverständlichen Ziel, die besten Erfahrungen zum Allgemeingut zu machen.

Der frühe Einsatz der Truppe im Kriege machte dann die Kriegserfahrung zum nunmehr vorrangig bestimmenden Lehrmeister. Die vollständig oder vorwiegend aus dem Personalbestand der Vorkriegszeit entstandenen Großverbände gewannen bald ein einheitliches Gesicht. Es wurde, obwohl die personelle Ausgangslage vieler nach Kriegsbeginn neu aufgestellter Verbände erhebliche Unterschiede aufwies, im Laufe des Krieges mehr und mehr kennzeichnend für die gesamte Truppe.

Wenn hier dennoch eine Einschränkung notwendig ist, so bezieht sie sich auf die große Zahl ausländischer Freiwilligen-Verbände. Wo sie in geschlossenen Großverbänden vorwiegend von Offizieren aus dem demobilisierten Heer ihrer Herkunftsländer geführt wurden, blieben nationale Tradition und Eigenart bestimmend. Fließende Übergänge hingegen ergaben sich überall dort, wo ein Mangel an Offizieren nationaler Herkunft in unterschiedlichem Grad durch deutsches Personal ausgeglichen wurde. Eine Besonderheit muß allerdings auch wieder in diesem Zusammenhang betont werden. Jene aus Freiwilligen gebildeten Verbände ausländischer Herkunft, die in die einheitliche Führerausbildung auf den Junkerschulen der Waffen-SS einbezogen wurden, erfuhren eine Prägung besonderer Art. Einerseits blieb ihnen ihre nationale Eigenart erhalten,[63] andererseits wurden sie nicht nur organisatorisch in die gesamte Truppe einbezogen, sondern durch ihr gemischtes eigenständiges und deutsches Führerkorps gleicher Ausbildung so stark in die Waffen-SS integriert, daß sie sich in den letzten Kriegsjahren zu einem mitbestimmenden Element der Eigenart der Truppe entwickelten.

Diese Zusammenhänge müssen im Auge behalten werden, wenn hier vom Einfluß des eigenständig herangebildeten Führerkorps der Waffen-SS auf Leistung und Prägung der Truppe gesprochen wird.

Das Führerkorps der „ersten Stunde" war wie beim Aufbau der Wehrmacht ab 1935 heterogen. Offiziere und langgediente Unteroffiziere der Reichswehr und der Landespolizei standen neben Offizieren und Unteroffizieren des alten kaiserlichen Heeres. Letztere waren nach dem 1. Weltkrieg meist ohne militärische Verwendung geblieben. Einzelnen richtunggebenden Persönlichkeiten aus diesem Kreis und später vor allem dem sich aus der Truppe heraus aufbauenden Führerkorps blieb es vorbehalten, der Waffen-SS ein einheitliches Gesicht zu geben. Hier kann und soll auf den Einfluß bestimmter Persönlichkeiten und die damit gesetzten Entwicklungs-Schwerpunkte nicht näher eingegangen werden. Es genügt der Hinweis auf ihre in die Kriegsgeschichte eingegangenen Leistungen in hohen und höchsten Dienststellungen als Kommandeure und Befehlshaber. Ebenso bedarf der prägende Einfluß der Kriegserfahrung hier keiner Darstellung. Er ist zu allen Zeiten und für alle Wehrkörper von gleicher Bedeutung.

Um eine Vorstellung von der Aufbauleistung der Waffen-SS in den Kriegsjahren zu gewinnen, muß auf einige quantitative Faktoren eingegangen werden. Der Grundstock der Truppe mit abgeschlossener Friedens-Ausbildung umfaßte etwa 32 000 Mann, darunter der erste — nach vierjähriger Ausbildung — in die Reserve entlassene Mannschafts-Jahrgang. Allgemein wird eine niedrigere Ausgangszahl angenommen; es müssen aber die noch vor Kriegsbeginn ausgebildeten Stämme aller unmittelbar nach Kriegsbeginn zur Aufstellung befohlenen Divisionen berücksichtigt werden. Die genannte Zahl beruht auf einer groben Schätzung anhand noch verfügbarer Angaben. Das trifft auch für spätere Zahlen zu; in den nur als Torso erhaltenen Dokumenten liegen lediglich Einzelangaben aus unterschiedlichen Zeiten und mit unterschiedlichen Vergleichswerten vor.

In die genannte Ausgangszahl von 32 000 Mann eingeschlossen sind rund 1700 Führer, von denen bis Kriegsbeginn rund 1000 aus den Friedenslehrgängen der Junkerschulen hervorgegangen waren.

Für die SS-Verfügungstruppe als Kerntruppe der Waffen-SS kann mit hinreichender Genauigkeit davon ausgegangen werden, daß sie bei Kriegsbeginn über 330 Führer ohne Junkerschulausbildung (Anfangsbestand seit der Aufstellung der Truppe in den Jahren 1934/1935) und, unter Einbeziehung der bei den Stämmen der Junkerschulen und in der Inspektion der SS-Verfügungstruppe Dienstleistenden über 350 zum Führer ernannte Absolventen der Junkerschulen verfügte.

Bei Kriegsende stand den erwähnten Ausgangszahlen eine Gesamtstärke der Waffen-SS von rund 910 000 Mann, davon rund 26 100 Führer, gegenüber. Diese Zahlen schließen alle bis Anfang 1945 bekannt gewordenen Verluste an Gefallenen und Vermißten ein. Die Iststärke der Waffen-SS wurde vom Kommando-Amt der Waffen-SS im Frühjahr 1945 mit rund 630 000 Mann angegeben. Eine exakte Feststellung der Ist-Stärke war zu diesem Zeitpunkt nicht mehr möglich. Die Entwicklung an allen Fronten, die lagebedingte Bildung improvisierter Kampfgruppen und die teilweise Auflösung ausländischer Verbände ost- und südosteuropäischer Herkunft ließ kein geordnetes Meldewesen mehr zu.

Die nachstehend genannten Zahlen über die Zusammensetzung des Führerkorps bedürfen detaillierter Erläuterungen. Sie werden anschliessend in einer Übersicht zusammengefaßt.

Der Gesamtzuwachs während der Kriegsjahre betrug rund 878 000 Mann, davon 24 400 Führer.

Diese Zahlen vermitteln allenfalls einen Eindruck der rein organisatorischen Aufbauleistung während des Krieges.

Sie schließen mehrere Großverbände fremder Nationalität ein. Die insgesamt etwa 200 000 Nichtdeutschen, die in der Waffen-SS Kriegsdienst leisteten, kamen überwiegend aus den Armeen ihrer Heimatländer. Je nach den besonderen Umständen ihres freiwilligen Übertritts auf die deutsche Seite setzte sich ihr Führerkorps zusammen. Der Anteil von Offizieren eigener Nationalität entsprach in einigen Verbänden nahezu vollständig dem Bedarf, in anderen wiederum fiel er kaum ins Gewicht.

Es waren etwa 3000 auf diese Weise der Waffen-SS zugeführte ausländische Offiziere, die in dem Gesamtzuwachs des Führerkorps von 24 400 inbegriffen sind. Der bei den eingegliederten nicht-deutschen Verbänden noch vorhandene Bedarf an Führern mußte aus den Kontingenten der Waffen-SS — unter Einschluß von nord- und westeuropäischen — gedeckt werden.

Um annähernd genau jenen Teil des Führerkorps beziffern zu können, der die Junkerschulen der Waffen-SS absolvierte, müssen weitere Besonderheiten berücksichtigt werden: Wegen Tapferkeit vor dem Feind wurden etwa 3400 Angehörige (Schätzung auf Grund von Angaben für einzelne Zeiträume) der Truppe ohne zusätzliche Ausbildung an Junkerschulen befördert. Das schloß aber deren Teilnahme an den allen Führern offenstehenden, weiterführenden Ausbildungslehrgängen nicht aus, sei es an solchen der verschiedenen Waffengattungen an den entsprechenden Schulen der Waffen-SS, sei es an Lehrgängen des Heeres für Stabsoffiziere und Kommandeure. Zu letzteren wurden die meisten für eine solche Verwendung vorgesehenen Führer der Waffen-SS im Rahmen der eingeräumten Ausbildungskapazität kommandiert. Truppeneigene Lehrgänge für Stabsoffiziere konnten erst sehr spät eingerichtet werden und blieben zahlenmäßig von erheblich geringerer Bedeutung.

Ein besonders schwerwiegendes Problem für die Waffen-SS darf hier nicht übergangen werden. Aus Unkenntnis der Zusammenhänge sind viele falsche Vorstellungen und entsprechende Fehlurteile entstanden.

Der Plan, im Mobilmachungsfall zur Verstärkung der Polizei 25 000 ältere Angehörige der Allgemeinen-SS einzuziehen, läßt sich bis auf das Jahr 1934 zurückverfolgen. Zu diesen Polizeiverstärkungen, für die zunächst Beamtenstatus vorgesehen war, wurden dann in den ersten Monaten des Jahres 1940 tatsächlich mehr als 60 000 Mann einberufen, etwa ein Viertel des gesamten Personalbestandes der Allgemeinen SS. Die jüngeren Jahrgänge, drei Viertel des Personalbestandes, gehörten zu den aufgerufenen Jahrgängen der Wehrpflichtigen und wurden zum Dienst in der Wehrmacht eingezogen.

Diese 60 000 Mann schlossen zwar auch in geringer Zahl gediente Soldaten des 1. Weltkrieges, vorwiegend aber unausgebildete Männer ein. Sie wurden ohne jede Vorplanung und Vorbereitung in die Waffen-SS überführt und übertrafen deren zu diesem Zeitpunkt erreichten Personalbestand beträchtlich. Sie vergrößerten die Truppe schlagartig um 150 Prozent. Die aktive Truppe, durch ihre Erweiterung bei Kriegsbeginn in ihrer Ausbildungs-kapazität voll ausgelastet, war ebensowenig wie die erst im Aufbau begriffenen und nur auf sie zugeschnittenen Ausbildungs- und Ersatzeinheiten imstande, in nennenswertem Umfang die Ausbildung des formal als Infanterie-Regimenter gegliederten Zuwachses zu übernehmen. Die wenigen gedienten Soldaten in diesen Regi-mentern waren, von wenigen Ausnahmefällen abgesehen, nicht imstande, diese Verbände auszubilden oder zu führen. Dieses Problem wurde durch die Reichsführung-SS in einer völlig verantwortungslosen Weise dadurch rein formal gelöst, daß rund 2000 Führerplanstellen dieser Regimenter kurzerhand mit gedienten Soldaten des 1. Weltkrieges besetzt wurden, denen alle ausbildungsmäßigen Voraussetzungen für die ihnen übertragene Aufgabe fehlten. Was diese 60 000 Mann mitbrachten, war allein ihr unbezweifelbarer und später auch bewiesener Ein-satzwille. Einige dieser Regimenter sind in dem beschriebenen Zustand an der Front eingesetzt worden und ha-ben das mit schweren Blutopfern bezahlen müssen. Andere wurden den Felddivisionen zugeführt, denen damit die Last der Ausbildung auferlegt wurde, während sie im Kampfeinsatz standen. Ab 1942 waren dann auch die selbstständig gebliebenen Regimenter dieses Kontingentes voll feldverwendungsfähig. Behelfsmaßnahmen ver-schiedenster Art und vor allem die bevorzugte Zuteilung von Absolventen der Junkerschulen, die ihrerseits noch den Friedensstämmen der Waffen-SS angehört hatten, haben dies erreicht.

Für die quantitative Entwicklung des Führerkorps der Waffen-SS kann nach dieser Vorklärung der Bedeutung verschiedener Kategorien nunmehr eine zahlenmäßige Übersicht erstellt werden.

FRIEDENSBESTAND OHNE JUNKERSCHULAUSBILDUNG (das Führerkorps der ersten Stunde)	700
FRIEDENSBESTAND der zu Führern ernannten Absolventen der Friedenslehrgänge der Junkerschulen	1000
Im Rahmen der POLIZEIVERSTÄRKUNG eingegliederte Führer der Allgemeinen SS	2000
AUSLÄNDISCHE, mit ihrem Dienstgrad übernommene Offiziere	3000
OHNE Junkerschulausbildung wegen TAPFERKEIT vor dem Feind zu Führern ernannte Truppenangehörige	3400
Zum Führer ernannte ABSOLVENTEN DER KRIEGSLEHRGÄNGE DER JUNKERSCHULEN	16000
Gesamtzahl aller Führer der Waffen-SS einschl. der Gefallenen und Vermißten	26100

Der Zuwachs des Führerkorps in den Kriegsjahren betrug demnach 24 400, davon 16 000, nahezu zwei Drittel, Absolventen der Kriegslehrgänge der Junkerschulen.

Auch nach Bewältigung der vorstehend dargestellten Probleme gab es für die Waffen-SS keine Atempause. Ab 1942 wurde sie in ständig steigendem Maße zu Neuaufstellungen gezwungen. Dafür mußten immer wieder Stäm-me der an der Front eingesetzten Verbände in Anspruch genommen werden, während sich zugleich der Ersatz für Ausfälle verzögerte. Das hatte schwerwiegende Folgen, aber die erbitterten Proteste der Truppe fanden kein Gehör.

Die Leistungen, die in diesem Zusammenhang von den Junkerschulen der Waffen-SS erbracht werden mußten und auch erbracht wurden, können garnicht hoch genug bewertet werden.

Sieht man vom Führerkorps der „ersten Stunde" ab, von dessen Zusammensetzung und Leistung bereits die Re-de war, so dienten bei Kriegsbeginn in der Waffen-SS nahezu ausnahmslos Angehörige der Geburtsjahrgänge 1912 bis 1921. Das war das Potential, aus dem ab 1934 die Friedens- und Kriegslehrgänge der Junkerschulen bis Ende 1941 beschickt werden konnten. Für die nachfolgenden Lehrgänge ergab sich eine breitere Basis durch den Zugang von Freiwilligen der Geburtsjahrgänge 1922 bis 1924. Der eigenständige, durch die Junkerschulen ausge-bildete Führernachwuchs rekrutierte sich damit im wesentlichen aus 13 Geburtsjahrgängen mit der Konsequenz, daß diese Führer bei Kriegsende im Alter von 21 bis 33 Jahren standen und die Jüngeren die breite Basis einer verhältnismäßig flachen Alters-Pyramide bildeten. Dies gilt allerdings nur für das zahlenmäßig weit überwiegen-de reichs- und volksdeutsche Kontingent der Waffen-SS. Durch die Übernahme der Polizei-Verstärkungen hatte sich vorübergehend ein Anstieg des Altersdurchschnittes der Truppe ergeben, aber im Verlauf des Krieges sank er ständig ab. Infolge sehr starker Zugänge in den Jahren 1943 und 1944 aus den Geburtsjahrgängen 1927 und 1928 wurde er bei Kriegsende auf nur 19 Jahre geschätzt.

Zieht man nur das reichs- (400 000) und das volksdeutsche (310 000) Kontingent in Betracht, so trat in fünf Kriegsjahren gegenüber dem Friedensbestand eine Erweiterung um das 22-fache ein. Das Heer hatte eine vergleichsweise zumindest nicht geringere Aufbauleistung zu bewältigen, konnte sie jedoch vorwiegend im Frieden vollziehen, um sich dann unter den Bedingungen des Kriegseinsatzes (unter Einbeziehung der Verlustzahlen) nochmals auf das Vier- bis Fünffache seiner Friedensstärke zu vergrößern. Erschwerend für die Waffen-SS trat hinzu, daß sie im Gegensatz zum Heer im Frieden keine Reserveoffiziere ausbilden konnte.

Der Aussagewert eines solchen Vergleichs liegt allein in der Verdeutlichung der Aufbau-Leistung, die der Waffen-SS unter Kriegsbedingungen auferlegt wurde. Diese ihr durch die schnelle Erweiterung zugemutete Belastung hat sie nicht selbst zu verantworten. Sie durfte aber für sich in Anspruch nehmen, aus eigener Kraft auch damit fertig geworden zu sein. Daß im Rahmen dieser Gesamtleistung den Junkerschulen besondere Bedeutung zukam, versteht sich von selbst. Weder die Truppe insgesamt noch die Junkerschulen hätten diese Leistung erbringen können, hätte ihnen nicht ein so großes Potential an Freiwilligen zur Verfügung gestanden und damit ein sorgfältig ausgebildeter Friedensstamm mit dem durch die Auslese-Bestimmungen geförderten Leistungs-Potential. Die Angehörigen dieser Truppe waren jedoch keineswegs Übermenschen, sondern aus Fleisch und Blut mit Schwächen und Stärken. Auch ihnen war die vom Selbsterhaltungstrieb diktierte Angst nicht fremd. Allerdings brachten sie die Kraft auf, diese kreatürliche Angst zu überwinden in der festen Überzeugung von Notwendigkeit und Berechtigung des Kampfes.

Glaube an Notwendigkeit und Berechtigung der ihnen auferlegten Aufgabe und der von ihnen geforderten Opfer — dazu ein offenes Wort, nicht als Vorgriff auf eine spätere geschichtliche Bewertung, sondern gegenwartsbezogen. Nie hat irgendeine Generation irgendeines Volkes in irgendeinem Augenblick ihrer Existenz Zugang zu jenen Urteils-Kriterien gehabt, die von der Geschichte nachträglich zum Bewertungsmaßstab ihres Handelns und ihrer Unterlassungen gemacht wurden. Erfolg oder Mißerfolg, zeitgebundene Vorstellungen oder Irrtum rückwirkend festzustellen und dann als Verdienst oder Schuld an den Auswirkungen auf eine spätere Geschichtsperiode festzuschreiben, mag berechtigt sein oder nicht. Aber von jeder nachfolgenden Generation sollte nicht mit jener Elle gemessen werden, die sie aus gleichem Grund außerstande ist, an ihre eigenen Vorstellungen und Vorurteile anzulegen.

Dies muß einem Volk, das zwischen emotional hochgepeitschter Selbstverherrlichung und nicht minder zu verurteilender Selbstkasteiung zu schwanken vermag, ins Stammbuch geschrieben werden. Nur so ist eine künftig sachlichere Beurteilung seiner selbst, seiner Geschichte und seiner erlebten Gegenwart möglich.

Es darf als feststehend gelten, daß die Waffen-SS in den unerhört harten Kampfeinsätzen des Kriegswinters 1941/42 und danach ihre endgültige Ausprägung erhalten hat. Von da an war sie nicht mehr nur eine lediglich organisatorisch zusammengefaßte Truppe aus einzelnen Verbänden unterschiedlicher Herkunft und Entwicklungs-Tendenz. Sie wurde zu einem in sich geschlossenen Wehrkörper, aus eigener Kraft zu einer Einheit verschmolzen. Dafür ist das von allen Truppen-Angehörigen zu ertragende Kampfgeschehen mit seinen äußersten Anforderungen an den Einzelnen allein keine ausreichende Erklärung. Gewiß kam dem große Bedeutung zu, aber es erschließt nicht die eigentlichen Ursachen des gezeigten Leistungsstandes. Für die Kampferfolge, die hohe, über ein in Friedenszeiten vorstellbares Maß weit hinausgehende Belastbarkeit, den bis Kriegsende trotz der durch die Verluste bewirkten Schwächung der Kampfkraft ungebrochenen Kampfwillen, waren andere Faktoren maßgebend.

Wenn hier von Elitetruppen gesprochen werden muß, dann scheint es notwendig, einem verbreiteten Mißverständnis zu begegnen.

Elite zu sein oder zu ihr zu zählen, ist kein persönliches Verdienst; es ist eine Anlage, die keine Vorrechte begründet, wohl aber eine höhere Leistungs-Pflicht.

Die Angehörigen der Waffen-SS haben nie den Anspruch erhoben, die Elite ihrer Generation zu verkörpern. Im militärischen Bereich war dieser Begriff auf die verschiedensten Formationen anwendbar, ebenso wie auf jene Einzelnen, die durch herausragende Leistungen in Erscheinung traten. Soweit der Begriff der Elitetruppe für die Waffen-SS zutraf, müssen auch Faktoren wie der niedrige Altersdurchschnitt, die Auslesebestimmungen und die vierjährige Friedensausbildung in Betracht gezogen werden.

Die Aufstellung der Waffen-SS war die Folge einer politischen Entscheidung.[64] Die mit dieser verbundenen Absichten sind der Truppe lange Zeit vorenthalten und dann auch nur von Einzelnen bewußt zur Kenntnis genommen worden. Entsprechend dem rein militärischen Selbstverständnis der Truppe stieß dann die Vorstellung von einer „Staatstruppenpolizei" auf Ablehnung. Darin wurde nicht nur eine Veränderung des militärischen Status, sondern auch ein Versuch erneuter Einbindung in die Gesamtorganisation SS mit dem Ziel gesehen, die bereits weitgehend erreichte Verselbständigung rückgängig zu machen. Es wird immer umstritten bleiben, ob die Bildung vorbedachter und damit planmäßiger Eliten überhaupt berechtigt ist. Ganz sicher ist das für den allgemeinen Leistungsstand der voll mobilisierten Wehrkraft eines Volkes nicht unbedingt sinnvoll — besonders wenn solche Eliten im Verhältnis zur Gesamtzahl aller Wehrfähigen einen Umfang erreichen, wie er der Waffen-SS gegen ihren Willen aufgezwungen wurde. Solche Kritik ändert jedoch nichts an den historischen Tatsachen.

Die Klagen der Wehrmacht, durch die Auslesebestimmungen der Waffen-SS würden ihr in erheblichem Maß Kräfte für die eigene Kaderbildung entzogen, waren im Frieden und in den ersten beiden Kriegsjahren zumindest teilweise berechtigt, danach nicht mehr. Die dieser Truppe während der Kriegsjahre auferlegte Vergrößerung konnte von ihr nur bewältigt werden, weil sie in den Freiwilligen der Geburtsjahrgänge 1912 bis 1921 eine Elite als Ausgangspotential zur Verfügung hatte. Auf dieser Grundlage konnten die Junkerschulen zur Kaderschmiede der Waffen-SS werden. Dies gilt allerdings nur mit der Einschränkung, daß hier der eigenständige Führernachwuchs herangebildet wurde. Es darf hier der Anteil der Unterführer- und der Waffenschulen ebenso wenig übersehen werden wie die vom Heer auf seinen Lehrgängen zur Verfügung gestellten Plätze für eine weiterführende Ausbildung.

Die Junkerschulen konnten den ihnen gestellten Aufgaben nur genügen, weil ihnen bereits im Frieden ein sorgfältig ausgewählter Führernachwuchs zur Ausbildung zugeführt wurde. Nach Kriegsbeginn wurde dann die Frontbewährung zum zusätzlichen Auswahl-Kriterium.

Die Leistung der Junkerschulen erwies sich dabei nicht nur im militärisch-fachlichen Bereich als vollwertig — bei gewiß harter Inanspruchnahme der Führeranwärter und voller Ausnutzung ihrer Leistungsbereitschaft. Nicht geringer ist die erzieherische Leistung zu bewerten; diese formte die jungen Männer zu dem, was sich im Krieg als entscheidendes Element der Vereinheitlichung der Truppe, als ihr Rückgrat, als stärkster Träger und Vermittler von Leistungs-Impulsen erweisen sollte.

Jene Absolventen der Junkerschulen, die aus der Vorkriegstruppe hervorgingen, standen bei Kriegsende im Alter von 24 bis 33 Jahren. Durch Kriegsverlauf, Verwundung und zunehmende Beschleunigung des Truppenausbaues ergab sich eine Schwankungsbreite; aber als Mittelwert kann angenommen werden, daß sie bereits mit 24 Jahren Kompanien, mit 28 Jahren Bataillone, viele schon mit 30 Regimenter und einige bereits mit 32 Jahren Divisionen führten. Andere fanden mit etwa 28-30 Jahren — nach Absolvierung von Kriegs-Generalstabs-Lehrgängen auf der Kriegsakademie des Heeres — Verwendung als Führungsgehilfen (die Bezeichnung „Generalstabsoffizier" war in der Waffen-SS offiziell nicht eingeführt) in den Stäben von Divisionen und Generalkommandos![65]

Bedenkt man das Durchschnittsalter der Soldaten der Waffen-SS in den letzten Kriegsjahren von etwa 19 Jahren, so wird ein besonderes Merkmal dieser Truppe erkennbar: In ihr wurde Jugend durch Jugend geführt!

Für eine Friedenstruppe sind solche Altersverhältnisse unvorstellbar. Eine wohl von allen Armeen der Welt geteilte Erfahrung besagt jedoch, daß im Leben eines Soldaten Kriegsjahre doppelt zählen. Für Truppenteile, die — wie die Waffen-SS — vorwiegend an den Brennpunkten der großen Schlachten zum Einsatz kamen, gilt wohl eher noch, daß diese Jahre dreifach zählen.

Eilfertige Skribenten der Nachkriegszeit, bemüht, zeitpolitisch konforme Erklärungen zu bieten für die Diskrepanz zwischen den nicht einfach wegzuleugnenden Leistungen der Truppe und ihren bis in den Bereich des Untermenschentums verzerrt dargestellten Soldaten, haben insbesondere die Führer der Waffen-SS als politische Fanatiker, Berserker oder todessüchtige Psychopathen bezeichnet. Für die jungen Führer dieser Truppe war es jedoch nicht notwendig, als politische Kommissare im Rücken ihrer Männer diese mit gezogener Pistole zum Angriff voranzutreiben. Sie zogen es vor, ihrer Truppe Vorbild zu sein. Andernfalls hätten sie schwerlich die Anerkennung gefunden, die ihnen noch Jahrzehnte nach dem Krieg erhalten blieb.

So führten deutscher Tradition gemäß ihre Führer in Krisenlagen nicht nur nach Regeln der Taktik, sondern auch durch ihr Beispiel. Kluge Berechnung eigener Unentbehrlichkeit war kein hervorstechendes Merkmal. Ausnahmen waren selten. Erhalten gebliebene Verlustmeldungen lassen darauf schließen, daß sie — bei einem durchschnittlichen Anteil von 3 % an der Gesamtstärke der von ihnen geführten Verbände — an deren Verlusten mit bis zu 5 % beteiligt waren.[66]

Von eher wohlmeinenden, jedoch ohne Einblick gebliebenen Kritikern wurde nicht selten der Vorwurf erhoben, diese jungen Führer hätten sich vor allem durch tollkühnes Draufgängertum ausgezeichnet. Diese Vermutung soll nicht mit einem einfachen NEIN weggewischt werden. Wenn als letzter Ausweg, den eigenen Untergang nicht fatalistisch hinzunehmen, nur noch die Tollkühnheit blieb, dann hat es sie auch in dieser Truppe gegeben und Gefolgschaft gefunden; ebenso auch bei der Wehrmacht und bei unseren Kriegsgegnern. Zweifelsfrei sind allzuviele Beispiele belegt, daß Mannschaftsdienstgrade der Waffen-SS — häufig verwundet und ohne Verbindung zur eigenen Truppe — unglaublichen Mut, Tapferkeit und Durchhaltevermögen sowie selbständiges Handeln bewiesen. Dieses Verhalten stand in nichts den für klassisch erachteten Beispielen der gesamten Kriegsgeschichte nach.

Alle bekannt gewordenen Fälle dieser Art verteilen sich gleichmäßig auf Mannschaft, Unterführer und Führer, die jeweils aus eigener Initiative das Äußerste wagten, so daß hieraus nur auf die gesamte Truppe geschlossen werden kann. Kühnes Handeln kann man vielen Soldaten dieser Truppe bestätigen: Tollkühnheit blieb die zumeist durch die Umstände herausgeforderte Ausnahme.

Es bleibt aber durchaus erklärbar, warum mitunter der Eindruck entstehen konnte, diese Truppe habe es manchmal an jener gebotenen Vorsicht fehlen lassen, die noch keineswegs mit Feigheit gleichzusetzen ist. Ein Truppenverband mit einem Durchschnittsalter von etwa 19 Jahren geht Gefahren entschlossener an als etwa vielleicht 40-jährige Reservisten und Familienväter. Diese Feststellung ist alles andere als eine Herabsetzung; aus ihrer Sicht mag sehr wohl tollkühn erscheinen, was die Jüngeren als Pflicht ansehen.

General von Seeckt hat einmal festgestellt, daß nach seiner Erfahrung etwa um die Wende des 25. Lebensjahres der Selbsterhaltungstrieb zunehmend Gewicht gewinnt. Auch das muß als Maßstab für die Beurteilung einer so jungen Truppe einbezogen werden. Eine unvergessene Erfahrung im 1. Weltkrieg blieb der Angriff der Studenten vor Langemarck. Aus dieser immer wieder zitierten Erfahrung heraus wurden die Führeranwärter der Waffen-SS auf den Junkerschulen nachhaltig auf den Unterschied zwischen Tollkühnheit und mutigem Handeln hingewiesen und über deren Bewertung nicht im Zweifel gelassen.

In diesem Zusammenhang sollen die Gesamtverluste der Waffen-SS nicht unerwähnt bleiben. Nach amtlichen Feststellungen betragen diese an Gefallenen und Vermißten etwa 253 000 Mann, die des Heeres 3 280 000 Mann. Im Verhältnis zu den Gesamtstärken wären damit die Verluste der Waffen-SS niedriger als die des Heeres. Aber eigentlich sprechen die überwiegenden Einsätze der Waffen-SS an den Brennpunkten nicht hierfür. Irgendwelchen Schätzungen ist jedoch keine höhere Zuverlässigkeit zuzubilligen. Wären aber die Verluste entgegen den amtlichen Zahlen dennoch höher gewesen, so wären immer noch besondere Umstände zu berücksichtigen. Im Heer ist der relativ hohe Anteil rückwärtiger Dienste zu erwähnen; auf diese war auch die Waffen-SS angewiesen, weil ihr truppeneigene fehlten. Auch der Anteil an Ausbildungseinrichtungen und hohen Kommandobehörden war bei der Waffen-SS geringer. Es blieb ihr im Krieg nicht die Zeit, einen über das Notwendigste hinausgehenden bürokratischen Überbau zu entwickeln. In vielen Bereichen blieb sie auf die Versorgungseinrichtungen der Wehrmacht angewiesen. Der Anteil reiner Kampftruppen dürfte deshalb bei der Waffen-SS relativ größer gewesen sein, als es der des Heeres sein konnte.[67]

Mit dem Hinweis auf die angeblich überdurchschnittlich hohen Verluste ist oft der ab 1942 starke Rückgang von reichsdeutschen Freiwilligen-Meldungen begründet worden. Das galt aber ebenfalls für die Wehrmacht und dürfte weit eher andere Ursachen haben. Von der Bevölkerung wurde die durch Propaganda verbreitete optimistische Einschätzung von Kriegsdauer und Siegesaussicht mit zunehmender Skepsis beurteilt. Aber auch die von der Propaganda nicht eben unterdrückten Meldungen über die Schwerpunkt-Einsätze der Waffen-SS könnten mitgewirkt haben, denen man auch entsprechend hohe Verluste nachsagte.

Etwas bleibt indessen noch zu sagen, wenn von Besonderheiten der Waffen-SS die Rede ist. Das aus der Truppe eigenständig hervorgegangene Führerkorps war nie vom Unterführer-Korps und der Mannschaft durch formale Schranken abgesetzt. Es gab keine Vorbedingungen wie etwa ein bestimmter Schulabschluß; in dieser Truppe trug wirklich jeder Mann den „Marschallstab im Tornister", wenn auch in der kurzen Zeit ihres Bestehens kein Marschall aus ihr hervorgehen konnte. Jeder junge Führer blieb sich auch seiner Herkunft aus der Mannschaft bewußt. Das hatte zur Folge, daß formale Autorität einen sehr niedrigen Stellenwert besaß, ohne daß deshalb der Gehorsam gelitten hätte. Ohne Gehorsam kann keine Truppe ihren Zusammenhalt wahren. Die Autorität der altersmäßig so wenig überlegenen Führer beruhte weit eher auf Anerkennung der Persönlichkeit, der Leistung und der sehr ernst genommenen Fürsorge-Pflicht, die keinerlei Vorrechte kannte. Auslese-Prinzip und Freiwilligkeit haben dies natürlich in einem Ausmaß erleichtert, wie es in einem größeren Wehrkörper nicht vorgegeben sein kann.

In diesem Zusammenhang muß einmal mehr auf die Bedeutung der Junkerschulen hingewiesen werden. Natürlich lag der Schwerpunkt der Ausbildung im Felddienst und den dafür erforderlichen Kenntnissen. Gleiches Gewicht wurde aber der Erziehung und Formung der Persönlichkeit, der Förderung des Verantwortungsbewußtseins beigemessen — bei entschiedener Ablehnung jeden Hauches von Demutshaltung oder Unterwürfigkeit gegenüber Vorgesetzten. Keineswegs wurden lediglich durch Vermittlung von Wissen Führer „gemacht". Führer-Begabung war selbstverständliche Voraussetzung für die Zulassung zum Führerkorps, wie auch die Erfüllung aller anderen, recht hoch angesetzten Mindestforderungen. Es besteht kein Anlaß zu verschweigen, daß es dennoch — wenn auch als seltene Ausnahme — einigen „Blendern" gelang, die beurteilenden Vorgesetzten zu täuschen. Wenn sie sich dann im Kampf als Vorbild zu erweisen hatten, erlahmte ihr Ehrgeiz schnell — die Truppe nahm sie nicht an!

In dieser Abhandlung wird versucht, auf manche kaum bekannt oder bewußt gewordene Zusammenhänge hinzuweisen. Es war beabsichtigt, die Leistung dieser Truppe in den Zusammenhang mit den gegebenen Voraussetzungen und Erschwerungen zu stellen. Eine so kurze Zusammenfassung wichtig erscheinender Tatsachen bietet keine Gelegenheit, weniger ideale und keineswegs zu bagatellisierende Einzelerscheinungen zu behandeln. Von solchen blieb keine Truppe frei wie alles Menschenwerk. Weil dies aber Randerscheinungen waren, konnte mit gutem Gewissen darauf verzichtet werden. Die Überwindung solcher Erscheinungen gelang nicht zuletzt deshalb, weil sich in der Waffen-SS etwas durchzusetzen vermochte, was — gleichermaßen von den zu weitem Ansehen gelangten hohen Truppenführern wie auch von ihrem aus den eigenen Reihen entwickelten Führerkorps getragen — dieser Truppe ein Gesicht eigenster Prägung aus eigener Kraft verlieh.

Führernachwuchs der Waffen-SS
Die SS-Junkerschulen
Geschichtliches bis zum Kriegsausbruch

Die im Jahre 1934 geschaffene SS-Verfügungstruppe (später Waffen-SS) warf sehr bald das Problem des Führernachwuchses auf.

Während die Stellungen der Regiments- und Bataillonskommandeure sowie auch der Kompaniechefs durch ehemalige Offiziere — teilweise auch altgediente Unteroffiziere — der alten Armee, der Reichswehr oder der Landespolizei besetzt werden konnten, war der Führernachwuchs ohne Vorbildung auf einer Kriegsschule nicht sicherzustellen.

Diese Tatsache führte zu dem Entschluß, den Führernachwuchs der damaligen SS-Verfügungstruppe selbst heranzubilden. Als Vorbild wurden fast ausschließlich die Kriegsschulen des Heeres genommen, die Heeres-Dienst-Vorschrift D 20 war hierfür maßgebend.

Im Jahre 1934 wurde in Tölz die erste Führerschule der SS-Verfügungstruppe gegründet, deren 1. Lehrgang mit 100 Junkern im April 1934 anlief. Kommandeur und Lehrpersonal setzten sich aus bewährten ehemaligen Offizieren zusammen, die in Anlehnung an die Kriegsschule München den Aufbau durchführten. Wie groß der Einfluß der Wehrmacht war, geht aus der Tatsache hervor, daß der damalige Kommandeur der Kriegsschule München nach Absprache mit der Reichsführung-SS bei den Prüfungen anwesend war und maßgebliche Ratschläge für die Ausbildung und Beurteilung gab. Auch die Einweisung der Lehrkräfte der Führerschule (später Junkerschule) Tölz erfolgte an der Kriegsschule München.

Der 1. Schulkommandeur war der aus der Reichswehr kommende spätere Oberst der Preußischen Landespolizei, Paul Lettow, der mit dem Dienstgrad eines Obersturmbannführers, später SS-Standartenführer, als Schulkommandeur nach Tölz kommandiert wurde. Er trat später zum Heer zurück. Seine Nachfolger als Schulkommandeure waren:

Voß — Freiherr v. Scheele — Freiherr v. Montigny — Dörffler-Schuband — Debes — Klingemann — wieder Dörffler-Schuband — Klingenberg — Schulze-Kossens.

Schon Ende 1934 war erkennbar, daß die laut Befehl des Reichsverteidigungsministeriums Nr. 1139/34 g.K.L IIa genehmigte 2. Führerschule errichtet werden sollte (siehe Status).

Die SS-Junkerschule Braunschweig

Die Aufstellung dieser Schule erfolgte im Einvernehmen mit der Reichswehr. Am 1.11.1934 wurde Generalleutnant a.D. Paul Hausser mit den Vorarbeiten zur Errichtung der SS-Führerschule Braunschweig beauftragt und am 15.11.1934 mit dem Dienstgrad eines Standartenführers zum 1. Kommandeur der Schule ernannt.

Im Frühjahr 1935 erfolgte die Umbenennung — auch für die Schule Tölz — in SS-Junkerschule. In Braunschweig wurde das herzogliche Schloß durch die Landesregierung nach den gemeinsamen Plänen umgebaut. Einige historische Räume, wie zum Beispiel der Palysandersaal, blieben erhalten. Es mußten geschaffen werden: 8 Hörsäle, 1 Vortragssaal, Eßräume, Wohnräume, Verwaltungsräume, Küche und Kammern, Kantine und Führerheim, Räume für die Lehrtruppe und Ställe. Eine Reitbahn wurde gemietet.

In 4 Monaten waren der Ausbau und die Ausstattung sowie die Ausrüstung vollendet, die Schule konnte im Jahre 1935 eingeweiht werden.

Das Braunschweiger Schloß ist im Laufe des Krieges durch Bomben zerstört worden.

Die Nachfolger von Generalleutnant a.D. Oberführer Hausser — der Inspekteur der SS-Verfügungstruppe wurde — waren als Schulkommandeure: Götze — Altvater-Mackensen — Debes — Ballauf. Die Taktiklehrer waren übernommene Offiziere des Heeres oder der Landespolizei.

Zwischen der Junkerschule Braunschweig und der Infanterie-Schule Dresden bestand — wie in Tölz mit der Kriegsschule München — eine enge Zusammenarbeit, die sich auch daraus ergab, daß Hausser die Schule aus seiner früheren Dienstzeit als Kommandeur des Inf.-Regiments 10 gut kannte. Wiederholt fanden — wie auch in Tölz — gemeinsame Übungsreisen mit den Taktiklehrern statt.

In den Monaten zwischen den Lehrgängen nahm das Lehrpersonal an einer Übungsreise teil.

Die Kommandeure und Lehrer hatten das Ziel, einen Ausbildungsstand und -erfolg zu erreichen, der nicht hinter dem der Heeres-Kriegsschulen zurückstand. Die Truppe war mit den zu ihr zurückkehrenden Führern zufrieden.

Die Lehrgangsstärke betrug zu dieser Zeit in Braunschweig 240 Junker. Der erste Kommandeur der Junkerschule Braunschweig und spätere Generaloberst der Waffen-SS Paul Hausser hat Entscheidendes zur Formung des Führertypus der SS-Verfügungstruppe und Waffen-SS geleistet!

Weitere Entwicklung der Junkerschulen

Im Oktober 1937 wurden die Lehrgänge in Tölz in die neuerrichtete Schule am Ortsrand von Tölz verlegt, die Zahl der Schüler stieg erheblich. Das ging Hand in Hand mit der Aufstellung neuer Regimenter. Darüberhinaus wurde aus den Junkerschulen auch der Bedarf an jungen Polizeioffizieren gedeckt, auch für die Truppenverwaltung wurden auf den Junkerschulen ausgebildete Führer abgestellt.

Von den Aufgaben, die sich die SS-Verfügungstruppe gestellt hatte, war die Heranbildung eines Führertyps auf breiterer sozialer Grundlage als derjenigen des Heeres eine der schwierigsten.

Die SS-Verfügungstruppe suchte sich ihren Führerersatz unmittelbar aus den Reihen der Truppe aus, gestaltete das Verhältnis zwischen Führer und Mann neu und ermöglichte den Aufstieg von unten nach oben ohne besondere wissenschaftliche Examen und unter Ablehnung jeglichen Exklusivitätsprinzips.[68]

Die Wehrmacht übernahm mit sehr viel Verspätung erst am 9.10.1942 diese Auswahlkriterien der damaligen SS-Verfügungstruppe, der späteren Waffen-SS.

Bei der soziologisch weiter gespannten Schicht des Führerersatzes war die Ausbildung deshalb schwieriger, weil der wissenschaftlichen und gesellschaftlichen Formung ein höherer Wert beigemessen werden mußte, um das erforderliche Niveau des Offiziersberufes zu erhalten, während man auf einen Teil praktischer Dinge des Truppendienstes leichter verzichten konnte, da die Junker sie aus ihrer Truppenpraxis bereits beherrschten.

Die Auswahl der Junker erfolgte in der Truppe durch Vorschlag der zuständigen Kommandeure. Vor dem ersten Lehrgang fand eine Auswahlprüfung statt, danach die auch für alle Offiziere des Heeres im Frieden erforderliche psychotechnische Prüfung an einer Anstalt des Heeres. Erst danach und nach Ablegung eines mehrere Monate dauernden Führeranwärter-Lehrganges erfolgte die Versetzung als Junker an eine der Junkerschulen.

Voraussetzung für die Auswahl waren einwandfreie Führung, überdurchschnittliche soldatische Leistungen, geistige Qualitäten und gute charakterliche Veranlagung. Es wurden keine besonderen Abschlußzeugnisse vorausgesetzt, und auch die Herkunft in sozialer Hinsicht hatte keine entscheidende Bedeutung. Die Erfahrung lehrte, daß Absolventen ohne abgeschlossene höhere Schulbildung vorzügliche Leistungen zeigten. Der Ausbildungsgang erfolgte in voller Angleichung an die Vorschriften und Auffassungen der Wehrmacht, wie sie von der Inspektion für das Bildungswesen im Kriegsministerium festgelegt waren.

Es überraschte die zu SS-Untersturmführern beförderten Truppenführer allerdings, als der Reichsführer-SS in einer Rede vom 22.5.1936 über die auf Junkerschulen ausgebildeten jungen Führer sagte:[69]

> „Er kommt rund 10 Monate zur SS-Verfügungstruppe als Zugführer, dann 10 Monate ins Rasse- und Schulungsamt, um weltanschaulich seine erste große Schulung zu machen. Weiter kommt er 10 Monate in den Sicherheitsdienst, um den Gegner kennenzulernen, 10 Monate in die allgemeine SS ... Es bleiben nun in jedem Jahr 2 Monate übrig. Diese Monate dienen der reinen Schulung, also der Ausbildung auf Reitschulen, er kommt auf eine Fahrschule, Geländefahrschule und, weil jeder SS-Führer einmal Reserveoffizier der Polizei zugleich sein soll, zur Polizei. Weiter kommt er auf eine Dolmetscherschule, da jeder SS-Führer schon im ersten Jahr sich mit einer Sprache befassen muß ... Mit 26 Jahren wissen wir dann, wie unsere Entscheidung zu fallen hat, ob er im Sicherheitsdienst oder woanders verwendet wird. Wir können sehen, auf welchen Platz wir ihn zu stellen haben, für welches Gebiet wir ihn zunächst spezialisieren sollen und wie er seine weitere Ausbildung vorzunehmen hat.“

Diese Äußerungen, wieder eine der Himmlerschen Zukunftsvisionen, stießen bei den Truppenoffizieren auf Verwunderung und Ablehnung, weil sie sich bei ihrer Einstellung allein für den Soldatenberuf in einer aus Freiwilligen zusammengesetzten, längerdienenden Truppe entschieden hatten. Daß Himmler diese nach Kriegsbeginn allerdings hinfälligen Pläne in die Praxis umzusetzen versuchte, zeigt eine Aufschlüsselung der Dienststellen, in denen die von den Junkerschulen gekommenen Führer bereits im Frieden verwendet wurden. Schon Ende 1936 — nach Beendigung des 2. Lehrgangs der Junkerschule Tölz und des 1. Lehrgangs der Junkerschule Braunschweig — waren mehr als 2/3 aller Führer in andere Dienststellen außerhalb der SS-VT oder SS-TV versetzt.

Erst der Kriegsausbruch vereitelte Himmlers oben angesprochene Zukunftspläne, weil nun jeder an den Junkerschulen ausgebildete Führer dringend in der Truppe gebraucht wurde.

Auf dem Parteitag 1936 wurde den ehemaligen Junkern der ersten Lehrgänge der neugeschaffene SS-Ehrendegen verliehen. Sie wurden anschließend auf der Burg von Nürnberg persönlich dem Führer und Reichskanzler vorgestellt. Diese Vorstellung wurde bis Kriegsbeginn alljährlich in der Reichskanzlei wiederholt.

Der Führernachwuchs im Krieg

Der Krieg und die damit verbundene stetige Vergrößerung der Waffen-SS führte zur Errichtung weiterer Junkerschulen. Die Ausbildung von Reserveführern der Waffen-SS wurde ebenfalls nach Kriegsausbruch im Jahre 1940 aufgenommen.

Langsam löste man sich auch von der Vorstellung, daß nur die Truppe die Führerbewerber auszusuchen und namhaft zu machen hatte ohne Rücksicht darauf, ob sie schon auf Grund ihrer besseren Schulbildung gute Voraussetzungen für bestimmte Sonderlaufbahnen (Verwaltung, Ärzte, Ingenieure usw.) mitbrachten. Deshalb erließ das SS-Führungshauptamt der Waffen-SS am 4.11.1940 einen Befehl über den Führernachwuchs,[70] „um einem zwangsläufigen Absinken der Meldungen zur Waffen-SS vorzubeugen", nunmehr solle jedem Abiturienten schon bei seiner Bewerbung mitgeteilt werden,

> „daß er auf Grund seiner abgeschlossenen Schulbildung auf einer höheren Lehranstalt besonders auf seine Führereigenschaften überprüft werde."

Mit diesem Befehl gab es von nun an den Führerbewerber, ein Begriff, der am 2.12.1940 offiziell vom SS-FHA eingeführt wurde, das damit endlich Bitten der Truppenkommandeure oder verschiedener Ämter entsprach, Abiturienten besonders zu berücksichtigen.[71] Obwohl dieser Erlaß den bisherigen Auslesebestimmungen widersprach, wurde in Ziffer 5 ausdrücklich vermerkt:

> „Unabhängig von den Führerbewerbern steht selbstverständlich die Führerlaufbahn jedem Angehörigen der Waffen-SS offen, auch wenn der Betreffende nicht einer der vorbezeichneten Kategorien angehört. Der Reichsführer-SS erwartet, daß auch von den Nicht-Abiturienten die wertvollsten Menschen ausgesucht werden und möglichst frühzeitig in der Truppe die Bezeichnung ‚Führerbewerber' und damit die Förderung erhalten."

Gemäß „Merkblatt über die Laufbahnbestimmungen für die Dauer des Krieges für die aktive Führerlaufbahn und die Führerlaufbahn des Beurlaubtenstandes" des SS-FHA gab es nun neben der Truppenlaufbahn auch die Sonderlaufbahnen wie:

> SS-Führer im Sicherheitsdienst
> SS-Führer und Arzt
> SS-Führer im Wirtschafts- Verwaltungsdienst
> SS-Führer im Rasse- und Siedlungshauptamt
> SS-Führer und Offizier der Ordnungspolizei
> SS-Führer anderer Führerlaufbahnen.[72]

Für die Sonderlaufbahnen in der Waffen-SS erließ das SS-Führungshauptamt einen Befehl über den 1. Lehrgang für Reservejunker der Sonderlaufbahnen (Ärzte, Apotheker, Richter, Ingenieure), um „die einheitliche Erziehung und Ausrichtung des Führernachwuchses in den Sonderlaufbahnen zu gewährleisten." Dafür wurde für die Reserve-Führerbewerber der Laufbahnen

> SS-Führer und Arzt
> SS-Führer und Zahnarzt

SS-Führer und Veterinär
SS-Führer und Apotheker
SS-Führer und Richter
SS-Führer in Ingenieur-Laufbahnen

in den Semesterferien vom 1.8.-31.10.1944 an der SS-Junkerschule Prag der 1. Lehrgang für Reservejunker der Sonderlaufbahnen durchgeführt. In zusammengedrängter Form sollte den Lehrgangs-Teilnehmern der Lehrstoff eines 17-wöchigen Kriegs-Reservejunker-Lehrgangs vermittelt werden.[73]

Voraussichtliche Teilnehmerzahl: 120-150 SS-Führerbewerber. Für alle diese Sonderlaufbahnen war also eine truppendienstliche Ausbildung vorgeschrieben mit einem Besuch der Junkerschule und einer anschließenden Beförderung zum SS-Untersturmführer. Bei dieser Ausbildung gab es keine Trennung zwischen Truppen- oder Sonderführern, alle diese Führer hatten einen Offiziers-Lehrgang bestanden und waren auch als Zugführer in der Truppe einzusetzen.[74]

Weil den Truppenführern die Auswahl der Führeranwärter überlassen war, sah sich Himmler gezwungen, die Kommandeure darauf hinzuweisen, daß sie die Personalkanzlei bzw. später das neugeschaffene „Amt für Führerausbildung" (später Amt XI/SS-FHA) zu unterstützen und geeigneten Führernachwuchs nicht aus truppenegoistischen Gründen zu verschleißen hätten.[75]

Auch mußte das SS-FHA darauf hinweisen, daß es den Kommandeuren untersagt sei, von sich aus Ernennungen zum Führeranwärter vorzunehmen, da „gemäß Laufbahnbestimmung für die Dauer des Krieges" nur das Amt für Führerausbildung berechtigt sei, solche Ernennungen auszusprechen.[76]

Am 15.7.1941 erließ das SS-FHA, „Der Chef des Stabes", einen scharfen Befehl über die Kommandierungen von Führerbewerbern durch die Truppe, nachdem schon in der vorhergehenden Zeit durch den „Inspekteur der SS-Junkerschulen" — von Treuenfeld — geklagt worden war, daß „die Truppe trotz wiederholter Verfügungen eine große Anzahl ungeeigneter SS-Führerbewerber als sofort zur Kommandierung geeignet gemeldet hätte. Künftig würden die Kommandeure für eine bessere Auswahl verantwortlich gemacht." Treuenfeld führte in seinem Bericht über „Die Auswahl der SS-Führeranwärter" an, daß im Laufe der letzten Jahre über 40 % der zur Ausbildung an die Junkerschulen entsandten Anwärter untauglich gewesen seien und zur Truppe zurückversetzt werden mußten. Lücken in der Allgemeinbildung, mangelnde militärische Vorbildung, fehlende Absicht, aktiver SS-Führer zu werden, zu hohes Lebensalter, fehlende infanteristische Grundausbildung, charakterliche Nichteignung und Willensschwäche seien die Hauptgründe dafür gewesen.[77]

Es ist den Schulkommandeuren hoch anzurechnen, daß sie auf einer strengen Auslese bestanden und sich nicht scheuten, ungeeignete und zu den Schulen kommandierte Führerbewerber zurückzuweisen. Nur dadurch wurde ein hoher Ausbildungsstand künftiger Führer für die Truppe erreicht, der sie befähigte, an der Front ihre durch die Kriegsgeschichte bewiesenen Leistungen zu erbringen.

Um einer zu hohen Mißerfolgsquote vorzubeugen, wurde schon vor dem Kriege versucht, eine „verbindliche Normierung der Auswahlkriterien, eine Standardisierung der Lehr- und Ausbildungsinhalte und eine zentrale Überwachung des gesamten Ausbildungsganges durchzusetzen." Kernstück dieser Bemühungen war die Einrichtung sogenannter Führeranwärter-Lehrgänge, in denen die für die Junkerschulen vorgesehenen Anwärter nach zumeist neun- bis zwölfmonatigem Truppendienst ihre militärische Gruppenführer-Ausbildung erhielten. Diese Vorbereitungslehrgänge von durchschnittlich achtwöchiger Dauer fanden seit Mitte 1938 statt.

Seit 1943 waren sie auch für Reserve-Führerbewerber verbindliche Voraussetzung eines Junker-Lehrgangs.[78]

Organisiert waren die vorbereitenden Lehrgänge anfangs im Rahmen der ausbildenden Regimenter, später auf Divisionsebene, bei den entsprechenden Ersatztruppenteilen und zuletzt — nach Waffengattungen getrennt — an den jeweiligen Waffenschulen.[79]

Daß sich trotz aller dieser Befehle über die Auswahlkriterien doch Differenzen in der Beurteilung der Persönlichkeitswerte ergaben, beweisen die oft voneinander abweichenden Beurteilungen der gleichen Kandidaten durch die Junkerschulen und den entsendenden Truppenteil.[80]

Alle Führerbewerber, gleichgültig, ob für die aktive oder Reserve-Führer-Laufbahn, hatte die Truppe grundsätzlich nach deren Einstellung sofort namhaft zu machen und zwar:

1. Alle Abiturienten höherer Lehranstalten
2. Alle Studenten oder Studierte
3. Alle Führer der allgemeinen SS und alle nach Allgemeinbildung und nach Charakterwerten und Stellung im Leben in Frage Kommenden.

Eine besondere Sorgfalt in der Auswahl war der Truppe zur Pflicht gemacht in der Heranziehung und Förderung derer, die während der Ausbildung oder später erkennen ließen, daß sie die Eignung zum aktiven oder Reserve-Führer besaßen, die aber nicht von vornherein zu den Vorgenannten gehörten.

Auf Grund der Meldungen durch die Truppe wurden diese Männer vom Amt für Führernachwuchs endgültig erfaßt und zu Führerbewerbern ernannt unter Ausstellung einer einfachen Urkunde. Sie blieben nun bis zu ihrer Beförderung zum Führer vom Amt für Führernachwuchs erfaßt, Streichungen aus der Liste der Führerbewerber wurden nur in zwingenden Fällen vorgenommen, wenn eingehende, stichhaltig begründete Anträge dazu Veranlassung gaben.

Der so erfaßte Führerbewerber kam nun dem Amt für Führernachwuchs nicht mehr aus den Augen, sein Werdegang wurde in allen Einzelheiten hinsichtlich seiner Leistungen und der gesamten Entwicklung überwacht. So sprach allein dieses Amt die Kommandierung zu den zu seiner Ausbildung erforderlichen Lehrgängen und Schulen zum gegebenen Zeitpunkt aus und hatte bis zu einer gewissen Grenze auch die Möglichkeit einer Lenkung im Interesse der einen oder anderen Waffengattung, die gerade besonderen Bedarf hatte, wie auch hinsichtlich der technischen und Sonderlaufbahnen.[81]

Um die später folgende Übersicht über den Ausbildungsgang und seine verschiedenen Phasen verständlich zu machen, seien vorweg der Werdegang des Führernachwuchses vom Führerbewerber bis zum Offizier erklärt und die Ausbildungsstätten genannt:

Dienstgrade und Schuldienstgrade des Führernachwuchses

Bei Ersatz- und Fronttruppe: Führerbewerber
Mit Kommandierung zum Vorbereitungslehrgang: Führeranwärter
Mit Kommandierung zur Junkerschule (für aktive) bzw. zur Waffenschule (für inaktive): SS-Junker
Nach bestandener Zwischenprüfung auf Junker- bzw. Waffenschule: SS-Standartenjunker
Nach bestandener Schlußprüfung der Junker- bzw. Waffenschule: SS-Standartenoberjunker

Ausbildungsstätten des Führernachwuchses

1. Ersatztruppe
2. Fronttruppe
3. Vorbereitungslehrgang (dieser lief anfänglich bei den Ersatzeinheiten, danach bei den Waffenschulen)
4. Schulen

Ausschließlich für die aktive — später auch Reserve-Führer-Laufbahn — bestimmte Schulen/Junkerschulen:

1. SS-Junkerschule Tölz / gegründet April 1934
2. SS- und Waffen-Junkerschule Braunschweig / gegründet April 1935 (nach Zerstörung nach Posen-Treskau verlegt)
3. SS- und Waffen-Junkerschule Klagenfurt / gegründet November 1943
4. SS-Junkerschule Prag / gegründet Juli 1944

Für die aktive und Reserve-Offizierslaufbahn, die technischen und Sonderlaufbahnen: Waffen-Schulen und Fach-Schulen:

(siehe Anhang S. 149)

Ausbildungsgang und seine Phasen in Monaten:

	1934—1939: aktiv	1940—1945: aktiv	Reserve:
1. Ersatztruppe (Grund- und erste Unterführerausbildung)	6	4	4
2. Fronteinsatz (abhängig von der Kampftätigkeit des Truppenteils)	—	2	2
3. Vorbereitungslehrgang an den Waffenschulen	—	2	2
4. Junkerschule	10	6	5
5. Waffenschule (Zugführer-Lehrgänge)	3	4	2

Während der aktive Führernachwuchs mit Abschluß des eben geschilderten Ausbildungsvorganges zum Führer befördert wurde, erfolgte die Beförderung des Reserve-Nachwuchses erst nach erneutem Frontdienst von zweimonatiger Dauer. So ergaben sich unter Berücksichtigung der Lehrgangstermine und der Reisen von und zu den verschiedenen Ausbildungsstätten für die aktive Führerlaufbahn eine Dauer von rund 18, für die Reserve-Führer-Laufbahn eine solche von 15 Monaten.

Künftige technische-, Verwaltungs-, Sanitäts-, Veterinär-Führer und Richter-Sonderlaufbahnen:

Für alle aktiven Führer dieser Sonderlaufbahnen bestand die Forderung der vollen Kriegsausbildung wie für die aktiven Truppen-Führer. Von den Reserveführern der Sonderlaufbahnen wurde lediglich die Truppenausbildung der Reserveführer gefordert, wenn nicht überhaupt in gekürzten Lehrgängen das Wissen der Truppenführer der Res. vermittelt wurde. Diese Lehrgänge fanden zum Teil an den Waffenschulen, zum Teil aber auch den Fachschulen statt, (siehe Anhang Schulen).

Ausbildungsziele/Erziehung

Die Junkerschulen hatten das Ziel, zu einem vornehmen, furchtlosen Charakter, zu Ritterlichkeit, sauberer Ehrauffassung und Gehorsam, zu Hilfsbereitschaft, Kameradschaft und Verantwortungsfreudigkeit zu erziehen. Tadelloses Verhalten in der Öffentlichkeit, Entwicklung des Familiensinns waren weitere Forderungen.

Die Auslese erfolgte nach äußerem Erscheinungsbild und Abstammung; Beibringung eines polizeilichen Führungszeugnisses und eine Schuldenerklärung wurden gefordert. Untreue und Unehrenhaftigkeit, Verstöße gegen die Kameradschaft wurden streng bestraft, vielfach mit Ausschluß. Das Verschließen der Spinde war verboten. Verpönt war Alkohol- und Nikotin-Mißbrauch. Geheimniskrämerei war nicht geduldet. „Widernatürliche Unzucht" stand unter strengsten Strafen, zuletzt unter Todesstrafe.
An den Junkerschulen wurden die Grundlagen in den theoretischen Kenntnissen zur Eignung als Btl.-Adjutant und Ordonnanz-Offizier gelegt, truppendienstlich die theoretischen Kenntnisse des Inf.-Zugführers vermittelt, während die praktische Ausbildung zum Zugführer den Zugführer-Lehrgängen an den Waffenschulen vorbehalten war, die nach Besuch der Junkerschule absolviert wurden.

Gliederung einer Junkerschule,
der auch die Gliederung der Waffenschulen ähnlich war:

1. Stab: Kommandeur (Dienststellung eines Generals)
I A   Stabsoffizier für Ausbildung
II A   Adjutant (Offiziers-Personalien und Vorschriften)
II B   Adjutant (Mannschafts-Personalien)
III   Gerichtsoffizier
IV A   Verwaltung

IV B	Sanitätswesen
IV C	Veterinärwesen
V	Kraftfahrwesen
VI A	Stabsoffizier für weltanschauliche Erziehung und Geschichte
VI B	Truppenbetreuung/Bücherei
0 1	Ordonnanzoffizier (Abwicklung der Lehrgänge)
0 2	Ordonnanzoffizier (Fürsorge)

2. Gliederung laut Befehl des Amtes für Führernachwuchs vom 14.5.1942: „Zur Durchführung der Lehrgänge sind die Junkerschulen mit Wirkung vom 1.6.1942 wie folgt zu gliedern":[82]

Junkerschule Tölz in 3 Lehrgruppen

Die 3 Lehrgruppen waren wie folgt gegliedert:

Lehrgruppe A:
I. Inspektion:
  in 3 Junkerschaften (mot)
II. Inspektion:
  in 1 Schützen-Junkerschaft (bespannt)
  1 Junkerschaft für versehrte Führerbewerber
  1 sMG-s.Gran.Werfer-Junkerschaft
III. Inspektion:
  2 Artl.-Junkerschaften (mot)
  1 Junkerschaft gegliedert in
    a) Inf.Gesch.
    b) Artl. (bespannt)

Lehrgruppe B:
IV. Inspektion:
  3 Schützen-Junkerschaften (mot)
V. Inspektion:
  1 Schützen-Junkerschaft (mot)
  1 Schützen-Junkerschaft (bespannt)
  1 Kradsch.-, Pz.-Späh-Junkerschaft

Lehrgruppe C:
VI. Inspektion:
  1 sMG-sGran.Werfer Junkerschaft
  1 Junkerschaft gegliedert in
    a) Pz.-Jäger
    b) Flak
  1 Nachrichten-Junkerschaft

VII. Inspektion:
  1 Artl. Junkerschaft (mot)
  1 Inf.Gesch.-Artl. Junkerschaft
  1 Junkerschaft gegliedert in
    a) Kavallerie
    b) Pioniere

Einberufen wurden für diesen Lehrgang nach Tölz 730 Führerbewerber für die aktive oder Reserveführer-Laufbahn. Hinzu kamen Umschulungs-Lehrgänge für germanische Offiziere, Versehrten-Lehrgänge und Vorbereitungs-Lehrgänge für Führeranwärter.

An der Spitze der Lehrgruppen stand der für die militärische Gesamtausbildung verantwortliche Offizier. (Dienststellung eines Regimentskommandeurs.) Die Inspektionschefs waren in der Dienststellung eines Bataillonskommandeurs, die Junkerschaftsführer in der eines Kompaniechefs.

SS-Junkerschule Braunschweig in 2 Lehrgruppen.

Gliederung der Lehrgruppen:

Lehrgruppe A:
I. Inspektion:
  3 Schützen-Junkerschaften (mot)
II. Inspektion:
  1 Schützen-Junkerschaft (mot)
  1 Kradsch.-Pz.-Späh-Junkerschaft
  1 Junkerschaft gegliedert in
    a) Panzer
    b) Kavallerie

Lehrgruppe B:
III. Inspektion:
  2 Nachrichten-Junkerschaften
  1 Flak-Junkerschaft
IV. Inspektion:
  1 sMG-s.GrW-Junkerschaft
  1 Pz.Jäger-Junkerschaft
  1 Pionier-Junkerschaft

Einberufen wurden für diesen Lehrgang 430 Führerbewerber für die aktive Laufbahn.

Unter Ziffer II dieses Befehls des SS-FHA-Amt
für Führerausbildung-VII(1) vom 14.5.1942 steht:

„1. Den Lehrgängen obliegt die Erziehung und Ausbildung des Führernachwuchses außerhalb der
Truppe. Sie übernehmen daher wichtige Teilgebiete der Friedensaufgaben der Junkerschulen und
der Zugführer-Lehrgänge für Standarten-Oberjunker bzw. Reserve-Führer-Anwärter.

Das Ausbildungsziel der Lehrgänge ist die Schulung und Ausbildung des SS-Führer-Bewerbers zum
frontverwendungsfähigen Zugführer, Gehilfen des Kp.-Chefs und Rekrutenoffizier in der eigenen
Waffe.

2. Um den gesamten Aufgaben gerecht zu werden, wird die Ausbildung bei den Lehrgängen in je 2
Ausbildungsabschnitte gegliedert:

8. Kriegs-Junker-Lehrgang

a) Im **1. Ausbildungsabschnitt** vom 8.6.-19.9.1942 liegt der Schwerpunkt in der praktischen Ausbildung (einschl. Ausbildung in der eigenen Waffengattung).

Die Verteilung der Wochenstunden auf praktische Ausbildung und theoretischen Unterricht erfolgt
zu Gunsten der ersteren. Die Aufschlüsselung der Wochenstunden (Anl. 1) ist bindend. Letztere ist
notwendig im Interesse einer gleichmäßigen Ausbildung an beiden Junkerschulen, insbesondere in
den Stoffgebieten, die zur militärischen Allgemeinbildung des Führers jeder Waffengattung gehören
müssen.

Um die Schießausbildung der leichten und schweren Waffen sowie die Gefechtsausbildung bis zum
verst. Kompanieverband durchführen zu können, wird der Lehrgang vom 30.8.-19.9.1942 auf den
Truppen-Übungsplatz Beneschau verlegt. Die für die Ausbildung auf dem Truppen-Übungsplatz erforderlichen Lehrtruppen werden den Junkerschulen durch das AMT FÜR FÜHRERAUSBIL-
DUNG zugeführt.

b) Im **2. Ausbildungsabschnitt** vom 21.9.-5.12.1942 steht die wissenschaftliche Arbeit im Vordergrund. Über die Aufschlüsselung der Wochenstunden für die 2. Hälfte des Lehrgangs ergeht durch
das AMT VII bis zum 10.9.1942 gesondert Befehl. Wünsche bzgl. Gestaltung des Lehrganges im 2.
Ausbildungsabschnitt können von den SS-Junkerschulen festgelegt und bis zum 1.9.1942 dem AMT
FÜR FÜHRERAUSBILDUNG in Vorlage gebracht werden..."

SS- und Waffen-Junkerschule Klagenfurt

Im Sommer 1943 wurde auf Befehl des SS-FHA in Klagenfurt-Lendorf unter der Bezeichnung „SS-Junkerschule
Klagenfurt" eine neue Schule für den Führernachwuchs der W-SS gegründet, sie wurde am 1.6.1944 umbenannt
in „SS-und Waffen-Junkerschule Klagenfurt" und diente der Heran- und Ausbildung für deutsche und nichtgermanische Führerbewerber.

Sie war gegliedert in 1 Lehrgruppe mit 4 Inspektionen zu je 3 Junkerschaften. Im Januar 1945 wurden die Junkerschaften neugegliedert und der Lehrgang in 3 Inspektionen eingeteilt.

Die Schule wurde infolge ständiger Luftangriffe teilweise evakuiert. Der am 10.4.1945 beginnende Lehrgang umfaßte 6 Inspektionen, davon einen fremdvölkischen mit 30 Oberfähnrichen der kroatischen Ustascha. Am
20.4.1945 wurde der Lehrgangsbetrieb eingestellt und die Lehrgangsteilnehmer zu Feldeinheiten der Waffen-SS
im österreichischen Kampfraum in Marsch gesetzt.

Am 29.4.1945 wurde aus dem noch vorhandenen Lehrpersonal eine Kampfgruppe aufgestellt, die als Sperrver-
band im Kanaltal eingesetzt wurde.

Am 8.5.1945 Wiedereinrücken der Kampfgruppe und Kapitulation.

Am 9.5.1945 Wiederbewaffnung der Kampfgruppe durch englische Truppen und Vorbereitung zur Rundumver-
teidigung gegen jugoslawische Partisaneneinheiten.

Kommandeur: SS-Standartenführer Bestmann.[83]

SS-Junkerschule Prag

Im Frühsommer 1944 wurde auf Befehl des SS-FHA die Schule in Prag-Dewitz aufgestellt. Der Lehrgangsbetrieb begann am 3.7.1944. Die Schule diente der Heran- und Ausbildung des Führernachwuchses der W-SS in Kriegs-Junkerlehrgängen und Lehrgängen für versehrte SS-Junker.
Sie war gegliedert in 1 Lehrgruppe mit 4 Inspektionen zu je 3-4 Junkerschaften.
Im August 1944 wurde eine 5. Inspektion für Sanitäts-Führeranwärter zusätzlich aufgestellt.
Am 13.4.1945 wurde die Schule aufgelöst, ein Teil der Lehrgangsteilnehmer wurde zu Feldeinheiten der W-SS, ein Teil des Lehrpersonals und Lehrgangsteilnehmer der I. und II. Insp. nach Prag-Rusin zur Aufstellung des SS-Regiments „Mähren" versetzt, Teile des Lehrgangs auf den Tr.Üb.Platz „Böhmen" verlegt, während Lehrgangsteilnehmer aus der Flak-Inspektion zur SS-Alarm-Flak-Batterie Prag kamen.
Kommandeur: SS-Standartenführer Joerchel.[84]

Die SS-Ärztliche Akademie in Graz

Nachdem bereits der Reichskriegsminister in einem Erlaß vom 18.12.1934 die Einbeziehung der SS-Junkerschulen in die SS-VT angeordnet hatte, wurde auch in der g.Kdos.WFA/LII v. 10.6.38 Absatz B: Die SS-Junkerschulen unter Ziffer 1.) angeordnet: „Die SS-Junkerschulen einschl. der SS-Ärztl. Junkerschule bilden den Führernachwuchs". Neben dem jungen Offiziersnachwuchs für die SS-Verfügungstruppe und die Deutsche Polizei sollte diese SS-Ärztliche Akademie den Nachwuchs für die aktive Sanitätsoffizierslaufbahn ausbilden.
Die SS-Ärztliche Akademie wurde aber erst 1937 in Berlin gegründet. Diese wurde in einem Mietshaus in der Friedrichstraße in Berlin eingerichtet. Am Anfang waren 20 Sanitätsjunker vorhanden, die alle an der Universität Berlin als Mediziner studierten. Der erste Kommandeur der SS-Ärztlichen Akademie war SS-Stubaf. Dr. Jencio bis 1939.
Nach dem Anschluß Österreichs an das Reich 1938 wurde die SS-Ärztliche Akademie im Herbst 1940 nach Graz, in die ehem. Landes-Taubstummenanstalt Rosenberggürtel 12, verlegt.
Durch die kriegsbedingte Expansion der Waffen-SS-Divisionen kamen alle Absolventen der SS-Ärztl. Akademie Graz zur Waffen-SS.
Abweichend von der Wehrmacht, bildete die Waffen-SS ein einheitliches Führerkorps heran, so daß auch die Verwaltungsführer, die Ärzte, sowie die Führer des Höheren techn. Dienstes zuerst das Truppenoffizierspatent abzulegen hatten, bevor sie sich ihrer Spezialistenausbildung widmen konnten. Die Anwärter für die Akademie durchliefen nach abgeschlossener Schulbildung (Abitur) — vor Eintritt in die Akademie und vor Aufnahme des ärztl. Studiums — bei den Truppenteilen der SS-Verfügungstruppe und später bei den Verbänden der Waffen-SS eine normale, einjährige militärische Ausbildung als angehende Truppenführer. Bei Eignung wurden dann auch diese San. Offz. Bewerber zu einer SS-Junkerschule (Kriegsschule der Waffen-SS) kommandiert und traten erst, nachdem sie die Schlußprüfung bestanden hatten, in die SS-Ärztliche Akademie in Graz ein.
Während der Zeit der Zugehörigkeit zur SS-Akademie trugen alle Akademieangehörigen den Ärmelstreifen „SS-Ärztliche Akademie". Der Besuch der med. Vorlesungen erfolgte an der Universität in Graz. Die Universität wurde in ziviler Bekleidung aufgesucht.
Nach Ablegung des Physikums wurden die Lehrgangsteilnehmer des 1. Lehrgangs in den 2. Lehrgang für Kliniker überstellt. Nach Ablegung des medizinischen Staatsexamens folgte die Beförderung zum SS-Ostuf. Auch bestand die Möglichkeit, nach Ablegung des Physikums auf Wunsch an einer anderen Universität weiter zu studieren.
An der Akademie fanden laufend die Referats- und Diskussionsabende mit aktuellen Themen aus Wissenschaft, Politik und Kunst statt.
An der Akademie bestanden immer zwei Lehrgänge unter je einem Lehrgangsleiter: ein vorklinischer 5semestriger und ein ebenso 2½ Jahre dauernder klinischer Lehrgang. Die einjährige Medizinalpraktikantenzeit wurde in einem SS-Lazarett anschl. abgeleistet. Die Gesamtausbildungszeit einschl. Truppenausbildung bis zur Approbation und Einstellung als Truppenarzt dauerte also etwa 8—8½ Jahre.
In den vorklinischen Lehrgang fiel die Ausbildung als Sanitätsdienstgrad für die Krankenpflege. Daneben wurde in dieser Zeit auch der Kraftfahrzeugschein und das Reitsportabzeichen erworben. Die Akademie verfügte über einen entsprechenden Kfz.-Park und über zahlreiche Reitpferde. Während der ersten zwei Semester war Säbel-

fechten Pflicht, dazu war ein eigener Fechtlehrer angestellt. Außerdem war den Sanitätsjunkern Gelegenheit gegeben, das militärische Dolmetscherexamen in englischer, französischer, italienischer oder russischer Sprache abzulegen.

Neben dem Studium wurde im fortgeschrittenen klinischen Lehrgang dann auch gelehrt:
Sanitätstaktik, Berichtswesen, Truppenarztaufgaben, Truppenhygiene.

Die Teilnahme der Sanitätsjunker als aktive Sportler bei Vereinskämpfen oder auch bei militärischen Leistungswettbewerben wurde gefördert.

Nach der KStN für eine ärztl. Akademie bestand diese aus:

1. Dem Kommandeur mit Adjutanten
2. 2 Lehrgangsleitern
3. 2 Verwaltungsführern, Waffenlehrer, sowie 1 Lehrer für Reiten und das Kraftfahrwesen, durch Unterführer besetzt.
4. 100 Arzt-Junkern, dieser Personalstand wurde allgemein nicht immer erreicht, oft waren nur 80 Junker an der Akademie.
5. 30 Mann Stammpersonal, die teilweise als Schreiber, Ordonnanzen, Fahrer und Pferdepfleger Verwendung fanden. Es wurden auch eine Anzahl Zivilangestellter noch zusätzlich beschäftigt.

Bis April 1942 legten bereits 10 Lehrgangsteilnehmer ihr medizinisches Staatsexamen in Graz ab.

Personelle Besetzung des Lehrpersonals an der SS-Ärztl.-Akademie:

Kommandeure:
Dr. H. Jencio 1937—1939 Berlin
Dr. K.P. Müller ab 1939—April 1942
Dr. Kaether, Dozent
Dr. Edmund Schlink bis Kriegsende
mit der Wahrnehmung der Geschäfte eines Kdr. war dazwischen beauftragt
Dr. Mittelberger, vermißt in Budapest

2. Adjutanten:
   Dr. Siegfried Libau in Berlin
   Dr. Ding
   Dr. v. Lycken
   Dr. Werner Kleinknecht
   Dr. Egon Skalka, selbst Lehrgangsteilnehmer gewesen
   Dr. Gottlieb Zrubecki

3. Lehrgangsleiter:
   Dr. Hans Himmler
   Dr. Hans Foerster
   Dr. Gottlie, Dozent
   Dr. Walther Pöschel
   Dr. Philipp Reich

4. Verwaltungsführer:
   Gehringer, Graz
   Rienisch, Hauptstuf., Graz
   Lackner, Ostuf.

Da das aktive Sanitäts-Offizierkorps der Waffen-SS nicht ausreichte, mußte zwangsläufig auf zivile Ärzte zurückgegriffen werden, die während des 2. Weltkrieges einberufen wurden.

Um diese Privatärzte militärisch mit den Sonderaufgaben eines Sanitätsoffiziers vertraut zu machen, fanden an der SS-Ärztl. Akademie in Graz SS-San.-Reserveführerlehrgänge statt.

Die SS-Ärtzl. Akademie verblieb bis zum Kriegsende in Graz; erst kurz vor dem Eintreffen der Alliierten in Graz wurde diese aufgelöst. Heute beherbergt das Gebäude wieder zur Hälfte die Taubstummenanstalt und zur anderen Hälfte im rückwärtigen Teil die III. Chirurg. Abt. des Landeskrankenhauses Graz.

Die Wirtschaftsverwaltungsschulen der Waffen-SS

Schon bald nach Aufstellung der Verfügungstruppe ergab sich die Notwendigkeit, das Verwaltungswesen analog dem des Heeres aufzubauen. Ehe die Truppe stand, mußten ihre notwendigsten Bedürfnisse nicht nur beschafft und bereitgestellt werden, sondern auch nach den gesetzlichen Bestimmungen Truppenverwaltungen dafür Sorge tragen, daß die klassischen Aufgaben einer Intendantur und der ihr untergeordneten Truppenverwaltungen bei Regimentern und Bataillonen erfüllt werden konnten. Zu diesen gehörte die Verpflegung, die Bekleidung, die Unterkunft, die Ausrüstung beim Mann und die gesamte Geldwirtschaft einschließlich deren Abrechnung gegenüber dem Rechnungshof des Deutschen Reiches in Potsdam. Dabei erfolgte die Ausbildung sowohl in Kameralistik als auch in Doppik. Die Lehrgangsbesten durften studieren (Strafrecht, Wirtschaftswissenschaften).

Die damalige Reichsbauverwaltung errichtete die Kasernenanlagen nach den modernsten Gesichtspunkten, wie beim Heer auch, in den Standorten Berlin, Unna, Hamburg, Arolsen, Nürnberg, Dresden, München-Freimann, Tölz, Braunschweig; nach dem Anschluß Österreichs wurden auch in Klagenfurt und Wien nach und nach fertiggestellte Bauten der Truppenverwaltung der Waffen-SS übergeben.

Bereits 1935 wurde die Wirtschaftsverwaltungsschule errichtet. Auch liefen zu diesem Zeitpunkt Verpflegungs- und Offizierslehrgänge beim Heer in München, der Chef des Heeresverwaltungsamtes, General Karmann, hatte auch hier das Inspektionsrecht. Er besuchte die Lehrgänge und prüfte die Führer des Wirtschafts- und Verwaltungsdienstes der Waffen-SS. Es gab zwei Schulen, die eine war in Weimar, die andere in München. Den Hauptanteil in personeller Hinsicht stellte die Marine und die Ordnungspolizei (Landespolizei). Andere kamen aus der öffentlichen Verwaltung, aus Rechnungsprüfungsämtern der Kommunalverwaltung wie auch Beamte des Bundesrechnungshofes. Es war von vornherein klar, daß der Zahlmeister alten Typs nicht erwünscht war, ebenso, daß diese Führer keinen Beamtenstatus, sondern den der Soldaten und dementsprechend auch die Besoldung nach der Besoldungsordnung C für Soldaten erhalten sollten. Schon nach kurzer Zeit hatte die erste Wirtschaftsverwaltungsschule unter dem von der Marine kommenden Oberführer Bayer in Lehrgängen, die ein Jahr dauerten, die fachlichen Voraussetzungen den jungen Führern zu vermitteln. Die Lehrpläne umfaßten nicht nur den Ausbildungsstoff der Wehrkreisverwaltungsschulen des Heeres. In der Kriegsstärkenachweisung-Anlage sind in zwei Lehrgruppen A und B acht Inspektionen ausgewiesen, von denen vier sich mit der Wirtschaftsverwaltung beschäftigten, während weitere vier die militärische Ausbildung betrieben, die mit dem Zugführer-Lehrgang abschloß. Die erste SS-Führerschule des Wirtschaftsverwaltungsdienstes bildete während des Krieges vorwiegend Schwerversehrte aus, die später die Führer dieser Sondersparte stellen sollten. Berufssoldaten, die durch Amputationen zum Truppendienst nicht mehr befähigt waren, sollten eine ausgesprochen soldatennahe Verwaltung besetzen. In Arolsen trug ein Lehrgang von Reserve-Führer-Bewerbern einen Schwerstversehrtenlehrgang täglich in den Hörsaal (Beinamputierte).

Im März 1945 bildete die Schule auf Befehl des Wehrkreiskommandos Kassel zwei Kampfgruppen mit Stärke von je 1000 Mann; die eine ging im Eisenbahnmarsch an die Front bei Frankfurt/Oder und bildete im Rahmen der 32. SS-Freiwilligen-Grenadier-Division das Freiwilligen-Grenadier-Regiment 88. Die zweite Kampfgruppe wurde mit 2 Bataillonen gegen den Brückenkopf Remagen angesetzt und geriet nach drei Wochen im Oberharz in Gefangenschaft.

Lehrgrundsätze und Prüfungen an Junkerschulen

Die Lehrfächer Waffentechnik, Geländekunde und Luftwaffenlehre wurden durch den Taktiklehrer erfaßt. Taktischer Unterricht erfolgte weitgehend in Planspielen und Kriegsspielen sowie im Sandkasten. Besonderer Wert wurde auf Besprechungen im Gelände (Taktik im Gelände) gelegt, die wöchentlich mindestens einmal, für einen halben oder ganzen Tag, in der näheren oder weiteren Umgebung stattfanden.

Die Teilnahme an Übungen der Wehrmacht (Sonderübungen der Aufklärungsabteilungen, der Pioniere, der Panzerabwehr) sowie an mehrtägigen Herbstübungen des Heeres (einzelner Regimenter oder größerer Verbände) förderten den Blick für die Praxis. Besichtigung von Flugplätzen und sonstigen Einrichtungen der Luftwaffe ergänzten die Übungen.

Der alljährliche mehrwöchige Aufenthalt auf einem Truppen-Übungsplatz förderte nicht nur die Schießleistung, sondern vertiefte vor allem die taktischen und sonstigen militärischen Kenntnisse.

Vorträge aller Art militärischen, kriegs- und weltgeschichtlichen Inhalts durch bekannte Offiziere und Wissenschaftler fanden in regelmäßiger Folge statt. Im übrigen waren die Prüfungsbedingungen der HDV „D 20" maßgebend. Es ist klar, daß dem Urteil des Taktiklehrers besonderes Gewicht verliehen war, da sich dieses auf mehrere Lehrfächer bezog.

Prüfungen
1. Vorbereitungslehrgang

Der bereits in der Truppe bewährte und ausgewählte Führernachwuchs wurde fast ausnahmslos bis zur Kommandierung zur Junkerschule (aktiv) und Waffenschule (Reserve) zu einem Vorbereitungs-Lehrgang kommandiert. Ziel: Festigung der bisher erworbenen Kenntnisse und die Ausbildung zum Gruppen- bzw. Geschützführer der eigenen Waffe.

2. Aufnahmeprüfung

Nach dem bestandenen Vorbereitungs-Lehrgang fand bei der Junker- bzw. Waffenschule noch eine kurze Aufnahmeprüfung statt, die sich auf geistige Beweglichkeit und Allgemeinbildung erstreckte.

3. Zwischenprüfung

Diese fand nach etwa der Hälfte der Lehrgangsdauer statt. Die Ergebnisse konnten sein:

a) Vollgenügende Junker blieben an der Schule und wurden zum Standartenjunker ernannt.

b) Nicht vollgenügende Junker, bei denen es einer Auffüllung der festgestellten Lücken (Haltung, theoretisches oder praktisches Wissen) bedurfte, blieben ebenfalls an der Schule, wurden aber nicht befördert.

c) Nicht genügende Junker kehrten zur entsendenden Truppe zurück.
Die Beurteilung war außerordentlich streng. Die Ausfälle bei den Zwischenprüfungen bewegten sich durchschnittlich um 30 Prozent.

4. Schlußprüfung

Da auf die Zwischenprüfung besondere Sorgfalt verwandt wurde, blieben fast alle restlichen Lehrgangsteilnehmer bis zur Schlußprüfung auf der Schule. Die Ausfälle bei der Schlußprüfung waren dementsprechend gering. Mit Bestehen der Schlußprüfung wurde die Beförderung zum Standartenoberjunker ausgesprochen. Nur in einzelnen Fällen unterblieb diese aus erzieherischen Gründen. Von der Junkerschule aus wurden die Oberjunker auf die verschiedenen Waffenschulen kommandiert, je nach Art ihrer späteren Verwendung in den einzelnen Waffengattungen.

Lehrkräfte

Zunächst wurden Offiziere des alten Heeres, der Reichswehr sowie der Polizei gewonnen, die auf Grund ihres Werdeganges, ihrer Ausbildung sowie persönlicher Eigenschaften Gewähr für erfolgreiche Erziehung und Ausbildung boten. Später kamen in fortschreitendem Maße junge Führer der Waffen-SS — auch solche aus europäischen Einheiten —, die fast ausschließlich an den Junkerschulen selbst ausgebildet worden waren, oder aus dem Heer in die Waffen-SS übergetretene Offiziere zum Einsatz. Die beiden letzten Kommandeure der Junkerschule Tölz waren 10 Jahre zuvor selbst als Junker an der Schule gewesen.

Lehrfächer

1. Taktik; 2. Weltanschauliche Schulung und Geschichte; 3. Heerwesen sowie SS- und Polizeiwesen; 4. Waffenlehre (Waffentaktik und Waffentechnik); 5. Geländekunde; 6. Truppendienst; 7. Kartenkunde; 8. Panzerlehre; 9. Nachrichtenwesen; 10. Pionierwesen; 11. Luftwaffenlehre; 12. Kraftfahrwesen; 13. Leibesübungen; 14. Reiten.

Die Bewertung der Lehrfächer

Die Bewertung der Lehrfächer war ab 1944 folgende:

1. Taktik	8-fach
2. Weltanschauliche Schulung	8-fach
3. Heerwesen	5-fach
4. Waffenlehre	3-fach
5. Geländekunde	3-fach
6. Truppendienst	5-fach
7. Nachrichtenwesen	3-fach
8. Pionierwesen	2-fach
9. Flugwesen	1-fach
10. Kraftfahrwesen	1-fach
11. Leibesübungen	5-fach

Europäische Freiwillige

Wie bereits in der Einführung beschrieben, wurde die Junkerschule Tölz ab 1943 für die Erziehung und Ausbildung zum Führer der in reichsdeutschen oder europäischen Einheiten dienenden Freiwilligen eingesetzt. Von diesem Zeitpunkt an wurden an der Front bewährte Männer, wenn sie für die Führerlaufbahn in der Truppe geeignet erschienen, in Tölz ausgebildet.
Führeranwärter aus 12 europäischen Nationen wurden hier erzogen und bald auch als Lehrer im Unterricht eingesetzt.

Die Lehr- oder Stammabteilung

Sie war zusammengesetzt aus Unterführern und Männern der Waffen-SS. Sie stellten den Wachdienst, die Kraftfahrer, die Reitstaffel (Tölz hatte 120 Reitpferde), das Geschäftszimmer-, Verwaltungs- und Sanitätspersonal. Der Führer der Lehrabteilung, die auch für Lehrvorführungen im Rahmen der Junkerausbildung eingesetzt wurde, hatte die Dienststellung eines Bataillonskommandeurs. Disziplinar-Strafgewalt hatten außer dem Kommandeur der Junkerschule nur die vorbezeichneten Führer, nicht aber die Lehrkräfte der Schule.

Auswirkungen des Attentats vom 20. Juli 1944

Man kann wohl davon ausgehen, daß Hitler auf Grund der Ereignisse und des Attentats vom 20. Juli 1944 am 7.12.1944 einen
„Befehl über die Erfassung und Ausbildung des aktiven Offiziers- und Führernachwuchses des Heeres und der Waffen-SS in Kriegslehrgängen an besonders ausgewählten Schulen"
erließ.[86]
Der Befehl des Führers wurde vom Reichsführer-SS und nunmehrigem Befehlshaber des Ersatzheeres weitergegeben und lautete unter

Punkt A:

„Gemäß Befehl des Führers soll der aktive Offiziers- bzw. Führernachwuchs des Heeres und der Waffen-SS vor seinem Eintritt in die Wehrmacht in Nationalpolitischen Erziehungsanstalten, Adolf-Hitler-Schulen, der Reichsschule Feldafing und ausgewählten Heimschulen erzogen werden. Er erhält dort neben seiner schulischen Erziehung seine weltanschauliche Ausrichtung und vormilitärische Ausbildung als Vorbereitung für seinen künftigen Beruf.

Zunächst werden an den genannten Anstalten Kriegs-Lehrgänge eingerichtet. Die Teilnahme an diesen Lehrgängen erfolgt auf Grund freiwilliger Meldung.

Der 1.Lehrgang beginnt am 5.2.1945.

Punkt B:

1. Zur Teilnahme an den Kriegs-Lehrgängen kommen in Betracht:
> a) Für das Heer:
> Schüler höherer Schulen, Gymnasien, Oberschulen, Aufbauschulen, Mittel-(Haupt-)schulen und Lehrlinge (Berufsschüler des Jahrganges 1929 und 1930).
> b) Für die Waffen-SS:
> Schüler der unter a) genannten Schulen und Lehrlinge (Berufsschüler), jedoch nur des Jahrgangs 1930.

Die Heranziehung jüngerer Jahrgänge wird noch besonders befohlen.

Über die Ausbildung sagt der Befehl unter Ziffer

III. Ausbildung:

1. Die Erziehung in den Kriegslehrgängen erfolgt nach den an den betreffenden Schulen geltenden Grundsätzen.

2. Die vormilitärische Erziehung und Ausbildung wird nach den Richtlinien der Reichsjugendführung durchgeführt.

3. Die Kriegslehrgänge werden so gestaltet, daß Höhere Schüler die Möglichkeit haben, die Vorsemesterbescheinigung oder den Reifevermerk wie an den Höheren Schulen zu erhalten oder gegebenenfalls die Reifeprüfung abzulegen.

Über den schulischen Abschluß der Lehrlinge (Berufsschüler) wird noch besonders befohlen.

4. Schulgeld und Verpflegungsgeld werden nicht erhoben. Bekleidung und Unterkunft werden gewährt.

5. Die Teilnahme an den Kriegslehrgängen bedeutet keine Verpflichtung, nach Abschluß des Lehrganges den Offiziersberuf zu ergreifen.“

Es wurden folgende Kontingente des aktiven Offiziersnachwuchses des Heeres und Führernachwuchses der Waffen-SS festgelegt:

Heer 1500 — Waffen-SS 500 —, insgesamt 2000

Der Befehl besagte, daß die Kontingente erfüllt werden mußten.

Außer dem Führer-Erlaß vom 7.12.1944, der eine vormilitärische Ausbildung und weltanschauliche Ausrichtung der künftigen Offiziere des Heeres und der Führer der Waffen-SS vorsah, erließ nun auch Himmler zwei weitere Befehle im Dezember 1944.[88]

Aus ihnen geht hervor, daß er nunmehr größeren Wert auf die weltanschauliche Schulung legen wolle. Er weist deshalb die Kommandeure der Junkerschulen an, nach der Schlußprüfung alle die Führer namhaft zu machen, die für das Arbeitsgebiet VI (weltanschauliche Schulung) in Frage kämen. In einem Zusatzbefehl Nr. 3 vom 3.1.1945 wurde befohlen, daß aus den laufenden Lehrgängen des Amtes XI mit Vorlage der Schlußprüfungsaufgaben diejenigen Lehrgangsteilnehmer zu melden wären, die für die spätere Verwendung als „SS-Führer für die weltanschauliche Schulung“ besonders geeignet seien. Es wurden Mindestzahlen genannt, die einzuhalten den Kommandeuren zur Auflage gemacht wurde, und zwar:

a) Lehrgänge für versehrte Junker	rund 10 %
b) Kriegsreservejunkerlehrgänge (ohne Berücksichtigung der Waffengattung)	rund 5 %

c) Sonstige Lehrgänge für SS-Führerbewerber des Truppendienstes, die mit der Beförderung zum SS-Standartenoberjunker der Reserve abschließen (z. Zt. SS-Panzer-
Junker-Lehrgang, Fahnenjunker-Lehrgang/Werfer)   rund 5 %

d) Lehrgänge für germanische und fremdvölkische Führerbewerber (z. Zt. aus den
Reihen der germanischen Führerbewerber des Kriegs-Junkerlehrgangs an der SS-
Junkerschule Tölz)

Kriegs-Waffen-Junker-Lehrgang (wallonisch und französisch)

Kriegs-Waffen-Junker-Lehrgang (lettisch)

Kriegs-Waffen-Junker-Lehrgang (estnisch)   rund 5 %

Daß dieser Befehl auf wenig Gegenliebe stieß, braucht nicht betont zu werden, er wurde von den Schulkommandeuren wegen der Kriegsereignisse auch nicht mehr befolgt.

Das Ausleseprinzip wird aufgegeben

Die starken Verluste an der Front und das abzusehende Kriegsende, der Mangel an geeigneten Truppenführern und an Nachwuchskräften zwangen den Reichsführer-SS nun zu einer Maßnahme, die er früher wohl für unmöglich gehalten hätte.

Er erließ am 14. Dezember 1944 einen Befehl über

„Annahme von reichsdeutschen Freiwilligen ohne SS-Eignung"[87]

Aus dem Befehl geht hervor, daß auch reichsdeutsche Freiwillige ohne SS-Eignung an Führernachwuchs-Lehrgängen des Amtes XI beteiligt werden konnten.

Diese Führerbewerber und Führeranwärter (Junker der Waffen-SS, Standartenjunker der Waffen-SS und Standartenoberjunker der Waffen-SS) mit dem Urteil kv-SE waren grundsätzlich zu Reserve-Dienstgraden zu befördern.

Diesem Befehl voraus ging eine Anordnung Himmlers vom Juli 1944, daß diese reichsdeutschen Freiwilligen ohne SS-Eignung nur für die Divisionen „PRINZ EUGEN", „HORST WESSEL" und die „SS-KAVALLERIE-DIVISION" angenommen werden könnten. Die Annahme dieser Freiwilligen erfolgte mit dem Urteil kv-SE (kv-SONDEREINHEIT).

Ein besonderer Hinweis in der öffentlichen Werbung, daß kv-SE taugliche Rekruten angenommen wurden, sollte nicht erfolgen.

Es war ein langer Weg von den einst so strengen Auslesebestimmungen bis zu dieser Maßnahme . . .

Abschluß

Im Jahre 1944 wurden vom Chef des Amtes für Führernachwuchs rund 7000 Beförderungen zu Standartenoberjunkern ausgesprochen. 6000 waren davon über die Junkerschulen gegangen, während rund 1000 wegen Tapferkeit vor dem Feinde zu Oberjunkern und danach zu Führern befördert wurden. Allein diese Zahlen aus dem Jahre 1944 bedeuten, daß bei einer Beförderung von 6000 über die Junkerschulen gegangenen Offizieren etwa 10 000 als Führerbewerber erfaßt gewesen sein müssen.

Ab Januar 1945 wurden an der Junkerschule Tölz auch zwei Inspektionen der Luftkriegsschule **Fürstenfeldbruck** durch das Tölzer Lehrpersonal für den Einsatz im Erdkampf in den Fallschirmjäger- und Luftwaffen-Felddivisionen ausgebildet. Eine Inspektion Meereskämpfer der Marine erhielt an der Schule ihre Grundausbildung als Kampfschwimmer und Einmann-Torpedofahrer in der großen Schwimmhalle!

Versehrten-Lehrgänge an der Junkerschule Tölz 1943-45

Die hohen Verluste an der Front führten schon im Jahre 1941/42 zu der Überlegung, wie man schwerverwundeten Führeranwärtern die Möglichkeit erschließen könne, trotz ihrer Versehrtheit an einem Führerlehrgang teilzunehmen und sie später in bestimmten Dienststellen der Heimat einzusetzen. Damit wäre die Gelegenheit gegeben, frontverwendungsfähige Truppenführer abzulösen und an die Truppe abzugeben.

In einem an der Junkerschule Tölz entwickelten und dann auch durchgeführten Lehrplan schälten sich für die vorgesehenen Lehrgänge, die einer Art **Sonderstudium** gleichkamen, Haupt- und Nebenfächer heraus. Der Versehrtensport als Unterrichtsfach erhielt mit bestimmter Priorität seine Prägung. Die Versehrtengruppen waren eingeteilt je nach dem Grad ihrer Verwundung in Bein- und Armversehrte, Gruppe der Versehrten mit Kopf- und Hirnverletzungen ohne Lähmungserscheinungen, Gruppe der Versehrten mit Kopf- und Hirnverletzungen und spastischen Lähmungen, Gruppe der Kriegsblinden und die der Versehrten mit inneren Organverletzungen. Für alle diese Gruppen wurden spezielle Sportarten entwickelt, fast alle konnten das Versehrten-Sportabzeichen erwerben.

Erziehungslehre (Grundlagen der Pädagogik und Psychologie), Vortragswesen und Deutsch-Unterricht, Verwaltungslehre, Truppenbetreuung, politische Bildung unter besonderer Berücksichtigung der deutschen und europäischen Geschichte, Merkmale der Wirtschaftspolitik, Unterrichtswesen sowie Fragen der Rechtslehre wurden als Hauptfächer gelehrt. Erst in zweiter Linie standen die Sachgebiete Heerwesen und Taktik auf dem Stundenplan. 1943 wurde die Junkerschule Tölz für die Versehrten-Lehrgänge federführend. Zunächst bestand nur eine Versehrten-Inspektion, danach mußte eine zweite eingerichtet werden, an der neben reichsdeutschen und volksdeutschen auch europäische Junker aus 12 Nationen ausgebildet wurden.

Am 5.3.1942 gab das SS-Führungshauptamt[89] einen Erlaß heraus über die Erfassung der verwundeten und versehrten SS-Führerbewerber als „SS-Führerbewerber z.V.", in dem es hieß, daß in Aussicht genommen sei, die SS-Führerbewerber, die durch Verwundung oder Wehrdienstbeschädigung nicht mehr kv seien und daher zu SS-Junker-bzw. Reserve-Führeranwärter-Lehrgängen nicht mehr kommandiert würden, in Zukunft als Führer-Bewerber z.V. in gesonderten Lehrgängen zusammenzufassen. Hier sollte ihnen unter weitgehender Befreiung vom Außendienst das militärische Wissen vermittelt werden, um sie nach einer am Lehrgangsschluß vorzunehmenden Prüfung zu Reserve-Führer-Anwärtern zu ernennen und zu Oberscharführern der Reserve zu befördern.

Danach sollte eine entsprechende Verwendung in den verschiedenen Ämtern vorgesehen werden.

Die Beförderung zum SS-Untersturmführer der Res.z.V. sollte entsprechend der in den verschiedenen Dienststellen nachgewiesenen Eignung erfolgen.

In dem Erlaß des SS-Führungshauptamtes wurde befohlen, daß dem Amt für Führerausbildung erstmalig zum 15.4.1942 diese verwundeten und versehrten SS-Führer-Bewerber z.V. — getrennt nach aktiv und Reserve — zu melden seien.

„Als versehrt sind solche SS-Führer-Bewerber anzusehen, bei denen eine anerkannte Wehrdienstbeschädigung vorliegt und die nach truppenärztlicher Feststellung nicht mehr kv. werden. Das Letztere gilt auch für die aktiven Führer-Bewerber."

Es wurde darauf hingewiesen, daß laut RFSS-Befehl „Laufbahnbestimmungen für die Dauer des Krieges" Führer-Bewerber nachstehende Angehörige der Waffen-SS sind:

> Führer der allgemeinen SS
> HJ-Führer (vom Stammführer an aufwärts)
> Politische Leiter (Hoheitsträger d.Partei)
> Abiturienten
> Absolventen der NAPOLA
> Führer des RAD (vom Feldmeister aufwärts)
> Ordensjunker und Angehörige des Stammpersonals der Ordensburgen
> Führer der übrigen Parteigliederungen.

Alle diese schon in der Waffen-SS Dienenden konnten bei Eignung als Führer-Bewerber gemeldet werden. Die Junkerschule Tölz wurde mit der Durchführung dieser Sonder-Lehrgänge beauftragt.

Am 6.7.1944 wurde der o.a. Erlaß v.5.3.1942 dahingehend erweitert, daß nunmehr außer den versehrten reichsdeutschen SS-Führerbewerbern auch alle diejenigen versehrten germanischen Freiwilligen zu beteiligen seien, die auf Grund ihrer Einsatzbereitschaft und der charakterlichen Haltung gefördert werden könnten. Diese germanischen Führer-Bewerber sollten erstmalig zum 6. Lehrgang für versehrte SS-Junker vom 15.9.1944 — 31.1.1945 nach Tölz einberufen werden.[90]

Alle Hauptämter, Ämter, Dienststellen und Ersatzeinheiten der Waffen-SS, bei denen sich germanische Freiwillige befanden, die für den Lehrgang in Frage kamen, mußten diese namhaft machen und ebenso zwischenzeitlich aus den Lazaretten bei den Ersatzeinheiten eintreffende versehrte germanische Freiwillige. Der Tauglichkeitsbefund mußte für mindestens 6 Monate „bedingt kv." lauten, Wehrdienstbeschädigung mußte vorliegen.

In einem Befehl des Führungshauptamtes[91] vom 20.4.1943 wurden nochmals Richtlinien für eine Einberufung zur Junkerschule Tölz bekanntgegeben.

Danach waren als Teilnehmer SS-Führer-Bewerber namhaft zu machen, die auf Grund einer Verwundung bzw. Wehrdienstbeschädigung körperlich den Anforderungen eines Kriegs-Junker- bzw. Reserve-Führer-Anwärter-Lehrgangs nicht gewachsen waren und — in einer Inspektion zusammengefaßt — vom Außendienst weitgehend befreit werden sollten. In charakterlicher, geistiger und haltungsmäßiger Beziehung waren dieselben Anforderungen zu stellen wie an alle anderen SS-Führer-Bewerber.

Bei erfolgreichem Bestehen der Zwischenprüfung wurden die Lehrgangsteilnehmer zum

      SS-Unterscharführer der Res.z.V.,

nach erfolgreichem Bestehen der Schlußprüfung zum

      SS-Oberscharführer der Res.z.V.

befördert und zum Reserve-Führeranwärter ernannt.

Nach Abschluß des Lehrgangs wurden die Teilnehmer zur Dienstleistung in die verschiedenen Ämter versetzt, wo sie bei Nachweisung ihrer Eignung in der betreffenden Dienststelle zum

      SS-Untersturmführer der Res.z.V.

befördert wurden.

Sämtliche versehrten SS-Führer-Bewerber wurden ohne Rücksicht darauf, ob sie sich bisher in der aktiven oder Reservelaufbahn befanden, als Reserve-Führerbewerber behandelt. Diese Regelung erfolgte mit Rücksicht darauf, daß auch den bisher aktiven SS-Führer-Bewerbern jede Möglichkeit geschaffen werden sollte, sich durch besondere Schulung (zum Beispiel Studium, Fachschule usw.) eine ihrem körperlichen Zustand entsprechende spätere Berufsstellung zu wählen.

So kam es zur Einführung von Lehrgängen für versehrte Führer-Bewerber der Res.z.V. Der erste dieser Lehrgänge begann im Januar 1943. Jeder Lehrgang dauerte knapp 4 Monate, im Frühjahr 1945 wurde der 7. Lehrgang beendet. Soweit war der Rahmen durch die Personalplaner klar abgesteckt.

Das militärische Ziel der Ausbildung wurde durch das Amt XI im SS-FHA vorgeschrieben. Bei der Waffen-SS wurde verlangt, daß auch Verwaltungsführer-Anwärter eine volle militärische Ausbildung durchlaufen sollten, um das Verständnis für die Belange der Truppe zu fördern. Es lag daher nahe, auch den versehrten Führer-Bewerbern eine militärische Ausbildung zuteil werden zu lassen, soweit es ihre Behinderung zuließ. Sie wurden in den gleichen Fächern unterrichtet wie die aktiven Junker. Allerdings entfiel der Gefechtsdienst, der bei den Aktiven einen breiten Raum im Dienstplan einnahm. Größten Wert legte man auch bei den Versehrten auf die körperliche Ertüchtigung. Der Versehrtensport spielte eine dominierende Rolle. (siehe „Sport in Tölz")

Das Bestehen des Lehrgangs war für Versehrte genau wie für aktive Teilnehmer von der erzielten Leistung abhängig. Es gab keine Unterschiede bei der Bewertung in den einzelnen Fächern; Taktik, weltanschauliche und geschichtliche Schulung wurden am höchsten bewertet, dicht gefolgt vom Fach Heerwesen. Für die vorgenannten Fächer mußten mindestens genügende Leistungen erbracht werden. In der praktischen militärischen Ausbildung wurde mit den Versehrten — soweit es möglich war — an leichten Infanterie- und Handfeuerwaffen geübt und auf dem Schießstand geschossen. Im Rahmen des Taktik-Unterrichts erfolgten Gelände-Besprechungen.

Das alles entsprach Folgerungen aus den Führungs-Notwendigkeiten und Erfahrungen der damaligen Zeit. Was daraus in den Lehrgängen gemacht wurde, war eine typische und ganz spezielle Tölzer Entwicklung, wie sie wohl von keinem Amt vorauszusehen war.[92]

Mit der Vorbereitung der Versehrten-Lehrgänge wurde 1942 Sturmbannführer Klingenberg beauftragt. Er war einer jener Studenten, die 1933 — von der Universität kommend — zu der neu aufzubauenden Truppe gestoßen waren. Seine militärische Prägung hatte er nach dem Bestehen des 1. Lehrgangs der Junkerschule Tölz zunächst als Bataillons-Adjutant des nachmaligen Generals der Waffen-SS Walter Krüger in Arolsen und dann als Adjutant des späteren Generalobersten Paul Hausser erhalten. Klingenberg war Ritterkreuzträger und wurde infolge eines Leidens, das er sich in Rußland zugezogen hatte, für den Frontdienst untauglich und an die Junkerschule versetzt.

In Tölz hatte Klingenberg freie Hand, seinen Ausbildungs-Auftrag so auszuführen, wie er es nach seinen Erfahrungen für sinnvoll hielt. Das galt auch für die Versehrten-Lehrgänge. Er hatte stets ein offenes Ohr für gute Ratschläge und eine glückliche Hand, geeignete Helfer zu finden auf Gebieten, die er selbst nicht oder unzureichend beherrschte. So machte ihm der Sportlehrer — der über seine Erfahrungen an anderer Stelle gesondert berichtet (siehe ‚Sport in Tölz‘) — den Vorschlag, die Junker je nach der Art ihrer Versehrtheit zusammenzufassen. Klingenberg erkannte dies als zweckmäßig für die Gestaltung des Sportunterrichts und griff den Vorschlag auf. Außerdem war diese Einteilung dann auch für die militärische Ausbildung praktischer; man konnte in den Gruppen die entsprechende Rücksicht nehmen, spezielle Methoden entwickeln und bei der Beurteilung vergleichbare Maßstäbe anlegen. Die jeweiligen Junkerschaftsführer mußten sich auf diese Weise auch nicht mit zu vielen verschiedenen Behinderungsarten auseinandersetzen.

Auch die psychologische Wirkung einer solchen Unterteilung war nicht zu unterschätzen. Im täglichen Umgang mit gleichartig Versehrten erkannten die Junker, daß auch andere mit ihrer Behinderung fertigwerden mußten und sogar Leistungen erbrachten, wie mancher Gesunde es kaum schaffte. Durch den Sport wurde das manchmal verlorene Selbstvertrauen wieder hergestellt; das verhinderte Selbstbemitleidung und Resignation.

Meist bestanden die Lehrgänge aus zwei Inspektionen zu je zwei Junkerschaften, also vier Versehrten-Gruppen. Zusammengefaßt wurden z.B. Beinamputierte und durch Lähmungen Gehbehinderte, oder Armamputierte und an den Armen Gelähmte. Es gab auch andere Schwerverletzte wie schwere Lungenschüsse, Hirnverletzte und Blinde. Ebenso gehörten sonstige Dienstbeschädigungen dazu, wenn z.B. infolge schwerer Krankheit die Untauglichkeit für den Frontdienst eintrat. Sichergestellt war, daß nur wirklich Körperbehinderte an den Lehrgängen teilnahmen, damit das Leistungsbild nicht verzerrt wurde.

An diesen Lehrgängen in Tölz nahmen nicht nur Deutsche teil, sondern Angehörige vieler Länder Europas. Es war sehr vorteilhaft, daß solche Lehrgänge ausschließlich in Tölz stattfanden. Dadurch hatten die europäischen Teilnehmer in der Freizeit Gelegenheit, zu Kameraden aus ihrer Heimat Kontakt zu halten, die andere Lehrgänge an der Schule besuchten. Das förderte auch den Zusammenhalt zwischen den verschiedenen Lehrgängen; auch die deutschen Junker trafen vermehrt mit Teilnehmern anderer Lehrgänge zusammen, nicht nur mit denen, die sie von ihren Fronteinheiten her kannten.

Die Versehrten-Lehrgänge waren voll in den Schulbetrieb integriert. Auch die musischen Veranstaltungen wurden den versehrten Junkern genau so geboten wie den aktiven. Diese Gleichstellung galt auch für die Weiterbildung der Führer dieser Lehrgänge, obwohl sie fast alle selbst versehrt waren.

Ganz Gesunde waren nur unter denjenigen Führern, die das gleiche Fach bei den Aktiven lehrten.

Jeder Teilnehmer mußte durch seine Vorgesetzten mehrfach beurteilt werden. Schon nach vier Wochen fand eine erste diesbezügliche Besprechung statt, und es wurde beschlossen, die ersten Teilnehmer, die nach der gemeinsamen Beurteilung das Lehrgangsziel auf keinen Fall erreichen konnten, an die entsendenden Truppenteile oder Dienststellen zurückzugeben.

Mit dieser Zwischenprüfung nach der 8. Woche war eine weitere Auslese verbunden. Danach erfolgte die erste Beförderung.

Diejenigen, die die Schlußprüfung bestanden hatten, wurden nach erneuter Bewährung in der Truppe oder Dienststelle zum Untersturmführer befördert. Schließlich gab es noch die Möglichkeit einer späteren Wiederholung des Lehrgangs für zu junge Führerbewerber. Ihnen sollte Gelegenheit zu weiterer Entwicklung gegeben werden, bevor sie die Verantwortung eines Führers übernehmen konnten. Insoweit war der Ablauf mit dem der aktiven Lehrgänge vergleichbar.

Aber es gab einen gravierenden Unterschied bei der Beurteilung von aktiven und versehrten Junkern. Bei den Aktiven ging es stets um die Frage, ob die Betreffenden sofort oder nach einer Entwicklungszeit in der Lage wären, an der Front Züge und bald auch Kompanien zu führen. Man mußte damit rechnen, daß junge Führer schon nach kurzer Zeit an der Front vor solche Aufgaben gestellt würden. Bei der Beurteilung stellte sich also der Junkerschaftsführer oder Inspektions-Chef die Frage, ob er diesen Führer als Zugführer in der Kompanie oder im Bataillon haben möchte.

Beim Anlegen der Maßstäbe konnte man aus den eigenen langjährigen Fronterfahrungen schöpfen.

Bei den versehrten Junkern wurden an den Charakter keine anderen Maßstäbe als bei den aktiven Junkern angelegt. Aber mit erneutem Fronteinsatz war bei vielen nicht mehr zu rechnen. Hier mußte man sich also überlegen, wie und wo diese Junker dann als Führer eingesetzt werden könnten und ob sie den Aufgaben wohl gewachsen wären. Man hatte manchmal den Eindruck, daß die entsendenden Truppenteile oder Dienststellen sich darüber zu wenig Gedanken gemacht hatten, obwohl bei der Abkommandierung zur Schule in der Beurteilung auch die künftige Verwendung vorzuschlagen war.

Oft war klar erkenntlich, daß Truppenteile ihre entsandten Führerbewerber nach bestandenem Lehrgang wiederhaben wollten, um sie als Ausbilder einzusetzen. Das war meist möglich. Es kam aber auch vor, daß z.B. die Verwendung als ,Verwaltungsführer' vorgeschlagen wurde, obwohl der Junker dafür keinerlei Eignung besaß; dem fronterfahrenen Beurteiler hingegen stellte sich der Betreffende klar als für den Truppendienst geeignet dar. Manche Junker entwickelten sich während der Lehrgänge menschlich beachtlich, sie gewannen Selbstvertrauen und waren daher jetzt anders zu beurteilen als vorher bei der Truppe. Die Ausbilder konnten sich natürlich intensiver mit den jungen Menschen befassen, als es bei der Truppe während des Dienstes möglich war. Auch ein Vergleich mit anderen Lehrgangsteilnehmern erleichterte die richtige Beurteilung. Manche Fähigkeiten, die in der Truppe kaum ersichtlich waren, konnten im Zusammenleben mit den Kameraden erkannt werden. Mitunter zeigten sich aber auch bestimmte negative Charakterzüge, wie z.B. krankhafter Ehrgeiz, erst im engen Zusammenleben mit den Kameraden, was dann zur Abqualifizierung führte.

Keinerlei Schwierigkeiten bereitete das Zusammenleben der Junker untereinander. Der kameradschaftliche Zusammenhalt war gut. Disziplin-Schwierigkeiten traten nicht auf. Insofern waren die Versehrten-Lehrgänge ein Abbild des Geistes, der in der Truppe herrschte. Wenn einzelne Begebenheiten besonders auffielen, so waren es fast immer erfreuliche Leistungen. Besonders ist die allgemeine Hilfsbereitschaft zu erwähnen, mit der sich die Lehrgangs-Teilnehmer gegenseitig das Leben und die Arbeit zu erleichtern trachteten.

Die Ausbilder waren bestrebt, möglichst viele Junker das Ziel der Schule erreichen zu lassen. Trotzdem lehrte die Erfahrung, daß von den zum Lehrgang Abkommandierten am Ende etwa nur die Hälfte auch Führer wurde. Das war eine unerfreuliche Tatsache, denn der hohe Bedarf an Führernachwuchs war bekannt. Dennoch wurden die Anforderungen nicht herabgeschraubt, weil das nur zu Lasten der Qualität und damit der Truppe gehen konnte.

Wenn auch infolge der knappen zur Verfügung stehenden Zeit für Lehrgänge und Beurteilungen — oder auch wegen menschlicher Unzulänglichkeit — manches Fehlurteil vorgekommen sein mag, so läßt sich rückblickend doch noch heute feststellen, daß das Ergebnis der Versehrten-Lehrgänge ihrem Zweck entsprach.

Bis zum Frühjahr 1945 wurden rund 1000 Versehrte ausgebildet und zu Führern befördert und machten danach gesunde und frontverwendungsfähige Führer für die Truppe frei.

Das in Tölz erarbeitete Versehrten-Programm sollte später auch für alle Wehrmachtsteile verbindlich werden. Das Kriegsende verhinderte das.

Die Fürsorge für die Versehrten hat diese seelisch in sehr starkem Maße gefestigt und ihnen wieder Lebensmut gegeben. Der dabei durchgeführte Versehrtensport ist bis in die heutige Zeit richtungweisend geblieben.

Brief eines blinden Teilnehmers am Versehrten-Lehrgang Tölz

„Ich habe auf Grund meiner Eindrücke während des Versehrten-Lehrganges in Tölz von Ende Juli bis Ende November 1943 stets eine vorzügliche Erinnerung an jene Zeit bewahrt. Dazu möchte ich folgende Aspekte herausheben:

Es war eine glänzende Idee — die für unkonventionelle und im guten Sinne des Wortes ,reformerische' Führung spricht —, daß Beschädigte (heutige Terminologie: Behinderte) nicht nur zu einer angemessenen Verwendung innerhalb der Truppenaufgaben zugelassen und herangezogen wurden, sondern daß sie darüber hinaus zu einer neuen Verwendung animiert und sogar zum Aufrücken in geeignete Führungs-Positionen für tauglich befunden wurden. Das wäre bei eingefahrenem, herkömmlich bürokratischem Denken gänzlich unmöglich gewesen. Danach hätte man nach den Tauglichkeits-Bestimmungen verfahren und feststellen müssen, daß entweder nur noch beschränkte Verwendungsfähigkeit oder gar Dienstunfähigkeit vorlag und daß konsequenterweise — bei Anwendung der versorgungsrechtlichen Bestimmungen — nur eine Entlassung aus dem Wehrdienst in Betracht zu ziehen war. So ist bei der Wehrmacht weithin auch verfahren worden.

Die Versehrten stellten in Wirklichkeit jedoch trotz unterschiedlichster Schädigungsbilder ein stattliches Reservoir für alle möglichen Dienstposten dar. Eigentlich ist dies eine Binsenweisheit, aber auf sie kommt man häufig nur selten. Für die verschiedenartigsten Dienststellen waren Versehrte nicht nur geeignet, sondern manchmal ausgesprochen wertvoll. Ich erinnere mich an einen Ergänzungs-Offizier der Waffen-SS in Tübingen, der Beinamputierter war und seinen Posten gerade wegen der Beschädigung außerordentlich eindrucksvoll versah. Es kam aber noch etwas anderes hinzu: Viele Versehrte haben wegen ihrer Schädigung und der daraus folgenden ,Hinausstellung' mit der Zeit resigniert. Sie wurden zu neuen beachtlichen Aktivitäten gewonnen. Andere hatten im Grunde ihre Versehrtheits-Folgen längst überwunden, aber sie ,machten' weiter auf Beschädigter! Der Anreiz Tölz lockte sie wieder hervor. Ich habe gerade während meines Lehrgangs erlebt, daß eine beachtliche Zahl solcher ,Versehrter' nach Abschluß des Lehrgangs zu Ersatzeinheiten kamen und dann als Untersturmführer an die Front gingen. ,Menschen' sind nun einmal so — man muß daher wissen, wie man sie anzupacken hat. Hervortretend war für mich als Lehrgangs-Teilnehmer die betonte Fürsorglichkeit und Hilfsbereitschaft, die von Vorgesetzten praktiziert oder initiiert wurde. Welchen ,Mut' es darstellte, einen Blinden in einen solchen Lehrgang hineinzunehmen, werden viele gar nicht nachvollziehen können. So war mein Junkerschaftsführer auf Anhieb bereit, mir seine Verlobte als Vorleserin zur Verfügung zu stellen. Das erwies sich dann als nicht nötig, weil es unverzüglich gelang, eine Sekretärin der Schule für diese Aufgabe zu gewinnen.

Namentlich auch im Sport wurde auf die Belange der Versehrten glänzend einfühlsam eingegangen. Dies war das große Verdienst von Walter Tripps, der auf die Beinamputierten und mich hervorragend einzugehen wußte. Und dies nicht nur durch Rücksichtnahme, sondern auch durch eigene Ideen, die deutlich machten, wie sehr er sich innerlich auf seine Aufgabe einzustellen wußte. So haben wir während des Lehrgangs allesamt das Versehrten-Sportabzeichen gemacht; dabei wurde mein Absprung durch ,Pfiffe' reguliert und der Lauf durch ,Stabtuchfühlung'.

Das Lehrpersonal war gut; soweit es sich um fachliche Sparten handelte (z.B. in Taktik, Heerwesen, Artillerie-, Pionier- und Nachrichtenwesen usw.), meisterten die Truppenfachleute ihre Aufgaben sogar sehr gut."

Dr. F. an den Verfasser.

Aus dem Brief eines doppelamputierten Teilnehmers am Versehrten-Lehrgang Tölz

„. . . Da ich mich gegen Ende des Lehrgangs bei einem Sturz verletzte, lernte ich auch noch das Krankenrevier der Schule kennen. Es glich einrichtungsmäßig einer kleinen Privatklinik, und hier war ganz Europa unter sich. Neben mir ein Lette aus Riga, ein Este aus Reval; gegenüber zwei Norweger und ein Niederländer von der Leningrad-Front. Alle mit Muskelzerrungen und Meniskus-Schäden. Ich war der einzige Deutsche. Umgangssprache war neben deutsch fast nur englisch. Alle waren überzeugte Europäer.

Erwähnenswert ist der niederländische Junker. Er hieß Walboom und war bewährter Unterführer mit EK I und Nahkampfspange. Wie er erzählte, war er auf Java geboren als Sohn eines holländischen Kolonial-Offiziers. Dann Oberschule und Sinologie-Studium. Er sprach einige ostasiatische Dialekte, Englisch perfekt. Berufsziel: Diplomatischer Dienst. Überzeugter Gegner des Bolschewismus. War bei Kriegsausbruch in der Heimat und meldete sich dann als schwarzes Schaf der Familie spontan als Freiwilliger mit dem ausdrücklichen Wunsch, nur gegen den Osten eingesetzt zu werden (den Wunsch hatten übrigens alle Ausländer der Stube). Zur Zeit unserer Gespräche auf der Tölzer Krankenstube war sein Vater in Java in japanischer Gefangenschaft und sein Bruder britischer Schlachtflieger im Mittelmeer. Ich glaube, es gab mehrere solcher Schicksale in Tölz. Was mag aus ihm geworden sein?

Nun habe ich beinahe mehr über mich als über die Schule geschrieben. Gewissermaßen Werdegang eines schwerversehrten ehemaligen Tölzer Junkers. Hätte man uns nicht im Sinne von Anstand, Kameradschaft, Treue, Pflichtgefühl und Härte gegen uns selbst erzogen, ich weiß nicht, ob ich mein Schicksal so gemeistert hätte."

Kurt Gaiss an den Verfasser.

Lehrgänge für germanische Offiziere

Es kann hier nicht auf die Ursprünge der ausländischen SS-Freiwilligenbewegung eingegangen werden, es müssen jedoch einige Vorbemerkungen gemacht werden.[93]

„Anfang Mai 1940 dienten in den bewaffneten Verbänden der SS neben einigen Zehntausend Freiwilligen aus den bis dahin besetzten Gebieten des Reiches auch schon mindestens 600 Volksdeutsche aus den Staaten des Balkans, aus Rußland, Dänemark, Elsaß-Lothringen und anderen Ländern sowie über 100 nichtdeutsche germanische Freiwillige.[94] Ihr besonderes Augenmerk richtete die Reichsführung-SS bereits in jenen Monaten auf die germanischen Kernländer Skandinaviens und Westeuropas. Die Besetzung Dänemarks und Norwegens, der Niederlande und Belgiens war noch kaum abgeschlossen, als Himmler mit Billigung Hitlers schon im April bzw. Mai 1940 die Errichtung SS-eigener Ergänzungsstellen in Den Haag, Oslo und Kopenhagen sowie die Aufstellung je einer Freiwilligenstandarte in Angriff nahm.[95] Obwohl in diese als „Nordland" und „Westland" bezeichneten Standarten in den ersten Monaten ihres Bestehens nur wenige Hundert dänische, norwegische, holländische und flämische Freiwillige eintraten[96], steigerte sich ihre Zahl in der folgenden Zeit beträchtlich. Waren es vor Beginn des Ostfeldzuges nur etwa 2400 germanische (einschl. finnische) Freiwillige gewesen[97], so stieg deren Zahl im Laufe des Jahres 1941 auf rund 12000[98], und bis Juni 1943, zwei Jahre nach dem Angriff auf die Sowjetunion, auf über 27000.[99] Bis gegen Ende des Krieges wurden etwa 150000 germanische Freiwillige rekrutiert.[100] Hitler hatte darüberhinaus die Genehmigung zur Aufstellung nationaler Freiwilligenverbände in den germanischen Ländern erteilt, so daß nach Verhandlungen zwischen der Reichsführung-SS, dem Auswärtigen Amt und dem Oberkommando der Wehrmacht noch im Juni 1941[101] vier Freiwilligenverbände entstanden: die Legionen „Norwegen", „Flandern", „Niederlande" sowie das „Freikorps Danmark". Was diese Verbände von den im Jahr zuvor aufgestellten, in die Division Wiking integrierten Standarten „Westland" und „Nordland" grundsätzlich unterschied, war die Tatsache, daß es sich bei ihnen zunächst nicht um SS-Verbände im engeren Sinne des Wortes handelte, sondern, wie Himmler in einem Grundsatzbefehl vom November 1941 formulierte, „um geschlossene Einheiten unter eigener Führung".[102] Hier nun gab es schon die ersten Schwierigkeiten, weil man aus Gründen der militärischen Koordination, vielleicht auch einer gewissen politischen Kontrolle der Legionen, sie — entgegen allen Werbeversprechungen des SS-Hauptamtes — teils deutscher Führung unterstellt, teils auch mit reichsdeutschem Fach- und Lehrpersonal ausgestattet hatte, welches in allen Personal- und Disziplinarangelegenheiten „unabhängig von der Kommando- und Befehlsgewalt der Legionsoffiziere" dem SS-Führungshauptamt unmittelbar unterstand."[103]

Es können hier nicht alle Kompetenzstreitigkeiten zwischen den verschiedenen SS-Hauptämtern in Fragen der Offiziersstellenbesetzung in den verschiedenen europäischen Freiwilligenverbänden oder Legionen aufgezeigt werden. Es gab viele Pannen, weil 1942 Führer in die damaligen Legionen versetzt wurden, die militärisch und menschlich zur Führung einer aktiven ausländischen Truppe nicht geeignet waren. Besonders zu Beginn der Aufstellung dieser europäischen Verbände zeigte sich die Unerfahrenheit der deutschen Führer, verbunden mit nationalen Vorurteilen und politischen Ressentiments, Unterschieden in Mentalität und Motivation und Sprachproblemen.[104]

Auf Grund von Beschwerden verfügte Himmler im April 1942, daß er sich die Stellenbesetzung in den germanischen Legionen bis zu den Zugführern von nun an persönlich vorbehalte, außerdem seien in Zukunft alle für den Dienst in den Legionen vorgesehenen deutschen Führer vorher 1-2 Wochen auf ihre Aufgabe vorzubereiten.[105] Gravierend war auch der Mangel an nichtdeutschen Führungskräften, da die Meldungen von ehemaligen Offizieren aus den europäischen Ländern noch äußerst spärlich waren.

Obwohl das dänische Kriegsministerium schon am 8.7.1941 allen Abteilungen des dänischen Heeres mitgeteilt hatte, daß sich Offiziere und Soldaten zum Freikorps Danmark melden könnten[106], und nochmals am 1.6.43 genehmigt hatte, daß Offiziere und Soldaten in Formationen des deutschen oder finnischen Heeres dienen dürften[107], aber auch in „anderen Abteilungen der Waffen-SS außerhalb des Freikorps Danmark"[108], befanden sich laut Stärkemeldung des SS-Führungshauptamtes vom 6.2.1943[109] erst 22 dänische Offiziere in den Feldverbänden der Waffen-SS oder der Legionen. Doch bereits im Dezember 1943 dienten im III. (germ.) SS-

Panzerkorps schon 65 dänische Offiziere, während sich eine große Anzahl von dänischen Junkern auf der Junkerschule Tölz befand.[110] Die Gesamtzahl aktiver dänischer Offiziere betrug bis Kriegsende insgesamt 115.

Als Ende 1942 das Führerhauptquartier bei Himmler anfragte, wieviel germanische Freiwillige für die Aufstellung einer neuen germanischen Division zur Verfügung ständen, meldete das Führungshauptamt — Stand 6.2.1943 — folgende Zahlen (Die erste Zahl vor dem Schrägstrich bezieht sich auf die Anzahl der Offiziere):

„Statistische Aufstellung der bei den Feld- und Ersatzeinheiten befindlichen germanischen Freiwilligen" (Stand: 6.2.1943)

	Waffen-SS		Legionen		Junkerschulen	Ausb.-lager Sennheim	Gesamt
	Feldverbände	Ersatzeinheiten	Feldverbände	Ersatzeinheiten			
Niederländer	1/789	—/625	15/1248	—693	19/56	—/325	3771
Flamen	—/ 88	—/153	2/ 526	—/373	—/44	—/202	1388
Norweger	—/131	—/121	21/ 592	—/318	24/41	—/130	1378
Dänen	6/199	—/209	12/ 621	—/366	4/31	—/181	1629
Finnen	282	219	—	—	—/26	—	527
Esten	—	—	1222		31/ 1	—	1254
Gesamt	2823		6009		277	838	9947

Aus dieser Aufstellung ergab sich, daß bei den Feldverbänden der Waffen-SS nur 7 nichtdeutsche Führer, bei den Legionen (Feldverbände und Ersatzeinheiten in Stärke von 6009 Mann) 50, im Ausbildungslager Sennheim keine, in Tölz aber schon 78 Offiziere und 199 nichtdeutsche Junker Dienst taten.

Am 3.5.1943 wurde die Junkerschule Tölz mit der militärischen Ausbildung der germanischen Offiziere mit nachstehendem Befehl beauftragt:

Rundschreiben des Amtes „Führerausbildung" im SS-Führungshauptamt vom 3.5.1943 betr. „Militärische Ausbildung der germanischen Offiziere"

BA-MA:RS 5/332.Abschrift

An Sonderverteiler.

Der Reichsführer-SS hat befohlen:

1. Die militärische Ausbildung sämtlicher für die Übernahme in die Waffen-SS in Betracht kommenden germanischen Offiziere erfolgt im Rahmen eines Lehrganges für germanische Offiziere an der SS-Junkerschule Tölz.

2. Kein germanischer Offizier darf mit seinem in der früheren Wehrmacht innegehabten Dienstgrad in die Waffen-SS oder Legion übernommen werden oder in Angleichung an seinen früheren Dienstgrad befördert oder eingestuft werden, bevor er nicht an dem Offiziers-Lehrgang teilgenommen und dort den Nachweis für den in Frage kommenden Dienstgrad geführt hat.

3. Die Teilnahme ist abhängig von dem Ergebnis einer Prüfung durch einen Eignungsprüfer des SS-Hauptamtes über die rassische Eignung des Bewerbers.

4. Die Übernahme und Beförderung erfolgt durch eine besondere Prüfungskommission, die den Bewerber bei Abschluß des Lehrganges auf seine Leistung und weltanschauliche Haltung zu überprüfen und zu beurteilen hat.

5. Die Prüfungskommission setzt sich zusammen aus:
   1. dem Kommandeur der Schule,
   2. einem Führer des SS-Führungshauptamtes, Amtsgruppe B, Amt XI,
   3. einem Führer der Amtsgruppe D „Germanische Leitstelle".

6. Die Auslese wird nach folgenden Gesichtspunkten durchgeführt:
   a) Eignung für die Übernahme als Führer der Waffen-SS,
   b) Eignung für die Übernahme als Führer in den Legionen der Waffen-SS,
   c) Nichteignung.
   Die zu 6a genannten Offiziere haben ihren Wunsch, in die Waffen-SS übernommen zu werden, durch Ausfüllung eines A.- und V.-Scheines zum Ausdruck zu bringen.

7. Auf Grund des Ergebnisses der Prüfung erfolgt die Übernahme in die Waffen-SS bzw. Legion der Waffen-SS mit dem Dienstgrad, der dem früheren Dienstgrad in der außerdeutschen Wehrmacht entspricht, sofern die Prüfungskommission nicht einen anderen Dienstgrad für angemessen hält.

8. Während des Lehrganges tragen die Teilnehmer in und außerhalb des Dienstes, auch soweit sie der Waffen-SS oder der Legion nicht angehören, die von der Waffen-SS gestellte Uniform mit dem Dienstgradabzeichen eines SS-Unterscharführers.

Diese Regelung bedeutet keine Beförderung zum SS-Unterscharführer, sondern lediglich eine Beleihung mit dem Dienstgrad für die Dauer des Lehrganges und hat auf die Besoldung, die nach besonderem Befehl erfolgt, keinen Einfluß.

gez. Knoblauch
SS-Gruppenführer und Generalleutnant der Waffen-SS.

Schon bei der Aufstellung des III.(germ.)Pz.-Korps traten Schwierigkeiten auf, die Führerstellen mit ausreichend geschulten nichtdeutschen Führern zu besetzen. Den Richtlinien des Kommandierenden Generals des III.(germ.)Pz.-Korps — Steiner — für den Aufbau und die Erziehung des Germanischen SS-Führerkorps vom 25.5.1943* war zu entnehmen:[111]

„Ältere Offiziere aus den nordischen Staaten stehen nur in geringer Anzahl zur Verfügung. Sie reichen gerade aus, um einen kleinen Teil der Führerstellen zu besetzen. Wo sich die Fähigkeiten zeigen und die Leistungen den Anforderungen entsprechen, werden sie später für höhere Stellen benötigt und darauf planmäßig vorbereitet werden. Die Masse des Offizierkorps der nordischen Staaten hat sich aber der sich anbahnenden Entwicklung verschlossen. So bin ich darauf angewiesen, den Aufbau des germanischen SS-Führerkorps mit jungem, aus der Front heranwachsendem Nachwuchs vorzunehmen."

Nachdem sich bereits am 6.2.1943 — wie aus der Meldung des SS-FHA an Hitler hervorgeht — 78 Offiziere aus nichtdeutschen Ländern zur Ausbildung an der Junkerschule Tölz befanden, also mehr, als in den Feldverbänden, Legionen oder Ersatzeinheiten bisher dienten, nahmen auch die Meldungen von Offizieren nichtdeutscher Wehrmachtsteile zu.

Der 2. Lehrgang für germanische Offiziere umfaßte schon
243 Teilnehmer, darunter 65 Esten,
der 3. Lehrgang 177 Teilnehmer aus Norwegen, den Niederlanden, Lettland, Estland, Frankreich und Finnland, und
dem 4. Lehrgang gehörten 184 Teilnehmer aus den verschiedensten Ländern, darunter allein 112 Esten, an.

Nachdem der französische Ministerpräsident durch Gesetz vom 23.Juli 1943 allen Franzosen erlaubt hatte, sich freiwillig zu melden, um den Bolschewismus außerhalb des Staatsgebietes in den von der „deutschen Regierung gebildeten Truppen (Waffen-SS) innerhalb einer franz. Einheit zu bekämpfen"[112], erließ am 28.1.1944 das SS-Führungshauptamt, AMT XI(2) einen Befehl, wonach an der Junkerschule Tölz der

„1. Sonderlehrgang für französische Offiziere
vom 10.1.1944-11.3.1944 stattzufinden habe."

Es wurden dazu 28 ehemalige Offiziere und Fähnriche der französischen Armee, die sich schon im Ausbildungs-Lager Sennheim befanden, einberufen.

Lehrgangsältester war der hochdekorierte Oberstleutnant Gamory-Dubourdeau, ehemaliger Kolonialoffizier.

Diese Offiziere trugen ihre im Kampf gegen die Deutschen im Westfeldzug verliehenen Auszeichnungen weiter, die Trikolore wehte gleichberechtigt neben den Fahnen der Nationen, die Junker oder Offiziere nach Tölz entsandt hatten. Im besetzten Frankreich war zu dieser Zeit das Hissen der französischen Fahne noch verboten, weil es keinen Friedensvertrag gab.

Wie für alle anderen Lehrgangsteilnehmer wurde die Lehrstoffeinteilung der Junkerschule Tölz vom 29.12.1943 zugrundegelegt mit folgenden Abänderungen:

„a) das bisherige Lehrfach „Weltanschauliche Erziehung" ist ab sofort und in allen künftigen Lehrgängen in „Weltanschauliche Schulung" umzubenennen.

b) von den 3 vorgesehenen Wochenstunden für „Leibeserziehung" ist 1 Stunde zu streichen. Dafür ist die Zahl der Wochenstunden für „Deutschunterricht" um 1 Stunde auf 6 Stunden zu erhöhen."

Der Unterricht im 1. Sonderlehrgang für französische Offiziere wurde durch das Tölzer Lehrpersonal in französischer Sprache durchgeführt, da die deutschen Sprachkenntnisse noch zu wünschen übrig ließen.

Am 11.3.1944 wurden die Kommandierungen zum französischen Sonderlehrgang aufgehoben, die Teilnehmer befördert und zur Teilnahme an einem Lehrgang vom 14.3.-13.6.1944 an der SS-Artl.-Schule II, Beneschau, kommandiert, allerdings schon vor Beendigung des Lehrgangs zur 33.Waffen-Grenadier-Division der SS „Charlemagne" (französische Nr. 1) versetzt. Für den früheren französischen Oberstleutnant Gamory-Dubourdeau wurde die Beförderung zum SS-Sturmbannführer ausgesprochen.

Obwohl die germanischen Offizierslehrgänge an der Junkerschule Tölz bereits stärker beschickt wurden, reichten diese Lehrgänge nicht aus, den erforderlichen Offiziersbestand zu sichern. Besondere Schwierigkeiten hatte der Kommandierende General des III. (germ.) Pz.Korps, Steiner, der am 27.5.1943 an Himmler schrieb:

„Die gesamte Aufbauarbeit ist allerdings nicht ganz einfach, da viele Schwierigkeiten entstehen, die überflüssig wären. Die Ausbildungsverhältnisse sind hier nicht ungünstig, der knappe Waffenbestand wird durch eine grundsätzliche Umstellung der ersten Ausbildung ausgeglichen, so daß hierin grundsätzliche Bedenken nirgends auftreten.

Ich bitte, Ihnen, Reichsführer, anliegend zwei grundsätzliche Weisungen unsererseits über den Aufbau meines Führerkorps vorlegen zu dürfen, von denen ich annehme, daß Sie dafür Interesse haben. Im Anschluß daran würde ich mir erlauben, Ihnen meine Bitte vorzutragen, möglichst bald die in Tölz befindlichen vorwiegend aus meiner alten Division kommenden außerdeutschen germanischen Standartenjunker wenn irgend möglich geschlossen zu erhalten, insbesondere, soweit sie aus der Feldtruppe kommen. Diese wären mir eine große Hilfe und würden gerade in der ersten Ausrüstungs- und Erziehungszeit hier fehlen. Mir scheint es nicht so wichtig, daß sie noch zwei Monate auf einem Übungsplatz verbringen, um die Führung eines Zuges zu übernehmen. Das lernen sie hier ebenso, nützen aber in der Erziehung der Truppe ganz erheblich. Die Junkerschule Tölz hätte keine Bedenken, das Führungshauptamt dagegen große.

Bezüglich der Ausbildung der germanischen Junker erscheint es mir wichtig, deutsche wie auch außerdeutsche germanische Führeranwärter gemeinsam auf eine Junkerschule zu schicken. Beide Gruppen müssen gleich ausgerichtet werden.

Was den außerdeutschen an deutschen Sprachkenntnissen fehlt, das mangelt den deutschen Führeranwärtern an der entsprechenden nordischen oder niederländischen Sprache. Ich erlaube mir darum gleichzeitig den Vorschlag, auf dieser Junkerschule für deutsche germanische Freiwillige eine außerdeutsche germanische Sprache als Pflichtfach einzuführen, so wie ich es bereits für die SS-Führer der Regimenter befohlen habe. Auch sollte als Pflichtfach auf der Junkerschule eine knappe Fassung germanischer Geschichte und Kultur gebracht werden, damit die jungen Leute auch auf diese Weise einander näherkommen und die Geschichte ihrer Völker wechselseitig kennen lernen."

Antwortschreiben Himmlers vom 18.6.1943 „Geheim"

„Ich bestätige den Empfang Ihres Briefes vom 27.5.1943. Auf den Bericht über Ihre Finnlandreise bin ich gespannt. Ich nehme fest an, daß alles sehr gut abgelaufen ist.

Was Sie mir über den Aufbau der neuen Division mitteilen, befriedigt mich sehr. Was die in Tölz befindlichen Junker anbelangt, so kann ich dem nicht willfahren. Ich möchte die Junker jetzt, nachdem sie erst vier Monate in dem Kursus sind, nicht aus dieser Gemeinschaft herausreißen. Wir müssen uns nämlich auch hüten, nun ein germanisches Korps aufzubauen, das abseits des deutschen ist. Wir dürfen auch selbst nie vergessen, daß das Gros des germanischen Führerkorps aus dem größten germanischen Stamm, nämlich dem deutschen, gestellt wird.

An die Einführung einer Fremdsprache für die deutschen Junker auf den Junkerschulen möchte ich jetzt während des Krieges nicht herangehen. Ihr Gedanke, deutsche und andere Junker gemeinsam auf eine Schule zu schicken, ist ja bereits in zwei Kursen in Tölz durchgeführt worden."

Trotz dieser Absage, eine Fremdsprache in Junkerschulen einzuführen, führte Tölz lt. Tagesbefehl Nr. 54 vom 15.7.1943 auf freiwilliger Basis französische und russische Sprachkurse durch.

Wie aus diesem Schriftwechsel auch ersichtlich, reichten zunächst die auf der Junkerschule Tölz geschulten ehemaligen Offiziere nicht aus, um den Bedarf zu decken, man mußte in immer größerem Umfang auf die germanischen Junker zurückgreifen. Da das III.(germ.) Pz.-Korps die erste übernationale Kampfeinheit war, sollen hier auch die Zahlen der germanischen Führer angegeben werden, die in diesem Pz.-Korps eingesetzt waren (Stellenbesetzung Dezember 1943). So dienten in der 11.SS-Freiwilligen-Pz.-Grenadier-Div. „Nordland" neben 238 reichs- und volksdeutschen Führern nur 73 germanische Führer:

Niederlande	1
Dänemark	41
Flamen	1
Norwegen	29
Schweden	1

in der 4. SS-Freiwilligen-Pz.-Gren.-Brigade Nederland neben 95 reichs- und volksdeutschen Führern nur 34 germanische Führer:

Niederlande	33
Flamen	1

bei den Korps-Nachschub-Truppen 103 neben 6 reichsdeutschen nur 1 germanischer Führer:

Niederländer	1

im Korps-Hauptquartier, Korps-Sicherungskompanie, Kriegsberichter und Feldgendarmerie neben 53 reichsdeutschen Führern nur 4 germanische

Niederländer	2
Dänen	2

Am 5. Februar 1944 erließ das SS-Führungshauptamt, Amt XI (2) Az:360 einen Befehl über die Lehrgangsplanung des Amtes XI für 1944/45. Da in dieser Lehrgangsplanung auch die Ausbildung der Lehrgänge für Germanische Offiziere behandelt wurde, kann hier zunächst auf eine Wiedergabe des Lehrplans verzichtet werden, da diese Planung in einem späteren Kapitel abgedruckt wird.

Der Taktikunterricht an den SS-Junkerschulen

Der Taktikunterricht an der SS-Junkerschule Tölz, dargestellt am 11. Kriegsjunkerlehrgang Tölz 1943/44

Das Ausbildungsziel des KJL (Kriegsjunkerlehrgang) war die Schulung des SS-Führer-Bewerbers zum frontverwendungsfähigen Zugführer, Gehilfen des Komp.-usw.-Chefs und Rekrutenoffizier der eigenen Waffe.

Im Vordergrund stand infolge der Kriegsverhältnisse die Ausbildung in der eigenen Waffe.

Der Taktikunterricht stand im Mittelpunkt der militärischen Ausbildung.

Am Taktikunterricht in Hörsaal und Gelände orientierten sich und liefen mit ihm parallel:

Unterricht in:

        Waffenlehre

        Pionierlehre

        Nachrichtenlehre

        Kraftfahrwesen

die praktische Ausbildung in:

        Gefechtsdienst (Führung von Gruppen, Zügen usw.)

        Schießen mit allen Waffen

        Taktik im Gelände

Aufgrund der Kriegserfahrungen und durch den Einsatz neuer Waffen gab es laufend geringfügige Änderungen, die taktischen Grundsätze blieben jedoch unverändert.

Am 11. Kriegsjunkerlehrgang 1943/44 soll die Gliederung des Taktikunterrichts und die Koordinierung mit den anderen Unterrichtsfächern und der praktischen Ausbildung dargestellt werden.

Die Lehrpläne und die Ausbildungsrichtlinien für die Ausbildung des Führernachwuchses wurden vom SS-Führungshauptamt, Amt für Führerausbildung, erstellt und überwacht.

Ein Kriegsjunkerlehrgang hatte eine Dauer von 22 Wochen. Pro Woche waren 50 Stunden Ausbildung vorgesehen,

davon für die praktische Ausbildung	23 Stunden
Unterricht	23 Stunden
zur Verfügung des Lehrgangsleiters	4 Stunden
	50 Stunden

Von den 23 Unterrichtsstunden pro Woche entfielen auf den Taktikunterricht 10 Stunden. Damit war die Bedeutung des Taktikunterrichts für die Führerausbildung eindeutig gekennzeichnet.

Der Taktikunterricht erfolgte junkerschaftsweise und betrug pro Woche 6 Stunden Unterricht im Hörsaal und 4 Stunden Unterricht im Gelände. Für die Junkerschaftsführer war die Teilnahme am Taktikunterricht Pflicht.

Das Thema des Taktikunterrichts umfaßte die Kampfführung des verst.SS-Pz.Gren.Btl. und beinhaltete im einzelnen:

        Die verschiedenen Kampfarten,

        Kartenkunde 1 : 25 000, 1 : 100 000, 1 : 300 000,

        Geländebeschreibung,

        Geländebeurteilung,

        Auswertung von Luftbildern,

        Taktische Truppenzeichen,

        Einzeichnen einer Lage in die Karte,

        Geländeerkundung,

Geländeskizzen,

Stellungsskizzen,

Feuerpläne,

Zielpunktpläne.

Die verschiedenen Kampfarten wurden durchgenommen in 5 Grundaufgaben.

In einer Grundaufgabe wurden alle Einzelheiten der Führung des verst.Pz.Gren.Btl. wie in einem Planspiel durchgespielt.

Die Grundaufgaben wurden in jedem Kriegsjunkerlehrgang von einem Taktiklehrer neu erstellt, vom Kommandeur der Schule korrigiert und mit allen Lehrern und Ausbildern als Planspiel durchgespielt. Bei diesem Planspiel wurde der Unterrichtsstoff aller Fachlehrer und Ausbilder aufeinander abgestimmt.

Die Grundaufgaben in mehreren Fortsetzungen stellten jeweils folgende Aufgaben:

Einzeichnen der Lage in die Karte,

Beurteilung der Lage und Entschluß,

Maßnahmen und Befehle,

Geländebeurteilung.

In den Kriegsjunkerlehrgängen wurden nachfolgende Grundaufgaben durchgespielt:

Mot. Marsch,

Verteidigung,

Angriff nach Bereitstellung,

Angriff aus der Bewegung,

Abbrechen des Gefechts.

An einem Vormittag in der Woche wurden Teile der Grundaufgabe im Gelände durchgesprochen.

Ergänzt wurde der Taktikunterricht, soweit möglich, durch Lehrvorführungen mit der Lehrkompanie.

Nachfolgend die Wochenaufteilung des Lehrstoffes für den 11. Kriegsjunkerlehrgang.

Unterrichtswoche	Hörsaalunterricht	Geländekunde
1.—3.Woche	Vorbereitung Taktische Grundbegriffe. Überblick über Gliederung einer SS-Pz.Gren.Div. und SS-Pz.Div. Gliederung, Bewaffnung, Ausrüstung eines Pz.Gren.Rgt., dabei besonders zu berücksichtigen: Pz.Gren.Btl.	Kartenkunde 4 Std. Geländebeschreibung Geländeorientierung Taktische Truppenzeichen, Anleitung zum Einzeichnen einfacher Lagen in die Karte.
4.—6.Woche	Wesen und Bedeutung der verschiedenen Kampfarten. Einfluß des Geländes auf die Kampfarten der Infanterie. Grundsätze für den schriftl. Verkehr. Befehlserteilung. Übermittlung von Befehlen und Meldung. Friedens- und Kriegsmarsch von mot.- Einheiten, seine Vorbereitung und Durchführung (Marsch- und Verkehrsregelung).	Kartenkunde 3 Std.

Unterrichtswoche	Hörsaalunterricht	Geländekunde
7.—9.Woche	Ortsunterkunft, Ortsbiwak, Biwak. Sicherung der Ruhe. Grundsätze der Marschgliederung und Marschsicherung eines verst.SS-Pz.Gren.Rgt. (mot.). Aufklärung, Sicherung, Halt, Rast, Ruhe. **1. Grundaufgabe:** Versammlung einer Vorhut weitab vom Feinde bei Tage. Vormarsch, Durchführung einer Rast, dabei Sicherung und Aufklärung. Übergang der Vorhut zur Ruhe bei Tage dicht am Feind und Sicherung dieser Ruhe bei Tag und Nacht.	Geländebeurteilung für Versammlung, Marsch, Rast. Feldmäßige Skizzen für Marsch, Rast und Sicherung. Marschband, Marschskizze. Beurteilung und Erkundung eines Vorposten-Abschnittes, Feldmäßige Skizze für Sicherung. Beurteilung von Ortschaften und Gelände für Unterbringung und Biwak nach Karte und Gelände. Kartenkunde 3 Std.
10.—13.Woche	Grundsätze: Verteidigung. **2. Grundaufgabe:** Beziehen einer Verteidigungsstellung eines beiderseits angelehnten Btl. im Rgt.-Verband mit langer Vorbereitungszeit. Gegenstoß. (Durchsprechen des Abwehrkampfes der vorwärts der Stellung eingesetzten Kräfte, der vorgeschobenen Stellung, der Gefechtsvorposten und des Hauptkampffeldes).	Geländeerkundung für die Verteidigung. Stellungsskizze eines Btl.-Abschnittes in der Verteidigung. Feuerpläne, Zielpunktpläne. Kartenkunde 4 Std.
14.—17.Woche	Grundsätze: Entfaltung Bereitstellung zum Angriff. Angriff auf Feldstellungen. Angriffsverlauf. **3. Grundaufgabe:** Hineinführen eines Schwerpunkt-Btl. in die Bereitstellung zum Angriff, Angriff aus der Bereitstellung. Einbruch. Durchbruch und Kampf in der Tiefenzone, Einsatz der Reserve.	Geländebeurteilung für Entfaltung, Bereitstellung. Auswertung von Luftbildern für die Geländebeurteilung. Geländebeurteilung für Angriff. Kartenkunde 3 Std.
18.—19.Woche	Begegnungsgefecht. Beurteilung der Lage und Entschluß. Entschluß mit Begründung. **4. Grundaufgabe:** Angriff aus dem Marsch.	Bedeutung des Geländes für die Entschlußfassung. Kartenkunde 3 Std.
20.Woche	**Schlußprüfung**	

Unterrichtswoche	Hörsaalunterricht	Geländekunde
20.—22.Woche	Gliederung eines Pz.Gren.Btl. (gep.) und einer Panzerabteilung.	Geländebeurteilungen im Rahmen der 5. Grundaufgabe.
	Grundsätze: Abbrechen des Gefechts und Rückzug. Bewegliche Kampfführung. Einsatz eines SPW-Btl. und einer Pz.Abt.	
	5. Grundaufgabe: Abbrechen des Gefechtes und Rückzug nach Einbruch der Dunkelheit.	

Am Beispiel der 2. Grundaufgabe, Verteidigung, (10.—13.Woche) kann man ersehen, wie die übrigen Lehrfächer und der Gefechtsdienst auf den Taktikunterricht abgestimmt waren.

Gefechtsdienst

(Waffentaktik-Gefechtsausbildung) 13 Std. wöchentlich.
In Übereinstimmung mit der Lehrstoffeinteilung für Taktik.

Ausbildungswoche	Waffentechnik	Gefechtsausbildung
11. Woche	Besetzen und Halten einer Stellung. Abwehr eines Einbruches durch Gegenstoß. Abwehr eines feindl. Panzerangriffes u. Bekämpfung von Feindpanzern in der H.K.L. durch Infanterie	Besetzen und Halten einer Stellung. Ausbau von Feldstellungen, Bunkern, Panzerdeckungslöchern, Panzergräben. Verlegen und Aufnehmen von Minen.
12. Woche	Der Zug als Gefechtsvorposten. Ausweichen der Gefechtsvorposten. Führungsgrundsätze für Gruppe und Zug im Rahmen der 2. Grundaufgabe. Anlegen und Durchführen eines Gefechtsschießens im Rahmen eines verst. Zuges.	Der Zug als Gefechtsvorposten bei Tage. Nachtausbildung: Vorpostenaufstellung in der Dämmerung. Schießen bei künstlichem Licht.
13. Woche	Der Zug in der Verteidigung. Abwehr eines Einbruchs durch Gegenstoß im Rahmen der 2. Grundaufgabe.	Der Zug in der Verteidigung. Stellungsbau eines Zuges als Stützpunkt. Abwehr eines feindl. Einbruchs durch Gegenstoß.

Waffenlehre

Unterrichtswoche	Stoffgliederung
10. Woche	Feuerarten, Feuerformen, Feuerbegriffe, Artillerie in der Verteidigung, Feuerpläne, Zielpunkte, Sperrfeuer. Besprechung der 2. Grundaufgabe (Verteidigung)
11. Woche	Zusammenarbeit von Infanterie und Artillerie. A.V.-Kdo., V.B., Artilleristische Aufklärung und Erkundung. Artillerie-Spähtrupp, Artillerie-Vorkommando.

Pionierlehre

Unterrichtswoche	Stoffgliederung
10. Woche	Einsatz der Pioniere zum Anlegen von Minensperren. Minenkarte, Minenskizze, Minenplan. T- u. S-Minen, Sicherheitsbestimungen.
11. u. 12. Woche	Aufgaben der Pioniere im Abwehrkampf. Einsatz der Pioniere, Sperrvorschlag, Sperrbefehl, Sperrplan. Besprechung der 2. Grundaufgabe (Beziehen einer Verteidigungsstellung mit langer Vorbereitungszeit).

Nachrichtenlehre

Unterrichtswoche	Stoffgliederung
11. — 13. Woche	Nachrichteneinsatz in der Verteidigung. Besprechung der 2. Grundaufgabe. Tarnung des Nachrichtenverkehrs. Errichtung eines Btl. Gefechtsstandes und einer Btl.-Vermittlung.

Kraftfahrwesen

Unterrichtswoche	Stoffgliederung
12. Woche	Besprechung in Anlehnung an die 2. Grundaufgabe. Gliederung und Aufgabe der Instandsetzungsdienste.
13. Woche	Besprechung der fahrzeugmäßigen Gliederung der in den Grundaufgaben häufig als Verstärkung zugeteilten Truppen. (s.I.G., Fla., Kradschtz., Pi.-Kp.)

Beurteilungen und Prüfungen

Während eines Kriegsjunkerlehrganges fanden folgende Beurteilungsbesprechungen und Prüfungen statt:

In der 6. Ausbildungswoche fand eine Beurteilungsbesprechung mit allen Lehrkräften statt, die über vollkommen versagende Lehrgangsteilnehmer, deren weiteres Verbleiben an der Schule eine Belastung darstellen würde, Klarheit bringen sollte.

Hörsaalarbeiten, sogenannte Zettelarbeiten, bildeten neben den mündlichen Leistungen die Grundlage für die „Durchschnittsnote" bei dieser Beurteilungsbesprechung. Benotung von 1—8 (8 ist die beste Note).

In der 11. Ausbildungswoche erfolgte die Zwischenprüfung mit Zwischenzeugnis.

Schriftliche Prüfungsarbeiten wurden gefordert in:

> Taktik,
> Geländekunde,
> Weltanschaulicher Schulung und Geschichte,
> Heerwesen.

In der 20. Ausbildungswoche erfolgte die Abschlußprüfung mit Abgangszeugnis.

Schriftliche Prüfungsarbeiten wurden gefordert in:

> Taktik,
> Geländekunde,
> Weltanschauung, Geschichte,
> Heerwesen,
> Waffenlehre und
> Pionierwesen.

Nachfolgend ein Beispiel der Aufgabenstellung für die Abschlußprüfung in Taktik:

Teil I	Lage:	Verst. Pz. Gren. Btl. als Vorhut.
	Aufgabe:	Einzeichnen der Lage und Einleben
	Zeit:	45 Minuten
	Hilfsmittel:	Keine
Teil II	Lage:	Vorhut hat Feindberührung.
	Aufgabe:	Beurteilung der Lage und Entschluß des Kdr. des verst. Pz. Gren. Btl.
	Zeit:	120 Minuten
	Hilfsmittel:	Keine
Teil III	Lage:	Der Kdr. des verst. Pz. Gren. Btl. hat sich zum Angriff aus dem Marsch entschlossen.
	Aufgabe:	Maßnahmen und Befehle des Kdr. des verst. Pz. Gren. Btl. auf Grund des gefaßten Entschlußes
	Zeit:	90 Minuten
	Hilfsmittel:	Keine
Teil IV	Lage:	Verst. Pz. Gren. Btl., beiderseits angelehnt, liegt in Bereitstellung zum Angriff.
	Aufgabe:	Geländebeurteilung für den Angriff
	Zeit:	180 Minuten
	Hilfsmittel:	Keine

Die Prüflinge wurden mit dem notwendigen Kartenmaterial ausgestattet und erhielten zu gegebener Zeit Blätter mit den schriftlich formulierten Teilaufgaben.

Die Prüfungsaufgaben in Taktik mit Lösungsvorschlag und Benotungsanweisung wurden von einem Taktiklehrer erstellt, vom Kommandeur der Junkerschule Tölz korrigiert und genehmigt.
Die Benotungsanweisung war notwendig, um die gleichmäßige Beurteilung aller Prüflinge sicherzustellen.
Nach bestandener Prüfung erfolgte die Beförderung zum SS-Standartenoberjunker und Kommandierung zum Oberjunkerlehrgang, getrennt nach Waffengattungen, Dauer des Lehrganges 11 Wochen.
Nach erfolgreicher Beendigung dieses Lehrganges wurden die SS-Standartenoberjunker zu SS-Untersturmführern der Waffen-SS befördert.

Anmerkungen zum Taktikunterricht

Lehrstoffeinteilung für den 4. Lehrgang für germanische Offiziere. 21. März 1944
Lehrstoffeinteilung für den 5. Reserve-Führer-Anwärter-Lehrgang. 4.11.40
Befehl SS-Führungshauptamt, Amt für Führerausbildung VII (1) Az: 36 o Bi/Bh vom 14.5.42. Betr. Ausbildung des Führernachwuchses an den SS-Junkerschulen.
Befehl SS-Führungshauptamt, Amt XI (2) Az: 36 vom 4.8.1943. Betr: Prüfung und Prüfungsarbeiten in den Lehrgängen des Amtes Führerausbildung. Bezug: Prüfungsordnung für die SS-Junkerschulen vom 30.1.42.
Befehl SS-Führungshauptamt, Amt XI (2) Az: 360 vom 5.2.1944. Betr: Lehrgangsplanung des Amtes XI für 1944/45.
Prüfungsaufgabe in Taktik für die Zwischenprüfung des 11. Kriegs-Junker-Lehrganges vom 29.11.43.
Prüfungsaufgabe in Taktik für die Schlußprüfung des 11. Kriegs-Junker-Lehrganges, des 4. Lehrganges für versehrte SS-Führerbewerber und des 3. Lehrganges für germanische Offiziere vom 14.2.44.

Die Sportausbildung an den SS-Junkerschulen

Zu den neuen Ausbildungsmethoden der Verfügungstruppe gehörte es auch, der sportlichen Ausbildung breiten Raum einzuräumen. Jeder Soldat, aber auch Offizier, mußte ein Leichtathlet werden. Er mußte schnell laufen, weit und hoch springen, weit werfen und schnell und ausdauernd marschieren können. Dabei konnte man mit den üblichen sportlichen Trainingsmethoden allein nicht allzuviel anfangen. Es mußte eine Ausbildungsweise gefunden werden, die den Menschen in seiner gesamten körperlichen Konstitution durcharbeitete und ihn so entspannte und auflockerte, daß er damit die Voraussetzungen für eine gleichbleibende leichtathletische Leistungsform erwarb.

In den auf den natürlichen Anlagen des Menschen aufgebauten Sportmethoden wurde der richtige Weg hierfür gefunden. Daraus hat sich — besonders im Frieden, wo mehr Zeit als im Kriege vorhanden war — ein sportlicher Soldatentypus entwickelt, dem die tägliche sportliche Betätigung zur zweiten Natur geworden war. Auf dieser Grundlage ließ sich dann fast mühelos jener Soldat formen, den der englische Militärschriftsteller Liddell Hart in seinem Buch „The Future of Infantry" einmal als Pirschgänger, Jäger und Athleten bezeichnet hat.

Die Junkerschule Tölz hat wohl die umfangreichsten und modernsten Sportanlagen gehabt, sie hat außerdem ein spezielles sportliches Programm für versehrte Offiziersbewerber entwickelt, so daß am Beispiel Tölz die sportliche Ausbildung der Junker erläutert werden soll:

Die Sportanlagen der einstigen Junkerschule Tölz

Daten zur Größenordnung, Aufgabenstellung und Nutzung
Die Sportanlagen:

Allgemeines:

Die Architekten der Tölzer Sportanlagen müssen für die Vollendung im Jahr 1936 von fachlicher Seite zukunftsweisend beraten gewesen sein. Sie waren großzügig, ohne daß der Verdacht auf Verschwendung oder Unzweckmäßigkeit aufkommen konnte. Die Bauelemente bildeten eine funktionale und ästhetische Einheit:

1. **Die Außenanlagen**
— mit dem vollendeten Stadion, seinem Spielfeld für Fußball und Feldhandball, den Leichtathletikanlagen für Lauf, Sprung, Stoß, Wurf und Hindernisaufgaben unter Berücksichtigung international geltender Maßstäbe; mit einer Zuschauertribüne, deren Innenräume neben den zur Hygiene und Betreuung erforderlichen Einrichtungen (Umkleide-, Wasch- und Duschräume, Arzt-, Sanitäts- und Massageraum) auch Abstellmöglichkeiten für Sport-und Spielgerät sowie für Gerätschaften zur Pflege der Stadionanlagen enthielten; mit Nebenplätzen für Tennis und Basketball.

2. **Die überdachten Anlagen**
a) Die Spiel-, Sport- und Turnhalle mit doppelt gefedertem Schwingboden (Größe 42 x 21 Meter), eingerichtet für alle Hallenspiele (Handball, Basketball, Volleyball, Hallenfußball, Hallenhockey, Hallenfaustball, Lauf- und Malspiele), für alle Zwecke der Hallen-Leichtathletik (zusätzliche Besonderheit: 1 Weichboden in den Maßen 21 x 9 Meter für Hochsprung, Weitsprung, Stabhochsprung und Kugelstoßen sowie eine Fangnetzeinrichtung für Diskuswurftraining);
   für alle Aufgaben des Kunstturnens.
b) Die Schwimmhalle (25 x 15 Meter)
   mit Flach- und Tiefbecken (1/3 : 2/3) samt Aufstaubereich im Flachbecken für Schwimmwettkämpfe und Wasserball,
   mit 1m und 3m-Brett (Kunstspringen),
   mit 5m-Turm (Turmspringen),
   mit einer Wärmebank (25 x 0,75 x 0,60 Meter), die für damalige Verhältnisse für Unterrichtsgruppen und für Versehrte einmalig war,

mit verschiebbaren Fenstern und ausstellbarer Doppeltür für Kombinationszwecke,
mit einer Zuschauertribüne, die auch zur Konditionsschulung benutzt wurde.

Dusch-, Wasch- und Toilettenräume waren hinter den Stirnwänden der Schwimmhalle so angelegt, daß sie nur über ein Durchschreitebecken zu erreichen waren, das mit seiner Wasserfließe vollkommen hygienisierte. Die Schwimmeisterkabine besaß nach Lage, Größe und Ausstattung, auch mit Rettungsgeräten und Sicherheitseinrichtungen, bereits 1936 alle Voraussetzungen, die den Forderungen bis zur Gegenwart entsprachen. Der Schwimmbetrieb war planmäßig gegliedert in die Elemente der Schwimmausbildung, der Rettungsarbeit und der speziellen Aufgaben für Versehrte sowie nach den Prinzipien des Leistungstrainings (Schwimmen und Springen) und des Kunst- bzw. Synchronschwimmens.

Das Schwimmwasser hatte schon damals, besonders der Versehrten wegen, eine Temperatur von 28-29 Grad Celsius, nach physiologischen Erkenntnissen, denen der Schwimmsport, ganz allgemein, erst in den fünfziger, zum Teil sogar erst in den sechziger Jahren nachkam. Das Erfolgsrezept des USA-Coachs Don Gambril, das Schwimmtraining bei einer Temperatur von etwa 28 Grad durchzuführen, war also keine neue Erfindung.

c) Der Boxsaal:

Sämtliche dem Boxen dienenden Hilfsmittel wie Ring, Punchinganlagen, Mais- und Sandsäcke, Doppelendbälle, Spiegel, Sprungseile, Kleinstzielbälle mit Aufhängeeinrichtung und zahlreiche Boxhandschuhe mit verschiedenen Gewichts- und Härtegraden gehörten zu dieser Anlage, die auch heute noch jeder hochqualifizierten Boxschule Ehre gemacht hätte.

d) Der Gymnastik- und Fechtsaal:

Diese Einrichtung mit ihrer kompletten Ausstattung für allgemeine und spezielle Gymnastik war zugleich angelegt für eine der ältesten Sportarten, für das Fechten mit Degen, Florett und Säbel. Dabei kam es vor über 40 Jahren zu den ersten Versuchen, mit Leuchtzeichen die Trefferfeststellung zu erleichtern.

e) Die Sauna:

Ein nicht wegzudenkender Bestandteil des gesamten Sporttraktes war die Sauna, die nicht nur von den zahlreichen germanischen Freiwilligen aus Skandinavien, sondern ganz besonders von den Beinversehrten und dann auch von zahlreichen Gruppen der Junkerschule, der Tölzer Lazarette und der Bevölkerung ebenso kostenlos besucht werden durfte wie die Schwimmhalle und die übrigen Anlagen. Zu diesem Zweck war ein Zeitplan aufgestellt.

f) Die Kegelbahn.

Diese Einrichtung diente weniger sportlichen als Freizeitinteressen. Immerhin erfüllte die Anlage schon damals alle Bedingungen für das Sportkegeln.

3. Der Gerätepark.

Unter der gesamten Großhalle (einschl. Weichbodenteil) befand sich ein Geräteraum, der mit 50 x 20 Meter eine Größe aufwies, wie sie weder die Sporthochschule noch die Reichsakademie oder die Hochschulinstitute für Leibesübungen der Universitäten besaßen. Dazu gehörte außerdem eine komplette Werkstatteinrichtung. In folgenden Sportarten waren vollständige Ausrüstungen für mindestens 25-30 Teilnehmer vorhanden:

Leichtathletik mit zahlreichen Sprung-, Stoß-, Wurf- und Hindernisgeräten (Hürden),

Spiele (Bälle, Schuhe, Geräte aller Art, Spielkleidung, Scheiben, Schläger etc.) mit kompletter Ausrüstung für 2 Mannschaften im Fußball, Handball, Hockey, Basketball, Volleyball, Tennis, Golf, Eishockey, Faustball, Kricket,

Turnen (Reck, Barren, Ringe, Pferd, Bock, Sprungtisch, Trampolin, Leitern, Gitterleitern, Klettereinrichtungen, Matten),

Fechten (Degen, Florett, Säbel, Polsterwände, Spiegel, Fechtkörbe, Gummimatten, Zähltafeln etc.)

Boxen (Ring, Punchinganlagen, Boxhandschuhe aller Art, Mais- und Sandsäcke, Zielbälle, Polsterwände, Spiegel, Sprungseile, Doppelendbälle),

Schwimmsport (Kraulbretter, Schwimmkorken, Wurfleinen, Rettungsstangen, Rettungsringe, Wasserbälle, Wasserballtore, Wasserballkappen mit Nummern),

Wassersport (Paddelboote, Ruderboote, Kanu, Kajak, auch für Wildwasserfahrten, hinzu kam die Segelausbildung auf dem Chiemsee),

Schießsport (Bogenschießen mit vollständiger Ausstattung. Hierbei wird von der militärischen Schießausbildung in Sachsenkam mit allen Waffen abgesehen, da dieser Bereich nicht in das Gebiet der Sportausbildung gehörte).

Wintersport (50 Paar Langlaufski, 25 Paar Sprunglaufski, etwa 25 Paar Spezialski für rein alpine Zwecke sowie 300 Paar Tourenski, eine komplette Ausrüstung für 20 Eishockeyspieler mit den dazugehörenden Spielgeräten wie Scheiben, Schläger, Tore und Ausrüstungen für 20 Eisschnelläufer und für Eisschützen).

4. Die Reitanlage:

Aus verständlichen Gründen und wohlüberlegt (Tetanus-Gefahr) befand sich die Reitanlage, örtlich abgesetzt, im Südostteil der gesamten Institution. 120 Pferde standen zur Gruppen- und Einzelausbildung zur Verfügung. Zwei Reithallen wiesen mit geltenden Olympia-Maßen — sie befanden sich, durch eine verschiebbare Holzwand getrennt, unter einem Dach — ideale Voraussetzungen auf. Als Außen- und Freianlage gab es einen kleinen und einen großen Reitzirkel sowie ein besonderes Dressur-Viereck. Alles zur Reit-, Dressur- und Sprungausbildung erforderliche Material und Gerät entsprach der Gesamtzahl der Pferde bzw. Ausbildungsgruppen. Lautsprecher, Musikeinrichtungen und Spiegel waren akustisch und optisch störungsfrei eingebaut. Besonders wertvolle und hochleistungsfähige Pferde, von denen es nicht wenige gab, wurden in besonderen Boxen betreut.

5. Die Boots- und Segelanlage:

Die Daten und Darlegungen zu den Sportanlagen wären gewiß unvollständig, bliebe die Boots- und Segelanlage am Tegernsee unerwähnt. Wenn auch während der Kriegsjahre segel- und bootssportliche Interessen sehr zurückgestellt bleiben mußten, so diente diese Anlage besonders auch den versehrten Offiziersbewerbern der verschiedenen Versehrtenlehrgänge. Sie war vor allem über die jeweiligen Wochenenden in einem sehr erfreulichen Maß besucht, wobei die Unterbringung im Bootshaus gewährleistet war und die Verpflegung infolge der geringen Entfernung zwischen Bad Tölz und dem Tegernsee durch einen geeigneten Transportplan ermöglicht wurde.

Es entsprach durchaus dem Zweck dieser Anlagen, daß es große Freude machte, in einem so großzügigen und vielseitigen Rahmen Sport zu treiben. Sie ermunterten und ermutigten jeden, seine körperliche Leistungsfähigkeit zu steigern und zu festigen, bisher unbekannte Begabungen zu entdecken, Zutrauen zu seiner körperlichen Kraft und Geschicklichkeit zu gewinnen, sich auf schwerere Belastungen vorzubereiten und darüberhinaus Lust zu finden an der Lösung auch anstrengender Aufgaben. Das Gefühl für den Sinn sportlicher Bewährung scheint allen Völkern und Zeiten gemein zu sein und muß nicht erst erläutert werden. Auch an den Junkerschulen prägte der Sport nicht unbeträchtlich die Lebenshaltung von Menschen und hatte weit über den bloßen Ausbildungszweck hinaus allgemeinmenschliche Bedeutung.

Die zur Ausbildung an die Tölzer Schule kommandierten Junker brachten für den sportlichen Anreiz hervorragende Voraussetzungen mit. Die meisten von ihnen waren bereits von Jugend an durchtrainiert und wollten etwas leisten. Sie brauchten weder getrimmt noch gedrillt zu werden. Das Arbeiten mit solchen Schülern war auch für die Lehrer ein Vergnügen. Unter den 12 Sportlehrern in Tölz befanden sich allein 8, zum Teil mehrfache, Deutsche Meister: in der Leichtathletik Bongen, Fromme, Schlundt, Tripps und Wegner, im Fechten Friedrich und Losert, dessen Sohn sogar Weltmeister wurde, im Fußball kein Geringerer als der 28-fache Nationalspieler Gramlich von der Frankfurter „Eintracht". Die Genannten sind im übrigen über ihre Vereine wiederholt in die jeweiligen Nationalmannschaften berufen worden. Tripps gehörte sogar einer einstmaligen Weltrekord-Staffel an und ist der letzte lebende Gegner des legendären Harbig, den er in einem 400-m-Lauf schlagen konnte. Als weitere Lehroffiziere und qualifizierte Mitarbeiter verdienten Losert und Wokun besondere Anerkennung. Als bemerkenswert führender Sachwalter setzte Karl Wiemann in leitender Funktion die Akzente.

Die Deputate und Aufgaben im Sportunterricht

a) bei aktiven und Reserve-Führerbewerbern.

Zwar bestand für eine tägliche Sportstunde allgemein größtes Interesse, doch ließ der Stundenplan im Rahmen der gesamten Ausbildung nur 3 x 2 Stunden zu, die bei Bedarf sogar auf 3 x 1 Stunde — insbesondere bei Reservisten — gekürzt worden sind.

Nachstehend aufgeführte Sportarten waren in der Sportausbildung bevorzugt:

Leichtathletik: schwerpunktmäßig der Mehrkampf, jedoch wurden spezielle Interessen und Begabungen berücksichtigt.

Spiele: Fußball, Feldhandball, Hallenhandball, Basketball, Flugball (heute Volleyball) und vorbereitende Kleinspiele.

Schwimmen mit vielseitiger Schwimmfertigkeit, mit Rettungsschwimmen, Wasserball und Springen.

Boxen als Kunst der Selbstverteidigung.

In freiwilligen Sport-Arbeitsgemeinschaften standen zur Auswahl:

Geräte- und Bodenturnen mit Trampolin- und Tischspringen, Wassersport sowie Spiele (Fußball, Handball, Basketball), im Winter der Skilauf mit dem Langlauf, der nordischen Kombination, dem Touren- sowie dem alpinen Skilauf (u.a. in San Martino di Castrozza/Dolomiten und in Neustift/Stubaier Alpen).

Die sportlichen Leistungen wurden wie die in den Funktionsfächern der eigentlichen Führerausbildung im Rahmen einer 8-Punkte-Skala beurteilt und in die Gesamtbeurteilung gleichrangig zu den Fächern Heerwesen und Truppendienst mit dem Fünffachen der erreichten Punktzahl eingebracht. Beabsichtigt war eine Art sportliche Lehrbefähigung aller Führeranwärter, von der schließlich die gesamte Truppe profitieren sollte. In der Tat ist es gelungen, auf diese Weise Maßstäbe zu setzen.

b) bei versehrten Führerbewerbern.

Von 1943 an wurden in Tölz die Bewerber für die neugeschaffene Führerlaufbahn für Versehrte ausgebildet und folglich auch sportlich betreut. Es gab unter ihnen

Beinversehrte (Fälle mit Amputation, Doppelamputation, Gelenkversteifungen, Nervenlähmungen, Folgen von Schußbrüchen wie bei Beinverkürzungen u.ä.),

Armversehrte (analoge Fälle wie bei Beinversehrten),

Kriegsblinde und infolge Verwundung schwer Sichtbehinderte,

Kopf- und Hirnverletzte (Fälle mit einseitig spastischen Lähmungen an Armen und Beinen),

Kopf- und Hirnverletzte ohne Lähmungserscheinungen,

Versehrte mit inneren Organverletzungen (z.B. Lunge, Leber, Magen-Darm-Trakt u.ä.).

Unbedingt vorrangig war die menschliche und soziale Betreuung mit wohlüberlegter Lenkung. Wie dies geschah, wird an anderer Stelle dargestellt. Dieser neue Weg sollte von Heer, Marine und Luftwaffe für deren entsprechende Institutionen von 1945 an übernommen werden. Das Lehrpersonal der Wehrmachtsteile sollte zuvor durch besondere Lehrgänge in Tölz eingewiesen werden.

Nachdem der Versehrtensport erstmals als Unterrichtsfach eingeführt war und die Behinderten nach den Überlegungen und Vorschlägen des Sportlehrers zugunsten eines Unterrichts mit Gleichbehinderten innerhalb einer zunächst einzigen Inspektion ganz unbürokratisch und mit größtem Verständnis eingeteilt waren, machte man im Dienstplan den täglich erforderlichen Zeitraum für den Sportunterricht großzügig frei.

Im übrigen muß im Gegensatz zu späteren Nachreden und Unterstellungen ziemlich deutlich gesagt werden, daß das Verhältnis der Vorgesetzten zu ihren Untergebenen an der Junkerschule Tölz innerhalb der zahlreichen Gruppen kein Problem war. Man hat sich gegenseitig geachtet und menschlich geschätzt. Das Gefühl kameradschaftlicher Zusammengehörigkeit überwog bei weitem die dienstlichen Rangunterschiede. Im übrigen muß noch besonders erwähnt werden, daß die Lehrgruppe für versehrte Führerbewerber allen Angehörigen der Waffen-SS, d.h. auch den germanischen Freiwilligen aus vielen Ländern, wenn sie als Führerbewerber anerkannt waren, zur Ausbildung offenstand.

Schon nach dem ersten äußerst erfolgreichen Versuch wurde eine weitere Versehrten-Inspektion ins Auge gefaßt.

Gesteigerter Lebenswille mit der vollen Integration in die Lebensgemeinschaft und ihre Aufgaben waren der Lohn der Mühe. Da die physische Leistungsfähigkeit wieder nachweisbar war, versuchten alle Lehrgangsteilnehmer, das neugeschaffene Versehrten-Sportabzeichen zu erwerben. Und diejenigen Versehrten mit schweren inneren Verwundungen, die in keine der Versehrten-Kategorien eingereiht waren, bewarben sich sogar um das allgemeine Sportabzeichen der Gesunden und Volltauglichen. Die Überreichung dieser Zeichen für wiedergewonnene Lebenskräfte hat in der Mehrzahl der Fälle oft mehr Stolz hervorgerufen als so manche hochverdiente Auszeichnung für Tapferkeit und Bewährung vor dem Feind.

Mehr als 1000 Führerbewerber, die als Versehrte galten, wurden erfaßt. Ein Leistungsversagen gab es eigentlich nicht, weil die Gemeinschaft und die Mitwirkung aller Lehrkräfte beim sogenannten „Pauken" auf die Prüfung als eine Art Reißverschluß gegolten haben.

Nachdem in Tölz und seiner schönen Umgebung infolge der Höhenlage der Winter oft großen Schneesegen bescherte, haben zahlreiche Versehrte auf geeigneten Wanderpisten und Loipen vom Touren-Skilauf Gebrauch gemacht.

Manche Demonstration im Versehrtensport wurde von einem der bedeutendsten Filmoperateure, — von Guzzi Lantschner — festgehalten, der — übrigens 1936 Silbermedaillengewinner im alpinen Skilauf — jahrelang mit Leni Riefenstahl in ihren ungewöhnlich gelungenen und herrlichen Bergfilmen mitgewirkt hat.

Ein Versehrtensportfilm war als Vorspann für einen UFA-Film vorgesehen und begonnen worden. Die unzähligen Streifen, die bei Kriegsende geordnet und unzerstört in Tölz verblieben sind, fielen den Amerikanern in die Hände. Vielleicht haben sie in den USA dazu beigetragen, dem Versehrtensport im Sinne eines menschlich-kameradschaftlichen Verhältnisses für Gleichbehinderte den Weg freizumachen.

Man wird vielleicht nach den meßbaren sportlichen Leistungen unserer einstigen Tölzer Kameraden und Freunde unter den Versehrten fragen. Da ist u.a. noch die Schwimmzeit über 300 m Kraul für einen Oberschenkel-Amputierten mit 6:28,0 Minuten, für einen damals 20-jährigen Oberarm-Amputierten mit 5:49,5 Minuten ebenso in Erinnerung wie der Sprung über die 7-fache lebende Bank, den viele der Beinversehrten bewältigten. Genauso großartig waren die Leistungen im Hochsprung und in speziellen Mannschaftsspielen (Sitzfußball, Sitzhandball, Hallenhockey, Basketball, Hallenhandball, Prellball und Kleinfeldfaustball in der Halle). Jede Stunde war von echter Begeisterung getragen. Ein außergewöhnliches Unterrichtserlebnis war jedes Mal das Zusammenwirken mit unseren blinden und den schwer sichtbehinderten Kameraden. Was das verlorengegangene Sehen nicht mehr gestattete, wurde akustisch durch Rufen, Klatschen, Pfeifen oder durch Tamburinschläge in die entsprechende Bewegung für das Laufen, Hüpfen, auch für das Schwimmen und erst recht beim Spielumgang mit dem Klingelball, in dessen Hohlraum ein kleines Glöckchen eingefügt war, übersetzt. Die menschliche „Radar"-Einrichtung des Gehörs hat im Laufe kurzer Zeit neben dem Tastgefühl die einstige Aufgabe des Auges übernommen.

Noch immer klingen diese Erlebnisse nach. Kein Abschied von den Versehrten fiel nach Prüfungs- und Lehrgangsende leicht. Man war zusammengewachsen wie in einer guten Familie.

Ergänzendes zur Aufgabenstellung und Nutzung der Sportanlagen.

Der obligatorische Sportunterricht erfuhr ein besonders hohes Maß an Würdigung. Die Teilnahme an freiwilligen Sport-Arbeitsgemeinschaften kam hinzu, und das unter Waffen-SS-Soldaten weitverbreitete Interesse am Wettkampfsport verlangte nach Sportbegegnungen mit schulexternen Mannschaften. Im Fußball fanden häufig Spiele gegen namhafte Gegner statt. Größtes Interesse erfuhren dabei die Begegnungen mit dem damaligen Gaumeister FC „Wacker" München, mit dem FC „Bayern" München, mit dem TSV Penzberg, mit Mannschaften des Heeres und der Luftwaffe. Ihnen stand eine europäische Auswahl der Junkerschule gegenüber, die mit den germanischen Freiwilligen und Reichsdeutschen immer eine gute Elf präsentierte. Dabei bildeten meist 2000 bis 2500 begeisterte Zuschauer eine lebendige Kulisse. Auch im Handball war das Interesse, vor allem an Hallenhandball-Turnieren, besonders groß.

Mit Ausnahme der Stuttgarter Stadthalle existierte im ganzen süddeutschen Raum damals nur die Großhalle Junkerschule Tölz, die im übrigen nie zum Ziel für Luftangriffe der Alliierten wurde.Die Amerikaner wissen dies heute sicher zu schätzen, nachdem sie dort Eliteeinheiten stationiert haben.

Groß herausgekommen sind mit dem Jahr 1943 die Basketball-Turniere der estnischen und lettischen Gruppen innerhalb der europäischen Junker. Die Veranstaltungen mit den bayrischen Spitzenmannschaften, aber auch mit Wehrmachtsteams, waren festtägliche Höhepunkte, die oft von mehr als 500 Interessenten in der Halle besucht waren.

Mit Vereinen und Wehrmachtsmannschaften, wiederholt auch mit der Luftwaffen-Kriegsschule Fürstenfeldbruck, konnten zahlreiche Wettkämpfe in Spielen, im Schwimmen, im Fechten und in der Leichtathletik ausgetragen werden. Im Sommer 1943 und auch 1944 fanden im Stadion der Junkerschule Tölz, dem Luftkrieg ausweichend, die bayrischen Leichtathletik-Meisterschaften statt, bei denen sich auch die Junker als Wettkämpfer, Kampfrichter — wofür sie geschult waren — und Betreuer bewährten.

Selbst die Versehrten konnten sich bei ihren Veranstaltungen im Schwimmen, im Sitzfußball und Sitzhandball, im Hallen- und Feldhandball sowie im Basketball mit ihren Mannschaften gegen Versehrte von Wehrmachtseinheiten in Lazaretten und Genesungseinrichtungen messen und auszeichnen. Die Kameradschaft stand dabei an erster Stelle.

Hervorragend waren übrigens die Junker der aktiven Lehrgänge aus Norwegen und Finnland, die jeweils bei den bayrischen Ski-Meisterschaften im Langlauf, in der 4 x 10-km-Staffel sowie im Sprunglauf und in der nordischen Kombination damals Weltklasse-Leistungen zeigten und zahlreiche Titel gewannen.

Lebhaft begrüßte Unterbrechung des Männersports bedeuteten verständlicherweise die in der Schwimmhalle der Junkerschule Tölz wiederholt dargebotenen Programme und meisterlichen Vorführungen der Münchener „Isar-Nixen".

Da bei allen Veranstaltungen freier Eintritt gewährt wurde — dies bezog sich auch auf die Benutzung der

Schwimmhalle, der Sauna und des Gymnastikraumes durch die Versehrtengruppen der Tölzer Lazarette — wurden die Einrichtungen lebhaft genutzt und besucht. Alle Kommandeure förderten diesen Sportbetrieb. Keine der zahlreichen Mannschaften blieb außerdem von der einfachen, aber guten Eintopfbewirtung ausgenommen, was dazu führte, daß die Nachfrage nach Veranstaltungen oft größer war als das mögliche Angebot. Eine derartige Truppenbetreuung und Freizeitgestaltung war neben vielen anderen wertvollen Angeboten einmalig. Wegen der hohen Qualität der Sportanlagen sowie der anerkannten Fach- und Lehroffiziere ergab sich noch ein neuer Interessenbereich. Die Verbände der deutschen Leichtathletik und des Schwimmverbandes entsandten zeitweilig in den Pausen zwischen jeweiligem Lehrgangsende und Lehrgangsbeginn ihre besten Jugendlichen zu Spitzenkönner-Lehrgängen, in denen die damaligen Reichstrainer Gerschler, Christmann, Huhn u.a., von Kriegseinwirkungen ungestört, mit der Assistenz von Tripps und Bongen wirken konnten.

Im übrigen kann jetzt nach mehr als 38 Jahren das Geheimnis gelüftet werden, daß in der Schwimmhalle der Junkerschule Tölz mit Beginn des Jahres 1944 die Ausbildung der Kampfschwimmer, in der ganzen Welt „Froschmänner" genannt, einsetzte. Zahlreiche Freiwillige der damaligen Kriegsmarine sind zu solchen Spezialkursen abkommandiert worden, die aus Geheimhaltungsgründen an den Ausbildungstagen jeweils von 22.00 bis 6.00 Uhr, d.h. während der Nacht, stattfanden. Von Tölz fuhren diese Einheiten an die Adria weiter, wo sie vor ihren Einsätzen ihren letzten Schliff erhielten. Kein Angehöriger des auf der Junkerschule befindlichen Lehr- und Ausbildungspersonals erhielt Zugang zu den in ungewöhnlicher Nachtzeit angesetzten Trainings- und Ausbildungsstunden.

Die Ausbildungseinheiten bestanden zumeist aus 20 bewährten Marineangehörigen, die zugleich hervorragende Wettkampfschwimmer waren. Ein Stabsarzt gehörte zu dieser Elite, insonderheit wegen der steten Herz- und Kreislaufkontrolle. Immerhin bewältigten diese Kampfschwimmer bei ihrem nächtlichen Training jeweils mehrere Kilometer, anfangs ohne, später in Taucher-Spezialanzügen aus Gummi mit innenseitig besonders präparierter Wollfütterung und unter Verwendung einer Gesichtsmaske, die an ein Sauerstoffgerät angeschlossen war, das wie ein Tornister auf dem Rücken getragen und mit einem Bauchgurt um den Unterleib befestigt wurde. Schwimmflossen und eine Spezialuhr, auf der die Windrose und die jeweilige Wassertiefe angegeben war, vervollständigten die Ausrüstung.

Prominente Besucher und ihr Informationsinteresse

Das Tölzer Sportmodell, insbesondere die Darstellung des Versehrtensports als Unterrichtsfach in der Offiziersausbildung, fand bereits vor Ablauf des Jahres 1943 das Interesse der gleichgearteten Institutionen aller Wehrmachtsteile. Kommandeure und Fachlehrkräfte von Kriegsschulen und Kriegsakademien informierten sich bei ihren Besuchen für die Übernahme der Tölzer Lehrpläne in ihre eigenen Aufgaben.

Rundfunk, Presse und vor allem in der speziellen Versehrtenarbeit stehende Ärzte, selbst die medizinische Fakultät der Universität München (Orthopädie), sowie Pflegepersonal orientierten sich in Tölz und berichteten in der Öffentlichkeit von ihren Eindrücken. Meldungen vom Sport in Tölz erreichten im übrigen sogar mit Richtstrahlern in deutscher Sprache nachweisbar auch Übersee.

Musische Erziehung

Das kulturelle Bewußtsein der europäischen Völkerfamilie spiegelte sich vor allem in der erstmalig in das Erziehungsprogramm einer Kriegsschule aufgenommenen „Musischen Erziehung" wieder. Es war ein langgehegter Wunsch eines der letzten Kommandeure der Junkerschule Tölz, in das militärische Ausbildungsprogramm des Führernachwuchses der Waffen-SS Stunden der geistigen Besinnung und Einführung in die Welt der abendländischen Kunst, „musische Stunden", einzufügen. Der Kommandeur hatte sich bei seinen militärischen Einsätzen nicht nur als soldatisches Vorbild erwiesen, sondern war auch selbst durch und durch ein musischer Mensch. Wenn er die „musische Durchdringung" forderte, dann nicht nur aus Gründen der Bildung, sondern als wesentliches Mittel, die Gesamtpersönlichkeit der jungen Führeranwärter reifen zu lassen. Für ihn stand fest, daß das Zusammenwachsen der europäischen Freiwilligen neben dem soldatischen Opfer und der Kameradschaft am sichersten und innigsten über die kulturelle Gemeinsamkeit erfolgen würde. Keine „Logik" und keine politische Notwendigkeit konnte zwingender sein als das tiefe Erlebnis der europäischen Kultur in den großen Beiträgen, die die einzelnen Nationen dazu geleistet hatten.

So wurden in Tölz, indem man sich schrittweise diesem Ziele näherte, zunächst in gelegentlichen, später regelmäßigen Veranstaltungen durch Orchester, Kammermusiker, Sänger, Instrumentalsolisten, Schauspieler und Dichter vor der gesamten Junkerschule die Meisterwerke der europäischen Musik und Dichtung dargeboten. Einbezogen waren gerade auch die europäischen Meister wie der Norweger Grieg, der Finne Sibelius, der Italiener Verdi und der große Europäer Liszt.

Die Programme wurden mit den Zuhörern zuvor im Unterricht theoretisch und mit Instrumenten sorgfältig vorbereitet und erarbeitet.

Die „musische Erziehung" entwickelte sich im Rahmen der weltanschaulichen Schulungsarbeit allmählich zu einem wesentlichen Faktor, der in Tölz erstmalig in dieser Weise an einer Kriegsschule in Erscheinung trat. Dieser neue Geist, der damit in die Offiziersausbildung überhaupt drang, wurde von den häufig anwesenden Kommandeuren der Kriegsschulen des Heeres, der Luftwaffe und der Marine mit Erstaunen und Anerkennung verfolgt, zumal diese Bestrebungen nicht der gelegentlichen Erbauung dienen sollten, sondern lehrplanmäßig als wichtiger Erziehungs- und Bildungsbeitrag aufgefaßt wurde.

Wie stark sich diese Einrichtung bald in der Folge auswirkte, zeigte die ständige Verbindung zwischen Tölz und anderen Kriegsschulen der verschiedenen Wehrmachtsteile, ja selbst zur Kriegsakademie, an denen der „Beauftragte für die musische Erziehung" der Junkerschule in regelmäßigen Abständen Gastvorträge hielt.

Neben den Unterrichts- und Bildungsstunden hatten die Junker auch Gelegenheit, sich chorisch und instrumental zu betätigen. Eine umfangreiche Musikbibliothek mit Werken aller europäischen Meister stand zur Verfügung, Noten sowie auch Bücher, außerdem eine reichhaltige Sammlung von Instrumenten — Violinen, Bratschen, Celli, Blasinstrumente, Klaviere. Der große Hörsaal in Tölz war mit einer Orgel mit 2500 Pfeifen ausgestattet. Die Pflege der Kammermusik wurde zu einer ständigen Einrichtung. Hierfür stand ein eigenes Musikzimmer zur Verfügung. Einen besonderen Gesichtspunkt erhält diese Arbeit, wenn man sich vergegenwärtigt, daß diese Entwicklung Ende 1943 begann und ihren Höhepunkt etwa gegen Ende 1944 erreichte.

Die musische Ausbildung an der Junkerschule umfaßte folgende Abläufe und Einrichtungen:

1. Eine Wochenstunde — regelmäßig im Gesamtlehrplan — vermittelte Werke von Bach, Beethoven, Liszt, Wagner sowie Komponisten der europäischen Länder.
2. Regelmäßig — in Abständen — Konzerte mit besten künstlerischen Darbietungen.
   a) Solisten (Gesang — Instrumental-Virtuosen — Orgel) wie z.B. Kammersänger Ludwig Weber, Kammersänger Karl Schmidt-Walther (beide von der Münchner Staatsoper), Margarete Kiesling-Rosenstengel, Elly Ney und viele andere.
   b) Orchester der Münchner Staatsoper unter Stabführung vieler auch noch heute berühmter Dirigenten.
3. Literarische Veranstaltungen — in Abständen — so z.B. Faust-Rezitationen, u.a. Golling (Staatstheater-Intendant) und Staatsschauspieler Paul Hartmann.

4. Gruppenweise Teilnahme an Festspielen in Bayreuth, an Aufführungen der Staatstheater Münchens und der Richard-Wagner-Schule in Detmold.
5. Gelegenheit für die Junker zu praktischer Ausübung nach ihren Wünschen, wie Instrumentalspiel u.a.
6. Für die Kammermusik stand ein eigenes Musikzimmer, neben dem Musiksalon gelegen, zur Verfügung, bestückt mit einer reichen Instrumenten-Sammlung, einer Bibliothek mit Musik-Literatur sowie umfangreichem Notenmaterial.

Im Vortragsprogramm (Vorlesungen im großen Hörsaal) standen neben zeitpolitischen, historischen und philosophischen auch Themen über Musik, und zwar an hervorragender Stelle.

Erinnerung eines Teilnehmers

„Noch 1943 und 1944 besuchten die Kommandeure der Kriegsschule aller Waffengattungen — Heer, Luftwaffe, Marine — nicht nur die militärischen und sportlichen Vorführungen der Tölzer Ausbildungs-Lehrgänge, sondern nahmen auch — mit sichtbarer Ver- und Bewunderung — teil an den ‚musischen Stunden‘. Es wurden in Ausschnitten Beispiele der ‚musischen Schulung‘ als Teil der Gesamtausbildung des angehenden Offiziers geboten. Ich sehe noch, unverblaßt, vor mir das Bild einer ‚musischen Unterrichtsstunde‘, die zu Ehren der hohen Gäste im großen Musiksalon — im Mittelgebäude der Querfront — durchgeführt wurde. Thema: Wagner und sein Bühnenstück „Die Meistersinger von Nürnberg“. In der Mitte des Musiksalons eine Junkerschaft von etwa 30 Junkern, aufgeschlossen, aktiv teilnehmend; am Flügel der Dozent, Einblicke in die Dichtung und ihre musikalische Gestaltung vermittelnd. An der breiten Querfront etwa 20 Generale und Generalstabs-Offiziere der Kriegsakademie unter Führung von deren Kommandeur Speth. Die hohe Generalität war ‚sprachlos‘ — kein Flüstern untereinander, nur Staunen.

Erfolg: In der anschließenden Sitzung äußerten die Kommandeure die Absicht, nun auch ihrerseits ähnliche Lehrgänge einzuführen. Klingenberg, der damalige Kommandeur der Junkerschule, strahlte. War es doch seine eigene pädagogische Idee — oder besser: seine Anschauung vom Wesen des Offiziersstandes und von dessen Bildungsumfang. Es galt, das typisch amusische Exerzierreglement jenes ‚königlich-preußischen Gardeleutnants‘ ganz und gar abzulösen, von dem noch heute in punkto ‚Musik‘ die amüsantesten Geschichtchen erzählt werden.“

(Aus einem Brief an den Verfasser.)

Der Stellenwert der weltanschaulichen Unterweisung in der Ausbildung des Führernachwuchses

Über die Bedeutung der „Weltanschauung" für die Ausbildung des Führerkorps der Waffen-SS gibt es bisher mehr Meinungen als Kenntnisse trotz aller Bemühungen von vielen Seiten. Zunächst muß festgestellt werden, daß die Stundentafeln für die Junkerschulen ein Fach dieses Inhalts vorschrieben. Ähnliche Vorschriften gab es jedoch für alle militärischen und halbmilitärischen Einrichtungen. Jeder Versuch, in dieser Sache mehr Klarheit zu schaffen, hat davon auszugehen, daß die Verhältnisse eines totalitären Staatswesens vorgegeben waren, in dem Einzelne und erst recht Organisationen sich den Folgen politischer Forderungen nicht grundsätzlich entziehen konnten, selbst wenn sie diese Absicht gehabt hätten. Die Waffen-SS hatte diese Absicht nicht. Dennoch nahm sie eine Sonderstellung ein, deren Studium historisch aufschlußreich sein kann.

Ein bewaffneter Verband muß notwendigerweise so ausgebildet werden, daß er die ihm zugedachten Aufgaben erfüllen kann. Das gilt in vollem Umfang bereits für die ersten bewaffneten Verbände der SS. Als Kommandeur der Leibstandarte hatte Sepp Dietrich nichts für den politischen Unterricht, wie er damals hieß, übrig. Aus dem Unterricht konnte daher auch nichts werden. In dieser Hinsicht unterschied sich die Leibstandarte nicht von einer Einheit des Heeres.

Außer zum Wachdienst wurde die Leibstandarte oft zur Repräsentation herangezogen, zu Absperrungen, bei den Parteitagen in Nürnberg, am 9. November in München, beim Einmarsch in das Saargebiet und nach Österreich und in unzähligen anderen Fällen. Der Eindruck, den sie auf die Bevölkerung machte, kam nicht von ungefähr. Er beruhte auf harter, spezieller Ausbildung. Darüberhinaus sollte die Standarte auch als Infanterieregiment einsatzfähig sein und wurde, wie die Geschichte beweist, tatsächlich sogleich eingesetzt. Zu alledem hatte politischer Unterricht vorerst nichts beizutragen. Im Gegenteil: Als Julius Streicher einmal einen Vortrag vor der gesamten Leibstandarte hielt und seine Haßtiraden gegen Juden losließ, tobte Sepp Dietrich, er brauche anständige Soldaten und lasse sich „seine Buam net verschandeln."[114]

Der Krieg verstärkte diese Tendenz. Die Verbände der bewaffneten SS, bald Waffen-SS genannt, waren als Kampftruppen dem Heer unterstellt und unterstanden auch dessen Kommandogewalt. Von der politischen Seite hatte sich jedoch der Reichsführer-SS eigene Befugnisse vorbehalten. Dazu gehörten die der weltanschaulichen Erziehung und der Besetzung der Führer- und Unterführerstellen.[115] Der Konflikt, der sich in den ersten Entwicklungsstadien schon gezeigt hatte, war damit als Dauerkonflikt verwaltungsrechtlich untermauert. Während die höchsten Kommandostellen des Heeres ihrer Aufsichts- und Besichtigungspflicht an den Junkerschulen nachkamen, bestand auch der Reichsführer-SS auf seinen Weisungsrechten. Es ist nicht schwer, sich auszudenken, was angesichts der Aufgaben der Junkerschulen dabei herauskam und wer am längsten Hebelarm saß. Die Frontsoldaten der Waffen-SS betrachteten wie andere Soldaten die Parteiorganisation und ihre Vertreter im günstigsten Fall mit einer gewissen Herablassung, als seien das Leute, die es eben nicht besser konnten. Hauptamtliche Parteifunktionäre aller Organisationen, besonders die jüngeren HJ-Führer, wollten lieber ihre Pflicht an der Front tun und meldeten sich freiwillig zur Truppe, wenn sich ihnen die Möglichkeit dazu bot.

Sie kamen als Freiwillige häufig zur Waffen-SS. Man wird das weltanschauliche Potential dieser, wenngleich unterschiedlich geschulten, so doch vom Dienst für die Partei und von allgemeinem Vertrauen in die Staatsführung geprägten Männer mit in Rechnung stellen müssen, wenn es darum geht, die Wirkung weltanschaulicher Überzeugungen für das Führerkorps der Waffen-SS richtig einzuschätzen. Abgesehen von diesen Männern, die hauptamtlich für die Partei und ihre Gliederungen tätig gewesen waren, kamen jedoch auch alle anderen reichsdeutschen Freiwilligen aus politischen Organisationen und aus öffentlichen Schulen, in denen nationalsozialistisch gesinnte Lehrer beträchtliche Wirkung ausüben konnten. Es war daher im allgemeinen nicht nötig, Freiwilligen der Waffen-SS, am wenigsten dem Führernachwuchs, durch besonderen Unterricht die innere Zustimmung zu den allgemein bekannten Ansichten und Maßnahmen Hitlers und seiner Regierung abzuringen. Eine solche Annahme würde die damalige politische Gesamtlage verkennen. Weltanschauliche Reibungen und Konflikte wurden, auch wo sie mit Heftigkeit auftraten, nur in Ausnahmefällen als grundsätzlich verstanden. Man hielt sie für

Randerscheinungen, für Kinderkrankheiten der Bewegung, für vorübergehend und überwindbar. Ähnliches läßt sich unschwer auch noch heute beobachten, wo in totalitären Staaten ideologische Konflikte entstehen, selbst bei Emigranten und Ausgebürgerten.

Die gesinnungsbedingten Abwanderungen aus den jüngeren Führungsschichten der Parteigliederungen zu den Streitkräften verbesserte nicht gerade die personelle Situation der NSDAP und beeinträchtigte letztlich auch das Ansehen der zurückgebliebenen Funktionäre, soweit es sich nicht um Alte oder bereits um Kriegsbeschädigte handelte.

Zu den ständigen Redensarten von Soldaten in Rußland gehörte der Vorwurf, die Goldfasane[116] machten an einem Tag mehr kaputt, als die Truppe habe in Monaten erkämpfen können.[117] In der Waffen-SS war man mit solchen Urteilen am wenigsten zurückhaltend. Aber neben anderen hohen Parteifunktionären hatte selbst Himmler vom Charakter der Truppe, deren Organisation er einmal geschaffen hatte, keine zutreffende Vorstellung. Er hätte sich sonst während des Krieges nicht so häufig in einzelnen Maßnahmen und im Ausdruck seiner Reden und Erlasse vergriffen.

Ein SS-Mann, den er wegen seiner „nordischen Erscheinung" persönlich als Führerbewerber ausgesucht hatte und der auf der Junkerschule Tölz wegen mangelnder Fähigkeiten zweimal durchgefallen war, wurde nach dem dritten Versuch mit dem ausdrücklichen Bemerken endgültig zurückgewiesen, es stünden trotz seiner unbezweifelbaren nordischen Chromosome keine Mutationen mehr zu erwarten, die eine Eignung zum Führer der Waffen-SS erhoffen ließen.[118]

Es ist daher ein Irrtum von Wegner, wenn er vermutet, Hausser habe einen Hintergedanken gehabt, als er in seinem Buch über die Waffen-SS der weltanschaulichen Schulung nur zehn Zeilen widmete.[119]

Vielmehr ist genau das ein Maß für den Stellenwert, den er der weltanschaulichen Unterweisung im Rahmen der Ausbildung zubilligte. Er hielt sie, da ihm die grundsätzliche Einsatzbereitschaft seiner Soldaten wohlbekannt war, für weitgehend entbehrliches, aber nach Lage der Dinge unabweisliches Beiwerk. Nichts ist bei einem Soldaten verständlicher, und es gehörte nicht zu den geringsten Schwierigkeiten des Faches Weltanschauung, daß es seine Lehrer aus der Truppe herausziehen sollte. Als an der Junkerschule Tölz ein WS-Lehrer sich anschickte, seinen besten Schüler als Fachkollegen zurückzuhalten, beschwerte sich der Betroffene bei seinem Inspektionschef mit der Begründung, ein Panzerjäger an der Front sei wichtiger als ein WS-Lehrer an der Junkerschule. Sein Vorgesetzter hatte dafür Verständnis und ließ ihn zur Truppe zurückkehren.[120]

Die militärische Aufgabe der Junkerschulen machte das Fach Weltanschauung zu einem als lästig empfundenen Anhängsel. Der Schulkommandeur, die Inspektionschefs und die Junkerschaftsführer hatten vorerst andere Sorgen, und sie wollten sich die Zeit nicht stehlen lassen. Im Jahre 1944 fand sich in Tölz eine Gruppe von Rasseforschern des Rasse- und Siedlungshauptamtes ein, um Schädelmessungen vorzunehmen. Ein Inspektionschef ließ ihnen „genau drei Minuten Zeit", mit den Gerätschaften den Raum auf zwei Beinen zu verlassen. Die Forscher zogen es vor, die Dreiminutenfrist zu nutzen und wurden nicht mehr gesehen.[121] Es ist durchaus möglich, daß sie bei einer anderen Inspektion freundlicher behandelt wurden.

Die SS-Führer, die manchmal gegen ihren Willen und des öfteren gegen ihren Widerstand als Lehrer an die Junkerschulen kommandiert worden waren, wollten denen, die sie zu belehren hatten, keinen hinderlichen Ballast aufbürden. Das galt auch für Lehrer im Fach WS, bei von Fall zu Fall verschiedenen Wegen und Fähigkeiten. Der Kommandeur der Marine-Kriegsschule Mürwick, Träger des Ritterkreuzes mit Eichenlaub, Schwertern und Brillanten, der sich in Begleitung des Kommandeurs der Junkerschule Tölz einen Eindruck vom dortigen Lehrbetrieb verschaffen wollte, stieß bei einer zufälligen Unterrichtsinspektion auf einen jungen WS-Lehrer, Frontoffizier einer in Rußland kämpfenden Division, der ohne jeglichen Lehrplanhintergrund und ohne Rücksicht auf die beiden plötzlich bei ihm auftauchenden Kommandeure eine Stunde lang die Ostpolitik des Ostministeriums auseinandernahm und eine der offiziellen Version völlig entgegengesetzte Auffassung vertrat. Der Marinekommandeur vergewisserte sich betreten und vorsichtig, ob es sich hier um eine Art theoretisches Wechselbad handle. Er erhielt jedoch von dem nicht weniger verblüfften Schulkommandeur die Auskunft, er höre diese Darstellung selbst zum erstenmal, könne ihn aber beruhigen, denn so etwas gäbe es an sich nicht. Inhaltlich allerdings sei er durchaus einverstanden.[122]

Die Selbständigkeit, mit der sich die jungen Führer der Waffen-SS, aber nicht weniger ihre erfahrenen Kommandeure, in ihrem Zuständigkeitsbereich einrichteten und bewegten, trug ihnen bei Truppenfremden eine Menge Mißbilligung ein. Noch niemals hat jemand untersucht, wieviel von dieser Mißbilligung das Jahr 1945 überlebt hat und mit eingegangen ist in das Material, das der beabsichtigten kollektiven Verteufelung der ganzen Organisation der Waffen-SS und aller ihrer einzelnen Mitglieder dienen sollte. Die Verteufelung kann durchaus auch von solchen ausgehen, deren Kritik damals weniger mutig war als die der nun Verurteilten. Man braucht nicht allzuviele Kriegstagebücher zu studieren, um sich zu überzeugen, daß die Waffen-SS nicht nur im Verband des Heeres kämpfte, sondern auch eigenwillige Vorstellungen mitbrachte und bei allem Einsatz nicht zu blindem Gehorsam neigte.

In den entscheidenden Augenblicken hat sich das als rettende Tugend erwiesen.[123] Verantwortungsbereitschaft, Selbständigkeit des Urteils, Bestimmtheit und Freimütigkeit waren Voraussetzungen hierfür, die an den Junkerschulen geübt wurden, außerhalb des weltanschaulichen Unterrichts und der politischen Erziehung, aber auch dort. Es war ausgeschlossen, in einer Atmosphäre angemaßter Autorität zum Erfolg zu kommen. Nicht nur Himmler, sondern auch andere hohe Funktionäre haben das erfahren.

Daß in diesem Rahmen der weltanschauliche Unterricht nur eine mitwirkende Nebenrolle spielen konnte, versteht sich fast von selbst. Wegner hat also ganz recht mit seiner Vermutung, es gebe keinen Grund, der uns veranlassen könnte, das Unwahrscheinliche anzunehmen und dem Fach Weltanschauung an den Junkerschulen einen nennenswert höheren Stellenwert zuzubilligen als etwa dem „wehrgeistigen Unterricht" im Heer.[124] Er hat aus dieser Erkenntnis heraus auch ganz richtig bemerkt, daß in der Zeitgeschichte Urteile tradiert werden, die aus der Zeit von vor 1945 mitgeschleppt werden und die im extremen Fall „ironischerweise SS-propagandistische Selbstbespiegelungen kritiklos übernehmen."[125] Nur stammt die Propaganda nicht von der Truppe, und der häufig undifferenziert angewendete Pauschalbegriff „SS" verstellt für die meisten Betrachter bis heute den Blick auf die Tatsachen.

So schwer durchschaubar und verwirrend waren aber die Tatsachen nicht, daß man nicht versuchen könnte, sie geordnet zu betrachten. Zunächst also sei von der Stellung des problematischen Unterrichtsfaches die Rede, dessen Unsicherheiten schon an seinen unterschiedlichen und wechselnden Bezeichnungen erkennbar werden: Politische Schulung — Weltanschauliche Erziehung — Weltanschauliche Schulung — es gibt Erlasse, die sich mit dem Sinn der Benennung beschäftigen und sie regeln, wie den späten Runderlaß des SS-Führungshauptamtes vom 11. Februar 1944, betreffend „Lehrfächer und ihre Beurteilung".[126] Betrachtet man einige der erhaltenen Lehrpläne, so scheint für die Friedensschulung und die erste Hälfte des Krieges die Bezeichnung „politische Schulung", für die spätere Zeit „weltanschauliche Schulung" am ehesten zutreffend. Wir kürzen die Bezeichnung nach den damaligen und heute weitgehend beibehaltenen schlechten Gepflogenheiten mit WS ab.

Im Frieden wurden dem Fach in der Ausbildung des Führernachwuchses im allgemeinen weniger Wochenstunden zuerkannt als im Krieg. Unsere Aufmerksamkeit richtet sich daher auf die Kriegszeiten. Die Stundentafeln von 1941/42 weisen für unterschiedliche Lehrgangsarten differierende Wochenstundenzahlen aus. Der 8. Kriegs-Junkerlehrgang in Tölz hatte von 48 Wochenstunden 4 Stunden „politische Schulung". Für die Ausbildung in der eigenen Waffengattung wurden 16 Stunden aufgewendet, für die Taktik 10, für den Truppendienst 7. Die Reserveführer-Lehrgänge wurden noch weniger politisch geschult. Von 52 Wochenstunden entfielen 3 auf dieses Fach. Dafür wurden sie 18 Stunden in der eigenen Waffengattung ausgebildet, hatten 11 Stunden Truppendienst, 8 Stunden Taktik und 4 Stunden Unterweisung in Heerwesen. Nur die Versehrten-Lehrgänge mußten 8 Stunden WS über sich ergehen lassen, und man erkennt leicht, warum: Sie konnten aus physischen Gründen überhaupt nicht mehr für eine Waffengattung und ebensowenig für den Truppendienst vorbereitet werden, so daß der Hauptteil der für die militärische Ausbildung vorgesehenen Wochenstunden wegfiel. In den Stundentafeln also war WS ein Beifach zu einer weit überwiegenden und differenzierten militärischen Ausbildung, wie sie dem Zweck der Junkerschulen entsprach.

Bezieht man die Stundentafeln auf die Gesamtdauer der Ausbildung eines Führers der Waffen-SS, so verringern sich die Chancen politischer Ausrichtung im Rahmen des gesamten militärischen Unterrichts noch weiter. Innerhalb der Ausbildungsdauer von einem halben Jahr in der Zeit der Gültigkeit dieser Stundentafeln besuchte der SS-Junker nur viereinhalb Monate die Junkerschule. Die restlichen anderthalb Monate verbrachte er anschließend an einer Waffenschule, die ihn ausschließlich auf die Führungsaufgaben in der eigenen Waffengattung vorzubereiten hatte.

Es haben sich jedoch auch inoffizielle Dokumente über den Stellenwert der WS erhalten. In ihrer Unbefangenheit kommen sie dem Anspruch auf stringenten Beweis der Schwäche dieses Faches, auf den Wegner korrekterweise verzichtet, zumindest recht nahe. Dafür ein Beispiel: Nach dem harten Ausleseverfahren der Zwischen- und Schlußprüfung war es üblich, daß die zum nächsten Dienstgrad Aufgestiegenen ihren Erfolg feierten Die Feier wurde mit allerlei witzigen Vorträgen gewürzt. So gibt es vom Sommer 1944 aus Klagenfurt ein Poem aus 58 vierzeiligen Strophen, die offensichtlich als Begleittext zu einer Bilder-Serie über den Lehrgang gedient hatten.[127] Wahrscheinlich bestand die Serie aus 55 Bildern, denn drei der Strophen sind Einleitungen zu drei Abschnitten des Vortrags. Von den 58 Strophen beziehen sich zwei, und nur sie, in sehr bezeichnender Weise auf den WS-Lehrer. Die beiden Bilder zeigten ihn, der im Bewußtsein der Junker für das „politische Soldatentum" verantwortlich zeichnete, bei der Vorführung einer Waffe, wahrscheinlich der damals neuen Panzerfaust oder ihrer schwereren Variante, des „Ofenrohrs". Die Verse lauten:

> Wo Erfolge zu verbuchen,
> läßt WS sich auch nicht suchen.
> Aus dem Mienenspiel zu lesen,
> wird erst kritisch abgemessen —
>
> dann erkennt man frohgemut,
> daß die neuen Waffen gut.
> Also kann man weiter raten
> zum politischen Soldaten.

Übrigens ist auch die Abschlußzeitung des gleichen Lehrgangs erhalten. Sie umfaßt 17 Schreibmaschinenseiten, darunter viereinhalb Seiten gereimte „Erinnerungen". Im Gegensatz zu anderen Fächern kommt in diesem gesamten Skript WS überhaupt nicht vor. Im Bewußtsein der Junker hatte dieses Fach keine so wesentliche Bedeutung, daß man sich daran besonders erinnert hätte.

Bei solchen Tatbeständen kann man Haussers Urteil, WS „sei hinter der militärischen Ausbildung zurückgetreten", nicht eine „apologetische Argumentation zur Entpolitisierung der Waffen-SS" nennen.[128] Eher handelt es sich bei diesem durch nichts gestützten Urteil gegen einen glaubwürdigen Zeugen um einen Vorwurf, der manche zeitgeschichtliche Darstellung in ihrer ideologischen Einseitigkeit apologetisch rechtfertigen soll. Die Zeitgeschichte sollte sich davon freimachen und sich gegen Lenins Ideologie nachdrücklich auf die Tugenden unvoreingenommener Historie besinnen. Es bleibt immer noch genügend Anlaß zu kritischer Distanz.

Ohne zunächst auf den Inhalt der ihrer Stellung nach schwachen WS einzugehen, sei ein Blick auf die Stoffverteilung geworfen. Auch dabei erhält man eine genauere Vorstellung vom Stellenwert der Fächer. Dies lohnt sich überhaupt erst bei Plänen aus der zweiten Kriegshälfte, denn zum Beispiel der Tölzer WS-Plan von 1940 ist bei 16 Seiten Gesamtumfang der Lehrgangsplanung auf einer einzigen sparsam beschriebenen Seite festgehalten und bietet nicht mehr als einen durch Tagesthemen aktualisierten politischen Unterricht, von dem wahrhaftig nichts zu erwarten war. 1943 sind daraus immerhin dreieinhalb Seiten geworden, davon zweieinhalb Seiten Geschichtskurs. Von den 22 Ausbildungswochen hatten die dortigen WS-Lehrer genau die Hälfte mit je 3-4 Stunden für diesen Geschichtskurs freigehalten. Da anzunehmen ist, daß 11 Wochen, also 33-44 Unterrichtsstunden, für einen Berserkergang durch die Jahrtausende von der Steinzeit bis zum ersten Weltkrieg in der Regel nicht ausgereicht haben, wird auch die zum Ausgleich bestimmte letzte Woche dem Geschichtsunterricht zuzuschlagen sein. Es bleiben für die Behandlung des Nationalsozialismus 2 Wochen, also 6-8 Stunden. Das Wesen der SS wurde nach der Abschlußprüfung beschrieben, wenn die Benotung weitgehend feststand und die Junker für die mit Ungeduld erwartete Schlußfeier solche Verse wie die schon zitierten dichteten. Am Anfang des Planes findet man Stichworte über „lebensgesetzliche Grundlagen", für deren Unterrichtung 6 Wochen, d. h. 18-24 Stunden, vorgesehen waren, hauptsächlich politisch gedeutete biologische Theorien, die der Geopolitik unter der Bezeichnung Biopolitik an die Seite gestellt wurden.[129] Obwohl seit 1945 in Deutschland diese beiden Fachrichtungen aus überwiegend politischen Erwägungen kaum mehr gefördert worden sind, kann man nicht behaupten, daß die Probleme, die sie zu beschreiben versuchten, entweder nicht bestünden oder bewältigt seien. Die Junker von damals waren diesen Theorien verständlicherweise aber noch viel weniger gewachsen als die Wissenschaftler von heute. Sie konnten im Streit darüber unmöglich den Sinn ihrer Ausbildung im Kriege sehen.

Um der ihrer Stellung nach schwachen WS zu größerer Geltung zu verhelfen, mußten trotz der nur halb so großen Stundenzahl die dort erreichten Punkte ebenso gewichtet werden wie die im Taktikunterricht errungenen. Das gab zusätzlich Anlaß zu Bemerkungen und Rivalitäten. Für die Art, wie diese Gleichgewichtigkeit gedeutet wurde, gibt es untrügliche Anzeichen. So war der Junkerschaftsführer verpflichtet, an allen Unterrichtsstunden seiner Junkerschaft als Beobachter teilzunehmen. Von der Teilnahme an der WS war er entbunden.[130] Die Junker zogen daraus ihre Schlüsse und irrten sich darin nicht. Dem WS-Lehrer blieb gar nichts anderes übrig, als dem Urteil des Taktiklehrers — wenn es eindeutig war — beizupflichten. Man findet dafür nicht wenige Beispiele in den Archiven, noch mehr in Gesprächen mit unmittelbar Beteiligten. Über einen Junker des Jahrgangs 1921 urteilte ein WS-Lehrer: „Wirkt zeitweilig etwas unbeweglich und arbeitet wenig im Unterricht mit. Geistige Begabung ist vorhanden. Zum SS-Führer geeignet." Die unmittelbar folgende Beurteilung des Taktiklehrers lautet: „Klare, straffe Erscheinung, dabei frisch und aufgeweckt. P. ist überdurchschnittlich begabt. Führereigenschaften sind ihm eigen. Innerlich bescheiden, besitzt er eine klare Linie. Charakterlich ist P. offen und anständig. Auftreten und Haltung sachlich und bestimmt. Er erscheint zum SS-Führer geeignet."[131] Der Widerspruch zu den mageren Sätzen des WS-Lehrers ist unverkennbar, es ist ferner nicht schwer, sich an der Formulierung des Taktiklehrers klarzumachen, an welchen Wertmaßstäben der Lehrgangsteilnehmer gemessen wurde und worauf das Gewicht in der Begründung des Schlußurteils lag.

WS-Lehrer an den Junkerschulen waren in der Regel um ihr Amt nicht zu beneiden, am wenigsten dann, wenn sie es auch noch ungern übernommen hatten, was auch auf dem Höhepunkt des Krieges noch häufig vorkam. Der WS-Lehrer wußte, daß er von den Junkern durch die inoffizielle Amtsbezeichnung „Weltanschauungsheini"[132] in fatale Nähe zu dem ungeliebten „Reichsheini"[132] gerückt wurde oder daß er sich in den Augen von Christen und Neuheiden gleichermaßen verdächtig machte, einen unwillkommenen Religionsersatz zu liefern, wodurch er in die ihm selbst unerwünschte Rolle des „WS-Apostels" oder des „Standartenpriesters" gedrängt wurde.[133]

Ein meßbares Resultat seiner Anstrengungen sollte sich schließlich in einer schriftlichen Prüfungsarbeit ergeben, die mit mehreren angeborenen Mängeln behaftet war. Erstens mußte das Thema so gewählt werden, daß man es „oben" vorzeigen konnte. Zweitens mußte der Prüfling möglichst viele Lerninhalte der WS in freier Darstellung verwerten können. Drittens schließlich sollte er die Aufgabe samt Reinschrift in 90 Minuten bewältigen. Am gleichen Tag wurde noch eine zweite Prüfungsarbeit in einem anderen Fach geschrieben, denn die schriftliche Prüfung war mit vier Arbeiten in zwei Tagen zu erledigen. Der 8. Kriegs-Reserveführeranwärter-Lehrgang in Tölz, dessen wöchentlich dreistündiger Unterricht in Weltanschauung noch „Politische Schulung" geheißen hatte, mußte in der Prüfung die Frage beantworten: „Welche Gedanken verbinden Sie mit den Worten des Führers aus „Mein Kampf": Die Blutvermischung und das dadurch bedingte Senken des Rasseniveaus ist die alleinige Ursache des Absterbens aller Kulturen." Es ist unwahrscheinlich, daß ein Lehrgangsteilnehmer in den gegebenen 90 Minuten das Risiko kritischer Äußerungen einging, obwohl sie durch die Aufgabenstellung nicht unbedingt ausgeschlossen waren. Beim Anblick der Frage war dem Prüfling klar, daß er außer „lebensgesetzlichen" Kenntnissen vor allem mehrere historische Beispiele beizubringen und das Ganze einigermaßen geordnet und vernünftig verbunden vorzutragen hatte. Gemessen an diesem arbeitstechnischen und sprachlichen Anspruch war das etwa erwartete weltanschauliche Bekenntnis oder dessen Kritik weniger dringlich, manchem Prüfling sogar gleichgültig.

All diese und noch andere Umstände trugen dazu bei, daß die Anteilnahme an der ideologischen Aussage des neben der militärischen Ausbildung laufenden politischen Unterrichts nicht gerade groß war.[134] Ein ehemaliger Reservejunker urteilte im Jahre 1978 aus besonnener Distanz über seine Erfahrung mit der WS in Tölz in aller Kürze: „Das war nichts, wurde nicht gerade mit Interesse angehört und nur als notwendiges Übel empfunden."[135] Den Verantwortlichen konnte das unmöglich verborgen bleiben. Weltanschauliche Erziehung hatten sie angestrebt und erreichten nicht einmal politische Schulung. So suchten sie den Weg einer mittleren Lösung durch weltanschauliche Schulung. Über dieses Fach WS hinaus sollte die gesamte Ausbildung an den Junkerschulen mehr als das, nämlich weltanschauliche Erziehung leisten. Wegner drückt das in einer Formulierung aus, die erst nach 1945 seit der Diskussion um die politische Bildung in der Schule möglich wurde, daß nämlich die weltanschauliche Erziehung „nicht allein ein Ausbildungsfach, sondern zugleich ein fächerübergreifendes pädagogisches Prinzip" gewesen sei.[136] Wenn es auch den Begriff damals noch nicht gab, so mag er der Sache nach die Absicht des SS-Führungshauptamtes treffen. Die anachronistische Verfrühung des Begriffs eines fächerübergreifenden pädagogischen Prinzips zeigt, daß derartige Probleme in gewandelter Form fortbestehen und keineswegs für die Junkerschulen charakteristisch sind. Der Versuch, politische Bildung durch Unterricht zu vermitteln, ist nur eine säkularisierte Form der Absicht, im Religionsunterricht Religiosität oder Frömmigkeit zu lehren; da ihre Mittel wegen Untauglichkeit zum Scheitern verurteilt sind, lösen sie nahezu zwangsläufig eine heimliche oder offene Opposition aus. Auch die umgekehrte Entwicklung gibt es. Da man dem Deutschunterricht nach 1945 die Verwurzelung in unterschwellig tradierten Ideologien nachsagte, sollte Deutsch ein Schulfach unter Fächern werden und seine beherrschende Stellung im Fächerkanon verlieren. Die auslesende Wirkung der Fachnote in Deutsch übertrug man auf die Fähigkeit zu deutschem Ausdruck in allen Fächern. Die einzige Disziplin, die dadurch aufgewertet wurde, ist die politische Bildung, vertreten in Fächern wie Gemeinschaftskunde oder Welt- und Umweltkunde, in denen alle Probleme wiederkehren, die wir am Fach WS und seinen Lehrern beobachtet haben, einschließlich des mangelnden Ansehens der im Zeugnis bescheinigten Punktzahlen.

Die Forderung allerdings, aus den ursprünglichen Lernzielen eines Faches ein fächerübergreifendes Prinzip zu machen, liefert diese Lernziele den Lehrern aller Fächer aus, die sie zumindest aus der Sicht ihrer eigenen Erziehungsaufgabe deuten werden. Im Falle der Junkerschulen waren diese Lehrer Vertreter militärischer Fächer und überwiegend Berufssoldaten, die ihre eigenen weltanschaulichen Begriffe hatten. Auch ihre Schüler verstanden sich im Krieg als Soldaten und kamen trotz der totalisierten staatlichen Verhältnisse auch politisch aus sehr verschiedenen weltanschaulichen Bereichen. Was nach dem Kriege beim Deutschunterricht zunächst erwünscht schien, nämlich die ideologische Eingrenzung seiner Funktion, das trat selbstverständlich auch 1945 bei der WS ein, wenn man ihre Wirksamkeit bezweifelte und ihre Autorität auf die eines bloßen Fachunterrichts einschränkte. Noch gegen Kriegsende versuchte Himmler, wenigstens die Ideologie seines Männerbundes und dessen Sippengemeinschaft für die ganze SS zu retten, indem er ein weiteres politisches Lehrfach mit dem Namen „SS- und Polizeiwesen" erfand. Ob es jemals unterrichtet wurde, ist bisher nicht erwiesen. Doch ging der Auftrag zur Erstellung eines Lehrplans an die Junkerschule Tölz. Der Plan wurde von einem dortigen WS-Lehrer entworfen und erschien als NfD-Schrift. Ein Exemplar dieser Schrift ist unseres Wissens noch nicht wieder aufgetaucht. In den Unterricht an den Junkerschulen fand dieses Fach keinen Eingang.[136] Ohne Zweifel bestand dennoch bei Lehrern und Schülern der Junkerschulen ein reges Verlangen, das Wissen über tatsächlich bestehende Probleme, ihre historischen und theoretischen Voraussetzungen und über Versuche ihrer Lösung zu erweitern und zu vertiefen.

Der Unterricht allein reichte nicht aus. Man bemühte sich, ihn durch zusätzliche Veranstaltungen, auch solche aus dem Bereich weltanschaulicher Unterweisung zu ergänzen, im wesentlichen durch Vorträge und Exkursionen. Einen Teil der Vorträge hielten die Lehrer der Junkerschulen aus ihren speziellen Fachgebieten, zum Beispiel über bedeutende Gestalten der Geschichte oder historische Erscheinungen, andere wurden durch Gäste dargeboten. Für Tölz sind folgende Themen überliefert:

Ludwig XIV.; Napoleon I.; Clausewitz; Moltke; Germanisches und Römisches Recht; Dänisches Recht und dänische Rechtswissenschaft im neuen Europa; Die Hanse im europäischen Raum; Die Turnerbewegung in Europa; Die deutsche Jugendbewegung; Stonehenge; Der Islam in seiner weltanschaulichen und politischen Bedeutung; Unbekanntes Tibet; Die bildende Kunst in den germanischen Ländern zur Zeit Dürers; Methoden der Feindpropaganda. Aus Klagenfurt ist die Nachschrift eines Vortrages über Biopolitik erhalten.

Weltanschauliche Fachkurse, Vorträge und Exkursionen und die weitaus überwiegende erzieherische Einwirkung der militärischen Lehrer zusammen ergaben jedenfalls keine irgendwie einheitliche und hauptsächlich durch ideologische Beeinflussung erzeugte politische Haltung.

Was die Absolventen der Junkerschule als ihre vorherrschende Gemeinsamkeit empfanden, war ihre Aufgabe, Soldaten zu führen und dabei die erworbenen Kenntnisse und Fähigkeiten anzuwenden. Da sie im Rahmen von Heeresverbänden kämpften, wurde diese Charakteristik ihrer Ausbildung zusätzlich verstärkt. So nur ist die Überraschung der deutschen Streitkräfte und ihrer Führung zu erklären, als sie in Rußland auf ideologisch einheitlich geschulte und fanatisierte Kader stießen und Verbände niederkämpfen mußten, die mehr von ihren Kommissaren als von ihren militärischen Vorgesetzten beeinflußt waren.[140] Erst nach diesen Erfahrungen fragten sich die Frontkommandeure, ob nicht auf deutscher Seite eine der militärischen Aufgabe angemessene politische oder weltanschauliche Schulung versäumt worden sei, und sie begannen, die bisherigen Inhalte und Methoden der WS nicht mehr als notwendiges Übel hinzunehmen. Die von Schulungsämtern veranstalteten Tagungen wurden mit Offizieren beschickt, die willens waren, die Vorwürfe der Front vorzutragen. Andererseits konnten die Veranstalter selbst jetzt mit sowjetrussischen Beutefilmen aufwarten, aus denen die Art und Weise der ideologischen Beeinflussung und die Absicht zur Fanatisierung anschaulich abgelesen werden konnten.[141]

Bei der Waffen-SS war diese Hinwendung der Frontkommandeure zu den Problemen der WS doppelt wirksam, weil es dort neben der militärischen Führung des Heeres immer schon organisatorisch auffällig eine politische der SS gegeben hatte, deren Tätigkeit nun erst recht als wirklichkeitsfremd empfunden wurde. Die wiederholte Versicherung des Reichsführers, der SS-Mann finde in den Leitheften alles, was er wissen müsse,[142] wurde jetzt als offenbare Unkenntnis der tatsächlichen Verhältnisse ausgelegt. Mit zunehmender Härte des Krieges im Osten griffen die Frontverbände immer energischer in die Planungen der für die WS der Streitkräfte zuständigen Stellen ein. Bei Tagungen in Berlin führten die Abgesandten der Frontdivisionen und Armeekorps „eine deutliche und kategorische Sprache." Ein beteiligter WS-Lehrer aus Tölz formuliert drei Fragen, die sich in den Auseinandersetzungen immer wieder herausgeschält hätten: Was haben wir weltanschaulich dem Feind entgegenzusetzen? Was sagen wir über den Sinn und das Ziel dieses Krieges oder was dürfen wir wenigstens sagen? Worauf können sich die nichtdeutschen Soldaten in unseren Reihen verlassen?[143]

Die dritte Frage macht bereits die andere Triebfeder sichtbar, die zur gleichen Zeit die Inhalte und Planungen für die WS in Bewegung setzte. Geschichte ist eben nicht die logische Entfaltung eines autonomen, gedanklich entworfenen Systems. Sie führt ihre eigenen Herausforderungen mit sich, die man anzunehmen hat, wenn man in ihr bestehen will. Nach dem Frankreichfeldzug, im Jahre 1940, war mit der Aufstellung der ersten nichtdeutschen Einheiten begonnen worden. Diejenigen, die es taten, waren nicht Pragmatiker, die alle erreichbaren Kräfte zusammenraffen wollten, weil sie eine Gefahr für das Reich sahen. Von Seiten der Deutschen und der Ausländer war die Freiwilligkeit des Unternehmens zu diesem Zeitpunkt echt. Sie wollten gemeinsam aus europäischer Gesinnung gegen den Bolschewismus kämpfen. Aber auch später, als die Bedrängnis lebensbedrohend wurde, meldeten sich Freiwillige in Scharen, obwohl die mit der Werbung verbundenen Absichten der deutschen Führung nun ins Zwielicht geraten mußten. Umso bemerkenswerter muß die Tatsache erscheinen.

Ab 1944, als Klingenberg die Junkerschule Tölz kommandierte, wurde die „germanische Lehrgruppe" umbenannt in „Lehrgruppe der europäischen Offiziere." Das war kein bloßer Namenstausch. Die Umbenennung zeigt einen Wandel in Kernbereichen der Ideologie an. Als damals einer der WS-Lehrer sich aus bloßer Gewohnheit mit der Floskel „wir als Nationalsozialisten" vergriff, wurde er nach Wortmeldung aus der Zuhörerschaft darauf hingewiesen, daß die Anwesenden keine Nationalsozialisten seien, sondern europäische Offiziere, die zusammen mit Deutschland gegen den Bolschewismus kämpften. Der WS-Lehrer entschuldigte sich wegen seines lapsus linguae.[144]

Die IV. Inspektion der Junkerschule Tölz beispielsweise bestand am 26.März 1945 aus drei Junkerschaften mit zusammen genau 100 Junkern. Von ihnen waren 39 Reichsdeutsche, 5 Volksdeutsche aus 3 Ländern und 56 europäische Junker aus 9 Ländern.[145] Kein WS-Lehrer konnte diesen Freiwilligen verbindlich festgelegte deutsche Kriegsziele nennen. Auf dem internationalen Schriftstellerkongreß in Wien im Sommer 1943 hatte Léon Dégrelle, Kommandeur der Brigade „Wallonie" in öffentlicher Rede eine Aussage gefordert, „wofür wir kämpfen und nicht immer nur wogegen."[146] Der Leiter der Germanischen Leitstelle, der Schweizer Dr. Riedweg sprach in ähnlicher Form und unter großem Beifall der Junker in Tölz, worauf seine sofortige Ablösung durch Himmler erfolgte und er strafweise an die Front versetzt wurde. Im Sommer 1944 bestätigte Hitler seinem kurz nach Tölz kommandierten Adjutanten Schulze-Kossens, es sei zwar an ein gemeinsames europäisches Verteidigungssystem gedacht und insoweit an eine Einschränkung nationaler Rechte, aber nicht daran, die Souveränität der bestehenden Staaten anzutasten. Diese Äußerung Hitlers gab sein Adjutant guten Glaubens an die Junkerschule Tölz und deren nichtdeutsche Junker weiter.[147]

Es geht hier nicht darum, die Aufrichtigkeit dieser Erklärung zu untersuchen, sondern lediglich um die ideologischen Folgen dieser Entwicklung, besonders im Hinblick auf tragende Pfeiler im Lehrgebäude des Reichsführers-SS, zum Beispiel die Vision eines germanischen Reiches und die Behauptung von der Überlegenheit der nordischen Rasse. Den an den Junkerschulen ausgebildeten SS-Führern war es 1944 ebenso wie ihren WS-Lehrern klar, daß solche dogmatischen Verzerrungen der Wirklichkeit längst unhaltbar geworden waren.

An diese Feststellung Spekulationen zu knüpfen, hat allerdings keinen Sinn. Der Krieg überholte alle Anstrengungen, unredliche und redliche, weltanschauliche Standpunkte zu gewinnen, von denen aus man den tatsächlichen Herausforderungen hätte widerstehen können. Es war der WS nicht gelungen, sich aus der Rolle eines unwillig geduldeten Anhängsels zu einer aus Einsicht gesuchten Disziplin durchzuringen.

Zum Inhalt weltanschaulicher Erziehung

Zum geringen Stellenwert der weltanschaulichen Schulung im Ausbildungssystem der SS-Junkerschulen aus praktischen und organisatorischen Gründen kommen unmittelbar inhaltliche Schwächen. Weder die Weltanschauungslehrer noch die Junker waren, abgesehen vom geistigen Vermögen, jederzeit mit allem einverstanden, was sie lehren oder lernen sollten. Auch Wegner, für den das „Weltbild der Himmler'schen Ideologie" in seinen Grundzügen schon bei Aufstellung der ersten bewaffneten SS-Einheiten feststand[148] und der diese „der SS von Himmler vermittelte Weltauffassung"[149] genauer untersucht, bemerkt schließlich, „es wäre gleichwohl irreführend, wollte man die Organisation der SS, und die Waffen-SS im besonderen, als die realen Abbilder einer vorgegebenen politischen Idee begreifen."[150]

Neben der Komplexität des Organisationsgefüges, aus der wir den entscheidenden Widerstreit zwischen militärischer und politischer Bindung bereits näher betrachtet haben, sieht er zwei weitere Ursachen dieser Schwäche: die heterogene Personalstruktur und zahlreiche politische Widerstände. Jeder Versuch, irgendwelche schriftlich nachgewiesene Schulungstendenzen als unmittelbar für die Truppe charakteristisch, zumal als in jeder Entwicklungsphase charakteristisch zu verstehen, ist daher in Gefahr, die Wirklichkeit zu verfehlen. Dazu gehören Behauptungen wie die, Himmler habe die Waffen-SS auf „Welteroberung" vorbereitet, sie habe die Lehre vom „Herrenmenschen" verkörpert oder jeder SS-Führer sei zur Verachtung des eigenen und deswegen auch fremden Lebens erzogen worden, lauter Ansichten, denen Kriegserfahrungen auf deutscher und ehemals gegnerischer Seite widersprechen.[151] Diese Unstimmigkeit hat auch Gründe in der Theorie selbst.

Es steht fest, daß Himmler die SS und Polizei insgesamt, deren oberster Führer er war, als seine Organisation betrachtete, die er weltanschaulich einheitlich, planvoll und allgemeinverständlich zu schulen gedachte, und in diesem Fall bedeutet das Wort „weltanschaulich" präzis, daß er sie für eine genau bestimmte Rolle vorbereiten wollte, in einer künftigen Welt, die seiner Anschauung entsprechen sollte. Ebenso richtig ist jedoch, daß ihm die Verbindung zwischen dem zivilen, dem polizeilichen und dem militärischen Zweig seiner Organisation niemals geglückt ist und daß bei der Waffen-SS seine Ideen, wenn er sie einmal deutlicher preisgab, mit Protesten quittiert wurden. Den Führern der Waffen-SS also war der Zusammenhang dieser Ideen nicht nur weithin unbekannt, sondern sie widersetzten sich aus ihrem Verständnis des Soldatentums der Zumutung, sie anzuehmen, sobald ihnen irgendwelche praktischen Folgerungen oder Urteile daraus klar wurden. Angesichts der ideologischen Vorbereitung der Sowjetarmee könnte man diese Resistenz auch als Mangel interpretieren.

Wegner mag schon recht haben, wenn er findet, daß im Geschichtsverständnis und im Feindbild der Weltanschauung, soweit sie dokumentarisch greifbar ist, die Vorstellungswelt und die Begrifflichkeit eines traditionellen Konservativismus wiederkehren,[152] „die als Konservative Revolution einem beträchtlichen Teil der Weltkriegsgeneration längst schon zum Zeitgeist geworden war."[153] Seine Verallgemeinerung aber, als ob die Gesinnung aller Angehörigen der Waffen-SS „all jene Zeichen kultureller Entwurzelung, ethischer Entgrenzung und sozialer Totalisierung aufwiesen,"[154] die er der konservativen Revolution insgesamt zuschreibt, ist offensichtlich nicht von dieser Welt.

Hätte Himmler in seinen Theorien alle Widersprüche gelöst und ein Weltbild von überzeugender Stimmigkeit anzubieten gewußt, es hätte in der zur Verfügung stehenden Zeit und unter den tatsächlichen Belastungen keine Möglichkeit gegeben, seine Gedanken unentstellt zu verbreiten. Es gab nämlich keine Lehrer für diese Lehre, die gar nicht aus theoretischem Denken, sondern aus politischem Willen entsprungen war. Die Folge war, daß jeder WS-Lehrer aus dem Angebot seines ihm selbst neuen Faches diejenigen Teile bevorzugte, von denen er, seiner Vorbildung entsprechend, zu wissen glaubte, daß man sie mit einigermaßen gutem Gewissen oder sogar mit Überzeugung vertreten konnte. Es soll einen WS-Lehrer gegeben haben, der mehr Zeit als für die gesamte Geschichte der Neuzeit für den begeisterten Versuch aufwendete, sich und seine Schüler am germanischen Feuerkult zu erwärmen. Als er schließlich weggelobt wurde, setzte er seine Liebhaberei an der anderen Junkerschule fort.[155] Man muß sich klarmachen, daß jeder WS-Lehrer bestimmte Fächer studiert hatte, daß aber die WS in jedem Fall Teile anderer Fächer enthielt, in denen er nur dilettieren konnte. Zugleich sah sich der Biologe veranlaßt, das Thema der „Lebensgesetzlichkeiten", der Historiker, seine Epochenschwerpunkte nicht nur zu vertiefen, sondern auch kritisch seiner eigenen Fachkenntnis anzubequemen. Der Volkswirt wiederum versuchte, Lebensgesetze und historisches Wissen aus dem Kernsatz seiner Überlegung zu gewinnen, daß die Wirtschaft das Schicksal sei. So ist es zu erklären, daß manche Junker von der ganzen angeblich vermittelten biologischen Weltanschauung nur die Erbeigenschaften der „Drosophila melanogaster" kennenlernten.[156]

Im allgemeinen strebten die Männer, die sich an einer Junkerschule als WS-Lehrer zusammenfanden, vergleichbare Unterrichtsarbeit an. Dennoch war das, was sie am genauesten verband, ihr Soldatentum. Um ein Beispiel vor Augen zu haben, betrachte man die Tölzer Fachgruppe von 1944. Zu ihr gehörte der beinamputierte ehemalige Chef einer berittenen Heeres-MG-Kompanie (der zur W-SS versetzt war), ein Panzerjägerführer der Leibstandarte, ein promovierter Truppenführer, früher Adjutant einer SS-Brigade, und ein in England aufgewachsener ebenfalls promovierter Zeitungswissenschaftler, der fließend englisch und spanisch sprach, an der Olympiade 1936 als Stabhochspringer teilgenommen hatte und inzwischen im Kriegseinsatz zweimal verwundet worden war.

So wenig anzunehmen ist, daß die als WS-Lehrer eingesetzten Führer in jeder Hinsicht unkritische Menschen waren, ihre Schüler waren es erst recht nicht. Sie kamen aus den unterschiedlichsten Verhältnissen. Sie hatten nicht nur jeder seine persönliche Vergangenheit, sondern auch eine politische, und es war ein großer Unterschied, ob ein Junker vorher in der Hitlerjugend, in der Deutschen Arbeitsfront, dem Reichsarbeitsdienst oder der Allgemeinen-SS gewesen war oder ob er gar 1933 wegen seiner aktiven Gegnerschaft gegen den NS-Studentenbund nach Amerika emigriert und erst im Krieg gegen Deutschland zurückgekehrt war. Solche Fälle waren keine Ausnahme.[157] Die Ansichten der europäischen Offiziere unterschieden sich erst recht von denen ihrer deutschen Truppenkameraden.

Am schwerstwiegenden schließlich wirkte sich die Tatsache aus, daß Himmlers Überzeugungen durchaus seine eigene Sache waren. Sie unterschieden sich von den veröffentlichten Überzeugungen anderer führender Nationalsozialisten in wesentlichen Punkten und setzten Überzeugungsschwerpunkte, die andere politische Führer entbehrlich oder sogar schädlich fanden. Für die Vermittlung der Weltanschauung Himmlers fehlte es also nicht nur an einheitlich vorgebildeten Lehrern und Schülern, sondern sie war im Zweifelsfall nicht einmal kanonisiert, so daß ein ehemaliger WS-Lehrer seine damalige Lehrsituation in dem Satz zusammenfaßte: „Die NS-Weltanschauung hatte keinen Kanon, sondern nur eine Reihe von Kanonikern, die sich untereinander nicht grün waren."[158]

Im Gegensatz dazu verfügte der Kommunismus zu dieser Zeit bereits über eine spezielle und bewährte Organisation, die über seine Dogmatik und deren Respektierung wachte. Der Klassenkampf mit dem Ziel der Weltrevolution war historisch, soziologisch, wirtschaftstheoretisch, machtpolitisch und philosophisch eingehend begründet. Kein Kommunist konnte es wagen, daran zu deuten, ohne sich der Gefahr der Exkommunikation auszusetzen, die häufig auch Lebensgefahr mit sich brachte. An den Junkerschulen wäre derartiges undenkbar gewesen. Niemandem war verboten, zu zweifeln, wenn er bereit und fähig war, seine Überzeugung zu vertreten. Als Himmler persönlich einem niederländischen Junker die Genehmigung verweigerte, eine Halbmalayin zu heiraten, hielt ihm der seinen Waffenrock hin und sagte: „Das oder das Mädchen." Himmler entschied: „Das Mädchen."[159]

Es entsprach dieser schwankenden Geltung der Ideologie, daß es, ebenfalls im Gegensatz zum Kommunismus, keine kanonisierten Bücher und keine Pflichtlektüre gab.[160] Kein Junker wurde gezwungen, irgendein Buch zu lesen, zum Beispiel „Mein Kampf", noch weniger Rosenbergs „Mythus des XX. Jahrhunderts." Es gab niemals einen Unterricht, in dem die 25 Punkte des Parteiprogramms systematisch behandelt worden wären, wie es die Sowjetrussen mit dem „Kommunistischen Manifest" schon routinemäßig taten. Es gab keine verbindliche Darstellung der Geschichte der NSDAP. Die Frage eines WS-Lehrers, der immerhin einige Unterrichtsstunden diesem Thema widmen sollte, wurde ausweichend beantwortet: Zu viele Ereignisse seien noch zu wenig geklärt, um verbindlich beschrieben zu werden.[161] Über die Röhm-Revolte wurde nie gesprochen. Die „Reichskristallnacht" blieb dem ernstlich Nachfragenden damals kein geringeres Rätsel als heute.

Mit Recht also kommt Buchheim zu dem Ergebnis, es habe „in der SS keine strenge ideologische Schulung oder Lerndisziplin" gegeben, „die sich auch nur entfernt mit der kommunistischen vergleichen ließe".[162] Wenn er allerdings danach generell feststellt, in den politischen Unterrichtsstunden sei „ebenso gegammelt" worden wie in denen der Wehrmacht, des Arbeitsdienstes und anderer Organisationen, so unterschätzt er den Anspruch und die geistige Lebendigkeit, die sich an den Junkerschulen aus der freiwilligen Bereitschaft zu Opfern und zur Mitgestaltung des Reiches unausweichlich entwickelten.

Einer der Impulse zu kritischer Orientierung im verwirrenden ideologischen Umfeld ging von den WS-Lehrern aus, die unter den gegebenen Umständen unterrichten sollten, ohne daß sich irgendwelche Inhalte als unbedingt gesichert und verbindlich erwiesen. Die Folge davon war, daß sie zunächst jeder für sich, dann stellenweise, wie zum Beispiel in Tölz, in einer Art ständigen Fachkonferenz nach solchen Inhalten und ihren Zusammenhängen zu suchen und damit zu experimentieren begannen. Nach übereinstimmender Meinung war es bis 1943 unmöglich geworden, sich an die örtlich aufgestellten Lehrpläne zu halten.[163] So versuchten die WS-Lehrer, wenigstens an ihrer Schule eine Vergleichbarkeit der Inhalte und der Unterrichtsziele zu erreichen. Die Lehrplanentwürfe wurden solange diskutiert, bis man sich, wohlgemerkt örtlich, darauf einigen konnte. Das SS-Führungshauptamt, das 1943 von diesen Bemühungen in Tölz erfuhr, erteilte der dortigen Konferenz der WS-Lehrer in Abstimmung mit dem Amt für weltanschauliche Erziehung den offiziellen Auftrag, für alle Junkerschulen und Unterführerschulen der Waffen-SS einen zeitgemäßen und truppennahen WS-Plan aufzustellen.[164] Dies wurde versucht, allerdings ohne daß sich daraus konsolidierende Entwicklungen ergaben.[165] Es kam niemals zu irgendwelcher verläßlichen Konsequenz und Kontinuität in diesem Fach.[166]

Die obersten Behörden der Waffen-SS konnten an diesem Zustand nichts ändern, da sie mit dogmatischen Erlassen schlechte Erfahrungen gemacht hatten und auf eine Entwicklung von der Basis hofften. Aus diesem Grund blieb ihnen wenig anderes übrig, als den weltanschaulichen Wildwuchs vertrauensvoll zu dulden.[167] Für die WS-Lehrer — wenigstens in Tölz — brachte das den Anreiz vollkommen freizügiger und selbständiger Arbeit. Sie wurden in Zweifelsfällen zu Rate gezogen, zur Stellungnahme aufgefordert, mit der Formulierung von Vorschlägen beauftragt.[168] Erhaltene Entwürfe, Pläne und Mitschriften zeigen, daß zu keinem Zeitpunkt von einem sicher und endgültig erreichten Standpunkt die Rede sein kann, so daß ein damals noch sehr junger Tölzer WS-Lehrer seine Erinnerung in dem Urteil zusammenfaßt, die WS sei „eine Art glänzend funktionierendes Chaos" gewesen.[169]

Dennoch ist es hier unerläßlich, wenn auch mit allem Vorbehalt, regelmäßig wiederkehrende und insofern kennzeichnende Merkmale der WS festzuhalten. Dabei fällt zunächst ein oft übersehenes methodisches Charakteristikum von allgemeiner Bedeutung ins Auge. Aller weltanschaulichen Diskussion ging unbestritten der Glaube voraus, wissenschaftliche Erkenntnis sei notwendigerweise bestimmend für unser Verhalten in der Welt. Weltanschauung mußte daher wissenschaftlich begründet sein. Dabei vergaßen die Beteiligten, daß die Forderung nach WS nicht wissenschaftlichen, sondern politischen Ursprungs war. Der darin begründete Widerspruch zwischen wissenschaftlicher Wahrhaftigkeit und politischer Absicht ist keine Eigentümlichkeit des Nationalsozialismus, sondern ein Merkmal politischer Argumentation. Ihre Schlagkraft beruht nicht immer und nicht ausschließlich auf ihrem Wahrheitsgehalt. Es gibt auch keine Regel, die vorauszusehen gestattete, wie sich im gegebenen Fall der Einzelne ins politische Geschehen Verstrickte verhalten wird. Das hängt von mancherlei Fakten ab: Von seiner Intelligenz, seiner Vorbildung, seiner Hingabebereitschaft und Begeisterungsfähigkeit, seinem Mut, seiner Selbstbeherrschung, seiner Selbstachtung und Redlichkeit und von vielem anderen. Politiker, die sich auf sogenannte wissenschaftliche Erkenntnisse berufen, können dabei jederzeit Überraschungen erleben. Je dogmatischer die Behauptung, umso wahrscheinlicher der Widerspruch. Aber man verkenne doch nicht, daß von Anbeginn geistiger Auseinandersetzungen in der Menschheit auch ungeheurer Scharfsinn zum Beweis der Wahrheit geltender Dogmen aufgewendet ist, ohne daß die Beweisführenden auf den Gedanken kamen, daß sie ihren hohen Verstand am falschen Ende ansetzten. Es besteht kein Grund anzunehmen, Nationalsozialisten hätten sich anders verhalten oder die Intellektuellen seien heute von dieser Schwachheit erlöst.

Bei allen Aussagen über allmächtig scheinende Organisationen sollte man im Auge behalten, daß man über Menschen urteilt. Dies ist der einfachste Weg, um jene oft frappierende Blindheit gegenüber der eigenen Situation zu vermeiden, aus der sich des öfteren das schmeichelhafte Gefühl unangefochtener Überlegenheit herleitet. Es kommt selten etwas Sinnvolles dabei heraus, wenn man in der Geschichte blättert wie in einem moralisierenden Bilderbuch. Den darin Lebenden war anders zumute, und sie haben ihre Probleme gar nicht so selten anständiger gelöst als der Nachfahre, der über sie zu Gericht sitzt, die seinen. In einer Zeit ohne ernsthafte Belastungen ist der Habitus moralischer Festigkeit und Überlegenheit erst recht unangebracht. Es ist notwendig, an diese Selbstverständlichkeiten zu erinnern, wo von konkreten Inhalten der WS die Rede sein soll, damit eine vielleicht mögliche Einsicht nicht an bloßen Wortmißverständnissen scheitert.

Grundlage aller WS in der Waffen-SS und infolgedessen an den Junkerschulen war die Abkehr von der vorher prinzipiellen Forderung, der Soldat habe unpolitisch zu sein. Diese Abkehr war jedoch keineswegs unbestritten. Auch Soldaten der Waffen-SS — gleich welchen Dienstgrades — durften während des Krieges nicht Mitglied der NSDAP sein. Waren sie es vor ihrer Einberufung gewesen, so ruhte ihre Mitgliedschaft, waren sie es nicht, so konnten sie einen Aufnahmeantrag stellen, mehr nicht. Es braucht hier nicht wiederholt zu werden, wie sich die Einstellung der Kommandeure gegenüber einer neu zu formulierenden WS unter dem Eindruck des Rußland-Feldzuges und seiner auch politischen Bedingungen wandelte.[170] Aber es kann keine Rede davon sein, daß die Probleme politischen Soldatentums durchschaut und geklärt gewesen wären und daß keine Einwendungen mehr dagegen bestanden hätten. Die Sticheleien und Witze, die sich der WS-Lehrer gefallen lassen mußte, sprechen eine deutliche Sprache.* Es ging darum, genau zu erfahren, worin sich der politische Soldat von dem Mann unterschied, der ohne dieses Attribut Soldat war. In unserer Zeit ist zu dieser Frage noch eine Variante hinzugekommen, die im totalitären Staat ausgeschlossen war: Warum soll es unvermeidlich sein, daß der Bürger in Uniform gesteckt wird? Die andere Seite der Frage samt den dazugehörigen Witzen ist die gleiche geblieben. Worin unterscheidet sich der einfache Soldat, der bereit ist, sein Vaterland zu verteidigen, vom Bürger in Uniform? Probleme geschichtlicher Entwicklungen und Umbrüche werden nicht durch Redensarten gelöst. Der mögliche Gegner, an den zu denken wir gezwungen sind, war mit dieser für uns endlosen Schwierigkeit auf seine Art bereits fertig, ehe der Zweite Weltkrieg begann. Er kann heute, dank diesem Vorsprung, deutsche Truppen in vier Erdteilen stellvertretend für sich einsetzen, läßt sie Truppenverbände dritter Länder aufstellen und schulen, nicht zuletzt auch weltanschaulich.

Es versteht sich, daß es für uns hier nichts unmittelbar nachzuahmen gibt. Aber wir müßten doch vermeiden, daß eine neue Variante der Situation von 1942 sich entwickelt, als die Frontkommandeure Offiziere nach Berlin schickten, um dort wegen entscheidender Versäumnisse in der geistigen Vorbereitung der Truppe Klage zu führen.

Zu der damals wie heute strittigen Grundsatzentscheidung für den „politischen Soldaten" kam unumgänglich hinzu, daß dieser politische Soldat mit spezifischen Tugenden ausgestattet werden mußte, Wertvorstellungen, die ihn zu moralischen Urteilen und zu richtigem Verhalten befähigen sollten. Sprüche wie die, daß der Einzelne nichts sei, das Volk aber ewig lebe, widersprachen nicht nur der Lehre von der rassischen Gefährdung der Völker, und wenn der Taktiklehrer auf Urteilsfähigkeit und selbstverantwortliches Handeln hindrängte, konnte der WS-Lehrer nicht gut blinden Gehorsam empfehlen. Wegner meint daher erkannt zu haben, WS habe den SS-Mann „zum Instrument überpersönlicher Gestaltungskräfte und ihrer Erfüller" gemacht und beschreibt als Instrument dieser Erziehung ausgerechnet die marxistisch-leninistische These von der Freiheit als Einsicht in die Notwendigkeit.[171]

Als ob die SS-Junker solche Schliche nicht auf der Stelle bemerkt hätten, voran die europäischen Freiwilligen, die den deutschen Junkern an Allgemeinbildung und an kritischer Distanz oftmals überlegen waren. Ein ehemaliger WS-Lehrer bestätigt ausdrücklich, daß deswegen der Unterricht bei ihnen bedeutend schwieriger gewesen sei.[172]

Im Grunde stecken in solchen scheinphilosophischen Spiegelfechtereien zwei lapidare Fragen, auf die keine Armee ihren Soldaten die Antwort schuldig bleiben darf, wenn sie nicht ihre Selbstauflösung betreibt. Die erste Frage lautet: Was kann so teuer sein, daß ich mit meinem Leben dafür bezahle? Die Antwort hieß damals zunächst: Das deutsche Volk. Später gab es stellenweise, zum Beispiel in Tölz, auch schon die Antwort: Die Gemeinschaft der europäischen Völker. Beides wurde in der WS gestützt durch biologische Theorien und historische Betrachtungen. Die zweite Frage lautete: Wer oder was nötigt mich als freien Mann zum Gehorsam? Darauf wurde eine dialektische Antwort erteilt: Nichts nötigt Dich. Aber eine ungehorsame Armee kann nicht kämpfen. WS erläuterte diesen Widerspruch aus der Natur und aus der Geschichte, stellte seine Lösung auf politischem Wege in Aussicht und bot unter Umständen auch philosophische Erklärungen an.

In den überlieferten WS-Lehrplänen begann der Kurs mit den Naturtheorien. Es wurde dargelegt, daß jedes Lebewesen mit natürlichen Fähigkeiten zur Erhaltung und Verteidigung seines Lebens ausgestattet sei und daß die Natur im Zuge eines Selektionsprozesses diejenigen Individuen und Arten begünstige, die ihr Leben am wirksamsten erhielten und verteidigten. Beim Kampf um die Erhaltung der Art müsse im Notfall das Individuum geopfert werden. Auch der Mensch sei in dieser Hinsicht ein Naturwesen, Völker und Rassen seien von Natur unterschiedlich begabt. An dieser Stelle wären nun solche Lehren anzusiedeln wie die von der Überlegenheit der „nordischen Rasse" und vom „Herrenmenschen" und seinem Gegenteil, dem „Untermenschen". Man sieht auf den ersten Blick, daß es sich dabei hinsichtlich der Funktion der biologischen Thesen um eine überflüssige Verschärfung handelte, deren Schädlichkeit für einen kritischen Betrachter auf der Hand lag. Es sei ferner daran erinnert, daß dem WS-Lehrer, falls er dennoch meinte, sich auf dieses Glatteis begeben zu müssen, dafür allenfalls eine Stunde blieb, da er für die Veranschaulichung des Rassebegriffs insgesamt nur 2-4 Stunden zur Verfügung hatte, in denen er kaum den bloßen Inhalt der Rassenlehre von Günther vortragen konnte, die diesem Unterricht gewöhnlich zugrunde lag.[173]

Der Tölzer Lehrplan zeigt in aller Deutlichkeit, daß es in diesem Abschnitt der WS darauf ankam, zu lehren, der Mensch sei den Gesetzen des Lebens unterworfen und der Nationalsozialismus mache diese Gesetze „zur Grundlage unseres Handelns, Denkens und Fühlens". Hierbei waren als Merkmale hervorgehoben Kampf, Vererbung und Auslese. Unter den reichsdeutschen Junkern dürfte kaum einer gewesen sein, der sich an solche Theorien nicht aus damaligen Schulbüchern erinnerte. Mit der Vorstellung, auch ein Volk habe wie der Einzelne einen „Körper" und ein gleichsam körperliches Leben, konnte man auch auf ziemlich ketzerische Gedanken kommen. In einer aus Klagenfurt erhaltenen Niederschrift eines Vortrages über „Biopolitik" geht der Redner von der Annahme aus, daß man bei politischen Entscheidungen biologische Gesetzmäßigkeiten zu befolgen habe. In diesem Zusammenhang finden sich auch grundsätzliche Ausführungen über die Aufgaben eines Politikers. Er müsse wie ein guter Arzt am Körper des Volkes wirken, sich mit künstlichen Mitteln zurückhalten und nicht meinen, er könne die heilenden und stärkenden Kräfte der Natur durch willkürliche Befehle ersetzen. Andere Politik wirke sich aus wie Quacksalberei. Sie führe in den seltensten Fällen zu einem zeitlichen, nie aber zu einem dauerndem Erfolg.[175]

1944 waren das Sätze zum Nachdenken. Zugleich sieht man an diesem Beispiel, wie aus Naturwissenschaft und Medizin entlehnte Begriffe auf den politischen Bereich übertragen wurden. Es handelte sich um eine Art Analogie- oder Bildersprache, deren kausale Folgerichtigkeit man wissenschaftlich nicht allzu genau betrachten durfte. In der politischen Argumentation, um die es sich hier handelt, war das zum Verständnis auch nicht nötig. Nicht anders pflegen heute Politiker, selbst in Zahlenbeispielen, mehr aber in historischen Argumentationen, den Hauptwert auf die treffende Wirkung des wissenschaftlichen Scheins zu legen. Wenn sie von der Stichhaltigkeit ihrer Gründe auch noch persönlich überzeugt sind, tun sie der Forderung nach Wahrscheinlichkeit schon überflüssige Ehre an. Je unbestrittener jedoch ihr Wissen und seine Quelle in der öffentlichen Meinung sind, umso weniger kann ihnen widersprochen werden. Politiker benutzen eben die Gelehrtheit nach römischem Vorbild hauptsächlich als Reservoir der Überredung, schlimmstenfalls zu rhetorischer Gewalttätigkeit. Das ist der Grund, warum es in der öffentlichen Meinung wissenschaftliche Erkenntnisse gibt, die nach Art der Mode kommen und gehen, zu ihrer Zeit aber beträchtliche Wirkung tun. Beim lebenswichtigen Streit um die Atomenergie etwa beobachtet der mündige Bürger staunend, wie wissenschaftlich wissenschaftliche Argumente in Wirklichkeit sind.

Vor vierzig Jahren war es für einen Soldaten, der seiner lebensgefährlichen Pflicht nicht entgehen konnte, keineswegs leichter, sich unter Theorien der Naturwissenschaft und Politik zurechtzufinden. Die hilfreichste ergriff er am liebsten.

Ein zweites Beispiel aus der schon genannten Niederschrift möge das Schlußverfahren illustrieren.

Biopolitische Gesetzmäßigkeiten, so führte der Vortragende 1944 aus, seien in der Geschichte überall zu erkennen. Das wichtigste dieser Gesetze, das biopolitische Hauptgesetz, sei das Autarkiegesetz. Es besage, „daß nur solche Völker auf die Dauer lebensfähig sind, die aus ihren eigenen Kräften und Mitteln heraus schaffen."[176] Da man mit der Geschichte nicht experimentieren kann, bleibt nichts anderes übrig, als die Richtigkeit der These in einzelnen Fällen bestätigt zu finden. Die Anwendung und der Wahrheitsbeweis sind ein und dasselbe. Die europäische Geschichte seit dem Zeitalter der Entdeckungen sei ein solcher Fall, führte der Redner an späterer Stelle aus. Die kolonialen Gebiete hätten billigere Erzeugnisse geliefert als der „eigentliche Boden". So sei die Volkswirtschaft des Mutterlandes zum Krüppel geworden. Darauf folgte die Anwendung: „Dieser Entwicklung steht nun zuerst das Autarkiegesetz gegenüber, nach dem nur solche Völker auf die Dauer von Bestand sind, die aus ihren eigenen Kräften heraus leben und schaffen."[177] Wieviel Wunschdenken, wieviel notgeborne Tugend, wieviel Realität aus solchen Lehren sprach, war so schnell kaum zu durchschauen. Irgendjemand schrieb jedenfalls mit, vervielfältigte die Niederschrift und machte sie anderen zugänglich. Ohne Diskussionen ging das nicht ab. Daß man den „eigentlichen" Boden verteidigen wollte, stand vorab außer Zweifel.

Auffällig an dieser Ideologie ist, daß sich aus ihr eigentlich nur Verteidigung schlüssig begründen läßt. So wurde sie von den Junkern auch verstanden, und zwar besonders gegenüber der auf Weltherrschaft und nicht auf Autarkie zielenden Ideologie der Kommunisten. Angriffe konnten immer nur der Sicherung des Lebensraumes für das eigene Volk oder die eigene Völkergemeinschaft dienen. Hier liegt einer der tieferen weltanschaulichen Gründe, weshalb Himmler mit manchen Redensarten den Zorn der Soldaten heraufbeschworen hat. Als ein WS-Lehrer in Tölz gegen Ende des Krieges den Lehrplan für ein neues Fach „SS- und Polizeiwesen" entwerfen sollte, erinnerte er sich folgerichtig daran, daß SS „Schutzstaffel" bedeutete und erfand für ein föderatives Reich ein "Reichsschutzkorps".[178]

Damit sind die Übergangzonen zwischen den als wissenschaftlich verstandenen biologischen Theorien und dem politisch motivierten Geschichtsinteresse abgesteckt. In geschichtlichen Abläufen sollte die Wirksamkeit natürlicher Kräfte erkennbar sein, die als „Lebensgesetze" im eigenen Handeln zu berücksichtigen waren, wollte man nicht das Leben des Volkes oder der Völkergemeinschaft gefährden. Der Gegensatz zur christlichen Lehre, in der die bewegenden Kräfte außerhalb der Natur entspringen, wurde deutlich gesehen und nicht nur in Erlassen, sondern auch im Unterricht ausgesprochen, allerdings nicht ohne Widerspruch. Seltener geriet ins Blickfeld der Gegensatz zur Tradition des deutschen Idealismus, der die Möglichkeit einer freien Willensentscheidung aus sittlicher Autonomie lehrte, das heißt also trotz der bindenden Gewalt der Natur und notfalls im Gegensatz zu ihr. Je undeutlicher dieser Gegensatz blieb, umso unbefangener konnten sich Lehrer und Junker auf die idealistische Autonomie gegenüber einer sich abzeichnenden Dogmatik stützen.

Im Jahre 1944 gab es in Klagenfurt einen WS-Lehrer, der seine eigentlich unlösbare Aufgabe, in wenigen Wochen europäische Geschichte seit 5000 v.Chr. bis in die Gegenwart weltanschaulich entsprechend zu lehren, durch einen Kunstgriff lösbar machte. Er bezog die Gesetze, die in geschichtlichen Abläufen sichtbar werden sollten, von einer stark vereinfachten Geopolitik. Einer seiner Hörer, nach eigenem Bericht „damals gerade zwanzig Jahre alt geworden und an Geist noch jünger", amüsierte sich mit anderen „über die heilige Einfalt dieser Historie". Der WS-Lehrer nämlich „pflegte gleich nach dem Gruß mit Kreide ein kreisförmiges Gebilde an die Tafel zu werfen mit den Worten: „Das sei hier Italien (Nordeuropa, Attika, Deutschland) — je nach Stoff." Im Laufe der Stunde wurde dieses Gebilde mit Pfeilen gespickt, Symbolen der geschichtlich wirksamen Kräfte, nach außen und innen. Jener vorwitzige Hörer, unser Berichterstatter, wurde von einer übermütigen Muse verleitet, eine Satire auf dieses historiographische Verfahren zu dichten, eine Anthologie lyrischer Werke aus dem klassischen Repertoire, in denen berühmte Dichter unserer Tradition „die Philosophie des Einheitskreises" mit starken Worten rühmten. Das Opus verbreitete sich rasch an der ganzen Junkerschule und brachte seinem Verfasser außer vergnügter Zustimmung, zum Beispiel von seinem Taktiklehrer, auch eine Art Strafarbeit ein. Der WS-Lehrer nämlich forderte ihn und einen mit ihm sympathisierenden zweiten Abweichler auf, die gestellte Aufgabe besser zu lösen und dazu einen schriftlichen Vorschlag auszuarbeiten. Angesichts der formal entscheidenden Stellung der Weltanschauung neben der Taktik muß das ein recht heikler Auftrag gewesen sein. Im Gegensatz zur Satire ist diese Fleißarbeit wieder aufgetaucht. Sie umfaßt 20 Schreibmaschinenseiten, mittels Wachsmatrize vervielfältigt. Der Berichterstatter wörtlich über seine Arbeit: „Von nun an hatten wir keine Zeit mehr, Satiren zu dichten. Neben dem harten Dienst war der WS-Auftrag abendfüllend."[179] Übrigens bestanden die beiden Verfasser ihre Prüfung mit guten Noten, außer in WS! Das erhaltene Manuskript ist zugleich ein warnendes Beispiel für eine allzu naive Auswertung schriftlicher Quellen (sprich Dokumente), deren Vorgeschichte man nicht kennt.

Mit einiger Behutsamkeit wird man von dem Entwurf jedoch einige kennzeichnende Züge ablesen dürfen. Gleich im Vorspann erklären sich die Verfasser gegen den prinzipiellen Versuch historischer Objektivität und „für eine positive kritische Geschichtsbetrachtung, die alle geschichtlichen Ereignisse von einem bestimmten Standpunkt aus wertet."* Auf Anfrage erklärte der Verfasser mündlich, daß er nicht mehr wisse, aus welchen Gründen er diese Vorbemerkung geschrieben und was er sich unter „positiv" und „kritisch" vorgestellt habe. Man kann das nur noch aus dem Inhalt zu erschließen versuchen. Es ist klar, daß das Prinzip der Objektivität nicht zu retten ist, wenn man sich als Historiker in gleichsam gesetzliche, das heißt zwingende Abläufe einbezogen oder „geworfen" glaubt. Darin unterscheidet sich diese Bemerkung nicht von der Grundsatzentscheidung des Histomat und bei aller inhaltlichen Verschiedenheit auch nicht von den Begründungen für Fächer wie „Gemeinschaftskunde", die nach Ansicht mancher Befürworter das Fach Geschichte „integrieren". Es wäre ein Irrtum anzunehmen, daß die Auseinandersetzung darüber heute abgeschlossen sei. Sie ist so dringlich wie damals. Untersucht man in dem Klagenfurter Skript die „Gesetze", aus denen sich Geschichte erklärt, so macht man die Entdeckung, daß es in deren Auswahl keinerlei Konsequenz gibt. Obwohl die Übernahme fremder Weltanschauungen unter die zerstörenden Kräfte gerechnet wird, zieht sich Karl der Große durch die Übernahme der Reichsgewalt in Rom keinen eindeutigen Tadel zu. Wenn für die germanische Urgeschichte und das Frankenreich Bodenverbundenheit als erhaltende Kraft gilt, so wird für die Staatengründungen der Völkerwanderungszeit Gestaltungswille zum Verständnis herangezogen, genauer bezeichnet als „nordischer Gestaltungswillen". Je weiter der Kurs zur Gegenwart hin fortschreitet, umso weniger rein werden die Erklärungen. Nur selten noch scheinen sich zur Begründung von Erfolgen „rassische Einheit" oder „Bodenverbundenheit" zu eignen und zur Begründung von Mißerfolgen „Rassenmischung" und „Loslösung vom Boden". Möglicherweise gibt diese Beobachtung Aufschluß über den Sinn des Vorsatzes, Geschichte „positiv" und „kritisch" zu betrachten und zugleich über die Ursache einer verbreiteten Neigung bei WS-Lehrern, Vor- und Frühgeschichte stärker zu betonen.

Aber mit dem Abrücken von frühen Plänen der „Politischen Schulung" verstärkt sich offensichtlich die Tendenz, die Eigenart und den Eigenwert geschichtlicher Überlieferung zu respektieren und auf offensichtlich schematische Erklärungen mehr und mehr zu verzichten. Zu den sozusagen klassischen Themen der Politischen Schulung hatten bereits außer den genannten biologischen Fragen vor- und frühgeschichtliche Funde und Hypothesen gehört, ferner ein Abriß der Reichsgeschichte, Kapitalismus-Marxismus-Probleme, Entwicklung der NSDAP und der SS. Von Tölz ausgehend, verbreitete sich ein durchkonstruierter Planzusammenhang für den WS-Unterricht in Geschichte: Gemeinsame Herkunft der Indogermanischen Völker aus der Indogermanischen Wanderung und den Verschmelzungen der Völkerwanderungszeit, auch in Osteuropa, Kulmination in der Reichsidee des Mittelalters, Niedergang durch auflösende Kräfte, Besinnung auf eine mögliche geistige und politisch-ökonomische Wiedergeburt Europas mit Hilfe der von Deutschland mobilisierten Kräfte.[180]

Im Laufe des Krieges wurden die Ausdrücke „Germanen" und „germanisch" mehr und mehr ersetzt durch „Europa" und „europäisch", ohne daß dies als Besonderheit der obersten Führung bekanntgegeben war. Im Zuge allgemein gewährter Freizügigkeit der Plangestaltung blieben solche Änderungen weitgehend unbemerkt. Als die WS-Lehrer in Tölz 1943 den Schulkommandeur Dörffler-Schuband baten, die in der ganzen Schule aufgehängten Bilder der Reichs-und Gauleiter und anderer politischer Größen abzunehmen und dafür Bilder von Großen der europäischen Geschichte anbringen zu dürfen, erschrak er allerdings. Aber er war dann damit einverstanden.[181]

Mit der historischen Betrachtungsweise wandelte sich auch die mit ihr verkoppelte biologische Grundsatzlehre. Ein ehemaliger WS-Lehrer erinnert sich an seine Verblüffung darüber, daß ihm in ganz unmilitärischer Weise lauter Beifall gespendet wurde, weil er im Unterricht erklärt hatte, kein Luxemburger sei weniger als ein Deutscher, nur wegen der Kleinheit seines Heimatlandes. Die Erfahrung der Verschiedenartigkeit, aber Gleichwertigkeit der europäischen Völker übertrug sich allmählich stillschweigend auf die Beurteilung von rassischen Verschiedenheiten.

So wirkten Herkunft und Vorbildung von Lehrern und Junkern, ihre Fähigkeit zu kritischer Distanz und nüchterner Beurteilung der Lage, wie sie im Fach Taktik von ihnen selbstverständlich erwartet wurde, ihre prägenden Erfahrungen als Soldaten im Kriege und ihr eigener Gestaltungswille zusammen, um das Lehrfach „Weltanschauung", seine Organisation und seine Inhalte in Bewegung zu bringen und in Bewegung zu halten, bis diese wie alle anderen Anstrengungen am Kriegsende ihren Sinn verloren.

Der heutige Betrachter wird dieses Sachgebiet ergiebiger finden, wenn er die ideologischen Absichten und Vorgaben der Führung, vor allem Himmlers, unterscheidet von den Schwierigkeiten der WS in der Wirklichkeit der gesamten Führerausbildung und von ihrer tatsächlichen historischen Entwicklung.[181]

Die Weiterbildung im Frieden

der aus den SS-Junkerschulen hervorgegangenen SS-Führer

„Ein echter Soldat wird nicht nur nach demjenigen beurteilt, was er selbst getan hat, sondern nach seinem Eifer, alles zu sehen, was ihm dienen kann, um nicht in seinem Fach zu verrosten."

Generalfeldmarschall v.Schomberg 1615 — 1690

„Der Offizier lebt mit den geistigen Strömungen der Zeit. Seine geistig-weltanschauliche Struktur wandelt sich mit der der Epochen, in die er generationsmäßig hineingestellt ist. Seine sich selbst und den Nachwuchs formende Leistung besteht darin, daß es ihm immer wieder gelingt, den neuen geistig-weltanschaulichen Gehalt einer Zeit mit seiner Berufsaufgabe zu verschmelzen und dadurch an der Gesamtkultur teilzuhaben."

Tharau: „Die geistige Kultur des preußischen Offiziers im 17./18. Jahrhundert."

Der Auffassung Graf von Schombergs folgend, wurde im SS-Personalamt eine besondere Abteilung unter SS-Oberführer Cummerow eingerichtet. Diese hatte sich nur mit der Weiterbildung der aus den Junkerschulen hervorgegangenen jungen Führer zu befassen, auch sie sollten in unserer jungen Truppe in ihrem Beruf „nicht verrosten".

In regelmäßigen Abständen wurden den in der Truppe stehenden oder bei sonstigen Dienststellen eingesetzten ehemaligen Junkern Aufgaben gestellt. Für deren Ausarbeitung wurde eine bestimmte Literatur vorgegeben und ein begrenzter Zeitraum für die Ablieferung der Arbeiten.

Für vorgesehene Beförderungen und die Auswahl für bestimmte Dienststellen war die Benotung mitentscheidend.

Die Themen umfaßten taktische Arbeiten, Geschichte, Kriegsgeschichte, Weltanschauung, außerdem fanden taktische Geländebesprechungen statt.

SS-Oberführer Cummerow übergab am 5.4.1938 dem Chef der SS-Personalkanzlei — zur Weiterleitung an Himmler — einen Halbjahresbericht (Zeit: 20.9.1937 — 5.3.1938) über die Weiterbildung der aus den Junkerschulen hervorgegangenen SS-Führer, aus dem — wie folgt — zitiert wird:[182]

1.Taktische Gelände-Besprechungen
Gegenstand:
Einteilung in 2 Parteien — je ein verst.Inf.-Btl. als Flankensicherung des Regiments und der Division. Rot im Angriff, Blau im Rückzug.

2.Taktischer Unterricht
Gegenstand:
Sanitätstaktische Planübung im Rahmen einer Armee. Beurteilung der taktischen Lage. Beurteilung der sanitätstaktischen Lage. Maßnahmen und Anordnungen des Armee-Arztes, der Korps-, Divisions-, Regiments- und Batl.-Ärzte. Änderungen in der Gliederung und Ausrüstung der Truppen-Einheiten.

3.Kriegsspiel
Aufgabe:
Marschgliederung des verst.Inf.-Btl., Begegnungsgefecht, Angriff.

Größere schriftliche Arbeiten:
a) Taktik-Arbeit Nr.3
Aufgabe:
1. Marschfolge eines verst. Bataillons mit Angabe der Marschlängen und Sicherheitsabstände in Form einer Skizze mit Erläuterungen.

2. Beurteilung der Lage und Entschluß des Kommandeurs des verst. Btl.

3. Seine Befehle, Anordnungen und Meldungen im Wortlaut.

b) Geschichtliche Arbeit Nr.3

Thema:

„Die Bedeutung der Yassa für das mongolische Imperium".

c) Weltanschauliche Arbeit Nr.3

Thema:

„Ahnenverehrung, die Grundlage des völkischen Lebens" (Auswirkungen des Christentums auf die Ahnenverehrung in unserem Volk.)

d) Kriegsgeschichtliche Arbeit Nr.3

Thema:

„Die englische Führung in der Tankschlacht bei Cambrai"

Alle Arbeiten wurden unter Namens-Angabe beurteilt von I (sehr gut) bis V (ungenügend).

SS-Oberführer Cummerow bemerkte dazu:

„Die taktischen Fortschritte sind erheblich. Eine ganze Anzahl der Führer wäre in der Lage, die Aufnahmeprüfung zur Kriegsakademie in der Taktik mit Erfolg abzulegen.

Die geschichtlichen und kriegsgeschichtlichen Themen haben bei den Bearbeitern besonderes Interesse gefunden; dementsprechend ist der Ausfall der Arbeiten gut. Es ist beabsichtigt, in der Geschichte nunmehr auf die arabische und dann auf die fernöstliche Welt einzugehen.

Allgemeines:

Militärische Haltung und Formen sind besser, die Ausdrucksweise ist sicherer geworden. Fleiß und Leistung haben sich — mit wenigen Ausnahmen — gehoben. Für die Beurteilung der Führer und die Bewertung ihrer Leistungen, sowie als Grundlage für die Art ihrer Verwendung ist eine in der Anlage beigefügte Liste angelegt worden.

Unter I stehen besonders gute, unter II gute, unter III befriedigende, unter IV mangelhafte Führer. 3 Arbeiten wurden mit V ungenügend bewertet."

Insgesamt durchliefen diese Ausbildung bis zum März 1938 284 ehemalige Junker, 6 waren inzwischen Hauptsturmführer geworden und schieden damit für diese Aufgaben aus, 9 Führer waren noch nicht eingegliedert und konnten deshalb noch nicht beurteilt werden.

Alle ehemaligen Junker, die zur Ordnungspolizei versetzt worden waren, unterlagen nicht mehr dieser Weiterbildung.

Wie wichtig Himmler selbst diese Weiterbildung der aus den SS-Junkerschulen hervorgegangenen jungen Führer nahm, zeigt der von ihm am 17.12.1938 darüber erlassene Befehl[183], wonach „durch mehrfachen Einsatz und Abkommandierungen eine Stockung in der Anfertigung der schriftlichen Monatsarbeiten eingetreten sei und damit anscheinend bei zahlreichen Bearbeitern die Neigung aufkomme, sich auch künftig weiteren Bearbeitungen zu entziehen . . ."

„Die Arbeiten sind für die Fortbildung und vielseitige Verwendung der jungen Führer ein unbedingtes Erfordernis . . ."

„. . . Die SS-Personalkanzlei weise ich an, mir jeden Verstoß gegen diesen Befehl zu unnachsichtiger Bestrafung zu melden . . ."

„. . . zu Hauptsturmführern beförderte und von der SS-Personalkanzlei mit Führung einer Kompanie beauftragte Führer der SS-VT und TV — diese für die Dauer der Beauftragung — scheiden aus der allgemeinen Weiterbildung aus, ebenso die auch für das erste Halbjahr zur Wehrmacht kommandierten Führer."[184]

Belehrungsreisen

Um den Junkern im Frieden die notwendige praktische Ausbildung zu vermitteln, wurden sie nach der Zwischenprüfung auf Truppenübungsplätze verlegt. Im Truppendienst konnten sie ihre Kenntnisse erweitern und wurden außerdem im Scharfschießen an allen Infanteriewaffen ausgebildet. Hinzu kamen Übungen auch im Gebirge.

In meist 14-tägigen Deutschland-Fahrten erlebten die Junker die verschiedenen Landschaften und erfuhren Nä-

heres über die Geschichte der Länder und deren Menschen. Es erfolgten aber auch Führungen durch Industriebetriebe und Dienststellen der Wehrmacht zur Erweiterung des Gesichtskreises.
Hier ein Auszug aus der Chronik des Lehrganges 1938/39.

„Skilager vom 9.-16.3.1939: Vortrag von Oberst Rommel über die Kämpfe in den Bergen und Schluchten der Isonzo-Front. Heute fuhren wir nun selbst hinauf in die winterliche Bergwelt. Ein hartes Wetter war es — 8 Tage ununterbrochener Schneesturm. Tag für Tag stiegen wir auf; der Kampf mit Schnee und Wind machte uns glücklich. Wir lernten, wie der Mensch trotz aller Naturgewalten bestehen kann, wenn er sich ihren Gesetzen anpaßt, ja, daß darin vielleicht sogar seine Größe liegt.

Fliegerhorst Lechfeld, Besuch am 11.5.1939:
Heute Fliegen. Mit Offizieren des Fliegerhorstes gehen wir durch die Hallen und Anlagen. Danach starten die ersten von uns mit unseren Fliegerkameraden, die uns nach Tölz und München fliegen . . .

Übungslager Luttensee-Mittenwald — 21.5.-27.5.39:
Wieder geht es in die Berge; diesmal um zu beweisen, daß wir im Truppendienst etwas gelernt haben. Das Gelände in 1100 m Höhe ist für kleinere Gruppenaufgaben wie geschaffen . . .

Deutschland-Fahrt vom 21.6.-5.7.39:
Das größte Erlebnis unseres Lehrgangs, eine 14-tägige Fahrt durch Deutschland, sollte Wirklichkeit werden. All das Geschaute, die vielen Eindrücke sind so umfassend, daß es mit kurzen Worten nicht zu schildern ist . . .
Unsere Fahrt:
Stuttgart: Die Reichsgartenschau — wir hätten mehr erwartet . . .
Heidelberg: Herrlicher Blick vom alten Schloß auf die Stadt. Die verschiedenen Stil-Arten der Ruine künden von vergangenen Zeiten.
Worms: Wir besichtigen den Dom als Zeugen deutscher Kaiserzeit . . .
Rheinfahrt: Sonnenschein . . . Schauen . . . und der Wein macht müde.
Westwall: Beton und Stahl starrten uns entgegen als Ergebnis einer Gemeinschaftsarbeit von Hunderttausenden.
Essen, Krupp: In der Waffenschmiede Deutschlands.
Externsteine: Für uns nüchterne Menschen mit wenig Phantasie noch eine recht undurchsichtige Geschichte.
Bergen: Im Mittelpunkt dieser Übung steht für uns die Persönlichkeit des Generalmajors von BRIESEN. Vieles, was wir im Hörsaal lernten, spielt sich hier vor unseren Augen praktisch ab: Zusammenarbeit aller Waffen. Uns fesselt die klare und knappe Sprache des Generals.
Hamburg: Von den Werften dröhnt das Lied der Preßlufthämmer . . .
Kiel: Die nun folgenden 3 Tage standen im Zeichen der Kriegsmarine. Abends Empfang im Rathaus.
Flensburg: Unser Eindruck, unser Bild von der Marine rundet sich ab. Wir besuchen die Fähnrichs-Schule. Frische Kerls die Fähnriche, wir unterhielten uns blendend . . . Diese Tage gaben uns viel zu denken. Man vergleicht die Waffen und fragt sich, möchtest Du tauschen? Nein — die Infanterie ist uns doch das Liebste. Marinewerften, Fähnrichs-Schule, Artillerie, Torpedo-Schule, die Fahrt auf dem Kreuzer Königsberg in die Lübecker Bucht — gaben uns einen Überblick vom Dienst der Kameraden zur See.
Plön: Die Nationalpolitische Erziehungsanstalt . . . uns bewegen viele Gedanken und Fragen über das FÜR und WIDER einer frühen Trennung vom Elternhaus . . .
Magdeburg: Es geht nun dem Ende der Reise entgegen. Die Vorführungen einer Panzerabteilung und einer Pionier-Lehrkompanie geben uns Anregungen für unsere spätere Arbeit. In Bergen sahen wir Artillerie, in Altengrabow die Panzer, in Rosslau die Pioniere, in Kiel lernten wir die Vielseitigkeit der Marine kennen, in Landsberg besuchten wir den Fliegerhorst — und auch der Westwall wurde für uns ein lebendiger Begriff.
Bayreuth: Wir besuchten die Wirkungsstätte Wagners, der sich — ohne Rücksicht auf Anfeindungen — in der Musik ganz zu seinem Deutschtum bekannte.
Wir wollen nie vergessen, unserem Kommandeur für die mühevolle Planung und großzügige Abwicklung der Fahrt zu danken und zu versuchen, das Erlebte für die eigene Arbeit auszuwerten."[185]

Weiterbildung des Lehrpersonals der Junkerschulen im Kriege

An einigen Beispielen soll gezeigt werden, daß auch während des Krieges das Lehrpersonal der Junkerschulen ständig nach den neuesten Kriegserfahrungen weitergebildet wurde.

Nur so war auch gewährleistet, daß die von der Front kommenden Junker nach diesen Erkenntnissen unterrichtet werden konnten.

Ausbildung an der Junkerschule TÖLZ 1943/44:

1. Planspiele:

Alle 5 Grundaufgaben der Taktik wurden als Planspiel mit dem gesamten Führerkorps durchgeführt. Dabei Abstimmung aller Fachlehrer und Ausbilder auf den Taktik-Unterricht (Waffenlehre, Pionierlehre, Nachrichtenwesen, Kraftfahrwesen, Gefechtsdienst und Schießen).

2. Ausbildung an der Waffe

gemäß Befehl ,**Der Chef der Heeresrüstung und Befehlshaber des Ersatzheeres**' (Chef Ausb./Stab/Ia/In 2 Nr.3760/44 vom 13.4.1944):

1. Offiziersausbildung
   a) Alle Offiziere von Ausbildungs-Einheiten der Infanterie und Schnellen Truppe müssen bis zum Reg.Kommandeur einschließlich beherrschen:
      1. Einsatz, Wirkung und Kampfweise des leicht.MG
      2. Bedienung und Handhabung des leicht.MG
      3. Erkennung und Abstellen von Fehlern in der Handhabung, Bedienung und Pflege des leicht.MG
      4. Technische Kenntnisse:
         aa) Erkennen und Beseitigung von Hemmungen. Hierzu Kenntnisse der Aufgaben der MG-Teile und der Vorgänge der Waffe beim Laden, Schießen und Entladen
         bb) Überprüfen des leicht.MG, der Gurte und der Munition
         cc) Pflege und Handhabung des leicht.MG, besonders im Felde und bei strenger Kälte.
      5. Handhabung des schweren MG beim Schießen im direkten Richten.
   b) Die Offiziere der MG-Kompanien bzw. der MG-Züge müssen darüberhinaus beherrschen: Einsatz, Kampfweise, Schieß- und Richtverfahren des schweren MG.
   c) Neben den im Merkblatt 40/41 „Schießausbildung im Ersatzheer für Gewehr, le.MG, schw.MG" festgelegten Schulschießübungen sind im Sommer- und Winterhalbjahr je einmal folgende MG-Übungen zu schießen:

   a) von allen Rgt.- und Btl.-Kommandeuren sowie den Offizieren der MG.-Komp.bezw. MG-Züge die 2. und 3. le.MG-Übung

   b) von allen Offizieren der Ausbildungs-Einheiten der Infanterie und der Schnellen Truppen bis Rgt.Kdr. einschließlich 3. und 4. s.MG-Übung.

Diese vom Befehlshaber des Ersatzheeres (BdE) vorgeschriebenen Übungen wurden vom gesamten Führerkorps der Junkerschulen absolviert.

Gemäß einer Anordnung OKH/der Chef d. Gen.Stabes (Bb.Nr.408/43 v. 21.12.1943)

wurde allen Junkerschulen mitgeteilt, daß alle Soldaten, vom Rgt.-Kommandeur abwärts, in der Panzernahbekämpfung auszubilden sind.

Dazu gehört als praktische Übung das

Schießen mit der Gewehr-Panzergranate,

das Werfen eines Blendkörpers,

das Ansetzen einer Hafthohlladung, jedoch ohne zu zünden,

das Fertigmachen einer T-Mine als Sprengladung mit Sprengzünder,

Überrollenlassen in einem Panzerdeckungsloch durch ein Kettenfahrzeug.

Das Führerkorps aller Junkerschulen führte diese Übungen durch und nahm sie in die Lehrgangsplanung auf.

OKH/Gen.St.d.H.
Der Panzeroffizier
Merkblatt 77/1 v. 2.1.1944
Den Junkerschulen wurde das Merkblatt 77/1 mit den Richtlinien für den EINSATZ von Panzer-Zerstörer-Btl. übersandt. Die Führerausbildung hatte danach zu erfolgen.

Am 31.8.1944 wurde den Junkerschulen das KURZMERKBLATT über "Führung und Kampf der Sturmgeschütze" zur Kenntnis und Behandlung im Unterricht zugestellt.

KRIEGSAKADEMIE
„Richtlinien für das Zusammenwirken der Waffen in der Panzer-Division"
(Pz.-Lehr-Div. Ia Nr.223/44 geh. vom 5.2.44)
Für die taktische Führerausbildung und Aufnahme in den Lehrplan übersandte das SS-FHA Id(II) Az:22 Nr.II/18360/44 die o. a. Richtlinien der Kriegsakademie.

SS-FHA Id Az:34 q 1 Nr. II/2220/45 geh.
Für die Ausbildung an den Junker- und Waffenschulen gab das SS-FHA einen Befehl des Inspekteurs der Pz.-Truppen des Heeres über taktische Begriffe weiter.

SS-FHA Abt. Id Az:34 q Tgb. Nr.II/2025/43 geh.
Mit diesem Befehl wurde der Einsatz des schweren 7.5 cm Kanonenzuges auf SPW zur Kenntnis und Behandlung im Unterricht gezeigt.

Diese hier aufgeführten einzelnen Befehle an die Junkerschulen beweisen, daß die Ausbildung auch des Führerkorps dieser Schulen stets auf neuestem Stand blieb.

Außer dieser an den Junkerschulen stattfindenden Führerausbildung wurden die Lehrkräfte während der Lehrgangspausen zu den verschiedensten Spezialschulen des Heeres zur Erweiterung ihrer Kenntnisse kommandiert. Als Beispiel sei angeführt, daß nach Beendigung eines Lehrgangs im März 1944 vom Lehrpersonal der JS Tölz kommandiert wurden:[185]

3 Taktiklehrer zum Abteilungsführer-Lehrgang der Pz.-Tr.Schule Putlos,

1 Lehrgruppenkommandeur zum Abteilungsführer-Lehrgang für Panzer zur Pz.-Tr.Schule I, Bergen,

1 Lehrer für Artillerie zum Abteilungsführer-Lehrgang für Pz.-Artl. zur Pz.-Tr.Schule I, Bergen,

2 Taktiklehrer zum Abteilungsführer-Lehrgang für Pz.-Grenadiere zur Pz.-Tr.Schule II, Krampnitz,

2 Inspektionschefs zur Artl.Schule II, Beneschau,

2 Lehrer für Weltanschauung zum Kp.-Führer-Lehrgang zur Plassenburg.

Kommandierungen zum Heer 1938

Der Amerikaner H. G. Stein schreibt in seinem Buch über die Waffen-SS, daß sie — besonders ihr Offizierskorps — nach dem Urteil vieler Generale nicht für einen Einsatz ausgebildet war.[186]

Die SS-Junkerschulen waren rein soldatische Bildungsstätten für die künftigen Führer der Truppe, die den Kriegsschulen des Heeres entsprachen und auch nach deren Richtlinien ausbildeten.[187] Es kann also hinsichtlich Ausbildung, Können und Erfahrung kein Unterschied zwischen dem Leutnant des Heeres und einem auf Junkerschulen ausgebildeten SS-Untersturmführer bestehen.

Um dem völlig unzutreffenden Urteil Steins entgegenzutreten, soll hier auf eine Tatsache eingegangen werden, die nur wenigen bekannt ist: Die Kommandierung von 200 Führern der Verfügungstruppe und 100 Offizieren der Polizei, die ebenfalls auf Junkerschulen ausgebildet worden waren, im Jahr 1938 zum Heer.

In einer Geheimen Kommandosache des Führers und Reichskanzlers vom 17.8.1938[188] war befohlen, daß „der Oberbefehlshaber des Heeres die SS-Verfügungstruppe auf ihre Verwendung im Rahmen des Kriegsheeres vorbereitet. Er gibt hierfür die notwendigen Weisungen, regelt die Zusammenarbeit mit den Wehrersatzbehörden, unterstützt die Ausbildung und besichtigt. Er ist ermächtigt, diese Befugnisse auf nachgeordnete Dienststellen zu übertragen und . . . mir nach vorherigem Benehmen mit dem RFSS und Chef der Deutschen Polizei über den Stand der Gefechtsausbildung vorzutragen.

Ein zeitlicher Austausch von Offizieren bzw. Führern zwischen Heer und SS-Verfügungstruppe ist in gegenseitigem Einvernehmen durchzuführen, sobald es die Offizierslage erlaubt."

Hinsichtlich der SS-Junkerschulen wurde vorgeschrieben, daß bei Dienstleistung bzw. Übernahme in die Wehrmacht Führer und Führeranwärter, die den Zugführerlehrgang mit Erfolg besucht haben, mit dem Dienstgrad eingegliedert werden, der ihrem Dienstgrad bei den bewaffneten Teilen der SS bzw. der Polizei entspricht.[189] Diese Bestimmungen sollten mit dem 15. März 1935 rückwirkend in Kraft treten.[190]

Am 8.11.1938 hielt der Reichsführer-SS vor SS-Gruppenführern der Allgemeinen SS anläßlich einer Gruppenführer-Besprechung im Kasino des „Regiments Deutschland" eine Rede, in der er unter anderem sagte:[191]

> „Bei der diesmaligen Mobilmachung habe ich auf Wunsch des Führers der Armee 100 Polizei-Offiziere und 200 SS-Führer als Kompanieführer zur Verfügung gestellt. Jeder von Ihnen als alter Soldat wird ermessen können, was es für ein Truppenkorps bedeutet, 300 Kompanie-Führer wegzugeben. Möglich war das nur — das kann ich heute sagen —, weil wir illegal drei- bis viermal so viel Junker ausgebildet haben, als uns zugestanden waren. Die Wehrmacht war dankbar, daß ich ihr die jungen Führer zur Verfügung stellen konnte. Ich werde auch weiter, wenn es notwendig ist, illegal ausbilden."

Hier nur einige Erfahrungsberichte, wie hoch das Heer den Ausbildungsstand der von der SS-Verfügungstruppe zu ihm kommandierten SS-Führer einschätzte:

Der spätere SS-Obersturmbannführer und Kommandeur der Pz.-Abt.11 der 11.Pz.-Gren.-Div. „Nordland" **P. A. Kausch**, der dem Junkerlehrgang 1935/36 in Braunschweig angehörte und während des Krieges mit dem Eichenlaub zum Ritterkreuz ausgezeichnet wurde, berichtet über seine Kommandierung zum Heer:

> „Ich wurde vom September 1938 bis zum Februar 1939 zum Inf.Regiment 11 Leipzig kommandiert. Zunächst wurde ich dem Ers.-Btl. in Wittenberg zugeteilt, dessen Kommandeur ein reaktivierter Major war. Nach vier Tagen Aufenthalt beim Stab übernahm ich die Reserve-Offiziers-Bewerber-Kompanie, etwa 100 prächtige Burschen, davon 80% Studenten, mit denen ich nach den Richtlinien der Ausbildungsmethoden des SS-Regiments „Deutschland" einen 6-wöchigen Lehrgang durchführte.
>
> Ich ließ mir zunächst von allen aufschreiben, wie sie sich ihre Ausbildung bis zum Zugführer vorstellten. Danach erarbeiteten wir einen gemeinsamen Plan. Schwerpunkt: Nahkampf, Nachtausbildung, Scharfschießen aus der Hüfte mit MG 34 und MP, zwei Märsche über 50 km mit Gefechtseinlagen.

Man beobachtete mich sehr skeptisch, befürchtete Verletzungen, besonders beim Handgranaten-wurf ohne die üblichen Sicherheits-Maßnahmen.

Für die Abschluß-Besichtigung durch den Rgt.Kdr.(aktiv) teilte ich aus dem Lehrgang Kompanie-, Zug-und Gruppenführer ein, das Ausbildungspersonal fungierte als Zuschauer. Urteil des Rgt.-Kommandeurs: Es habe ihm gefallen; er verfügte, diese Methode beizubehalten.

Auch den nächsten Lehrgang sollte ich durchführen, wurde aber bereits am 26. Tag zum aktiven Re-giment nach Leipzig als Führer der 8. Komp. abkommandiert, die damals generell vom ältesten Hauptmann des Regiments geführt wurde.

Eine gewaltige Umstellung. Es drehte sich alles um 120 Pferde, die auch den Dienstplan bestimmten. Die MG-Bedienungen waren Beiwerk. Das änderte ich schnell, zumal durch das leichte MG 34 die überdimensionalen Bespannungen (B-Zug vierspännig) überflüssig wurden. Man wollte das nicht ganz einsehen, ließ mich aber dann gewähren. Bald merkte man, daß die SS-Offiziere nicht ganz un-brauchbar waren. Ich wurde zum Rgt.-Kommandeur befohlen, der mir einen Übertritt zum Heer unter bevorzugter Beförderung zum Hauptmann anbot, mit Vorbereitung zur einjährigen Generalstabs-Ausbildung. Ich aber ging zu meiner alten Einheit zurück.

Außer dieser Kommandierung zum Heer folgten weitere:

April 1938 Kompanieführer-Lehrgang Inf. Schule Döberitz.

Nachdem ich im Okt. 1939 Artl.-Batterie-Chef wurde:

Nov. 1939 Batterieführer-Lehrgang Artl. Schule Jüterbog

April 1940 Artl.-Abtlg.-Führer-Lehrgang Artl.-Schule Jüterbog.

Als Panzer-Offizier: Dez. 1942 Abteilungsführer-Lehrgang Schule für Schnelle Truppen Paris.

Nov./Dez. 1944 Regimentsführer-Lehrgang Pz.-Truppenschule Bergen.

Abschluß-Beurteilung: „Als Kommandeur und Lehrer an Schulen hervorragend geeignet."

Der spätere SS-Obersturmbannführer und Kommandeur des SS-Pz.-Gren.-Rgt. „Der Führer" **Otto Weidinger**, der dem Junkerlehrgang 1935/36 angehörte und während des Krieges mit dem Ritterkreuz mit Eichenlaub und Schwertern ausgezeichnet wurde, berichtet über seine Erfahrungen beim Heer:

„Meine Kommandierung zum Heer -E/IR 14 Weingarten

vom 1. Okt. — 31. Dez.1938

1938 war ich Zugführer im IV./SS-„Deutschland"-Ellwangen. Vom 1.Okt.-31.Dez.1938 wurde ich zum Heer kommandiert und zwar zum E/IR 14 Weingarten/Württ. Beim Generalkommando V in Stuttgart kamen alle im Korpsbereich zum Heer kommandierten SS-Führer — nach meiner Erinne-rung etwa 25-30 — zusammen. Sie wurden vom kommandierenden General des V.A.K. Stuttgart, General Hermann Geyer, begrüßt und ‚vergattert'. Es wurde uns klargemacht, daß wir bei der Aus-bildung des Ersatzes mithelfen sollten, aber ‚Schleifer-Methoden' im Heer keinen Platz hätten (was bei uns schon lange verpönt war).

Zunächst wurde ich als 1. Zugführer und Komp.-Chef-Stellvertreter der 1. Komp. eingeteilt; etwa 4 Wochen übernahm ich die E-Kompanie.

Wir haben in Kurzlehrgängen von 4-6 Wochen die gesamte Rekrutenausbildung bis zur Schießaus-bildung durchgeführt mit abschließender Rekruten-Besichtigung. Die beiden anderen ‚bodenständi-gen' Zugführer — ein Oberfeldwebel und ein Feldwebel — glaubten wohl zuerst, daß ich aus der All-gemeinen SS gekommen sei. Sie wunderten sich über meine Routine in der Ausbildung und beim Scharfschießen sowie über meine Schießergebnisse. Beide wußten überhaupt nicht, daß es eine SS-Verfügungstruppe gab.

Das Bataillon wurde geführt von Oberstleutnant Bulke, einem Ostpreußen (reaktiviert); sein Adju-tant, mit dem ich mich sehr gut verstand, war Leutnant Morath (aktiv). Gleich zu Beginn des Kom-mandos erhielten wir vom Btl.-Kommandeur den Befehl, Wehrmachts-Uniform zu tragen, also nicht nur das Wehrmachts-Hoheitszeichen auf der Brust, sondern auch die Heeres-Offiziersmütze. Am Ende unserer fast dreimonatigen Kommandierung wurde uns von Oberstleutnant Bulke offi-ziell eröffnet, daß für uns die Möglichkeit bestünde, zum Heer überzutreten. Alle zum Bataillon kommandierten Führer haben das jedoch abgelehnt und wollten zu ihrer alten Einheit zurück. Mei-ne Beurteilung durch Oberstltn. Bulke lautete:

Zum Adjutanten und Kompaniechef voll geeignet!

Am 10.Jan.1939 (nach einem verlängerten Weihnachtsurlaub) kehrte ich zu meinem Stamm-Truppenteil zurück, der inzwischen aus dem SS-Rgt. „Deutschland" ausgeschieden war und sich in der Umgliederung zu einem Kradschützen-Btl. befand. Ich wurde Adjutant des Kradschützen-Bataillons."

Der spätere SS-Standartenführer, letzter Inspekteur der Pz.Truppen der W-SS, **Johannes Mühlenkamp**, Angehöriger des SS-Junkerlehrganges 1935/36 in Braunschweig und während des Krieges mit dem Eichenlaub zum Ritterkreuz ausgezeichnet, berichtet über seine Kommandierung zum Heer:

„Ich verließ mit Dir gemeinsam die Junkerschule und den Zugführer-Lehrgang im Frühjahr 1936 und wurde zur Kradschützen-Kp. nach Unna versetzt, der späteren 15.Kp.Regiment „Germania". Kurz nach meiner Meldung in Unna erhielt ich die Kommandierung zum Heer. Im Mai 1936 meldete ich mich bei der 2. Pz.-Division und dem Kradschützen-Btl. 2 in Eisenach. Kommandeur war damals Oberstleutnant von Apell, späterer Kommandeur der 2. Pz.-Division. Sein Adjutant, Oberleutnant von Kielmansegg — späterer General bei der NATO — fragte mich nach meinen familiären Verhältnissen und der militärischen Vorbildung. Als er von dem Abschluß bei einer Junkerschule unter Hausser erfuhr, ordnete er an, daß ich die Uniform eines Leutnants des Heeres zu tragen habe. Ich wurde der 3. Kp. zugeteilt, die zunächst von Rittmeister von Manteuffel, dann von Oberleutnant Kreuznacher geführt wurde. Zu letzterem entwickelte sich ein sehr herzliches und kameradschaftliches Verhältnis, wie auch zu allen anderen Offizieren, Unteroffizieren und Mannschaften. Den ganzen Sommer über blieb ich beim Kradschützen-Btl. 2 in Eisenach und kehrte dann als Zugführer nach Unna zum Regiment „Germania" zurück. Im Herbst 1936 fanden im Sauerland gemeinsame Manöver mit den Kradschützen von Eisenach statt.

1938 wurde ich zur Panzerschule Putlos zum Lehrgang für Hauptleute der Aufklärungseinheiten kommandiert. Schulleiter war Oberstleutnant Mühlenfels — während der Weimarer Zeit beim Rußland-Kommando für Panzertruppen der Reichswehr. Wir wurden in der Panzer-Schießtechnik ausgebildet, von Generaloberst Guderian inspiziert und beurteilt, der uns in bekannter Herzlichkeit begrüßte. An diesem Lehrgang nahm auch Obersturmführer Schönberger (1. Lehrgang Tölz) von der Leibstandarte SS „Adolf Hitler" teil. Er bekam später — wie auch ich — eine Pz.-Aufklärungseinheit, dann ein Pz.-Regiment.

In der Beurteilung 1936 war hervorgehoben die Empfehlung, „Mühlenkamps endgültige Versetzung zu K2/Eisenach zu erwirken."

Der spätere SS-Sturmbannführer und Kommandeur des SS-Artl.-Reg.17 in der 17. SS-Pz.-Gren.Div. „Götz von Berlichingen" **Erik Urbanietz**, der dem Junkerlehrgang Tölz 1935/36 angehörte, berichtet:

„... auch ich war zum Heer kommandiert, und zwar zum Inf.Reg.68 in Rathenow/Brandenburg. Mein Kommandeur war ein passionierter Reiter wie ich; er übergab mir die Betreuung aller Pferde und kurze Zeit später die Maschinengewehr-Kompanie. Eine schöne Aufgabe. Das Verhältnis zu den anderen Offizierskameraden war sehr gut. Beweis: Der Kommandeur stellte einen Antrag auf Verlängerung der Kommandierung. Ergebnis: Verlängerung um ein Jahr.

Ein weiterer Antrag mußte ergebnislos bleiben, da ich eiligst nach Adlershof mußte, um dort Rekruten der SS-Verfügungstruppe zu übernehmen."

Der spätere SS-Obersturmbannführer und Kommandeur des SS-Pz.-Gren.Rgt. „Westland", **Franz Hack**, der dem Junkerlehrgang Tölz 1935/36 angehörte und im Krieg mit dem Eichenlaub zum Ritterkreuz ausgezeichnet wurde, berichtet über seine Kommandierung zum Heer:

„Meine Kommandierung zum Heer, Inf.Rgt.69 in Ingolstadt erfolgte unmittelbar nach dem Einmarsch in Österreich, nach meiner Erinnerung Mitte 1938. Ich wurde als Zugführer der 4.MGK des IV. Bataillons in Eichstätt zugeteilt. Der Oberstleutnant Philippi stellte mich dem Offizierskorps des Btl. als Leutnant und Kompanie-Offizier der MGK vor. In den ersten Wochen hatte ich mich hauptsächlich der Grundausbildung des Stammpersonals der Kompanie im indirekten Richten zu widmen, übernahm aber schon Anfang Mai Führung und Ausbildung des Btl.-Unteroffizierslehrganges sowie Aufgaben als Ordonnanzoffizier bei den Gefechtsübungen des Regiments auf dem Übungsplatz. Das Offizierskorps begegnete mir von Anfang an sehr freundlich und kameradschaftlich. In vielen Gesprächen wurde natürlich die Situation Wehrmacht/SS erörtert, und der Kommandeur erwähnte wiederholt, er habe über das Regiment meine Versetzung beantragt, und zwar zunächst als Ausbildungsoffizier für schwere Inf.Waffen zum IR 69. Im Herbst dieses Jahres ritt ich die Hubertusjagd des Rgt. mit und übernahm schließlich für kurze Zeit stellv. die Führung der 4.Kp.MGK. Im Dezember 1938 endete dieses Kommando, und ich ging zur SS-Verfügungstruppe zurück."

Generalstabs-Ausbildung

von Absolventen der Junkerschulen

Der für die Weiterbildung der jungen und aus den SS-Junkerschulen hervorgegangenen SS-Führer verantwortliche ehemalige Generalstabsoffizier und SS-Oberführer Cummerow hatte schon im Frühjahr 1938 Himmler mitgeteilt, daß eine Anzahl junger SS-Führer die Voraussetzung für eine Aufnahmeprüfung zur Kriegsakademie erfüllen würde.

Die Verfügungstruppe bestand in Friedenszeiten nur aus vier selbständigen Regimentern und vier selbständigen Bataillonen bzw. Abteilungen.

Erst mit der Aufstellung der ersten SS-Division nach dem Polenfeldzug waren bis zu drei Planstellen für Generalstabsoffiziere zu besetzen.

In einer „Geheimen Kommandosache des Führers und Reichskanzlers" vom 18.5.1939, die seinen Erlaß vom 17.8.1938 über die bewaffneten Teile der SS ergänzt bzw. abändert, steht unter Ziffer 6, daß den Anforderungen des RFSS auf Kommandierung von Generalstabsoffizieren für die Vorbereitung von Friedensübungen im Verband der SS-Division und bei der Eingliederung der SS-Division in das Heer durch das OKH zu entsprechen sei. In Ziffer 7 des gleichen Befehls heißt es, daß auf Antrag des RFSS die Führer der SS-Verfügungstruppe zur Teilnahme an Kriegsakademie-Examen, zur Vorbereitung hierzu und nach bestandenem Kriegsakademie-Examen zur Kriegsakademie des Heeres kommandiert werden.[192]

Hierfür standen zunächst noch keine aus der Truppe herangebildeten Generalstabsoffiziere zur Verfügung, da bei einer damaligen Gesamtdienstzeit der jungen Führer der Waffen-SS von maximal 6 Jahren die Zulassungsbedingungen für die Friedenslehrgänge der Kriegsakademie des Heeres nicht erfüllt werden konnten.

Am 18.11.1939 erließ das OKH einen Erlaß über den Generalstabsnachwuchs.[193]

Die gegenüber der Friedensausbildung verkürzten Kriegs-Generalstabslehrgänge mit dem beschränkten Ausbildungsziel der Verwendbarkeit als Ia/Ib und Ic in Stäben von Divisionen und Generalkommandos standen nun auch Anwärtern der Waffen-SS offen. Die verfügbaren Ausbildungsplätze hielten jedoch nicht mit dem forcierten Aufbau der Truppe Schritt.[194] Der Waffen-SS wurden in den ersten Lehrgängen der Kriegsakademie nur jeweils zwei, einmalig vier Ausbildungsplätze von insgesamt höchstens hundert zur Verfügung gestellt.

In dem Buch „Der deutsche Generalstabsoffizier"[195] wird erwähnt, daß beim 2.Gen.St.-Lehrgang zwei SS-Führer als Gasthörer teilnahmen und daß von 46 Offizieren 87 % als „geeignet" befunden wurden, beim 3. Lehrgang nur 69 %. Es werden aber nicht die Beurteilungen der Führer der Waffen-SS bekanntgegeben und später auch nicht im Verzeichnis aller Generalstabsoffiziere angeführt, sondern nur die vom Heer zur Waffen-SS kommandierten bzw. versetzten.(Anlage)

Der 5. Kriegslehrgang begann am 2.3.1942, und Model berichtet, daß neben 60 Offizieren des Heeres auch vier SS-Hauptsturmführer der Waffen-SS teilnahmen. Auch hier werden nur die Heeres-Offiziere angeführt, die zu 83 % als „geeignet" eingestuft werden.

Interessant ist eine Bemerkung Models zur Kriegsakademie-Ausbildung im Frieden: „Jährlich wurden zwischen 100 und 150 Offiziere zur Kriegsakademie einberufen...Wie ihre Vorgänger in den Führergehilfen-Lehrgängen der Reichswehr entstammte die Mehrheit von ihnen dem Adel und dem Bürgertum. Im Zuge der fortschreitenden Heeresvermehrung kamen jetzt jedoch auch Offiziere in die Akademieausbildung, die nach Herkunft und Werdegang sich schwer in den allgemeinen traditionellen Rahmen einpaßten. Abweichend von Reichswehrzeit befanden sich deshalb jetzt auch Offiziere, die aus einfachen Verhältnissen kamen, in größerer Anzahl unter den Lehrgangsteilnehmern."

Ungeachtet dessen blieben die Anforderungen der Kriegslehrgänge hoch. Die abkommandierten Führer der Waffen-SS hatten zudem immer nur eine Gesamtdienstzeit von sechs bis höchstens 7 Jahren erreicht, was selbstverständlich bei den an sie gestellten Anforderungen keine Berücksichtigung finden konnte.

Wenn deshalb die offenen und in schneller Folge vermehrten Planstellen für Generalstabsoffiziere der Waffen-SS (38 Divisionsstäbe, 17 Stäbe von Generalkommandos, 2 Stäbe von Armee-Oberkommandos) nicht vollständig mit entsprechend ausgebildeten und qualifizierten Führern der Waffen-SS besetzt werden konnten[196], die zudem nur dem Bestand der bis 1938 herangebildeten vier Führer-Lehrgänge zu entnehmen waren, so spricht die Zahl der erfolgreichen Absolventen der Kriegs-Generalstabslehrgänge dennoch eindeutig für den hohen Ausbildungsstand der Friedenstruppe und hier insbesondere der Junkerschulen, deren Ausbildung bis auf wenige Ausnahmen alle Absolventen durchlaufen hatten.[197]

Am 11.4.1942 erließ das SS-Führungshauptamt einen Befehl über den „Generalstabsnachwuchs während des Krieges" und legte die Kriterien für die Namhaftmachung geeigneter Anwärter fest.[198] (Anlage)

Als Anlage ist beigefügt die GENERALSTABSBESETZUNG DER WAFFEN-SS vom 1.8.1944, obwohl vereinzelt Namen von Generalstabsoffizieren fehlen, die entweder gefallen waren oder aber inzwischen Truppenkommandos als Regiments- oder Divisionsführer übernommen hatten.

Die Zahl der aus späteren Kriegsjunker-Lehrgängen hervorgegangenen Generalstabsoffiziere läßt sich aus den verfügbaren Unterlagen nicht ermitteln.

Für den verstärkten Ausbau der Waffen-SS und die Aufstellung neuer Divisionen reichte die Zahl der beim Heer ausgebildeten Generalstabsoffiziere der W-SS längst nicht mehr aus, so daß der Kommandierende General des II. SS-Panzer-Korps Hausser am 15.3.1943 an den Reichsführer-SS schrieb:[199]

> „Die Ausfälle an Generalstabsoffizieren der W-SS und an jungen Führern, die für die Generalstabs-Laufbahn vorgesehen waren, sowie die erhebliche Zahl der Fehlstellen an Generalstabsoffizieren zwingen mich zu dem Vorschlag, junge Generalstabsoffiziere des Heeres, die den Wunsch dazu haben, in die W-SS zu übernehmen, und im Austausch SS-Führer, welche für die Generalstabslaufbahn vorgesehen sind, zur Ausbildung zu Kommandobehörden des Heeres im Wechsel zu kommandieren. Die Verwendung bewährter Truppenführer in Generalstabsstellen ohne gründliche Schulung im Generalstabsdienst bewährt sich nicht ... Die hinter uns liegende Operation hat in dieser Hinsicht ernste Schwierigkeiten gezeigt, da nicht alle Generalstabsoffiziere die notwendige Schulung hatten."

Hausser hielt die von ihm angeregte Maßnahme für so wichtig, daß er dem RFSS sogleich ein Gespräch darüber mit dem Chef des Gen.Stabs, General Zeitzler, vorschlug, um möglichst rasch die dringend benötigten Generalstäbler beim Heer anfordern zu können. Im übrigen hielt es Hausser für wünschenswert, daß auch nach Überwindung des aktuellen Engpasses

> „ein zeitweiliger Austausch von Generalstabsoffizieren stattfindet, um unsere Generalstabsoffiziere — auch die älteren — einmal in Stellen zu bringen, die wir in der Waffen-SS nicht haben."[200]

Der RFSS lehnte diesen Vorschlag Haussers ab, obwohl die Verhältnisse ihn später dazu zwangen, doch noch Generalstabsoffiziere des Heeres in die Waffen-SS zu übernehmen.

Irgendwelche Vorsorge für den im Krieg durch den forcierten Ausbau der Truppe entstehenden Bedarf war in den Friedensjahren nicht getroffen worden. Es war dennoch möglich, einen großen Teil der Planstellen für Generalstabsoffiziere zu besetzen. Daß dies nicht vollständig möglich war, erklärt sich aus den extrem kurzen Dienstzeiten ebenso wie aus den im Kampf eingetretenen Ausfällen geeigneter Anwärter und nicht zuletzt auch aus der Tatsache, daß geeignete Anwärter aus ihren Dienststellungen als Truppenführer nicht herausgelöst werden konnten. Die Heranbildung eigenständiger Generalstabsoffiziere konnte schließlich auch angesichts der begrenzten Zahl verfügbarer Ausbildungsplätze nicht mit der Vergrößerung der Truppe in den sechs Kriegsjahren Schritt halten.

Wenn es dennoch gelang, aus dem Friedensbestand des Führerkorps der Waffen-SS den überwiegenden Teil der Gen.St.-Stellen mit eigenständig herangebildeten und auf der Kriegsakademie des Heeres qualifizierten Führern der Waffen-SS zu besetzen, so ist dies nur durch eine überdurchschnittliche Qualifikation des Führerkorps der Friedenszeit und durch die Ausbildungsleistung der Junkerschulen zu erklären.

In einem nicht zu übersehenden Ausmaß erreichten die Teilnehmer der Waffen-SS an den Kriegsgeneralstabslehrgängen der Kriegsakademie des Heeres die Einstufung in die jeweils auf zehn Prozent der erfolgreichen Teilnehmer begrenzte Spitzengruppe. Es braucht nicht verschwiegen zu werden, daß mindestens zweien dieser erfolgreichen Teilnehmer von der Generalstabszentrale das Angebot gemacht wurde, in den Generalstab des Heeres überzutreten.

Allein von den beiden ersten Lehrgängen Tölz und dem 1. Lehrgang Braunschweig wurden 15 ehemalige Junker zu Generalstabsoffizieren ausgebildet.

Hier ein Beispiel für die Ausbildung der von der W-SS zur Kriegsakademie kommandierten Führer, es gilt in ähnlicher Form für andere Teilnehmer auch: Manfred Schönfelder, später Chef Gen.St.Generalkommando IV.SS-Pz.-Korps:

„Dem Lehrgang ging eine Kommandierung zum Heer voraus von Januar — Mai 1942. Ich war bei der 18.Pz.-Division im Raum Suchinitschi. Dort wurde ich im Rahmen der zur Verfügung stehenden Zeit im praktischen Einsatz als Führer einer Pz.-Kp., einer Pz.-Pionier-Kp. und einer sFH-Batterie unterwiesen und verwendet. Es folgten danach noch ca. 14 Tage Einweisung in der Quartiermeister-Abt. eines Generalkommandos. In meinem Hörsaal war ich der einzige mit Kriegserfahrung in der Führung eines Pz.-Gren. Btl. und damit erfahren im Gefecht der verbundenen Waffen im Rahmen einer Btl.Kampfgruppe. Anläßlich der Besichtigung durch den damaligen Chef des Gen.-Stabes General Halder gegen Lehrgangsende wurde ich beim Planspiel als Div.-Führer eingesetzt, und das offenbar mit Erfolg.

Nach eigenem Erleben kann ich das Verhältnis zwischen Offizieren der W-SS und denen des Heeres nur als gut bis sehr gut bezeichnen."[201]

Der spätere General der Panzertruppen und Oberbefehlshaber der 12. Armee Walther Wenck war 1942 als Taktiklehrer an der Kriegsakademie tätig. Er schreibt:**

„Die Waffen-SS-Divisionen haben neben den Divisionen des Heeres hervorragend gekämpft und ihre Pflicht wie alle Soldaten getan. Die Divisionen unterstanden den Befehlen des Heeres; in den Abschnitten, wo sie eingesetzt wurden, den betreffenden Kommandierenden Generalen bzw. den Oberbefehlshabern der Armeen und Heeresgruppen. Ich habe dies selber in meinen Stellungen als Generalstabschef von 2 Armeen und Heeresgruppen erlebt. Nie hat es irgendeine Schwierigkeit im gemeinsamen Kampf gegeben. Für die Ausbildung zu Generalstabsoffizieren der Waffen-SS wurden diese Offiziere auf der Kriegsakademie Berlin von Generalstabsoffizieren des Heeres ausgebildet. Die Leistungen waren unseren Offizieren des Heeres absolut gleichzusetzen. Der kameradschaftliche Geist war unter allen Offizieren von Heer und Waffen-SS absolut gleich und tadellos."[202]

Anlage 1
zu SS-FHA/Id(III) Az.: 34 x 31 S.
Nr. 2319/44 g.Kdos. vom 1. Aug. 1944

Diese Liste des FHA stimmt nicht immer mit der tatsächlichen Stellenbesetzung der Divisionskommandeure überein. Es muß angenommen werden, daß es sich um teilweise Neubesetzungen und vorausschauende Planungen bzw. Umbesetzungen handelt, da einige Namen zweifach aufgeführt sind.

Generalstabsstellenbesetzung
in der Waffen-SS

Stand vom 1.8.1944

Zeichenerklärung:

Name 5 = Generalstabsausbildung 5. Lehrgang an der Kriegsakademie

Name = Ohne Besuch der Kriegsakademie in den Gen.St.Dienst übernommen

Name = Vom Generalstab des Heeres zur Waffen-SS kommandiert

Name A = Generalstabsanwärter

Name 4 = Erfolgreicher Teilnehmer am 4. Ib-Lehrgang

Name ✕ = Durch Leistung qualiziert (ohne Lehrgang)

Name 7 = Erfolgreicher Teilnehmer am 7. Ic-Lehrgang

Name ✕ = Durch Leistung qualifiziert (ohne Lehrgang)

Name O = Stelleninhaber ohne Qualifikation, oder der einen Lehrgang ohne Erfolg besucht hat

---

Generalstabsstellen bei den **Obersten Kommandobehörden:**

Adjutant des Reichsführers-SS	Gen.St.Offz. beim Reichsführer-SS		Verb.Offz. der Waffen-SS beim OKW/WFSt	Verb.Offz. der Waffen-SS beim GenStdH/Org. Abt.
SS-Obersturmbann-führer			SS-Sturmbann-führer	SS-Sturmbann-führer
Grothmann Werner	(siehe Adj.RF-SS Personalunion)		**Springer** Heinrich	**Seyda** Willi
geb. 23. 8.15 RDA. 21. 6.44			geb. 3.11.14 RDA. 21. 6.43	geb. 29. 3.11 RDA. 21. 6.43

Dienststelle:	Chef des Stabes	Ia	Ib	Ic
Kommando-RF-SS	SS-Brigadeführer und Generalmajor d.W-SS u. Polizei **Rode** Ernst-August geb. 9.8.94 RDA.21.6.44	bleibt zunächst unbesetzt	SS-Hauptsturm-führer **Hoffmeister** Richard geb. 22.6.09 RDA. 9.11.43	bleibt zunächst unbesetzt

Generalstabsstellen im SS-Führungshauptamt:

	Abteilungschef	Ia	Ic
1.) Führungsabteilung:	SS-Standartenführer **Ruoff 4** Joachim geb. 1. 3.11 RDA. 30. 1.44	(siehe Abt.Chef Personalunion)	SS-Sturmbannführer **Schneider** Robert geb. 30. 6.11 RDA. 9.11.43

	Abteilungschef:	Ia:	Gruppe Ia:	Gruppe Ib:	Gruppe IE
2.) Organisationsabt.	nimmt Chef SS-FHA wahr	SS-Obersturm-bannführer **Blume 7** Walter geb. 30. 9.13 RDA. 30. 1.44	SS-Sturmbann-führer **Weber 11** Ludwig geb. 21. 7.15 RDA. 21. 6.44	SS-Sturmbann-führer **Pruss 4a(1.SS)** Hans geb. 13. 6.08 RDA. 12. 5.42	SS-Sturmbann-führer **Lange A** Robert geb. 1. 5.14 RDA. 1. 1.43

	Id	T.O.-SS
	SS-Obersturmbannführer **Maier 5** Georg geb. 24. 4.13 RDA. 21. 6.44	SS-Obersturmbannführer **Ladewig** Hermann geb. 8. 3.99 RDA. 20. 4.43

Generalkommandos:

Dienststelle:	Kommandierender General:	Chef des Generalstabes:	I a	Q u	Ic
Generalkommando I.SS-Pz.Korps „Leibstandarte"	SS-Oberstgruppenführer und Generaloberst d. Waffen-SS	SS-Brigadeführer und Gen.Maj.d. Waffen-SS K.A. Vollausb.	SS-Sturmbannführer	SS-Standartenführer	SS-Hauptsturmführer
	Dietrich Josef geb. 28. 5.92 RDA.	**Kraemer** Fritz geb. 12.12.00 RDA. 1. 8.44	**Maas** Erich geb. 1. 1.12 RDA.20. 4.44	**Ewert** ✕ Walther geb. 20.11.03 RDA. 20. 4.44	**Reimer 11** Werner geb. 2. 3.14 RDA. 30. 1.44
Generalkommando II.SS-Pz.Korps	SS-Obergruppenführer und General der Waffen-SS	SS-Standartenführer	SS-Sturmbannführer	SS-Sturmbannführer	SS-Sturmbannführer d.R.
	Bittrich Willi geb. 26.2.94 RDA.	**Pipkorn** Rüdiger geb. 19.11.09 RDA. 1. 5.43	**Stolley 9** Hans-Joachim geb. 21.11.14 RDA. 9.11.43	**Hofmann** ✕ Bernhard geb. 4. 1.11 RDA. 9.11.42	**Mix** ✕ Erwin geb. 2. 8.07 RDA. 20. 4.44
Generalkommando III.(Germ.) SS-Pz.Korps	SS-Obergruppenführer und General der Waffen-SS	SS-Oberführer K.A. Vollausb.	SS-Sturmbannführer	SS-Obersturmbannführer	SS-Sturmbannführer d.R.
	Steiner Felix geb. 23. 5.96 RDA.	**Krukenberg** Gustav geb. 5.3.88 RDA. 10. 5.44	**Wörner 12** Reinhard geb. 1. 6.16 RDA. 21. 6.44	**Sporn** ✕ Hans geb. 11. 7.07 RDA. 6. 9.42	**Dörner** ✕ Hermann geb. 16. 3.08 RDA. 30. 1.44
Generalkommando IV.SS-Pz.Korps	SS-Gruppenführer und Generalleutnant d.W.SS	SS-Obersturmbannführer	wird durch 0 1 vertreten	SS-Sturmbannführer	SS-Hauptsturmführer d.R.
	Gille Herbert geb. 8. 3.97 RDA. 9.11.43	**Schönfelder 6** Manfred geb. 18. 3.12 RDA. 9.11.43		**Scharff** ✕ Wilhelm geb. 6. 9.03 RDA. 6. 9.03	**Jankuhn** ✕ Herbert geb. 8. 8.05 RDA. 1. 5.42

Generalkommando V.SS-Geb.Korps	SS-Obergruppen-führer und General d.W.SS u.Pol.	SS-Obersturm-bannführer	SS-Sturmbann-führer	SS-Hauptsturm-führer d.R.	SS-Hauptsturm-führer
	Krüger Friedrich-Wilhelm	**Keller 7** Baldur	**Hahn 12** Franz	**Brack** Viktor	**Keller** Willibald
	geb. 8. 5.94 RDA.	geb. 26. 4.12 RDA. 30. 1.44	geb. 10. 9.10 RDA. 9.11.43	geb. 9.11.04 RDA. 9.11.43	geb. 13. 6.13 RDA. 12. 8.43

Generalkommandos:

Dienststelle:	Kommandierender General:	Chef des Generalstabes:	Ia	Qu	Ic
Generalkommando VI.Waffen-Armee-Korps der SS (lettisches)	SS-Obergruppen-führer und General der Waffen-SS	Oberst i.G. (SS-Standarten-führer)	SS-Hauptsturm-führer	SS-Sturmbann-führer	SS-Sturmbann-führer
	Krüger Walter	**Sommer** Peter	**Thöny A** Michael	**Olejnik** Edmund	**Neuss 8** Egon
	geb. 27. 2.90 RDA. 21. 6.44	geb. 25. 2.07 RDA. 1. 2.44	geb. 24.11.15 RDA. 9.11.43	geb. 17. 2.07 RDA. 1. 4.42	geb. 4. 5.13 RDA. 20. 4.43
Generalkommando VII.					
Generalkommando VIII.SS-Frw. Kavallerie-Korps					
Generalkommando IX.Waffen-Gebirgs-Korps der SS (kroatisches)	SS-Gruppen-führer und Generalleutnant d.W.SS	SS-Obersturm-bannführer		SS-Hauptsturm-führer d.R.	
	Sauberzweig Karl-Gustav	**Braun 6** Erich		**Petersen 6** Boy	
	geb. RDA. 21. 6.44	geb. 8. 2.12 RDA. 21. 6.44		geb. 3.11.09 RDA. 9.11.43	
Generalkommando X.Waffen-Armee-Korps der SS (estnisches)					

Generalkommandos:

Dienststelle:	Kommandierender General:	Chef des Generalstabes:	Ia	Qu.	Ic
Generalkommando XI.SS-Armee-Korps	SS-Obergruppen-führer und General der Waffen-SS	Oberst i.G. K.A. Vollausb.	Major i.G.	SS-Sturmbann-führer	Hauptmann d.R.
	Kleinheisterkamp Matthias geb. 22. 6.93 RDA.	**Hepp** 8 Leo geb. 15. 8.07 RDA. 1. 2.44	**Schirrmacher** 8 Fritz geb. 25. 3.15 RDA. 1. 8.43	**Baumann** 2 Willi geb. 4. 6.14 RDA. 1. 8.44	**Roesch** Hans geb. 6. 5.08 RDA. 1. 4.43
Generalkommando XII.SS-Armee-Korps	SS-Obergruppen-führer und General der Waffen-SS und Polizei				
	v. Gottberg Kurt geb. 11. 2.96 RDA.				
Generalkommando XIII.SS-Armee-Korps	SS-Gruppen-führer und Generalleutnant d.W.SS				
	Prieß Hermann geb. 24. 5.01 RDA. 20. 4.44				

Divisionen:

Dienststelle:	Kommandierender General:	Kommandeur:	Ia:	Ib:	Ic:
1. SS-Pz.Division „Leibstandarte-SS Adolf Hitler"		SS-Brigadeführer und Gen.Major d.Waffen-SS	SS-Obersturm-bannführer	SS-Obersturm-bannführer	SS-Hauptsturm-führer
		Wisch Theodor geb. 13.12.07 RDA.	**Grensing 5** Erich geb. 18. 8.10 RDA. 9.11.43	**Stoltz** Günther geb. 5.12.13 RDA. 30. 1.44	**Bernhard** Hans geb. 22.12.19 RDA. 1. 4.44
2. SS-Pz.Division „Das Reich"		SS-Oberführer	Major i.G.	SS-Sturmbann-führer	SS-Obersturm-führer d.R. 2.OB.West
		Baum Otto geb. 25.11.11 RDA. 17. 9.44	**Stückler** Albert geb. 9. 5.13 RDA. 1.11.42	**v. Goldacker 4** Heino geb. 6. 7.06 RDA. 20. 4.44	**Kowatsch4** Aurel geb. 1.11.15 RDA. 1. 4.42
3. SS-Pz.Division „Totenkopf"		SS-Oberführer	SS-Obersturm-bannführer	SS-Sturmbann-führer d.R.	SS-Untersturm-führer d.R.
		Becker Hellmuth geb. 12. 8.02 RDA. 21. 6.44	**Eberhardt** Erich geb. 19.10.13 RDA. 20. 4.44	**Dr. Weidlich** Martin geb. 12. 3.11 RDA. 30. 1.43	**Willer 9** Roland geb. 29. 3.08 RDA. 9.11.42
4. SS-Pol.Pz.Gren.-Division		SS-Standarten-führer	SS-Obersturm-bannführer	SS-Hauptsturm-führer d.R. 4a(1.SS)	SS-Obersturm-führer d.R.
		Dörner Helmut geb. 26. 6.09. RDA. 20. 4.44	**Radtke 11** Wilhelm geb. 22. 5.12. RDA. 21. 6.44	**Heinrici** Wilhelm geb. 10.11.11 RDA. 9.11.43	**Mai 5** Werner geb. 8.10.18 RDA. 9.11.43
5.SS-Pz.Division „Wiking"		SS-Standarten-führer	SS-Sturmbann-führer	SS-Obersturm-führer d.R. 4a(1.SS)	SS-Obersturm-führer d.R.
		Deisenhofer Eduard geb. 27. 6.09 RDA. 20. 4.44	**Pauly A** Richard geb. 21.12.13 RDA. 9.11.43 (vertretungsweise)	**Fischer** Heinz geb. 2. 4.03 RDA. 9.11.43	**Glanert 13** Georg geb. 7. 5.18 RDA. 30. 1.44

Divisionen

Dienststelle:	Kommandeur:	Ia	Ib	Ic
6. SS-Gebirgs-Division „Nord"	SS-Gruppen-führer und Generalleutnant d.Pol.	SS-Obersturm-bannführer	SS-Hauptsturm-führer d.R.	SS-Hauptsturm-führer d.R.
	Brenner Karl	**Küchle** O Heinz	**Dr. Sander** 6 Werner	**Diembeck** 5 Hermann
	geb. 19. 5.93 RDA.	geb. 6. 7.11 RDA. 1. 9.42	geb. 4. 5.05 RDA. 30. 1.43	geb. 5. 4.11 RDA. 30. 1.44
7. SS-Freiw.Gebirgs-Div. „Prinz Eugen"	SS-Oberführer	SS-Sturmbann-führer	SS-Hauptsturm-führer 4a(1.SS)	SS-Untersturm-führer (F)
	Kumm Otto	**Wachsmann** 9 Herbert	**Greindl** Fritz	**Kirchner** 7 Balthasar
	geb. RDA.	geb. 2.11.14 RDA. 9.11.43	geb. 20. 9.11 RDA. 30. 1.41	geb. 30. 7.17 RDA. 2. 4.41
8. SS-Kav.Division „Florian Geyer"	SS-Standarten-führer	SS-Obersturm-bannführer	SS-Hauptsturm-führer d.R.	SS-Obersturm-führer d.R.
	Rumohr Jochim	**Diergarten** 7 Hans	**Schatzmann** 7 Albert	**Pint** 9 Otto
	geb. 6. 8.10 RDA.	geb. 5. 4.13 RDA. 30. 1.44	geb. 23. 9.09 RDA. 9.11.43	geb. 28. 2.12 RDA. 9.11.43
9. SS-Pz.Division „Hohenstaufen"	SS-Oberführer	SS-Obersturm-bannführer	SS-Hauptsturm-führer	SS-Hauptsturm-führer
	Stadler Silvester	**Harzer** 8 Walter	**Jens** 5 Walter	**Schöberle** Erich
	geb. 30.12.10 RDA.	geb. 29. 9.12 RDA. 20. 4.43	geb. 25. 5.15 RDA. 20. 4.43	geb. 18.10.08 RDA. 21. 9.42
10. SS-Pz.Division „Frundsberg"	SS-Oberführer	SS-Obersturm-bannführer	SS-Hauptsturm-führer	SS-Hauptsturm-führer
	Harmel Heinz	**Lingner** 8 Hans	**Rösch** 3 Georg-Waldemar	**Schorn** 3 Walter
	geb. 29. 6.06 RDA.	geb. 27. 2.15 RDA. 21. 6.44	geb. 12.11.12 RDA. 21. 6.43	geb. 2. 4.09 RDA. 30. 1.42

Divisionen:

Dienststelle:	Kommandeur:	Ia	Ib	Ic
11. SS-Frw.Pz.Gren. Division „Nordland"	SS-Brigadeführer und General-major d.W.-SS	Oberstleutnant i.G. (SS-Ober-sturmbann-führer)	SS-Obersturm-führer d.R.	SS-Obersturm-führer d.R.
	Ziegler	**v. Vollard-Bockelberg** Helmut	**Tiburtius** Joachim	**Faltz** Walter
	geb. RDA.	geb. 20.10.11 RDA. 1. 5.43	geb. 7. 7.10 RDA. 1.10.43	geb. 22. 1.14 RDA. 1. 9.42
12. SS-Pz.Division „Hitlerjugend"	SS-Oberführer	SS-Sturmbann-führer	SS-Sturmbann-führer d.R.	SS-Obersturm-führer 2.Ob.West
	Meyer Kurt	**Meyer 10** Hubert	**Buchsein 4** Fritz	**Doldi** Günter
	geb. RDA.	geb. 5.12.13 RDA. 1. 4.43	geb. 13.10.13 RDA. 30. 1.44	geb. 4. 8.22 RDA. 20. 4.44
13. Waffen Geb.Div.-SS „Handschar" (kroatische Nr. 1)	SS-Standarten-führer	SS-Hauptsturm-führer	SS-Hauptsturm-führer	SS-Hauptsturm-führer d.R.
	Hampel Desiderius	**Reuter 13** Otto	**Gloning** Robert	**Rachor 6** Carl
	geb. RDA.	geb. 17. 5.13 RDA. 30. 1.42	geb. 21. 8.12 RDA. 1. 8.39	geb. 6. 7.10 RDA. 21.11.43
14. Waffen-Gren.Div.-SS (galizische Nr. 1)	SS-Brigadeführer und General-major d.Waffen-SS	Major i.G. (SS-Sturmbann-führer)	SS-Hauptsturm-führer d.R. 4a(1.SS)	SS-Obersturm-führer
	Freitag Fritz	**Heike** Wolf-Dieter	**Schaaf** Herbert	**Mußbach 9** Günther
	geb. 28. 4.94 RDA. 20. 4.44	geb. 27. 6.13 RDA. 1.10.43	geb. 4. 3.08 RDA. 30. 1.44	geb. 30.11.17 RDA. 1. 1.43
15. Waffen-Gren.Div.-SS (lettische Nr. 1)	SS-Standarten-führer d.R.	Major i.G. (SS-Sturmbann-führer)	SS-Hauptsturm-führer d.R.	SS-Obersturm-führer d.R.
	v. Obwurzer Herbert	**Wulff** Erich	**Hochhauser 6** Egbert	**Proffen 10** Friedrich
	geb. 23. 6.88 RDA. 30. 1.43	geb. 2. 8.10 RDA. 1.12.42	geb. 23. 3.08 RDA. 20. 4.44	geb. 15.12.11 RDA. 9.11.43

Divisionen:

Dienststelle:	Kommandeur:	Ia:	Ib:	Ic:
16. SS-Pz.Gren.Division „Reichsführer-SS"	SS-Gruppen-führer und Generalleutnant d.W.SS	SS-Obersturm-bannführer	SS-Sturmbann-führer	SS-Sturmbann-führer d.R.
	Simon Max geb. 6. 1.99 RDA. 20. 4.44	**Albert 6** Ekkehard geb. 3. 7.14 RDA. 21. 6.44	**Steinbeck** ✕ Fritz geb. 17.11.07 RDA. 21. 6.43	**Gottschalk 9** Friedrich geb. 13. 9.10 RDA. 31. 1.41
17. SS-Pz.Gren.Division „Götz von Berlichingen"	SS-Standarten-führer	SS-Sturmbann-führer	SS-Hauptsturm-führer 4a (1.SS)	SS-Hauptsturm-führer d.R.
	Baum Otto geb. 25.11.11 RDA.	**Conrad 7** Karl-Heinz geb. 22. 9.16 RDA. 30. 1.44	**Linn** Max geb. 14. 2.14 RDA. 20. 4.44	**von Le Coq** ✕ Hans-Wedigo geb. 11.10.02 RDA. 20. 4.44
18. SS-Frw.Pz.Gren. Division „Horst Wessel"	SS-Oberführer	SS-Sturmbann-führer	SS-Obersturm-führer d.R. 4a(1.SS)	SS-Hauptsturm-führer d.R.
	Trabandt geb. RDA.	**Stürzbecher 13** Emil geb. 2.10.14 RDA. 9.11.41	**Barner** Heinrich-August geb. 12. 3.11 RDA. 20. 4.43	**Stüber O** Erich geb. 3.10.05 RDA. 9.11.43
19. Waffen-Gren.Div.-SS (lettische Nr. 2)	SS-Brigadeführer und General-major d.W.SS	SS-Sturmbann-führer	SS-Hauptsturm-führer d.R. 4a(1.SS)	SS-Obersturm-führer d.R.
	Streckenbach Bruno geb. 7. 2.02 RDA. 21. 6.44	**Koop 11** Hans geb. 7. 9.14 RDA. 21. 6.43	**Lüdke** Hermann geb. 19. 2.10 RDA. 21. 6.43	**Funk** Hans geb. 31. 8.09 RDA. 9.11.43
20. Waffen-Gren.Div.-SS (estnische Nr. 1)	SS-Brigadeführer und General-major d.W.SS	SS-Obersturm-bannführer	SS-Hauptsturm-führer d.R.	SS-Hauptsturm-führer d.R.
	Augsberger Franz geb. RDA.	**Rehfeldt** Emil geb. 5. 6.07 RDA. 9.11.43	**Rösel** Rudolf geb. 7.11.03 RDA. 20. 4.44	**Michel 13** Max geb. 12.11.09 RDA. 20. 4.44

Divisionen:

Dienststelle:	Kommandeur:	Ia:	Ib:	Ic:
21. Waffen-Geb.Div.-SS „Skanderbeg" (albanische Nr. 1)	SS-Oberführer	SS-Hauptsturm-führer	SS-Obersturm-führer	vorgesehen: SS-Obersturm-führer
	Schmidthuber August geb. 8. 5.01 RDA.	**Berger** 13 Georg geb. 21. 2.19 RDA. 21. 6.42	**Graf** Alfred geb. 13.12.06 RDA. 20. 4.44	**Schesto** Georg geb. 9. 4.15 RDA.
22. SS-Freiw.Kav. Division	SS-Standarten-führer		SS-Hauptsturm-führer	
	Zehender August geb. 28. 4.03 RDA. 20. 4.43		**Schäfer** 7 Rudolf geb. 6.12.05 RDA. 30. 1.44	
23. Waffen-Geb.Div.-SS „Kama" (kroatische Nr. 2)	SS-Standarten-führer		SS-Hauptsturm-führer	
	Raithel Helmuth geb. RDA.		**Fritscher** Ernst geb. 11.10.07 RDA. 1. 9.43	
24. Waffen-Geb.Div.-SS (Karstjäger)	SS-Obersturm-bannführer		vorgesehen: SS-Hauptsturm-führer d.R.	
	Marks Karl geb. 17. 9.03 RDA. 30. 1.43		**Engel** Herbert geb. 23. 9.09 RDA. 20. 4.44	
25. Waffen-Gren.Div.-SS (ungarische Nr. 1)	SS-Standarten-führer			
	Broser Michael geb. RDA.			

Divisionen:

Dienststelle:	Kommandeur:	Ia:	Ib:	Ic:
26. 27. 28. Division	keine Angaben			
29. Waffen-Division-SS „Rona" (russische Nr. 1)	m.d.F.b. SS-Brigade-führer **Diehm** Christoph geb. 1. 3.92 RDA. 21. 3.34			
30. Waffen-Gren.Div.-SS (russische Nr. 2)	SS-Obersturm-bannführer **Siegling** geb. RDA.			

Befehlshaber der Waffen-SS:

Dienststelle:	Befehlshaber der Waffen-SS	Ia	Ib	Ic
Befehlshaber der Waffen-SS in den Niederlanden	SS-Obergruppen-führer und General der Waffen-SS **Demelhuber** Karl-Maria geb. 27. 5.96 RDA. 21. 6.44	SS-Standarten-führer **Az** Adolf geb. 23. 6.08 RDA. 9.11.43	SS-Hauptsturm-führer **von Molle** Alfons geb. 15.12.15 RDA. 1. 9.42	SS-Hauptsturm-führer **Kuhlmeyer** Paul geb. 16. 8.14 RDA. 1. 1.42

Befehlshaber der Waffen-SS:

Dienststelle:	Befehlshaber der Waffen-SS	Ia	Ib	Ic
Befehlshaber der Waffen-SS Böhmen und Mähren	SS-Gruppen- führer und Generalleutnant d.W.SS	SS-Sturmbann- führer	(siehe Ic; Personalunion)	SS-Obersturm- führer
	Pückler-Burghaus Carl, Graf von	**Harzig** Detlef		**Schneider** 13 Rudi
	geb. 7.10.86 RDA. 1. 8.44	geb. 18. 5.11 RDA. 27. 3.42		geb. 27. 2.21 RDA. 20. 4.43
Befehlshaber der Waffen-SS Ungarn	SS-Obergruppen- führer und General der Waffen-SS	SS-Obersturm- bannführer		SS-Obersturm- führer d.R.
	Keppler Georg	**Ritter v. Aichinger** Hubert		**Krieger** Lothar
	geb. 7. 5.94 RDA. 21. 6.44	geb. 11. 5.90 RDA. 20. 4.44		geb. 29. 1.09 RDA. 1. 3.43
Befehlshaber der Waffen-SS Ostland (Riga)	SS-Oberführer	SS-Hauptsturm- führer		SS-Hauptsturm- führer
	Krukenberg Gustav	**Rehmann** Ernst		**Reimer** 11 Werner
	geb. 5. 3.88 RDA.	geb. 28. 3.16 RDA. 30. 1.44		geb. 2. 3.14 RDA. 30. 1.44
Befehlshaber der Waffen-SS Italien Caldiero/Verona	SS-Gruppen- führer und Generalleutnant d.W.-SS	SS-Standarten- führer		
	Debes Lothar	**von Elfenau** Eugen		
	geb. 21. 6.90 RDA.	geb. 18. 8.97 RDA. 30. 1.44		

Zur Waffen-SS versetzte und kdt. Offiziere
des Generalstabes.

1614.	Gen.Maj. (SS-Brigadeführer)	1. 8.44	Kraemer	Chef d.Gen.St. I.SS-Pz.Korps „Leibstandarte"
1615.	Gen.Maj. (SS-Brigadeführer)	1. 8.44	Ziegler (Joachim)	Chef d.St. III. germ. SS-Pz.Korps
1616.	Oberst	1. 1.43(85)	von Einem	Chef d.Gen.St. XIII. SS-Korps (kdt.)
1617.	Oberst	1. 2.44(34)	Sommer	Chef d.Gen.St. VI. SS-Freiw. Korps
1618.	Oberst	1. 7.44(40a)	Pipkorn	Chef d.Gen.St. II. SS-Pz.Korps
1619.	Oberst	1. 8.44(37)	Ulms	Chef d.Gen.St. XII. SS-Pz.Korps
1620.	Obstlt.	1. 3.43(80)	Giese (Gerhard)	Chef d.Gen.St. XI. SS-Korps
1621	Obstlt.	1. 6.43(25)	von Vollard-Bockelberg	F.R.OKH, kdt. zur Waffen-SS als Korps-Ia
1622.	Maj.	1.11.42(5a)	Stückler	Gen.St. 2. SS-Pz.Div. „Das Reich" —Ia
1623.	Maj.	1.12.42(35)	Wulff (Erich)	Gen.St. 15.SS-Pz.Gren. Div. —Ia
1624.	Maj.	1. 8.43(25a)	Heike	Gen.St. 14. SS-Geb.Div. —Ia
1625.	Maj.	1. 8.43(39)	von Mitzlaff	F.R. OKH, kdt. Gen.St. 8.SS-Kav.Div. „Florian Geyer" —Ia
1626.	Maj.	1. 8.43(61)	Schirrmacher	Gen.St.XI.SS-Korps —Ia
1627.	Maj.	1. 8.43(77)	Wind (Günter)	F.R. OKH, kdt. XIII. SS-Korps (m.d.W.d.G.d. Ia beauftr.)
1628.	Maj.	1.12.43(40a)	Krelle (Wilhelm)	Gen.St. XIII. SS-Korps —Ic
1629.	Maj.	1. 2.44(3i)	Janssen (Fritz)	Gen.St. XII.SS-Korps —Ic
1630.	Maj.	1. 3.44(17)	von Bock	Gen.St. SS-Pz.Gren.Brig. Niederlande —Ia
1631.	Maj.	1. 5.44(7b)	Reuther (Karl)	F.R. OKH, kdt. Gen.St. XII. SS-Korps (m.d.W.d. G.d. Ia beauftr.)
1632.	Maj.	1. 5.44(7e)	Wenzel (Günter)	F.R. OKH, kdt. Gen.St. XII. SS-Korps (m.d.W.d. G.d.Qu. beauftr.)
1633.	Maj.	1. 6.44(15i)	Kleine (Otto)	F.R. OKH, kdt. Gen.St. XI. SS-Korps (m.d.W.d. G.d.Qu. beauftr.)
1634.	Maj.	1. 7.44(47)	Mainka (Erhard)	F.R. OKH, kdt.Gen.St. 22.SS-Freiw. Kav.Div. Ungarn —Ia
1635.	Maj.	1. 7.44(64)	Schaper (Bodo)	F.R. OKH, kdt.Gen.St. XIII. SS-Korps (m.d.W. d.G.d.Qu. beauftr.)

(F.R. = Führerreserve)

Der Führer-Nachwuchs der Waffen-SS

Aufbau und Abzeichen (I)

Die Aufstellung der ersten bewaffneten SS-Einheiten, der späteren SS-Verfügungstruppe, brachte neben vielen anderen Problemen auch das des Führer-Nachwuchses für diese in der deutschen Militärgeschichte einmaligen Einheiten mit sich.

Nachdem die Reichsführung-SS im Jahre 1934 in Bad Tölz mit dem Bau einer ersten SS-Junkerschule, damals noch SS-Führerschule genannt, begonnen hatte, wurde der damalige SS-Standartenführer Hausser, der als Generalleutnant aus der Reichswehr ausgeschieden war, am 1. November 1934 mit den Vorarbeiten zur Errichtung einer zweiten SS-Junkerschule in Braunschweig, die bis Frühjahr 1935 ebenfalls SS-Führerschule genannt wurde, beauftragt.[203] Als Stichtage für die Aufstellung galten für Tölz der 1. Oktober 1934 und für Braunschweig der 1. Februar 1935.[204]

Anläßlich einer Verfügung über die Änderung der Gliederung und der Dienstgrade in der gesamten SS wurde auch erstmalig versucht, für den Führer-Nachwuchs die entsprechenden Dienstgrade einzubauen:

Betr.: Gliederung und Dienstgrade der SS.

Mit dem Tage der Bekanntgabe tritt folgende Änderung bezüglich der Gliederung und der Dienstgrade in der gesamten SS einschließlich der Politischen Bereitschaften in Kraft:

A. Gliederung:

B. Dienstgrade:

C. Führernachwuchs:

    SS-Führeranwärter

    SS-Standartenjunker

    SS-Fähnrich (Scharführer)

    SS-Oberfähnrich (Hauptscharführer)

SS-Führeranwärter sind diejenigen SS-Männer, die zur Vorbereitung auf eine spätere Einberufung zur SS-Schule Tölz auf Anordnung der Reichsführung-SS zusammengezogen sind.

SS-Standartenjunker sind diejenigen SS-Männer, die zur Führerschule Tölz einberufen sind.

Die Beförderung zu SS-Fähnrichen erfolgt während des Kommandos zur Führerschule Tölz nach bestandener Vorprüfung durch den Reichsführer-SS auf Vorschlag des Kommandeurs der Schule.

Die Beförderung zu SS-Oberfähnrichen erfolgt nach Ablegung der Schlußprüfung auf der Führerschule Tölz, ebenfalls auf Vorschlag des Kommandeurs der Führerschule Tölz durch den Reichsführer-SS.

Nähere Bestimmungen hierüber ergehen durch den Chef der Abteilung PI.

Der Reichsführer-SS H. Himmler[205]

Bereits im März 1935 wurde diese Verfügung hinsichtlich der Benennung des Führer-Nachwuchses geändert. Aus den SS-Fähnrichen wurden SS-Standartenjunker und aus den SS-Oberfähnrichen SS-Standartenoberjunker:

Betr.: Gliederung und Dienstgrade der SS.

Die Ziffer 5 C „Führernachwuchs" des SS-Befehlsblattes vom 15.10.1934 ist wie folgt zu ändern:

„   Führernachwuchs:"

    SS-Führeranwärter

    SS-Junker

SS-Standartenjunker (Scharführer)

SS-Standartenoberjunker (Hauptscharführer)

SS-Führeranwärter sind diejenigen SS-Männer, die zur Vorbereitung auf eine spätere Einberufung zur SS-Schule Tölz oder Braunschweig auf Anordnung der Reichsführung-SS zusammengezogen sind.

SS-Junker sind diejenigen SS-Männer, die zur SS-Schule nach Tölz oder Braunschweig einberufen sind.

Die Beförderung zu SS-Standartenjunkern erfolgt während des Kommandos zur Führerschule Tölz oder Braunschweig nach bestandener Vorprüfung durch den Reichsführer-SS auf Vorschlag des Kommandeurs der zuständigen SS-Führerschule.

Die Beförderung zu SS-Standartenoberjunkern erfolgt nach Ablegung der Schlußprüfung auf der SS-Führerschule Tölz oder Braunschweig auf Vorschlag des zuständigen Kommandeurs der SS-Führerschule durch den Reichsführer-SS.

Die Führeranwärter usw. tragen die Dienstgradabzeichen ihres Dienstgrades und die Abzeichen ihrer Einheit, zu der sie gehören.

SS-Hauptamt, Führungsamt.[206]

Das Wort „Junker", d.h. Jungherr kommt aus dem Mittelhochdeutschen und war die Bezeichnung für die jungen männlichen Angehörigen des Adels. Es wurde im 19. Jahrhundert abgewertet, als man die preußischen konservativen Großgrundbesitzer in ihrer Gesamtheit als „Junker" bezeichnete.[207]

Es war nicht festzustellen, ob die Änderung in der Bezeichnung der Dienstgrade des Führer-Nachwuchses auf Wunsch des Heeres durchgeführt wurde oder ob die Reichsführung-SS auch hier glaubte, neue Wege gehen zu müssen.

Der Bedarf an Führer-Nachwuchs war für die zahlenmäßig kleine SS-Verfügungstruppe, die bis Kriegsbeginn nie die personelle Stärke einer Infanterie-Division erreichte, nicht groß. Die SS-Junker bekamen deshalb auf den SS-Junkerschulen eine gediegene und vollständige Kriegsschulausbildung, die sie und die von ihnen geführten Einheiten zu den hohen militärischen Leistungen befähigte, die im Zweiten Weltkrieg erbracht wurden.

Der Einbruch in das Bildungsmonopol — nur die soldatische Leistung und einwandfreie charakterliche Eigenschaften waren für die Auswahl entscheidend, nicht die Schulbildung — hat sich im Prinzip bewährt und vor allem im Kriege zu der engen Verbundenheit von Führer und Mann geführt, auf der nicht zuletzt die hohe Kampfmoral der Waffen-SS basierte. Die Tatsache, daß es innerhalb der Waffen-SS nur SS-Führer/Offiziere und keine Beamte im Führerrang gab, hat dem Führer-Korps einen festen inneren Zusammenhalt gegeben.

Gab es bis zu Beginn des Zweiten Weltkrieges nur die Laufbahn des aktiven Führers in der SS-Verfügungstruppe, so machten die vielen Neuaufstellungen die Einführung einer Reserve-Führer-Laufbahn notwendig. Die nachfolgende Aufstellung gibt die verschiedenen Möglichkeiten, Führer in der Waffen-SS zu werden, wieder, so wie sie sich im Verlauf des Krieges aus der Lage heraus entwickelten.

Jeder Angehörige der Waffen-SS hatte bei entsprechender Eignung und Bewährung die Möglichkeit, die aktive oder die SS-Führer-Laufbahn der Reserve einzuschlagen.

Deutsche und germanische Freiwillige konnten aktive oder SS-Führer der Reserve werden.

Nichtgermanische Freiwillige konnten aktive oder Waffen-Führer der Reserve der SS werden.

Aktive Führerbewerber besuchten die Kriegs-Junker-Lehrgänge an den Junkerschulen der Waffen-SS.

Reserve-Führerbewerber besuchten die Kriegs-Reserve-Junker-Lehrgänge der Waffen-SS, die an Junkerschulen oder den Waffenschulen der Waffen-SS durchgeführt wurden.

Alle aktiven und Reserve-Führerbewerber mußten einen Vorbereitungslehrgang besucht haben, der entweder an einer Waffenschule oder bei einem Ausbildungs- und Ersatz-Bataillon der Waffen-SS durchgeführt wurde.

Nach Bestehen des Vorbereitungs-Lehrganges Beförderung zum SS-Junker, ranggleich mit einem SS-Unterscharführer,

nach einer Zwischenprüfung auf der SS-Junkerschule Beförderung zum SS-Standartenjunker, ranggleich mit einem SS-Scharführer,

nach der Abschlußprüfung auf der SS-Junkerschule Beförderung zum SS-Standartenoberjunker, ranggleich mit einem SS-Hauptscharführer.

Die SS-Standartenoberjunker kehrten nach bestandener Abschlußprüfung zu ihren Feldtruppenteilen zurück, wo sie nach mindestens zweimonatiger Bewährung auf Vorschlag ihres Kommandeurs zum SS-Untersturmführer befördert werden konnten.

Für nichtgermanische Freiwillige galt der gleiche Ausbildungsweg. Sie wurden Waffen-Untersturmführer der SS.

Die Lehrgänge wurden fortlaufend durchnummeriert und dauerten sechs Monate. Sie wurden entweder als Kriegs-Junker-Lehrgänge oder als Kriegs-Waffen-Junker-Lehrgänge bezeichnet.

Lehrgänge für versehrte SS-Junker wurden an den SS-Junkerschulen durchgeführt. Die versehrten SS-Junker wurden nach bestandener Abschlußprüfung zu SS-Untersturmführern befördert.[208]

Um die bestehenden Zweifel hinsichtlich des Tragens der Dienstgradabzeichen nach Besuch eines Lehrgangs auszuräumen, wurde mit Datum vom 1. November 1940 und 15. Dezember 1941 verfügt:

Dienstgradabzeichen für Führeranwärter.

„Um bestehende Zweifel auszuschalten, teilt das SS-Führungshauptamt Kommando der Waffen-SS mit, daß Führeranwärter, die einen Kriegslehrgang an einer der SS-Junkerschulen besucht haben, die Dienstgradabzeichen eines SS-Ober-bzw. Hauptscharführers tragen. Das Tragen der silbernen Kordel an der Mütze ist nicht statthaft. Dagegen tragen die FA., die einen Vollehrgang an einer SS-Junkerschule besucht haben, die Abzeichen eines SS-Standarten-Oberjunkers."

Kdo.d.W.SS II[209]

Dienstgradabzeichen für Reserve-Führer-Anwärter.

„Zur Ausschaltung bestehender Zweifel wird befohlen, daß nur die SS-Führer-Bewerber zum Tragen von Führermütze und -koppel berechtigt sind, die nach erfolgreichem Besuch eines SS-Junker-Lehrganges vom Chef des Amtes für Führerausbildung zu SS-Standartenjunkern befördert wurden."

Zu diesem 1. Absatz erfolgte im Verordnungsblatt der Waffen-SS, 3. Jg., Nr. 2, Ziff. 28, vom 15. Januar 1942 eine Berichtigung, in der es heißt:

Es heißt hier: „. . . zu Standartenjunkern befördert wurden", es muß richtig heißen „. . . zu Standartenoberjunkern befördert wurden".

SS-FHA./VII

„Die Reserve-Führer-Bewerber, die einen Reserve-Führer-Anwärter-Lehrgang im Truppen- oder Verwaltungsdienst mit Erfolg besucht haben, tragen nach ihrer Ernennung zum Reserve-Führer-Anwärter (RFA) und Beförderung zum SS-Oberscharführer d. R. die Dienstgradabzeichen eines SS-Oberscharführers.

Die Reserve-Führer-Bewerber im SS-Sanitäts- bzw. SS-Veterinärdienst tragen nach erfolgreichem Besuch entsprechender Reserve-Führer-Anwärter-Lehrgänge und Ernennung zu Reserve-Führer-Anwärtern (RFA) im SS-Sanitäts- bzw. SS-Veterinärdienst und Beförderung zu SS-Hauptscharführern d. R. im SS-Sanitäts- bzw. SS-Veterinärdienst, Führermütze und -koppel. Dieses erfolgt in Anlehnung an den Wehrmachtsdienstgrad Unterarzt bzw. Unterveterinär."

SS-FHA/Amt VII[210]

Als Anzugsordnung für die Teilnehmer an Junker-Lehrgängen wurde befohlen:

Anzugsordnung für SS-Junkerschulen und Reserveführeranwärter-Lehrgänge.

„Zur Behebung bestehender Zweifel wird befohlen, daß die zu SS-Junkerschulen und Reserveführeranwärter-Lehrgängen kommandierten SS-Führer-Bewerber ihre vor der Kommandierung innegehabten Rangabzeichen beim Hörsaal- und Felddienstanzug abzulegen haben. Zum Ausgehanzug sind diese Rangabzeichen weiter zu tragen."

SS-FHA/Amt VII[211]

Der Reichsführer-SS selbst regelte in einem Befehl die Weiterverwendung derjenigen SS-Junker, die aus unverschuldeten oder aus selbstverschuldeten Gründen einen SS-Junker-Lehrgang abbrechen mußten:

Teilnahme an SS-Junker-Lehrgängen.

„Ich bestimme:

a) SS-Junker, die aus unverschuldeten Gründen, wie z.B. Krankheit oder dergl., das Ziel eines SS-Junker-Lehrganges nicht erreichen, können zum nächstmöglichen Lehrgang einberufen werden, sofern die erforderlichen Voraussetzungen gegeben sind.

b) SS-Junker, die aus selbstverschuldeten Gründen vom Lehrgang abgelöst werden müssen, treten zur Truppe zurück.

Charakterliche Mängel, aus denen hervorgeht, daß der Betreffende zum SS-Führer ungeeignet ist, haben eine endgültige Streichung des Betreffenden von der Liste der SS-Führer-Bewerber zur Folge. Alle übrigen, von einem SS-Junker-Lehrgang Zurückgeschickten können frühestens nach zweijähriger Bewährung bei der Truppe erneut durch das Amt für Führerausbildung zu einem SS-Junker-Lehrgang kommandiert werden. In besonders begründeten Einzelfällen behalte ich mir persönlich vor, schon nach einjähriger Bewährungsfrist eine Ausnahme zu machen. Etwaige Anträge in dieser Hinsicht sind grundsätzlich über das SS-Führungshauptamt, Amt für Führerausbildung, an mich zu richten."

Der Reichsführer-SS
gez. H. Himmler.
SS-FHA/VII[212]

Mit Wirkung vom 15. Juli 1943 wurde zur äußerlichen Kenntlichmachung des Führer-Nachwuchses ein besonderes Abzeichen eingeführt:

Einführung eines Abzeichens für den Führernachwuchs der Waffen-SS.

Der Reichsführer-SS hat befohlen:

„Zur Kenntlichmachung des aktiven Führernachwuchses und des Führernachwuchses des Beurlaubtenstandes wird für die Dauer des Krieges ab sofort folgendes Abzeichen eingeführt:

2 nebeneinanderliegende, aneinandergenähte Schlaufen aus Unterführerborte aus feldgrauer Mattkunstseide am unteren Ende jeder Schulterklappe.

Das Abzeichen ist aus vorhandenen Beständen vom Truppenteil herzustellen.

Berechtigt zum Tragen sind nachfolgende Führerbewerber:

a) Führerbewerber, die zu einem der vom Amt Führerausbildung befohlenen Vorbereitungslehrgänge kommandiert werden, mit ihrer Kommandierung zu dem Vorbereitungslehrgang.

b) Führerbewerber, die von der Teilnahme an einem Vorbereitungslehrgang befreit werden, mit ihrer Kommandierung zum Kriegs-Junker-Lehrgang oder Kriegsreserveführeranwärter-Lehrgang.

c) Führerbewerber, die unter Verzicht auf die Teilnahme an einem Reserveführeranwärter-Lehrgang zum Reserveführeranwärter ernannt werden, mit ihrer Ernennung zum Reserve-Führer-Anwärter.

Führerbewerber, die von der Liste der Führerbewerber gestrichen werden oder von dem Vorbereitungslehrgang oder Kriegs-Junker- bzw. Reserveführeranwärter-Lehrgang abgelöst werden, haben auch für den Fall, daß sie zur Wiederholung vorgeschlagen werden, die Abzeichen sofort abzulegen. Die Wiederanlegung der Abzeichen erfolgt jeweils mit erneuter Kommandierung zum Vorbereitungslehrgang oder Kriegs-Junker- bzw. Reserveführeranwärter-Lehrgang.

Über die Berechtigung zum Tragen der vorgenannten Abzeichen ist dem Führerbewerber ein Ausweis nach nachstehendem Muster auszustellen, der von dem Kommandeur der Schule bzw. des Truppenteils oder einem von dem Kommandeur befohlenen Führer zu unterzeichnen und mit dem Dienstsiegel zu versehen ist.

Im Falle der Streichung und Ablösung ist der Ausweis einzuziehen.

Muster:

Der . . . ist als Führerbewerber zum Tragen des Abzeichens für Führerbewerber der Waffen-SS berechtigt.

SS-FHA/Amtsgr. B/Amt XI[213]

Diese grundlegende Verfügung wurde verschiedentlich ergänzt oder abgeändert, letztmalig am 15. September 1944.

Rang-klasse	Dienstgrad	Kragenspiegel je nach Dienstgrad	Schulterklappen
SS-Führerbewerber	SS – Schütze (FB) bis SS – Rottenführer (FB)		
	SS – Junker		
	SS – Standartenjunker		
	SS – Standartenoberjunker		
SS-Reserveführerbewerber	SS – Oberscharführer (RFB)		
	SS – Hauptscharführer (RFB)		

Abzeichen für den Führernachwuchs der Waffen-SS

Der Befehl V.Bl. d. W.-SS Nr. 14 vom 15.7.43, Ziff. 268, wird wie folgt ergänzt:

„Die Abzeichen für den Führernachwuchs der Waffen-SS sind zu tragen

a) von aktiven Führerbewerbern bis zu ihrer Beförderung zum SS-Standartenoberjunker;

b) von Reserve-Führerbewerbern bis zu ihrer Beförderung zum SS-Untersturmführer."

SS-FHA/Amtsgr. B/Amt XI[214]

„In Abänderung und Erweiterung des Befehls über die Einführung eines Abzeichens für den Führernachwuchs der Waffen-SS wird bestimmt:

Das im Verordnungsblatt der Waffen-SS Nr.14 vom 15.7.1943, Ziffer 268, und Nr. 15, vom 1.8.1943, Ziffer 294, befohlene Abzeichen zur Kenntlichmachung des Führernachwuchses der Waffen-SS ist sofort von allen Führerbewerbern nach Bestätigung durch SS-FHA/Amt XI, die nach Eingang der Erfassungsunterlagen erfolgt, anzulegen.

Die Berechtigung zum Tragen der Abzeichen wird verliehen mit Aushändigung der vom Amt XI ausgestellten Bescheinigung an den Führerbewerber. Die Erfassung als Führerbewerber ist in die Wehr- und Personalunterlagen einzutragen. Die Abzeichen sind bis zur Beförderung zum SS-Standartenoberjunker zu tragen.

Führerbewerber, die auf Grund festgestellter Mängel für eine weitere Förderung als Führerbewerber nicht geeignet sind, sind dem Amt XI mit einem begründeten Antrag auf Streichung aus der Liste der Führerbewerber rechtzeitig zu melden. Erst nach der durch das Amt XI ausgesprochenen Streichung aus der Liste der Führerbewerber sind die Abzeichen für den Führernachwuchs abzulegen, die Bescheinigung hierüber einzuziehen und zu den Personalakten zu nehmen. In die Wehr- und Personalunterlagen ist ein entsprechender Vermerk über die erfolgte Streichung aus der Liste der Führerbewerber einzutragen.“

SS-FHA/Amt XI[215]

Anmerkungen:

1. Die verschiedene Schreibweise einzelner Wortverbindungen der in der Abhandlung angezogenen Verfügungen entspricht den Originalveröffentlichungen.
2. Diese Abhandlung gibt den Stand wieder, so wie er sich aus den angeführten Quellen darstellt. In der Praxis der Ausbildung des Führernachwuchses hat es sicherlich Änderungen und Ausnahmen gegeben. Das grundsätzliche Konzept wurde dadurch jedoch nicht berührt.

Es wurden durchgeführt:

    9 Friedenslehrgänge (aktiv)

  22 Kriegsjunkerlehrgänge (aktiv)

  14 Kriegsreservejunker-Lehrgänge

    7 Lehrgänge für versehrte Junker

    6 Lehrgänge für germanische Offiziere

    1 Sonderlehrgang für französische Offiziere

sowie waffenspezifische Führerlehrgänge.

Form und Ziel

Zur Gesellschaftslehre an Junkerschulen

„Benehmen ist Glückssache" behauptet der Volksmund. Doch diese simple Spruchweisheit traf auf unsere ehemalige Truppe nicht zu. Hier kann man getrost feststellen: „Benehmen ist Dienstsache" oder mehr noch „Benehmen ist Erziehungssache."

Gesellschaftslehre lautete nämlich jenes Unterrichtsfach, das zum festen Bestandteil der Ausbildungspläne der Junkerschulen gehörte. Noch im Frühjahr 1944, als es längst an allen Fronten 'brannte', erschien in Tölz eine 13-seitige Schrift unter dem Titel „Benehmen bei besonderen Anlässen und gesellschaftliche Formen", die bis in alle Einzelheiten das „Verhalten auf dem Parkett" regelte. Belächle dies heute, wer mag; zweifellos ist besagte Benimmvorschrift, wie sie kurz und bündig hieß, ein Beweis, daß bis in die letzten Kriegsmonate gesellschaftliches Auftreten bei der Ausbildung des Führernachwuchses ebenso berücksichtigt wurde, wie Gefechtsausbildung oder fachliches Können.

„Wer nicht das Glück hatte, eine richtige Erziehung zu genießen", so in jener Vorschrift, der muß sich eben den gesellschaftlichen Schliff nach und nach aneignen, um ihn dann „souverän zu beherrschen". Denn „ohne gute Sitten kommt man nicht weiter." Wie wahr, wie wahr, so war's einmal.

Ja, man höre und staune: Sogar „Formen überalterter Gesellschaftsbegriffe" mußten dem SS-Führer vertraut sein, um sie „in solchen Kreisen, in denen sie noch üblich sind," anzuwenden.

Doch damit nicht genug: Selbst die Anrede der Träger von Adelsprädikaten fand ihre genaue Regelung, wobei man jedoch ab Fürstlichkeiten aufwärts vorschlug, „sich zweckmäßigerweise im Einzelfall zu erkundigen, wie die Anrede lautet und erwünscht sei." Kein Zweifel, die Benimmvorschrift hatte ein Praktiker entworfen.

Es gibt, hieß es weiter, „keinen Unterschied zwischen dienstlichem und außerdienstlichem Leben"; Zivilanzüge hatten „schlicht und vornehm" zu sein (im Sommer hell, im Winter dunkel getönt), und auf das saubere Hemd nebst entsprechendem Taschentuch sei ausdrücklich zu achten.

Das Verhalten im Führerkorps war ebenso geregelt wie das Leben im Führerheim. Singen im Kasino zum Beispiel bewies „fehlendes Niveau und gilt in Anwesenheit von Damen und Vorgesetzten als ungehörig". Na bitte.

Verbeugung und Handkuß wurden als „Ausdruck von Achtung und Verehrung" zitiert und beschrieben. Vorbei natürlich jene Friedenszeiten, da man den Handkuß „Mann gegen Mann" übte; vorbei auch der Tanzunterricht, zu dem junge Damen aus Münchner und Rottach-Egerner Pensionaten eingeladen und per Junkerschulbus abgeholt und wieder heimgeleitet wurden. Und der Herr Tanzlehrer trug den romantischen Namen Peps Valenci, was auf südländische Herkunft schließen ließ.

Und somit vorbei auch jene friedlich-fröhliche Zeit, da während der Tanzstunde die Frau des Schulkommandeurs, intern allgemein Kommandeuse genannt, von erhöhtem Beobachtungsplatz — dem ‚Drachenfels' — mit strenger Miene das Parkettverhalten der angehenden Führer beäugte. Was sich dann auch in der Beurteilung niederschlug.

„Nicht beim Tanz die Hand auf den Ausschnitt der Dame legen", lehrte die 44er Benimmvorschrift schließlich noch und fügte selbstverständlich hinzu, daß hier der Tanz „nach Kriegsende" gemeint sei. (Der ja dann auch prompt losging.)

Kurzum: Ob Verhalten in weiblicher Begleitung, auf der Straße, im Theater oder in öffentlichen Verkehrsmitteln (Damen, älteren Herren und Kriegsversehrten Platz freimachen); ob Besuche, Einladungen oder Tischmanieren — nichts wurde dem Zufallsbenimm überlassen. Alles aber gipfelte in dem lapidaren Satz: „Das Tragen der Uniform verpflichtet!"

Sicher hätte jener weiland Herr von Knigge, der Erhebliches für gute Umgangsformen tat, an dieser Benimmvorschrift seine helle Freude gehabt. Denn Adolf Freiherr von Knigge, so sein vollständiger Name, diente Ende des 18. Jahrhunderts lange Zeit als Hofjunker an der Kriegs- und Domänenkammer in Kassel.

Vom landgräflichen Hofjunker also bis zum soldatischen SS-Junker war es in Sachen Benimm — wer wollte dies noch bestreiten? — nur ein Schritt.

Hier diese Benimmvorschrift im Wortlaut:

SS-Junkerschule Tölz Bad Tölz, den 11. März 1944

Benehmen bei besonderen Anlässen und gesellschaftliche Formen

Sämtliche Führer der SS-Junkerschule als Lehrer und Ausbilder des Führernachwuchses der Waffen-SS müssen sowohl in ihrem fachlichen Können als auch in ihrem gesellschaftlichen Auftreten einheitlich ausgerichtet und im Benehmen vorbildlich sein.

Diese Ausrichtung jedes einzelnen Führers darf sich also nicht nur auf die Gefechtsausbildung, den zu lehrenden Stoff und die Lehrmethode, nach der er erarbeitet und dargeboten wird, erstrecken, sondern muß auch die Haltung und Führung jedes Einzelnen erfassen, da gerade aus dem Vorbild und dem Vorleben die stärksten erzieherischen Anregungen und Auswirkungen erwachsen.

Dieser Ausrichtung bedarf vor allen Dingen der junge Führer, der einerseits meist selbst unter kriegsbedingten Verhältnissen ausgebildet und erzogen worden ist und keinerlei einschlägige Erfahrungen besitzt, andererseits aber durch seine Aufgabe und das ständige Zusammenarbeiten mit seinen Junkern bei entsprechender Eignung und Haltung die besten und nachhaltigsten erzieherischen Erfolge zu erzielen vermag. Er muß deshalb in jeder Hinsicht Vorbild sein.

Nach einem Ausspruch des Reichsführers-SS hat sich jeder SS-Führer überall, sei es auf dem Parkett oder anderswo, immer vorbildlich zu benehmen. Er muß deshalb die bei allen Gelegenheiten geltenden Formen beherrschen.

Die gesellschaftlichen Formen sind eine Erscheinungsform des Lebensstiles. Ohne gute Sitten kommt man nicht weiter, daher ist es notwendig, sich gute Umgangsformen anzueignen. Auch Formen überalteter Gesellschaftsbegriffe muß der SS-Führer beherrschen, um sie in solchen Gesellschaftskreisen, in denen sie noch üblich sind, ggf. richtig anwenden zu können.

Die neue Zeit hat manche alte Form zurückgedrängt und neue gesellschaftliche Formen entwickelt und diese an Stelle überlebter gesetzt. Die neue Entwicklung geht dabei von dem Prinzip der Volksgemeinschaft aus. Ihr Wesen will auf Natürlichkeit und Aesthetik beruhen.

Die Beherrschung der Umgangsformen hängt bei jedem Einzelnen von seiner eigenen Erziehung und Entwicklung ab. Diejenigen, die nicht das Glück hatten, eine richtige Erziehung genossen zu haben, müssen sich eben das, was man unter gesellschaftlichem Schliff versteht, nach und nach aneignen. Da der SS-Führer durch seine Uniform besonders in Erscheinung tritt, in der Volksgemeinschaft auf Vorbildlichkeit hin beobachtet wird, und nach seinem Auftreten die ganze SS beurteilt wird, muß er alle Formen souverän beherrschen.

Gerade er muß über ein besonders gutes Benehmen verfügen und auch veraltete Formen bei entsprechender Gelegenheit zur Anwendung bringen können, wie er die Entwicklung natürlicher Umgangsformen, wie sie heute gebräuchlich sind, stets im Auge zu behalten hat.

Haltung und Anzug

Es gibt für den SS-Führer in seiner Haltung keinen Unterschied zwischen dienst- und außerdienstlichem Leben. Er kennt kein Privatleben, in das er sich zurückziehen könnte. Er ist immer SS-Führer, auch das gelegentliche Tragen bürgerlicher Kleidung ändert daran nichts.

Die Haltung des SS-Führers ist stets aufrecht und militärisch. Wer dienstlich an einen Vorgesetzten, z.B. zur Meldung herantritt, tut dies in gerader Haltung, ggf. durch Erweisen des Deutschen Grußes. Die Hände werden nicht ausgestreckt gehalten, sondern leicht gelockert. Verbeugungen sind dabei unstatthaft. Sie werden nur im außerdienstlichen Verkehr angewandt.

Der Führer läuft nicht, wenn er gerufen wird, sondern kommt zu seinem Vorgesetzten mit schnellen Schritten. Auf tadellosen Sitz des Anzuges und seine Sauberkeit stets achten! Das gilt für Uniform wie für Zivil.

In Stiefeln wird nicht getanzt, beim Tanzen sind lange Hosen zu tragen.

Zivilanzüge sollen schlicht und vornehm sein. Im Sommer trägt man hell, im Winter dunkel getönte Anzüge. Alles auffällige — wie zu bunte Schlipse, Lackschuhe, in Schnitt und Farbe übermoderne Anzüge — vermeiden. Beim Ausgehen auf sauberes Hemd und Taschentuch achten. Vorher in den Spiegel sehen, prüfen, ob die Mütze sitzt.

Meldung beim Dienstantritt

a) Jeder neu zur Junkerschule versetzte Führer meldet sich sofort nach seinem Eintreffen beim Schuladjutanten, der ihn über seine dienstliche Verwendung und den Termin seiner Meldung beim Kdr. der Schule unterrichtet.

b) Die Meldung beim Kdr. der Schule erfolgt im SS-Dienstanzug. Stiefelhose, umgeschnallt, Mütze, Handschuhe. Handschuhe an, Schirmmütze in der linken Hand. Mützendeckel am linken Unterarm, Schirm vorwärts. Die Meldung hat folgenden Wortlaut: — SS-Ustuf. X meldet sich gehorsamst mit Wirkung vom . . . vom SS-Pz.Gren. Ausb.u.Ers.Btl. zur SS-Junkerschule versetzt. —
Während der Meldung, die in tadelloser soldatischer Haltung zu erstatten ist, bleibt die rechte Hand zum Deutschen Gruß erhoben. Die linke ist leicht angelegt, jedoch nicht angepreßt.

c) Begrüßt der Kdr. den sich meldenden Führer durch Handschlag, so ist der rechte Handschuh auszuziehen, dann keine Verbeugung, sondern in die Augen sehen.
Jeder neu versetzte und neu beförderte Führer hat sich außerdem bei jedem Stabs-Offz. zu melden.

Einführung in das Führerkorps und Verhalten innerhalb des Führerkorps

Von jedem zu seinem Verband versetzten Führer ist die erste sich bietende Gelegenheit zur Einführung in das Führerkorps und zur Bekanntmachung wahrzunehmen. Günstige Gelegenheiten bieten sich dazu bei gemeinsamen Mahlzeiten, bei Führerbesprechungen, bei Planspielen usw. Der betreffende Führer läßt sich durch einen bekannten Führer, z.B. den Tischältesten, vorstellen oder stellt sich selbst vor und bittet um allgemeine Vorstellung.
Beispiel: Sturmbannführer, ich bitte mich vorstellen zu dürfen.
Sind nur einzelne Herren im Führerheim anwesend, so bittet man einen bekannten Führer um Vorstellung oder stellt sich jedem anwesenden Führer selbst vor.

Verhalten innerhalb des Führerkorps

Das Führerkorps — sowie das Leben im Führerkorps — soll dem jungen Führer die Familie ersetzen. Das Führerheim ist die Pflegestätte echten kameradschaftlichen und gesellschaftlichen Lebens, in der der junge Führer sich am Vorbild seiner Kameraden und Vorgesetzten orientieren und in den Geist, die Haltung und den Lebensstil des Führerkorps einleben soll.
Die Kameradschaft des Führerkorps erfaßt alle seine Angehörigen, ohne Rücksicht auf Dienstgrad und Vorgesetztenverhältnisse, die außer Dienst nicht in Erscheinung treten.
Der junge Führer vergesse jedoch nie, daß die Beachtung der durch Rang und Alter gesetzten Unterschiede gerade im kameradschaftlichen außerdienstlichen Verkehr ein äußerst bedeutsames Kennzeichen seiner inneren Haltung darstellt, die in der äußeren Haltung ja nur ihren sinnfälligen Ausdruck erhält.
Im Kameradenkreis und Vorgesetzten gegenüber soll sich der junge Führer offen, ehrlich, natürlich und ungezwungen, nicht verkrampft und geziert geben, jedoch immer bescheiden sein. Gemeinsames Schimpfen über Dienst und Vorgesetzte ist nicht nur schlechte Sitte, sondern auch ein Kennzeichen schlechter Disziplin. Überhaupt haben Aussprüche über den Dienst in den Hintergrund zu treten, im Vordergrund stehen die Dinge des Allgemeinwissens und Allgemeininteresses, da andernfalls die Förderung des allgemeinen Wissens ausgeschlossen und eine geistige Inzucht die Folge ist.
Auch Singen im Führerheim zeigt kein Niveau und ist in Gegenwart von Damen und Vorgesetzten ungehörig.
In Gegenwart von Ordonnanzen keine Gespräche führen, die nicht für deren Ohren bestimmt sind!

Anrede

Dienstgradhöhere mit dem entsprechenden Dienstgrad, Dienstgradgleiche wie Dienstgradniedere bei nicht ausreichender Bekanntschaft mit
— Kamerad S.: — z.B. Kamerad Schilling — anreden.
Gäste, Wehrmacht und Zivil sind bei höherem Dienstgrad mit diesem, bei gleichem mit ihrem Dienstgrad oder ihrer Amtsbezeichnung anzureden, z.B. Herr Oberstleutnant, Herr Oberbürgermeister usw., Frauen jedoch nie die Dienstbezeichnung oder den Titel ihres Mannes geben.
Betritt ein Stabs-Offz. das Führerheim, erheben sich die dienstgradniederen Führer von ihren Plätzen zur Erweisung der Ehrenbezeugung. Dasselbe gilt bei Damen und Gästen, denen man sich in jedem Falle unverzüglich durch den sie begleitenden Führer vorstellen läßt, z.B.: Obersturmbannführer, darf ich Sie bitten, mich Ihrer Frau Gemahlin / oder der Dame / vorzustellen.

Bei Vorgesetzten folgendes Beispiel: — Brigadeführer, darf ich Ihnen meine Frau / nicht Gattin / vorstellen und Sie bitten, meine Frau und mich Ihrer Frau Gemahlin vorzustellen.

Bei allen Veranstaltungen des Führerkorps mit Gästen ist der Kdr. der Schule Hausherr, bei Veranstaltungen mit Damen die Ehefrau Hausfrau. — Gastgeber ist jedoch immer das gesamte Führerkorps.

Sämtliche Veranstaltungen schließen gemäß Befehl um 1.00 Uhr. Ausnahmen nur bei längerem Verbleiben des Kommandeurs oder auf dessen besondere Erlaubnis.

Einführung von Damen in das Führerkorps, deren Zugehörigkeit nicht durch Verwandtschaft selbstverständlich ist, nur mit Genehmigung des Kommandeurs und nach Vorstellung.

Allgemeine Vorstellung und Begrüßung

Allgemein wird der Dienstgradniedere dem Dienstgradhöheren, der Jüngere dem Älteren und der Herr der Dame vorgestellt.

Stets die jüngere Dame der älteren vorstellen. Den Titel des Ehemannes weglassen. Zweckmäßige Form: — Darf ich die Damen miteinander bekannt machen? — Es ist unschön, bei Vorstellungen — angenehm — zu sagen. Der Name ist deutlich zu nennen.

Bei Versetzungen in einen neuen Standort empfiehlt es sich, sich an den Adjutanten oder den Ord.Offz. zu wenden und diesen um Vorstellung bei den Herren und Damen bei entsprechender Gelegenheit zu bitten.

Bei Begrüßungen gibt stets die Dame zuerst die Hand, bei Herren der Ältere dem Jüngeren. Der Handschuh ist dabei auszuziehen.

Verbeugung und Handkuß sind Ausdruck der Achtung und Verehrung. Bejahendenfalls jedoch nur bei älteren und verheirateten Damen und nie in der Öffentlichkeit.

Handkuß nur in den Kreisen, in denen er üblich ist.

Besonderer Hinweis: Der Handkuß birgt immer Gefahr in sich, daß Unterschiede gemacht werden, daher ist bei offiziellen Veranstaltungen des Führerkorps mit Damen zweckmäßigerweise vom Handkuß Abstand zu nehmen, da in einem größeren Kreise eine Unterscheidung schwer zu treffen ist und ein Einzelfall allgemein eine Verletzung darstellen könnte.

Anrede

Die Anrede in der dritten Person ist in der SS verboten und daher in keinem Falle und niemand gegenüber anzuwenden. Zu der Anrede mit — Sie — und — Ihnen — ist aber stets der Dienstgrad hinzuzusetzen, z.B.: Ich habe Sie nicht rechtzeitig gesehen, Standartenführer! — In Wehrmachtskreisen den Damen gegenüber kann man sich den Gepflogenheiten anpassen, ohne sich etwas zu vergeben.

Adelsprädikate sind Bestandteile des Namens und kommen beiden Ehegatten zu. Die Anrede lautet z.B. bei Freiherren: — Herr von X — oder — Herr Baron —, bei Grafen: Graf X — oder bei älteren Grafen — Herr Graf —. Bei Fürstlichkeiten sich zweckmäßigerweise im Einzelfall erkundigen, wie die Anrede lautet und wie erwünscht. Für Damen gilt sinngemäß dasselbe. Also bei Freifrauen — Frau von X — oder — Frau Baronin —. Bei Gräfinnen — Gräfin —, bei älteren Damen — Frau Gräfin —. Man sagt nie — Fräulein Gräfin — oder Fräulein Baronin —, sondern Gräfin, Baronesse oder — Fräulein von X. —

Die Anrede — gnädige Frau — gnädiges Fräulein — verschwindet leider mehr und mehr und wird vielfach unterlassen. Das vielleicht demonstrative Unterlassen dieser Anrede wird aber in manchen Fällen als Mangel an Erziehung und Benehmen, vor allem von älteren oder in dieser Gesellschaftsform großgewordenen Generationen aufgefaßt werden. Das Ansehen der SS würde dabei in Mitleidenschaft gezogen werden. Die Anrede — Gnädige Frau — ist daher in den erforderlichen Fällen jeweils in Anwendung zu bringen. In den Fällen, in denen der Name der Dame nicht einwandfrei bekannt ist, ist diese Anrede das beste Hilfsmittel.

Den Ehefrauen wird nicht der Titel des Mannes gegeben. Verliehene Amtsbezeichnungen und Titel gelten nur ihrem Träger.

Unverheiratete Damen werden mit „Fräulein X", nie nur mit „Fräulein" angeredet.

Die Anrede mit — Du — und die Massenverbrüderung ist eine Unsitte. Das — Du — ist ein großer Vertrauensbeweis und ist Ausdruck engster Freundschaft und soll geradezu ein verwandtschaftliches Verhältnis herstellen.

Daher ist es Ehrensache, daß dieses Freundschaftsverhältnis unter Kameraden nur in vollkommen nüchternem Zustand zustandekommt und vom Älteren an den Jüngeren und vom Dienstgradhöheren an den Dienstgradniederen gegeben wird.

Frauen sollen mit diesem Vertrauensbeweis sehr vorsichtig sein. Ein — Du-Verhältnis — einer Frau mit Führerkameraden ist in unseren Kreisen nicht tragbar.

Oft genug ist das — Du — der Anlaß einer Vernachlässigung der persönlichen Form und Haltung gegenüber Kameraden gewesen. Ein unter Alkoholeinfluß angebotenes — Du — ist wertlos und muß am nächsten Tage unterlassen werden.

Hier fehlen im Manuskript 2 Seiten.

Besuche und Einladungen

Förmliche Besuche innerhalb des SS-Führerkorps gibt es nicht. Antrittsbesuche sind auch sonst nur dann in Anwendung zu bringen, wenn die Absicht besteht oder eine Notwendigkeit sich ergibt, sich in dienstlicher Eigenschaft oder persönlich bekanntzumachen oder persönlichen Verkehr aufzunehmen.

Für förmliche Gegenbesuche gilt sinngemäß dasselbe.

Besuchszeit: Vormittags ab 11.30 — 13.00 Uhr endend. Nachmittags gegen 17.00 — 18.00 Uhr (nur wochentags, Sonntag nachmittags nie). Bei solchen Besuchen Visitenkarten abgeben. Einfach und schlicht. Gilt der Besuch nicht nur dem Hausherrn, sondern dem Ehepaar, so gibt man meist zwei Karten ab. Familienangehörigen beim Türöffnen keine Karte abgeben, sondern sich namentlich vorstellen.

Anzug: Mantel in der Garderobe ablegen, umschnallen, linken Handschuh anziehen, — beim Betreten des Raumes nicht noch einmal anklopfen, wenn der Besuch gemeldet ist.

Besuchsdauer höchstens 15 Minuten. Nicht nach der Uhr sehen, nach Ablauf der Zeit ohne lange Erklärung aufstehen und sich verabschieden.

Bei schriftlichen Einladungen sofort schriftlich antworten. Bei Begrüßung sich bei der Dame des Hauses und dem Hausherrn für die Einladung bedanken.

Bei Mitbringen von Blumen, diese im Vorraum auswickeln, nicht im Papier überreichen. Dabei Blumen mit den Stielen zunächst nach oben halten, beim Überreichen Blüten nach oben. Nur bei Einladungen im eigenen Hause der Ehefrau überreichen, nie beim Besuchemachen oder wenn die Einladung auswärts stattfindet.

Wird gemeinsam zu Tisch gegangen, geht der Hausherr mit seiner Dame zuerst. Hausfrau zuerst vom Tisch. Der Herr reicht seiner Tischdame den Arm (nicht bei der Dame einhaken). Beim Durchschreiten einer schmalen Türöffnung Arm freigeben, Dame voranschreiten lassen. Herr rückt den Stuhl für seine Dame, dann erst für sich. Tischsitten beachten.

Wird (nach Kriegsende) bei häuslichen Veranstaltungen getanzt, so den ersten Tanz mit der Tischdame tanzen. Mit Hausfrau und Töchtern möglichst bald tanzen. Familien, bei denen man Besuch gemacht hat oder eingeladen war, auch bei anderen Festen begrüßen und mit den Damen tanzen. In großer Gesellschaft mit jeder Dame am Tisch einen Tanz. (Nicht dauernd mit derselben Dame!) Wenn die eigene Dame an den Tisch zurückkommt, steht der Herr auf. Beim Auffordern und An-den-Platz-bringen eine Verbeugung, nicht vor und nach jedem Tanz eine Sonderverbeugung auf der Tanzfläche oder einen Handkuß. Klatschen nach dem Tanz um Verlängerung ist in Offizierskreisen unbedingt zu unterlassen. Bei ausreichender Zahl von Herren darf keine Dame sitzenbleiben. In geschlossener Gesellschaft reicht der Herr der Dame den Arm, um sie zum Tanz zu führen, in öffentlichen Räumen nicht. Dort auch vor dem Tanz nicht vorstellen, sondern nur Verbeugung und auffordern. Nicht beim Tanz die Hand auf den Ausschnitt der Dame legen.

Wenn eine Dame oder ein älterer Herr neu an den Tisch kommt, hat stets der Jüngere aufzustehen, ebenfalls, wenn eine Dame, die selbst steht, mit ihm spricht.

Korrekte Haltung, auch in später Stunde, stets bewahren!

Gesprächsthemen über Vorgesetzte, Damen usw. vermeiden. Es ist üblich, von Angehörigen eines Gesprächspartners als „Herr Vater", „Fräulein Schwester" usw. zu sprechen. (Nie bei eigenen Verwandten!) Wohl spricht man von der Frau des Anderen als „seiner Frau Gemahlin", nie aber von „meiner Gemahlin". Es heißt meine Frau.

Bei Verabschiedung sich bei der Dame des Hauses und bei dem Hausherrn für die Einladung bedanken. Dienstliche Haltung gegenüber Vorgesetzten nie vergessen, auch wenn die Unterhaltung sehr persönlich war.

„Trinkgeld" gibt man stets dann, wenn man während der Einladung vom Personal bedient wurde. — Die Höhe richtet sich nach der Dauer der Einladung. Unmittelbar übergeben, wenn sich beim Gehen dazu Gelegenheit bietet, andernfalls z.B. auf die Garderobe legen.

Grundsätzlich entlohne man auch außerhalb von Einladungen erwiesene Dienste und Gefälligkeiten mit der Anerkennung durch ein kleines „Trinkgeld".

Benehmen in der Öffentlichkeit

Zurückhaltung und Höflichkeit an den Tag legen!
In Uniform nicht den Eindruck eines „Flaneurs" machen.

Das Tragen der Uniform verpflichtet.

Schlägereien, auch in Zivil, aus dem Wege gehen.

Bei Auswahl von Gaststätten Vorsicht! Man muß ein Gefühl dafür haben, wo man sich in Uniform bewegen kann oder nicht.

Bars in Uniform zu betreten, ist verboten!

Beim Betreten eines Lokals (auch Dienstzimmers) die Mütze abnehmen. Will man Platz nehmen, abschnallen und Mantel ausziehen. Anständige Haltung und tadelloser Anzug, beim Durchgehen nicht Hände in den Hosen- und Rocktaschen.

Verhalten in Begleitung von Damen

a) Treppe:

Treppe hinauf Herr voran, Treppe hinab Dame voran.

b) Straße:

Der Herr geleitet die Dame über den Fahrdamm, die Dame geht grundsätzlich rechts. Begleiten mehrere Herren eine Dame, so wird diese in die Mitte genommen.

c) Verkehrsmittel:

Beim Einsteigen Dame voran, beim Aussteigen Herr voran.

d) Theater:

Herr voran durch die Sitzreihe, Front zu den Sitzplätzen dieser Reihe. Der Herr geht zu dem linken Sitzplatz und läßt die Dame gegebenenfalls an sich vorbeigehen.

Stets die Garderobe für die Dame besorgen.

e) Lokale:

Beim Betreten Herr voran, beim Verlassen Dame voran. Wenn die Dame später kommt, erhebt sich der Herr, um der Dame das Suchen zu ersparen und ihr aus dem Mantel zu helfen. (Nicht den Kellner tun lassen).

Befinden sich Damen, Vorgesetzte oder Kameraden beim Essen, so ist es unhöflich zu rauchen, ohne vorher um Erlaubnis gefragt zu haben. Bei höheren Vorgesetzten warte man damit grundsätzlich, bis sie mit dem Essen fertig sind.

In Uniform trägt man in der Öffentlichkeit weder größere Koffer, noch größere Pakete. / — Mangel an Gepäckträgern im Kriege rechtfertigen letzteres/. — Der Gruß in Uniform und Zivil ist nur der Deutsche Gruß. Er wird nie nachlässig, sondern vorschriftsmäßig ausgeführt. Auch in Zivil behält man hierbei die Kopfbedeckung auf der Straße auf.

Damen oder älteren Herren und Kriegsversehrten bietet man — ohne Rücksicht auf Stand, Beruf oder Dienstgrad — seinen Platz an, wenn kein anderer Platz mehr frei ist.

In Verkehrsmitteln räkelt man sich nicht in den Polstern der Sitze. Liest der Nachbar in der Zeitung, sieht man nicht hinein. Liest man selber Zeitung, breitet man sie nicht so weit auseinander, daß der Nachbar gestört wird. Damen und älteren Herren ist man behilflich, um deren Gepäck in das Netz zu legen. Man holt ihnen dieses herunter, wenn sie das Abteil verlassen wollen.

In Begleitung von Vorgesetzten geht dieser grundsätzlich rechts. Das gilt auch beim Ausreiten und beim Sitzen, z.B. im Kraftwagen. Der Herr reitet nur rechts der Dame, wenn diese im Damensattel sitzt. Begleiten mehrere Herren einen Vorgesetzten, so wird dieser in die Mitte genommen, dabei geht der Jüngere rechts des Vorgesetzten.

Der Uniformträger geht — außer bei Damen — immer rechts, bzw. in der Mitte, unabhängig davon, ob ein Älterer oder ein Vorgesetzter in Zivil dabei ist.

Benehmen beim Essen

Aufrecht bei Tisch sitzen! Bei Tisch über das Essen schimpfen, bekundet Unerzogenheit. Man unterlasse bei Aufforderung zum Zugreifen die Redensart: — Ich bin so frei —. Mit vollem Munde spricht man nicht.

Man führt nicht den Mund zum Löffel oder zur Gabel, sondern umgekehrt. Beim Essen stützt man nicht beide Unterarme bis zum Ellbogen auf den Tisch. Die Hände gehören auf — und nicht unter den Tisch.

Nicht die Breitseite von Löffel und Gabel an den Mund führen, sondern deren Spitze.

Brot nimmt man mit der Hand vom Teller und nicht mit der Gabel. Trockenes Brot oder Brötchen nicht schneiden, sondern brechen.

Die Bestecke werden mit dem Fingervorderteil angefaßt und nicht mit der ganzen Hand. Messer rechts, Gabel links. Nach Beendigung des Essens Bestecke auf den Teller legen, parallel nebeneinander, dabei immer das Messer rechts, Schneide zum Körper zeigend. Nicht den Teller wegschieben. Schmatzen, Schlürfen und lautes Essen ist unfein. Eier in jeder Zubereitung, Pfannkuchen, Kartoffeln, deutsches Beefsteak, im allgemeinen auch Gemüse, schneidet man nicht mit dem Messer, — die Kartoffeln zerdrückt man nicht mit der Gabel. Es ist zulässig, Spargel auch mit dem Messer zu schneiden, anstatt sie in die Hand zu nehmen.

Salatteller stehen lassen. Kompott- und Kuchenteller kann man notfalls in die Hand nehmen. Kerne mit dem Löffel auf den Teller zurücklegen. Knochen, auch Geflügelknochen, — nicht in die Hand nehmen, um sie abzunagen. Von der Wurst schneidet man Scheiben ab und höhlt sie nicht mit dem Messer aus.

Trinkt man zum Essen, erst aufessen, mit dem Mundtuch über den Mund wischen und dann erst trinken. Schluckweise trinken und nicht das ganze Glas auf einmal leeren.

Das Zutrinken

Beim Zutrinken von Vorgesetzten steht man auf, nimmt Haltung an und hebt sein Glas etwa in Brusthöhe vor den Körper. Man beginnt erst dann zu trinken, wenn der Vorgesetzte damit beginnt und blickt ihn dabei an. Man setzt gleichzeitig mit dem Vorgesetzten das Glas ab und setzt sich wieder hin.

Hat man nichts zu trinken, aufstehen und sich erst wieder hinsetzen, wenn der Vorgesetzte mit Trinken fertig ist.

Sich dann etwas zu trinken besorgen, aufstehen, den Vorgesetzten laut ansprechen, z.B. — Standartenführer, darf ich mir gehorsamst erlauben, nachzukommen. —— Auf weitere Entfernung zweckmäßigerweise die Ordonnanz mit der Übermittlung beauftragen. Dasselbe gilt sinngemäß beim Zutrinken von älteren Herren. Vorgesetzten trinkt man von sich aus grundsätzlich nicht zu, sondern nur als Erwiderung eines vorangegangenen Zutrunks. Gibt dann der Vorgesetzte ein Zeichen zum Sitzenbleiben beim Zutrinken, dann sitzen bleiben, Haltung annehmen und sich verhalten wie oben.

Schriftverkehr:

Die Anrede lautet: — Sehr geehrter Herr X — oder — Hochverehrter Standartenführer — usw. Ebenso — Sehr geehrte Frau X oder — Hochverehrte gnädige Frau — oder Hochverehrte Frau X.

Briefe an gute Bekannte beginnt man mit — Lieber Herr M —. Nach der Anrede wird nicht mehr ein Rufzeichen, sondern ein Beistrich gesetzt. Keinen Brief mit — Ich — beginnen. Man schreibt so, wie man spricht, auch an Vorgesetzte. Deutlich, Privatbriefe nur mit der Hand schreiben. Man schließt den Brief z.B.: — Mit der Bitte um Empfehlung an Ihre Frau Gemahlin bin ich, hochverehrter Standartenführer, Ihr gehorsamster X — oder — Heil Hitler, Ihr ergebener X.—

„Benehmen bei besonderen Anlässen und gesellschaftliche Formen", Ausbildungsunterlage der JS Tölz v. 11.3.1944 (MA: RS 5/313).

Lehrgangsplanung 1944/45
für den Führernachwuchs der Waffen-SS

SS-Führungshauptamt   Berlin-Wilmersdorf, 5. Febr. 1944
Amt XI (2) Az: 360

Betr.: Lehrgangsplanung des Amtes XI für 1944/45
Anlg.: — 2 —

Sonderverteiler

In der Anlage überreicht das Amt XI die **Lehrgangsplanung für den Führernachwuchs der Waffen-SS im Jahre 1944/45.**

A. Aktiver Führernachwuchs.

1) **Führerbewerber-Lehrgänge (FB.-Lg.):** Neue Bezeichnung für die bisherigen Vorbereitungslehrgänge für SS-Führerbewerber.

   Dauer: In Zukunft einheitlich 10 Wochen, für Übergangszeit noch abgekürzt. Die FB.-Lg. werden als ständige Einrichtung gemeinsam für die aktiven und Reserveführerbewerber bei folgenden Einheiten durchgeführt:

   1. SS-Pz.Gren.Ausb.u.Ers.Btl. 2
   2. SS-Pz.Gren.Ausb.u.Ers.Btl. 3
   3. SS-Pz.Gren.Ausb.u.Ers.Btl. 4
   4. SS-Pz.Gren.Ausb.u.Ers.Btl. 5
   5. SS-Geb.Jg. Ausb.u.Ers.Btl. 6
   6. SS-Pz.Gren.Ausb.u.Ers.Btl. 10
   7. SS-Pz.Gren.Ausb.u.Ers.Btl.
   8. SS-Kav.Ausb.u.Ers.Abt.
   9. SS-Art.Schule II
   10. SS-Pionierschule
   11. Nachr.Schule d.Waffen-SS

   Die FB.-Lg. werden mit geraden Zahlen numeriert und beginnen am 1.3.44 mit dem 14. FB.-Lg.

2) **Kriegs-Junkerlehrgänge (KJL.):** Nach erfolgreicher Teilnahme an einem FB.-Lg. werden die aktiven SS-Führerbewerber (SS-Junker) zu einem KJL. einberufen. Der Beginn der KJL. ist für die Zukunft so gewählt, daß ab 1.5.44 jeweils zwei KJL. auf zwei Schulen zu bestimmten festen Terminen anlaufen. Dabei werden die SS-Junkerschulen Tölz und Klagenfurt gekoppelt; geplant ist ferner, die SS-Junkerschule Braunschweig ab 15.7.44 mit der 4. neuen Schule zusammen anlaufen zu lassen. Einheitliche Dauer der KJL: 5 Monate mit 22 Unterrichtswochen.

   Auf den Schulen entfallen Spezialjunkerschaften für die einzelnen Waffengattungen. Es ergibt sich daher die Möglichkeit, jeden SS-Junker, der zum Junkerschulbesuch heransteht, zum nächstmöglichen KJL. einzuberufen.

   Die KJL. werden fortlaufend numeriert.

3) **Oberjunkerlehrgänge (OJL.):** Neue Bezeichnung für die bisherigen Waffenlehrgänge für SS-Standartenoberjunker im Anschluß an die Kriegs-Junkerlehrgänge. Getrennt nach Waffengattungen. Ort wird von Fall zu Fall durch Amt XI nach Vereinbarung mit den zuständigen Waffeninspektionen befohlen.

   Dauer einheitlich (nach Anlaufzeit): 11 Unterrichtswochen.

   Die OJL. werden fortlaufend nach den vorausgegangenen KJL. numeriert.

b) Sofern in den K.-Junkerlehrgängen eine Zwischenprüfung befohlen ist, sind Prüfungsarbeiten in

Taktik,

Geländekunde,

Weltanschaulicher Erziehung und

Heerwesen

anzufertigen.

Die Aufgaben stellen die Kommandeure der Schulen bzw. Lehrgänge.

Die Einreichung von Vorschlägen zu den Prüfungsarbeiten ist nicht erforderlich.

Dem SS-FHA Amt XI sind zu Beginn der Zwischenprüfung in 3-facher Ausfertigung sämtliche Prüfungsaufgaben je mit Lösungsvorschlag und Benotungsanweisung, in Taktik und Geländekunde mit 1 Satz Karten, zur Kenntnisnahme vorzulegen.

c) Schriftliche Schlußprüfungsarbeiten sind in allen Lehrgängen in folgenden Fächern anzufertigen:

Taktik,

Geländekunde,

Weltanschauliche Erziehung,

Heerwesen,

Waffenlehre,

Pionierlehre.

Sämtliche Prüfungsaufgaben stellen die Kommandeure der Schulen bzw. Lehrgänge.

Dem SS-FHA Amt XI sind jeweils 3 Wochen vor Beginn der schriftlichen Schlußprüfung je 2 Vorschläge mit Lösungsvorschlag und Benotungsanweisung für die Prüfungsaufgaben in folgenden Prüfungsfächern einzureichen:

Taktik,

Geländekunde,   je mit 1 Satz Karten

Weltanschauliche Erziehung,

Heerwesen.

Die endgültig zu bearbeitenden Aufgaben in diesen Fächern gehen den Schulen bzw. Lehrgängen zeitgerecht durch SS-FHA Amt XI zu. Vervielfältigung erfolgt durch die Schulen bzw. Lehrgänge.

Dem SS-FHA Amt XI sind jeweils zum Beginn der schriftlichen Schlußprüfung je 3 Exemplare der vervielfältigten und endgültig zu bearbeitenden Prüfungsaufgaben in allen Fächern mit Lösungsvorschlag und Benotungsanweisung — in Taktik und Geländekunde mit 1 Satz Karten — zur Kenntnisnahme vorzulegen.

SS-Gruppenführer
und Generalleutnant der Waffen-SS

Inhaltsverzeichnis

Aufteilung der Unterrichtsstunden und Lehrfächer.

Unterrichtsfach:	Unterrichtender:	Inspektions- oder aufsichtsweise:
1. Weltanschauliche Schulung	Lehrer für weltanschauliche Schulung	aufsichtsweise
2. Taktik und Geländekunde	Taktiklehrer	aufsichtsweise
3. Heerwesen	Inspektionschef und Aufsichtsführer	aufsichtsweise
4. Gefechtsausbildung u. Waffentaktik	Inspektionschef	inspektionsweise
5. Allg. Truppendienst (Exerzier-, Schiess- u. waffentechnische Ausbildung)	Inspektionschef	inspektionsweise
6. Leibeserziehung	Lehrer für Leibeserziehung	aufsichtsweise
7. Waffenlehre	Waffenlehrer	aufsichtsweise
8. Pionierlehre	Pionierlehrer	aufsichtsweise
9. Nachrichtenlehre	Nachrichtenlehrer	aufsichtsweise
10. Kraftfahrwesen	Lehrer für Kraftfahrwesen	aufsichtsweise
11. Sanitätswesen	Truppenarzt	inspektionsweise
12. Deutschunterricht	Deutschlehrer	aufsichtsweise

Aufschlüsselung der Wochenstunden.

Lfd. Nr.	Stoffgebiet:	A	B
1.	Weltanschauliche Schulung	5	5
2.	Taktik und Geländekunde	10	10
3.	Heerwesen	4	4
4.	Gefechtsausbildung u. Waffentaktik	13	13
5.	Allgemeiner Truppendienst (Exerzier-, Schiess- und waffentechnische Ausbildung)	3	6
6.	Leibeserziehung	4	4
7.	Waffenlehre	1 (erst ab 5. Woche)	1
8.	Pionierlehre	1 (erst ab 5. Woche)	1
9.	Nachrichtenlehre	1 (erst ab 5. Woche)	1
10.	Kraftfahrwesen	1	1
11.	Sanitätswesen	durch Vorträge	
12.	Deutschstunden und Stunden zur Verfügung des Lehrgangsleiters	7	4
		50	50

Anmerkung:

A = ehemalige **ausländische Offiziere** und **Kriegsschüler**.
B = **Lehrgangsteilnehmer** ohne Besuch einer Kriegsschule.

Weltanschauliche Schulung

Unterrichtswoche:	Stoffgliederung:

1.—6. Woche
(3.4.—13.5.44)

I. Lebensgesetzliche Grundlagen:
Erkenntnis: Auch der Mensch ist den Gesetzen des Lebens (Kampf, Vererbung, Auslese usw.) unterworfen. Der Nationalsozialismus hat als biologisch begründete Weltanschauung diese Gesetze zur Grundlage seines Handelns, Denkens und Fühlens gemacht.

Zu behandeln sind: Die Lebensgesetze (z. B. Rasse, Vererbung, Kampf ums Dasein usw.), Beziehungen zwischen Menschen und Raum (einschl. Grundzüge der Geopolitik). Die Biologie als Grundlage der nationalsozialistischen Weltanschauung. Vererbungslehre (Lamarckismus, Darwinismus, Neodarwinismus, Zellforschung einschl. Befruchtung, Chromosomenforschung, Zwillingsforschung, Mendelsche Gesetze und Regel, allgemeine Grundlagen der menschlichen Vererbungslehre. Allgemeine Bedeutung der Vererbungslehre für Rassenkunde und Rassenpolitik. Rassenkunde (Mensch und Rassenentstehung, die Rassen der Menschheit, die Rassen Europas, Rasse und Kultur, die rassische Zusammensetzung der europäischen Völker). Rassenpflege und Erbpflege (Gesetzgebung). Bevölkerungspolitik.

7. u. 8. Woche
(15.—27.5.44)

II. Reich und Europa:
1. Indogermanisch-germanische Grundlagen:
Erkenntnis: Gemeinsame Wurzeln aller germanischen Völker und ihre hohen Leistungen in Politik und Kultur, die das Bindemittel Europa darstellen.

Zu behandeln sind:
Die Indogermanen. Um 3500 v. Ztr. Entstehung, Wohnraum der Norden Europas. Unterteilung nach rassischer und kultureller Eigenart in Einzelvölker, Streitaxt, Wagen, Pferd und Pflug. Europa zum überragenden Kulturland gestaltet nach der indogermanischen Wanderung (Rechteckhaus, Akropolis, griechische Tragödie, indogermanische Sprachverwandtschaft, staatsbildende Kraft Roms u. a.). Gestaltung der Welt und des Weltbildes unter indogermanischer Führung, z. B. Sonnenmythus, Zarathustra, Heraklit, Bedeutung des Nordens für die europäische Kultur, Verfallserscheinungen und ihre Gründe (Rassenmischung usw.).

9. und 10. Woche
(30.5.—10.6.44)

Die Germanen:
Um 2000 aus zwei indogermanischen "Richtungen" entstanden (Grossteingrableute und Streitaxtleute). Davon sowohl kriegerische als auch bäuerliche Elemente. Entstehungsgebiet: Norden Mitteleuropas. Der Raum, die Eigenart, Kultur, Kunst, Religion, innere Gliederung, staatliche Organisation, Heerwesen und Recht (Odal).
Überbevölkerung: drängt zur Ausdehnung. Gegner. Die politische Auseinandersetzung mit der nichtgermanischen Welt bis zu den großen Staatengründungen auf fremdem Boden. Die germanischen Staatengründungen und ihr Beitrag zur Gestaltung Europas (Armin, Ermanerich, Alarich, Geiserich, Theoderich). Gründe des Unterganges. Die geistige Auseinandersetzung mit der Mittelmeerwelt (Christianisierung). Arianismus — Katholizismus. Chlodwig, Umdeutung der Wintersonnenwende zum Christfest usw. Der germanische Kampf im Osten: Einströmen der Slawen in die leeren Räume. 451 Entstehung des Panslawismus durch Rassenmischung.

11.—13. Woche
(12.—30.6.44)

2. Das Reich des Mittelalters:
Erkenntnis: Germanisches Staatsdenken schafft im mittelalterlichen Reich eine europäische Ordnung, die von den europäischen Staaten als verbindlich empfunden wird.
Zu behandeln sind: Idee und Wirklichkeit von Karl dem Großen bis Friedrich II. (Der erste 30-jährige Glaubenskrieg. Folge: Absonderung des Nordens. Karl und Göttrik. Kampf zwischen Kaiser u. Papst). Universalbestrebungen der Wikinger. Normannenvorstoß nach dem Westen, Normandie). Sizilien, England (Grundsteinlegung zum Empire). Knud der Große und das Thingalid; geistige und wirtschaftliche Erscheinungen des Mittelalters.

Rittertum als gesamteuropäische Erscheinung aus germanischem Denken. Die Machtäußerungen der Kirche im politischen Leben Europas. Kreuzzüge, Ordensbestrebungen, Zölibat, Inquisition). Bürgertum — Städtegründungen. Gilden und Zünfte (Fortsetzung germanischer Kulturgemeinschaften). Hanse, Vormachtstellung der Städte. Der Norden, Westen und Süden Europas in ihrem Verhältnis zum Reich. Kampf um die Gestaltung des Ostens (bis einschl. Gegenwart). Das Werden des Panslawismus unter germanischer Führung in der Gotenzeit. Aufblühen in der Wikingerzeit, Stärkung durch religiöse Untermauerung, Ostpolitik (Karl d. Große, Heinrich I., Ottonen, Deutschritterorden, Hanse, Preußen und Habsburg, SS). Geist und Schicksal in der germanischen Kunst.

Das Geometrische der Jungsteinzeit, das Dynamische der Bronzezeit, die Tierornamentik der Völkerwanderungs- und Wikingerzeit, Auseinandersetzung zwischen Germanentum und Christentum im Spiegel der Kunst, die Kunst der Ottonen und Hohenstaufer, Mittelalter und Neuzeit.

14. und 15. Woche (3.7.—15.7.44)	3. Die Auflösung der europäischen Einheit in die moderne Staatenwelt. Erkenntnis: Es ist nicht möglich, vom Rande aus Europa zu ordnen, selbst nicht auf Grund des Gewichtes außereuropäischer Besitzungen. Zu behandeln sind: Zerfall der europäischen Einheit durch Zusammenbruch des Reiches (Erstarken der Teilgewalten). Folgen: europäischer Hohlraum, der sich mit Nationalstaaten füllt. Neue Mächtegruppierungen: Habsburg gegen Frankreich (von Karl V. bis 1648). England gegen Spanien und Holland (1588, 1651). Norden und Osten greifen in europäisches Schicksal ein. Gustav Adolf, Karl XII. und Peter der Große. England gegen Frankreich (1756—1763). 7-jähriger Krieg und zugleich Unabhängigkeitskrieg. Versuche einer geistigen Erneuerung: Luthers unvollendete Reformation, Bauernkriege (vom germanischen Freibauern bis zum Leibeigenen). Prinz Eugen als letzter Vertreter des Reichsgedankens. Preußen als Kernzelle eines neuen Reiches. Ende des Absolutismus.
16. und 17. Woche (17.7.—29.7.44)	4. Das 19. Jahrhundert. Erkenntnis: Die allgemeine Zersplitterung des Denkens, d. h. der Liberalismus, zeigt sich nicht in der Lage, die auftretenden geistigen, sozialen und politischen Spannungen zu überwinden. In Deutschland allein zeigen sich Ansätze zur Überwindung dieser Welt. Zu behandeln sind: 1789 das Ergebnis des Rationalismus. Sendungsglaube der französischen Revolution (Freiheit — Gleichheit — Brüderlichkeit). 1776 Erklärung der Menschenrechte.
18. und 19. Woche (31.7.—12.8.44)	III. Europa und der Nationalsozialismus: Erkenntnis: Der Nationalsozialismus ist Wiederbesinnung auf die alten germanischen Werte und führt die im 19. Jahrhundert gestellten Probleme einer neuen Lösung zu. Das Wiedererwachen des Reiches führt zugleich zu einer organischen europäischen Ordnung. Zu behandeln sind: Der Weg der NSDAP unter Führung Adolf Hitlers, ihr Programm, ihr Wesen. Der Neuaufbau des Reiches. Die wesentlichsten Gesetze in ihrem Sinngehalt: soziale Frage, Arbeitsgesetzgebung, Agrargesetzgebung, Wirtschaft usw. Dieser Krieg als weltanschauliche und rassische Auseinandersetzung. Die europäischen Aufgaben im Osten: Schaffen eines neuen Rechtes, Wirtschaft, wirtschaftliche Bedeutung des Ostens für Europa, Landschaftsgestaltung, Siedlung und Siedlungsform, Richtlinien für die Siedlung im Osten, Einvölkerung und Umvolkung, Menschenführung, Technisierung.
14.8.—16.8.44	Schlußprüfung
½ 20. und 21. Woche (17.8.—26.8.44)	IV. Die SS Erkenntnis: Die SS als Stoßtrupp des Blutsgedankens und Sippenordens. Zu behandeln sind: Von den germanischen Männer- und Ordensgemeinschaften bis zur SS. Entstehung und Gesetze der Schutzstaffel. Organisation und Aufgabe der SS.
22. Woche (28.8.—31.8.44)	Zum Ausgleich.

Taktik

Unterrichtswoche:	Vorbereitung.	Geländekunde:
1.—3. Woche (3.4.—22.4.44)	Taktische Grundbegriffe. Überblick über die Gliederung einer SS-Pz. Gren. Div. und SS-Pz.Div. Gliederung, Bewaffnung, Ausrüstung eines Pz.Gren.Rgt., dabei besonders zu berücksichtigen: Pz.Gren. Btl.	Kartenkunde 4 Std. Geländebeschreibung. Geländeorientierung. Taktische Truppenzeichen, Anleitung zum Einzeichnen einfacher Lagen in die Karte.
4.—6. Woche (24.4.—13.5.44)	Wesen und Bedeutung der verschiedenen Kampfarten. Einfluß des Geländes auf die Kampfarten der Infanterie. Grundsätze für den schriftl. Verkehr. Befehlserteilung. Übermittlung von Befehlen und Meldungen. Friedens- und Kriegsmarsch von mot.-Einheiten, seine Vorbereitung und Durchführung (Marsch- und Verkehrsregelung).	Kartenkunde 3 Std.
7.—9. Woche (15.5.—3.6.44)	Ortsunterkunft, Ortsbiwak, Biwak. Sicherung der Ruhe. Grundsätze der Marschgliederung und Marschsicherung eines verst. SS-Pz.Gren.Rgt.(mot). Aufklärung, Sicherung, Halt, Rast, Ruhe. 1. Grundaufgabe: Versammlung einer Vorhut weitab vom Feind bei Tage. Vormarsch, Durchführung einer Rast, dabei Sicherung und Aufklärung. Übergang der Vorhut zur Ruhe bei Tage dicht am Feind und Sicherung dieser Ruhe bei Tag und Nacht.	Geländebeurteilung für Versammlung, Marsch, Rast. Feldmässige Skizzen für Marsch, Rast und Sicherung. Marschband, Marschskizze. Beurteilung und Erkundung eines Vorposten-Abschnitts. Feldmässige Skizze für Sicherung. Beurteilung von Ortschaften und Gelände für Unterbringung und Biwak nach Karte und Gelände. Kartenkunde 3 Std.
10.—13. Woche (5.6.—1.7.44)	Grundsätze: Verteidigung 2. Grundaufgabe: Beziehen einer Verteidigungsstellung eines beiderseits angelehnten Btl. im Rgt.-Verband mit langer Vorbereitungszeit. Gegenstoß. (Durchsprechen des Abwehrkampfes der vorwärts der Stellung eingesetzten Kräfte, der vorgeschobenen Stellung, der Gefechtsvorposten und des Hauptkampffeldes).	Geländeerkundungen für die Verteidigung. Stellungsskizze eines Btl.-Abschnitts in der Verteidigung. Feuerpläne, Zielpunktpläne. Kartenkunde 4 Std.
14.—17. Woche (3.7.—29.7.44)	Grundsätze: Entfaltung. Bereitstellung zum Angriff. Angriff auf Feldstellungen. Angriffsverlauf. 3. Grundaufgabe: Hineinführung eines Schwerpunkt-Btl. in die Bereitstellung zum Angriff, Angriff aus der Bereitstellung, Einbruch, Durchbruch und Kampf in der Tiefenzone, Einsatz der Reserve.	Geländebeurteilung für Entfaltung, Bereitstellung. Auswertung von Luftbildern für die Geländebeurteilung. Geländebeurteilung für Angriff. Kartenkunde 3. Std.
18. u. 19. Woche (31.7.—12.8.44)	Begegnungsgefecht. Beurteilung der Lage und Entschluß. Entschluß mit Begründung.	Bedeutung des Geländes für die Entschlußfassung. Kartenkunde 3 Std.

	4. Grundaufgabe: Angriff aus dem Marsch.	
½ 20. Woche (14.—16.8.44)	Schlußprüfung	
½ 20.—22. Woche (17.8.—31.8.44)	Gliederung eines Pz.Gren.Btl.(gep.) und einer Panzerabteilung. Grundsätze: Abbrechen des Gefechts und Rückzug. Bewegliche Kampfführung. Einsatz eines SPW-Btl. und Pz.Abt.	Geländebeurteilungen im Rahmen der 5. Grundaufgabe. Kartenkunde 3 Stunden.
	5. Grundaufgabe: Abbrechen des Gefechts und Rückzug nach Einbruch der Dunkelheit.	
	Zettelarbeiten haben außer den mündlichen Leistungen die Grundlage für die „Durchschnittsnote" und die Beurteilungsbesprechungen zu bilden.	

Heerwesen

Unterrichtswoche:	Unterricht durch den Inspektionschef	Unterricht durch den Aufsichtsführer bzw. Verwaltungsführer bzw. SS-Richter:
1.—4. Woche (3.4.—29.4.44)	Einführungsunterricht. Der germanische Wehrgedanke im Laufe der Jahrhunderte bis zur Gegenwart.	Haus- und Schulordnung. Schriftverkehr.
5. und 6. Woche (2.5.—13.5.44)	Die Berufspflichten des deutschen Soldaten. Die Erziehungsaufgabe des Heeres nach Adolf Hitler „Mein Kampf".	Unterweisung in der Unterrichtsgestaltung
7. und 8. Woche (15.5.—27.5.44)	Spionage, Sabotage, Zersetzung und ihre Abwehr.	Verschlußsachenvorschrift. Themen zur Anleitung und Schulung in der Unterrichtserteilung durch Junker.
9. und 10. Woche (30.5.—10.6.44)	Die Disziplinarstraf- und Beschwerdeordnung (SS-DBO.).	Gliederung der Wehrmacht und Waffen-SS. Rang- und Vorgesetztenverhältnis.
11. Woche (12.—17.6.44)	Führung von 1. Strafbüchern, 2. Strafprüfheften, 3. Geheimtagebüchern.	Festnahme und Waffengebrauch.
12. und 13. Woche (19.6.—1.7.44)	Führung von Personalunterlagen. Verhalten bei Verlusten. Grundgesetze der SS und Polizei.	Themen zur Anleitung und Schulung in der Unterrichtserteilung durch Junker.
14. Woche (3.7.—8.7.44)	Beförderungsbestimmungen für Unterführer und Mannschaften während des Krieges.	
15. Woche (10.7.—15.7.44)	Standes- und Berufspflichten des SS-Führers.	Aufgaben der Funktionsdienstgrade.
16.—½18. Woche (17.7.—2.8.44)	Das Militärstrafgesetzbuch. Die Kriegssonderstrafrechtsverordnung. Kriegsstrafverfahrensordnung. Das Reichsstrafgesetzbuch.	Verhältnis zwischen Wehrmacht — Waffen-SS — Polizei.
½18. Woche und 19. Woche (3.8.—12.8.44)	Tatbericht. Fahndung. Durchführung von Vernehmungen (Anfertigung einer Vernehmungsniederschrift).	Vorträge des Verwaltungsführers über die Aufgaben des Rechnungsführers; EWGG. u. Reichsleistungsgesetz.
20. Woche (14.8.—19.8.44)	Schlußprüfung und Ausgleich	
21. Woche (21.8.—26.8.44)	Der junge SS-Führer (Zugführ.) als Gehilfe des Kp.-Chefs.	

1. als Lernender
2. als Erzieher u. Ausbilder
   a) des Unterführerkorps
   b) der Mannschaften.
3. Handhabung des Dienstes
   (Aufsetzen eines Dienstplanes)

22. Woche (22.8.—31.8.44)	Verhalten des jungen SS-Führers im Führerkorps und in der Öffentlichkeit. Der SS-Führer als politischer Erzieher seiner Männer und sein Einfluß auf die politische Ausrichtung unserer Völker.	Themen zur Anleitung und Schulung in der Unterrichtserteilung durch Junker.

Gefechtsdienst

(Waffentaktik-Gefechtsausbildung) 13 Std. wöchentlich
In Übereinstimmung mit der Lehrstoffeinteilung für Taktik

Ausbildungswoche:	Waffentaktik:	Gefechtsausbildung:
1.—4. Woche (3.4.—29.4.44)	Vorbereitung gemäß Sonderplan.	Vorbereitung gemäß Sonderplan.
5. Woche (2.5.—6.5.44)	Wiederholung. Geländeorientierung, Geländebeschreibung. Beobachtungs- und Meldedienst. Zurechtfinden im Gelände nach Marschkompaß, Wegeskizzen und Karten.	Wiederholung. Geländeorientierung, Geländebeschreibung, Geländeausnützung, Zielansprache, Überbringen von Meldungen. Zurechtfinden im Gelände nach Marschkompaß, Karte u. Wegeskizze.
6. Woche (8.5.—13.5.44)	Übertragung eines Geländes von der Karte 1 : 25 000 in den Sandkasten. Aufklärungs-, Beobachtungs- und Meldedienst. Nahkampfausbildung.	Gefechtsdrill des Einzelschützen. Vorarbeiten, Schanzzeuggebrauch und Tarnung unter Berücksichtigung von Hintergrund und Beleuchtung. Aufklärungsdienst. Bekämpfung von Tieffliegern mit Gewehr und le.M.G. Anschlagsarten mit Gewehr und le.M.G. an Bäumen, Häusern usw. Nachtausbildung: Sicherungsdienst.
7. Woche (15.5.—20.5.44)	Formen der geöffneten Ordnung. Vorarbeiten der Gruppe. Feuerkampf der Gruppe. Schulung von Feuerbefehlen. Anlage und Durchführung eines Schulgefechtsschießens.	Die Gruppe in der geöffneten Ordnung. Entwickeln auf Kommando, Befehle, Zeichen. Sammeln der Gruppe. Vorarbeiten der Gruppe. Der Feuerkampf der Gruppe. Schnelle Feuereröffnung im Gelände, Feuerüberfall aus einer Deckung.
8. Woche (22.5.—27.5.44)	Anlage und Leitung von Aufgaben im Rahmen der Gruppe, dabei Schiedsrichterdienst. Verhalten bei Nacht, Orientierung bei Nacht.	Die Gruppe im Einbruch, Kampf in der Tiefenzone, Nachtausbildung im unbekannten Gelände. Marsch nach Karte, Marschkompaßzahl und Überbringen von schwierigen Meldungen. Schießen bei künstlichem Licht.
9. Woche (30.5.—3.6.44)	Führungsgrundsätze für Gruppe und Zug im Rahmen der 1. Grundaufgabe. Durchführung eines Schulgefechtsschießens. Nahkampfausbildung.	Marsch. Durchführung einer Versammlung. Verhalten auf dem Marsch und Rast unter besonderer Betonung der Aufklärung und Sicherung. Mot.-Marsch (Lehrvorführung)

10. Woche (5.6.—10.6.44)	Die Gruppe als Feldwache. Ausbau von Feldstellungen. Verhalten der Feldwachen und Feldposten bei feindlichem Angriff. Allgemeine und besondere Postenanweisung. Aufklärungs-, Beobachtungs- und Meldedienst in Verbindung mit 1. Grundaufgabe. Nahkampfausbildung.	Die Gruppe als Feldwache. Verhalten der Feldwachen und Feldposten bei feindl. Angriff. Anlegen von Panzerdeckungslöchern und Panzerdeckungsgräben. Nachtausbildung: Abwehr feindl. Überfälle auf Posten und Feldwachen. Nahkampfausbildung. Verwendg. v. Spaten u. Seitengewehr als Nahkampfwaffe.
11. Woche (12.6.—17.6.44)	Besetzen und Halten einer Stellung. Abwehr eines Einbruchs durch Gegenstoß. Abwehr eines feindl. Panzerangriffes u. Bekämpfung von Feindpanzern in der H.K.L. durch die Infanterie.	Besetzen und Halten einer Stellung. Ausbau von Feldstellungen, Bunkern, Panzerdeckungslöchern, Panzergräben. Verlegen und Aufnehmen von Minen.
12. Woche (19.6.—24.6.44)	Der Zug als Gefechtsvorposten. Ausweichen der Gefechtsvorposten. Führungsgrundsätze für Gruppe und Zug im Rahmen der 2. Grundaufgabe. Anlegen und Durchführen eines Gefechtsschießens im Rahmen eines verst. Zuges.	Der Zug als Gefechtsvorposten bei Tage. Nachtausbildung: Vorpostenaufstellung in der Dämmerung. Schießen bei künstlichem Licht.
13. Woche (26.6.—1.7.44)	Der Zug in der Verteidigung. Abwehr eines Einbruchs durch Gegenstoß im Rahmen der 2. Grundaufgabe.	Der Zug in der Verteidigung. Stellungsbau eines Zuges als Stützpunkt. Abwehr eines feindl. Einbruchs durch Gegenstoß.
14. Woche (3.7.—8.7.44)	Formale Entfaltung des Zuges. Schnelles Entfalten nach Zeichen. Bereitstellung der Gruppe zum Angriff. Sicherung der Bereitstellung.	Formale Entfaltung des Zuges. Einsatz des Zugtrupps. Hineinführen in den Bereitstellungsraum. Aufklärungs- und Sicherungsdienst.
15. Woche (10.7.—15.7.44)	Bereitstellung zum Angriff. Angriff über mittlere Entfernungen. Anlegen und Durchführen eines Gefechtsschießens im Rahmen eines verst. Zuges.	Der Zug in der Bereitstellung und Angriff bis auf nahe Entfernung.
16. Woche (17.7.—22.7.44)	Feuerkampf der Infanterie in Zusammenarbeit mit s.Inf.-Waffen. Befehlsgebung und Führungsgrundsätze der Gruppe und des Zuges im Rahmen der 3. Grundaufgabe.	Bereitstellung eines verst. Zuges und Angriff bis zum Einbruch. Nachtausbildung: Kp.-Übung: Hineinführen in den Bereitstellungsraum, Angriff bis auf mittlere Entfernung. Schanzen bei Dunkelheit und Beseitigen von Hindernissen und Sperren.
17. Woche (24.7.—29.7.44)	Einbruch des Zuges und Kampf in der Tiefenzone. Nahkampfausbildung: Merkblatt: „Russische Nahkampfschule". Panzernahbekämpfung. Nahkampfausbildung im scharfen Schuß.	Der Zug im Angriff von naher Entfernung. Einbruch und Kampf in der Tiefenzone. Wegnahme einzelner feindl. Widerstandsnester: Der Zug im Ortskampf. Stoßtruppunternehmen gegen ein einzelnes Gehöft. Nahkampfausbildung: Handgranatenzielwurf aus Deckungslöchern, Zielwurf in Fenster und Türen. Verwendung des Spatens u. des Seitengewehrs als Nahkampfwaffe.
18. Woche (31.7.—5.8.44)	Waldkampf, Aufklärung im Wald, Angriff im Wald. Anlegen und Durchführen eines Gefechtsschießens im Rahmen einer verstärkten Kompanie.	Der verst. Zug im Waldgefecht. Angriff auf eine durch Feldstellungen verst. Anlage. Abwehr des Zuges im Wald. Einbau und Tarnungsmöglichkeiten. Bandenbekämpfung.
19. Woche (7.8.—12.8.44)	Der Zug im Aufklärungs- und Sicherheitsdienst.	Kp.-Übung. Vortruppkompanie im Marsch und Angriff

	Der Zug beim Kampf um Flüsse. Überwinden der Flüsse und Bilden eines Brückenkopfes.	aus dem Marsch in Anlehnung an die 4. Grundaufgabe. Übergang vom Angriff in die Verteidigung. Angriff über einen Fluß und Bilden eines Brückenkopfes.
½ 20. Woche (14.8.—16.8.44)	Schlußprüfung	
½ 20. Woche (17.8.—19.8.44)	Gliederung und Ausrüstung von Stoßtrupps. Angriff gegen eine ständige durch Kampfanlagen verstärkte Stellung.	Stoßtruppunternehmen gegen eine befestigte Stellung im scharfen Schuß, verst. durch s.M.G., m.Gr.W., I.G. und Pak.
21. Woche (21.8.—26.8.44)	Kfz.-Staffel der Kompanie. Aufgaben des Kfz.-Staffelführers. Verwendung der Kfz. im Felde.	Kp.-Übung: Abbrechen des Gefechts und Rückzug nach Einbruch der Dunkelheit.
22. Woche (28.8.—31.8.44)	Zum Ausgleich.	

Schulschießen, Schießvorschule, Schießlehre.

Ausbildungswoche:	Schulschießen-Schießvorschule:	Schießlehre:
1. Woche (3.4.—8.4.44)	Schulschießen: Einschießen der Gewehre, Schießvorschule: Zielen, Abkrümmen, H.Dv.240, Ziff.64-72, 75-80. Scheibenarten. H.Dv.240, Ziff.330-333, Anschlag liegend, freihändig und aufgelegt. H.Dv.240, Ziff.81-82.	Schießvorgang in der Waffe u. Flugbahn. H.Dv.240, Ziff.1-6.
2. Woche (10.4.—15.4.44)	Schulschießen: 1.Schulschießübung für Gewehr der Gruppe A II.Schießklasse, Merkblatt 40/14 vom 7.4.43 Seite 15. Schießvorschule: Zielen und Abkrümmen H. Dv.240 Ziff.64-80 Anschlag liegend, freihändig und aufgelegt, H.Dv.240 Ziff.81-82.	Schießausbildg. im Ersatzheer; der Schießlehrerausbildungsgang. Schulschießen mit Gewehr der Gruppe A u. B. Merkblatt 40/14 Schießausbildung im Ersatzheer v. 7.4.43 Seite 5-10
3. Woche (17.4.—22.4.44)	Schulschießen: 2.Schulschießübung für Gewehr der Gruppe A II.Schießklasse, Merkblatt 40/14 v.7.4.43, Seite 15. Schießvorschule: Anschlag knieend H.Dv. 240 Ziff.83-84	Mündungs- und Geschoßknall. Erläuterung d. Flugbahnelemente, H.Dv.240 Ziff.7-10
4. Woche (24.4.—29.4.44)	Schulschießen: 3.Schulschießübung für Gewehr der Gruppe A II.Schießklasse. Merkblatt 40/14 v.7.4.43 Seite 15 Schießvorschule: Anschlag stehend H.Dv. 240 Ziff.85. Vorübung zur 1.le.M.G.-Übung	Flugbahnelemente H.Dv.240 Ziff.12-15 Zielen, H.Dv.240, Ziff.12-15
5. Woche (2.5.—6.5.44)	Schulschießen: 1. le. M.G.-Übung. Merkblatt 40/14 v. 7.4.43 S. 22. Schießvorschule: Der Schnellschuß H.Dv.240 Ziff. 89, Vorübung zur 2. le. M.G.-Übung.	Zielen, H.Dv.240 Ziff. 72-74, Abkrümmen H.Dv. 240, Ziff. 73-74, 75-80
6. Woche (8.5.—13.5.44)	Schulschießen: 2. Schulschießübung für le.M.G. Merkblatt 40/14 v.7.4.43 Seite 23. Schießvorschule: Ausbildung im Kontrollzielen, Anweisung SS-FHA., Anlg. H.Dv. 240 S. 34.	Schießausbildung im Ersatzheer, Schulschießen mit s.M.G. Schulschießen mit s.M.G., Schulschießübung für s.M.G. Merkbl. 40/14 Schießausbildung im Ersatzheer vom 7.4.43 S. 18-45. Schulschießübung für le.M.G.
7. Woche (15.5.—20.5.44)	2. Schulschießübung für Gewehr H.Dv.240 Ziff. 112. Schießvorschule: Vorübung zur 1. Pistolenübung u. Fliegerabwehrübung mit Gewehr.	Witterungseinflüsse H.Dv.240, Ziff. 16-20.

8. Woche (22.5.—28.5.44)	2. Schulschießübung für le. MG. H.Dv. 240 Deckblatt Seite 5. Schießvorschule: Hüftschuß mit Gewehr, Schnellschuß aus dem Stand mit Gewehr.	Schußleistungen, Streuung, Geschoßgarbe, H.Dv.240 Ziff. 21-32.
9. Woche (30.5.—3.6.44)	Schulschießen: 4. Schulschießübung für Gewehr. Merkblatt 40/14 vom 7.4.43 Seite 15. Schießvorschule: Vorübung zur 1. Fliegerabwehrübung mit le.M.G. Merkblatt 40/14 vom 7.4.43 S. 28	Schulgefechts- u. Gefechtsschießen, Geländescheiben, der Zielgarten, die Schußliste, Merkblatt 40/14 Schießausbildung im Ersatzheer vom 7.4.43 S. 45-52.
10. Woche (5.6.—10.6.44)	Schulschießen: 3. le.M.G.-Übung Merkblatt 40/14 v. 7.4.43 S. 24. Schießvorschule: Vorübung zur l. s.M.G.-Übung Merkblatt 40/14 v. 7.4.43 Seite 36.	Visierbereich, bestrichener Raum, gedeckter Raum, Abpraller. H.Dv.240 Ziff. 33-39.
11. Woche (12.6.—17.6.44)	4.Schulschießübung für Gewehr H.Dv.240 Ziff.112 Schießvorschule: Vorübung zur 2.s.M.G.-Übung. Merkblatt 40/14 v.7.4.43 Seite 37. Wiederholung Zielen, Abkrümmen, Anschlagsarten. H.Dv. 240 Ziffer 64-89	Geschoßwirkung, Schußleistung der Gewehre und le.MG. mit s.S.-Munition Durchschlagleistung
12. Woche (19.6.—24.6.44)	3.Schulschießübung für le.M.G. H.Dv.240 Deckblatt Seite 6 Schießvorschule: Ausbildung im Kontrollzielen Anweisung SS-FHA. Anlage H.Dv.240 Seite 34.	Schußtafeln, H.Dv.240 Ziff.46
13. Woche (26.6.—1.7.44)	Schulschießen: 5.Schulschießübung für Gewehr. Merkblatt 40/14 v.7.4.43 Seite 15 Schießvorschule: Wiederholung: Haltepunkt, Abkrümmen und Anschlagsarten, Zielübung und Deuten mit Pistole, H.Dv.240 Ziff.41-48	Unterweisung über das Feuergefecht, Wahl des Zieles und Munitionseinsatz, Visierwahl, Haltepunkt, Feuerzucht. H.Dv.240, Ziff.241-269
14. Woche (3.7.—8.7.44)	Schulschießen: 4.Schulschießübung le.M.G. Merkblatt 40/14 v.7.4.43 Seite 25. Schießvorschule: Aufbau eines Zielgartens zur Vorführung der Schießvorschule für Rekrutenausbilder.	Merkblatt für die Ausbildung in der Fliegerabwehr durch M.G. und Gewehr.
15. Woche (10.7.—15.7.44)	Schulschießen: 1.Schulschießübung für s.M.G. Merkblatt 40/14 v.7.4.43 Seite 36 Schießvorschule: Hüftschuß mit Gewehr, Schnellschuß aus dem Stand mit Gewehr.	Schulgefechtsschießen des Einzelschützen mit Gewehr, le.M.G. und Pistole H.Dv.240 Ziff.239-241, 270-280.
16. Woche (17.7.—22.7.44)	Schulschießen: 5.Schulschießübung für le.M.G. Merkblatt 40/14 v.7.4.43 Seite 26. 1. Schulschießübung für Pistole. H.Dv.240 Seite 68.	Unterricht: Bestimmung über das Werfen scharfer Handgranaten. Gefechtsschießen. Auswahl des Geländes und Leitung des Schießens. Zieldarstellung. H.Dv.240 Ziff.288-308.
17. Woche (24.7.—29.7.44)	Schulschießen: 2.Schulschießübung für s.M.G. Merkblatt 40/14 vom 7.4.43 Seite 37 Schießvorschule: Geländeanschläge mit Gewehr und le.M.G.	Sicherheitsbestimmung H.Dv.240, Ziff.309-322.
18. Woche (31.7.—5.8.44)	2. Schulschießübung für s.M.G. H.Dv.240 Punktfeuerübung. Schießvorschule mit M.Pi.	Unterricht H.Dv.240 Ziff.1-28
19. Woche (7.8.—12.8.44)	Zum Ausgleich	

20. Woche (14.8.—19.8.44)	Schlußprüfung	
21. Woche (21.8.—26.8.44)	Schulschießen: Fliegerabwehrübung mit Gewehr: Merkblatt 40/14 v.7.4.43 Seite 15 Nr. 9. Schießvorschule: Anleitung zur Durchführung einer Schießvorschule für Unterführer und Aufbau eines Zielgartens.	Besprechung u. Beurteilung des Schießens.
22. Woche (28.8.—31.8.44)	Schießvorschule: Aufbau und Durchführung der Schießvorschule im Rahmen der Unterführerausbildung.	Gliederung für die Besprechung eines Gefechtsschießens der verstärkten Kompanie.

Exerzierdienst

Ausbildungswoche:	Lehrstoff:	
1.—4. Woche (3.4.—29.4.44)	Vorbereitungszeit	
5. Woche (2.5.—6.5.44)	Exerzierdienst: Wiederholung.	H.Dv.130/2a Ziff.1-5, 18-25, 26-28.
6. Woche (8.5.—13.5.44)	Exerzierdienst:	H.Dv.130/2a Ziff.1-5, 18-24, 26-28, 33-38, 53-55.
7. Woche (15.5.—20.5.44)	Exerzierdienst:	H.Dv.130/2a Ziff.18-24, 14-17.
8. Woche (22.5.—27.5.44)	Exerzierdienst:	H.Dv.130/2a Ziff.14-17, 26-29, 31-32.
9. Woche (30.5.—3.6.44)	Exerzierdienst:	H.Dv.130/2a Ziff.14-17, 26-29, 33-40, 45-56.
10. Woche (5.6.—10.6.44)	Exerzierdienst:	H.Dv.130/2a Ziff.33-40, 41-44, 231-236.
11. Woche (12.6.—17.6.44)	Exerzierdienst:	(Wiederholung) H.Dv.130/2a Ziff.26-30, 14-17, 18-20, 231-236.
12. Woche (19.6.—24.6.44)	Exerzierdienst:	H.Dv.130/2a Ziff.231-236, 237-244.
13. Woche (26.6.—1.7.44)	Exerzierdienst:	H.Dv.130/2a Ziff.424-434.
14. Woche (3.7.—8.7.44)	Exerzierdienst:	(Wiederholung). H.Dv.130/2a Ziff.26-30, 237-244.
15. Woche (10.7.—15.7.44)	Exerzierdienst:	(Wiederholung). H.Dv.130/2a Ziff.231-245, 424-434.
16. Woche (17.7.—22.7.44)	Exerzierdienst:	(Wiederholung). H.Dv.130/2a Ziff.243-245, 424-426.
17. Woche (24.7.—29.7.44)	Exerzierdienst:	(Wiederholung). H.Dv.130/2a Ziff.231-245, 424-434.
18. Woche (31.7.—5.8.44)	Exerzierdienst:	H.Dv.130/2a Ziff.494-497.
19. Woche (7.8.—12.8.44)	Exerzierdienst:	(Wiederholung). H.Dv.130/2a Ziff.494-497.
20. Woche (14.8.—19.8.44)	Schlußprüfung u. Wiederholung	
21. u. 22. Woche (21.8.—31.8.44)	Exerzierdienst:	Wiederholung und Ausgleich.

Waffenlehre

Unterrichtswoche:	Stoffgliederung:
1.—4. Woche (3.4.—29.4.44)	Vorbereitung gemäß Sonderplan.
5. Woche (2.5.—6.5.44)	Kurzer Überblick über die Waffen des Heeres. Grundlagen für den Feuerkampf der Infanterie, Flugbahnen, Drall.
6. Woche (8.5.—13.5.44)	Blanke Waffen, Nahkampfmittel und Nahkampfwaffen, leichte Infanteriewaffen, Wirkung, Kampfentfernung, Munitionsausstattung.
7. Woche (15.5.—20.5.44)	s.M.G., Gr.W., I.G., Wirkung, Kampfentfernung, Munitionsausstattung. Artillerie auf dem Marsch. Besprechung der 1. Grundaufgabe (Marsch, Ruhe, Sicherung).
8. Woche (22.5.—27.5.44)	Panzerabwehr, Wirkung, Kampfentfernung und Munitionsausstattung der Paks. Panzernahabwehr. Nahkampfmittel für die Panzervernichtung.
9. Woche (30.5.—3.6.44)	Geschütze der Divisionsartillerie, Wirkung, Kampfentfernung, Munitionsausstattung. Gliederung und Befehlsverhältnisse der Artillerie.
10. Woche (5.6.—10.6.44)	Feuerformen, Feuerarten, Feuerbegriffe, Artillerie in der Verteidigung, Feuerpläne, Zielpunkte, Sperrfeuer. Besprechung der 2. Grundaufgabe (Verteidigung).
11. Woche (12.6.—17.6.44)	Zusammenarbeit von Infanterie und Artillerie. A.V.-Kdo., V.B., Artilleristische Aufklärung und Erkundung. Artillerie-Spähtrupp, Artillerie-Vorkommando.
12. Woche (19.6.—24.6.44)	Feuerpläne im Angriff. Abpraller, Minenwirkung, Hohe Sprengpunkte. Besprechung der 3. Grundaufgabe (Angriff nach Bereitstellung).
13. Woche (26.6.—1.7.44)	Instellunggehen der schweren Infanteriewaffen und Artillerie. Arbeitsgeschütz, Wanderbatterie, Scheinstellung.
14. Woche (3.7.—8.7.44)	Gliederung und Einsatz der Sturmgeschütze, Flammpanzerwagen. Technisches und Munitionsausstattung.
15. Woche (10.7.—15.7.44)	Grundsätze für Panzereinsatz. Allgemeines über Panzerfahrzeuge. Gliederung eines Panzerverbandes einer Panzer-Division.
16. Woche (17.7.—22.7.44)	Panzertypen, Bewaffnung, Gewicht, Panzerung, Geschwindigkeit, Besatzung, Marsch- und Gefechtsformationen.
17. Woche (24.7.—29.7.44)	Nebelwerfer, Gliederung und Einsatz, Wirkung und Kampfentfernung. Artilleriemunition (Geschoßarten).
18. Woche (31.7.—5.8.44)	Richt- und Schießlehre (Teilgebiete). Ermitteln von Schießgrundlagen.
19. Woche (7.8.—12.8.44)	Die Schußtafel, Entstehung und Gebrauch. Errechnen der Überschießbarkeit, Trefferprozente. Besprechung der 4. Grundaufgabe. (Angriff aus dem Marsch).
½ 20. Woche (14.8.—16.8.44)	Schlußprüfung
½ 20. und 21. Woche (17.8.—26.8.44)	Richt- und Schießlehre, Richtverfahren, Schießverfahren (Teilgebiete). Wiederholung und Ausgleich. Besprechung der 5. Grundaufgabe (Abbrechen des Gefechts und Rückzug nach Einbruch der Dunkelheit).
22. Woche (28.8.—31.8.44)	Ausgleich

Waffentechnische Ausbildung

Ausbildungswoche:	Lehrstoff:
1.—4. Woche ((3.4.—29.4.44)	Vorbereitungszeit
5. Woche (2.5.—6.5.44)	Ausbildung am le.M.G.42 und Wiederholung.
6. Woche (8.5.—13.5.44)	Ausbildung am le.M.G.42. le.M.G.42 H.Dv.130/2a Ziffer 63-68, 71-75 Stiel- und Eierhandgranate H.Dv.130/2a Ziffer 126-131.
7. Woche (15.5.—20.5.44)	Ausbildung am le.M.G.42. M.P. H.Dv.130/2a Ziffer 117-125 Pistole 38 H.Dv.130/2a Ziffer 102-110
8. Woche (22.5.—27.5.44)	Ausbildung am le.M.G.42. Gewehrgranate Fernglas Merkblatt 41/23
9. Woche (30.5.—3.6.44)	Unterricht und Ausbildung an der Granatbüchse 39 D 189 Zielfernrohrgewehr Merkblatt 25/4 Seite 36-44.
10. Woche (5.6.—10.6.44)	Unterricht: Die Gasmaske, drillmäßig Auf- und Absetzen. Filter- und Klarscheibenwechsel sowie Trageweise der Gasmaske. H.Dv.395/2a Gasraumprobe.
11. Woche (12.6.—17.6.44)	Unterricht: s.M.G.34, M.G.-Lafette 34, Zieleinrichtung 34, Merkblatt Butz 42 Seite 49-53, 59-64. Vorbei-, Lücken- und Überschießen, Festlegen, Zielskizze, Feuerplan H.Dv.130/3a Ziffer 34, 45, 46-49, 255-256. Ausbildung am s.M.G. H.Dv.130/3a Ziffer 3-26, 34, 45, 46-49. Beziehen einer Feuerstellung, Ziffer 123-152 Ausbildung am Richt- und Meßgerät, Ziffer 65-86
12. Woche (19.6.—24.6.44)	Unterricht: m.Gr.W.34 und Richtaufsatz 34. Einteilung u.Aufgaben des m.Gr.W.-Trupps. H.Dv.104, Ziffer 1-5. Ausbildung am m.Gr.W.34 H.Dv.104, Ziff.10-23, 50-67.
13. Woche (26.6.—1.7.44)	Unterricht und Ausbildung an der Pz.Büchse 41. Merkblatt für s.Pz.B.41 H.Dv.164/1a Ausbildung an den Beutewaffen.
14. Woche (3.7.—8.7.44)	Unterricht über den Panzernahkampf und die Panzernahkampfmittel. H.Dv.469/4 Ziff.1-43 Ausbildung an den Beutewaffen.
15. Woche (10.7.—15.7.44)	Chemische Kampfstoffe, Erkennbarkeit und Wirkung chemischer Kampfstoffe. Praktische Unterweisung im Gebrauch der leichten Gasbekleidung. H.Dv.395/1 Ziffer 3-13, 14, 17, 192-194, 198, 213-216. Vorführung der Gasschutzmittel einer Kp.-Lehrvorführung: Überwinden einer Kampfstoffsperre und Entgiften durch Entgiftungstrupps.
16. Woche (17.7.—22.7.44)	Anwendung von Panzernahbekämpfungsmitteln. Praktische Unterweisung des Panzernahkampftrupps auf stehende und fahrende Panzerkampffahrzeuge. H.Dv.469/4 Ziffer 44-63.
17. Woche (24.7.—29.7.44)	Unterricht und Ausbildung an der Gewehrgranate Merkblatt 41/23. Gasabwehr im Felde. H.Dv.395/1 Ziff.54-59, 112-131, 238-246.
18. Woche (31.7.—5.8.44)	Ausbildung am le.M.G.42. Sprengdienst mit Gewöhnungssprengen. Merkblatt 1941.

19. Woche (7.8.—12.8.44)	Entgiften von Waffen und Gerät. Entgiften von Kraftfahrzeugen.— Wiederholung Handgranate, H.Dv.130/2a Ziff.126-129.
½ 20. Woche (14.8.—16.8.44)	Schlußprüfung
½ 20. Woche (17.8.—19.8.44)	Flammenwerferausbildung. H.Dv.546/2
21. Woche (21.8.—26.8.44)	s.Gr.W. Merkblatt 25/5 Ziff.4-22, D 167. Ausbildung am M.G.42.
22. Woche (28.8.—31.8.44)	Pak- und Flak-Ausbildung.

Leibeserziehung

Unterrichtswoche:	Stoffgliederung
1.—4. Woche (3.4.—29.4.44)	Leibeserziehung gemäß Sonderplan.
5.—9. Woche (2.5.—3.6.44)	Allgemeine Körperschulung am Ort und in der Bewegung. Staffelläufe. Laufspiele. Leichtathletik: Lauf- und Sprungschulung. Turnen: Kasten als Hindernis. Bodenturnen: Rollen vor- und rückwärts. Boxen: linker und rechter Gerader. Schwimmen: Freischwimmerprüfung, Brustschwimmen, Start und Wende, Staffeln. Leistungsprüfungen zur Feststellung des Leistungsstandes.
10.—12. Woche (5.6.—24.6.44)	Allgemeine Körperschulung am Ort und in der Bewegung. Übungen mit Medizinball und Kugel. Ballstaffeln. Leichtathletik: Wald- und Geländeläufe, Lauf, Sprung und Wurf. Turnen: Geräte als Hindernis. Bodenturnen: Hechtrollen. Boxen: Linker und rechter Gerader, Handabwehr, Abducken. Spiele: Zieh- und Schiebekämpfe, kleine Ballspiele als Vorschule für Hand- und Basketball. Schwimmen: Brust- und Kraulschwimmen, Springen vom 1m- und 3m-Brett.
13.—16. Woche (26.6.—22.7.44)	Allgemeine Körperschulung. Leichtathletik: Lauf, Sprung und Wurf, Hindernisläufe u. Staffeln. Turnen: Federbrettspringen. Bodenturnen: Überschläge. Boxen: Prüfungsboxen. Spiele: Hand- und Basketball. Schwimmen: 100 m- und 300 m-Schwimmen, Leistungsmessungen, Springen vom 3 m- und 5 m-Brett.
17.—19. Woche (24.7.—12.8.44)	Allgemeine Körperschulung. Leichtathletik: Leistungsmessungen, Hörsaalwettkämpfe. Bodenturnen: Wiederholung

140

Selbstverteidigung.

Spiele: Hand- und Basketball, Reihenspiele.

Schwimmen: Rückenschwimmen, Strecken- u. Tieftauchen, Rettungsschwimmen, Sprünge mit Anlauf, Wasserball.

½ 20. Woche (14.8.—16.8.44)	**Schlußprüfung**
½ 20.—22. Woche (17.8.—31.8.44)	Allgemeine Körperschulung Leichtathletik: Lauf, Sprung und Wurf. Abschlußprüfungen für das Reichssportabzeichen. Selbstverteidigung. Spiele: Hand- und Basketball. Schwimmen: Wiederholung.

Pionierlehre

Unterrichtswoche:	Stoffgliederung:
1.—4. Woche (3.4.—29.4.44)	Unterricht gemäß Sonderplan.
5. Woche (2.5.—6.5.44)	Gliederung der Pionierverbände und der Truppenpioniere, ihre Stärke und Ausrüstung.
6. Woche (8.5.—13.5.44)	Kampfpioniere, Festungspioniere, Eisenbahnpioniere. Aufgaben der Kampfpioniere.
7. Woche (15.5.—20.5.44)	Sperrdienst, Sperrbezeichnungen, Grundsätze für das Anlegen von Sperren. Sprengdienst: Pioniersprengmittel, Zündungsarten und zugehörige Zündmittel. Leitfeuer- und elektr. Zündung.
8. und 9. Woche (22.5.—3.6.44)	Anwendung der Pioniersprengmittel. Ladungsarten und -formen. Beispiele für Berechnung der Ladungen. Der Einsatz der Pioniere zum Sprengdienst. Durchsprechen des Einsatzes der Pioniere im Rahmen der 1. Grundaufgabe (Vormarsch, Rast, Sicherung u. Weitermarsch).
10. Woche (5.6.—10.6.44)	Einsatz der Pioniere zum Anlegen von Minensperren. Minenkarte, Minenskizze, Minenplan. T- u. S-Mine, Sicherheitsbestimmungen.
11.u.12. Woche (12.6.—24.6.44)	Aufgaben der Pioniere im Abwehrkampf. Einsatz der Pioniere, Sperrvorschlag, Sperrbefehl, Sperrplan. Besprechung der 2.Grundaufgabe (Beziehen einer Verteidigungsstellung mit langer Vorbereitungszeit).
13. und 14. Woche (26.6.—8.7.44)	Einsatz der Pioniere zum Räumen von Minensperren. Arten der russischen, englischen und amerikanischen Minen. Unterweisung im Räumen von Minen.
15.—17. Woche (10.7.—29.7.44)	Durchsprechen des Einsatzes der Pioniere im Rahmen der 3. Grundaufgabe (Angriff aus der Bereitstellung, Einbruch, Durchbruch und Kampf in der Tiefenzone). Pionierstoßtrupp, seine Gliederung und Ausrüstung.
18. und 19. Woche (31.7.—12.8.44)	Besprechung des Einsatzes der Pioniere im Rahmen der 4.Grundaufgabe (Angriff eines verst.Pz.Gren.Btl. (mot.) aus dem Marsch). Ladungsberechnung an Holz und Eisen (Trennschnitte).
½ 20. Woche (14.8.—16.8.44)	**Schlußprüfung**
½ 20. und ½ 21. Woche (17.8.—23.8.44)	Einsatz der Pioniere beim Angriff über Flüsse. Übersetzmittel und Kriegsbrückengerät. Fähren, Stege, Kriegs- und Behelfsbrücken.
½ 21. und 22. Woche (24.8.-31.8.44)	Besprechung des Einsatzes der Pioniere im Rahmen der 5.Grundaufgabe (Abbrechen des Gefechts und Rückzug). Einsatz der Pioniere beim Kampf gegen ständige Kampfanlagen. Aufgaben der Sturmpioniere.

Nachrichtenlehre

Unterrichtswoche:	Stoffgliederung:
1.—4. Woche (3.4.—29.4.44)	Unterricht gemäß Sonderplan
5.—8. Woche (2.5.—27.5.44)	Überblick über Aufgaben und Gliederung der Nachr.-Verbände. Vor- und Nachteile der verschiedenen Nachrichtenmittel. Gliederung der Nachr.Mittel eines Pz.Gren.Btl.mot. mit prakt.Vorführung der Geräte.
9.—10. Woche (30.5.—10.6.44)	Allgemeine Grundsätze für den Truppennachrichtendienst. Begriffsbestimmungen und Befehlssprache für den Nachrichteneinsatz. Nachrichteneinsatz auf dem Marsch mot. und in der Ruhe. Besprechung der 1. Grundaufgabe.
11.—13. Woche (12.6.—1.7.44)	Nachrichteneinsatz in der Verteidigung. Besprechung der 2.Grundaufgabe. Tarnung des Nachrichtenverkehrs. Errichtung eines Btl.Gef.Std. und einer Btl.-Vermittlung.
14.—16. Woche (3.7.—22.7.44)	Nachrichteneinsatz in der Bereitstellung und im Angriff. Besprechung der 3.Grundaufgabe. Aufnehmen und Befördern von Sprüchen. Spruchvordrucke. Aufgaben eines Nachr.Offz. im Rgt.
17. und 18. Woche (24.7.—5.8.44)	Praktische Ausbildung in der Bedienung von Funkgeräten und im Funksprechverkehr. Funk als Grundlage für die Führung von gep. Verbänden.
19. Woche (7.8.—12.8.44)	Nachrichteneinsatz beim Abbrechen des Gefechts und im Rückzug. Besprechung der 5.Grundaufgabe. Überblick über Zerstörung von Nachrichtenanlagen.
½ 20.Woche (14.8.—16.8.44)	Schlußprüfung
½ 20.—22. Woche (17.8.—31.8.44)	Überblick über die Geheimschriftmittel. Ausgleich.

Kraftfahrwesen

Unterrichtswoche:	Stoffgliederung
1.—4. Woche (3.4.—29.4.44)	Vorbereitung gemäß Sonderplan
5. Woche (2.5.—13.5.44)	Typengliederung und Erkennen der Kfz. Praktische Unterweisung.
6. Woche (8.5.—13.5.44)	Fahrzeugmäßige Gliederung des SS-Pz.Gren.Btl. (mot.)
7. und 8. Woche (15.5.—27.5.44)	Formen der mot.-Einheiten. Grundsätze für mot.-Märsche. Ordnungsdienst und Verkehrsregelung. Zeichendurchgabe. Mot.-Marsch bei Nacht. Zweck und Verwendung des Kfz.-Nachtmarschgerätes (Beleuchtungsstufen). Besprechung in Anlehnung an die 1.Grundaufgabe.
9. Woche (30.5.—3.6.44)	Techn.Dienst: beim techn. Halt, bei Rast, bei Biwak.
10. Woche (5.6.—10.6.44)	Das Unterziehen der Kfz. Aufgabe des Kfz.-Staffelführers.
11. Woche (12.6.—17.6.44)	Kraftstoffverbrauch der wichtigsten Kfz. Versorgung des Feldheeres.

Nachschub von Betriebsstoff, Kfz. und Ersatzteilen von der Heimat bis zum Btl., Kp.

12. Woche (19.6.—24.6.44)	Besprechung in Anlehnung an die 2.Grundaufgabe. Gliederung und Aufgaben der I-Dienste.
13. Woche (26.6.—1.7.44)	Besprechung der fahrzeugmäßigen Gliederung der in den Grundaufgaben häufig als Verstärkung zugeteilten Truppen. (s.I.G., Fla., Kradschtz., Pi.-Kp.)
14. Woche (3.7.—8.7.44)	Typengliederung des Pz.Gren.Wagens (Sd.Kfz.250 und 251)
15. Woche (10.7.—15.7.44)	Besprechung der fahrzeugmäßigen Gliederung des SS-Pz.Gren.Btl.(gep.)
16. Woche (17.7.—22.7.44)	Aufgaben des Schirrmeisters, Erziehung und Überwachung der Kraftfahrer durch Kp.-Chef und Zugführer.
17. Woche (24.7.—29.7.44)	Besprechung in Anlehnung an die 5.Grundaufgabe. Wiederholung des gesamten Lehrstoffes.
18. Woche (31.7.—5.8.44)	Aufgaben des Div.Ing. und TFK beim Rgt.u.Btl.
19. Woche (7.8.—12.8.44)	Unfallbearbeitung: a) Unfallaufnahme b) Anfertigung einer Skizze mit Besprechung c)Verhalten bei Kfz.-Unfällen c) Stellungnahme des Kp.-Chefs
½ 20. Woche (14.8.—16.8.44)	Schlußprüfung
½ 20. Woche (17.8.—19.8.44)	Abnahme des Kfz.-Appells durch den Kp.-Chef
21. und 22. Woche (21.8.—31.8.44)	Vorbereitende Maßnahmen für das Abstellen und Anlassen der Kfz. Kfz.-Betrieb im Winter.

Sanitätswesen

1. Vortrag: Geschlechtskrankheiten
2. Vortrag: Sanitätsdienst und Truppenhygiene im Frieden und Krieg.
3. Vortrag: Erste Hilfe und Sportverletzungen
4. Vortrag: Sanitätstaktik
5. Vortrag: Kampfstofferkrankungen

Ende der Lehrgangsplanung 1944/45

Aufschlüsselung der Wochenstunden
8. Kriegs-Junker-Lehrgang
1941/42

Lfd. Nr.	Stoffgebiet	Stundenzahl	Bemerkungen
1.	Taktik u. Geländekunde (Allgemeine Taktik) (Kartenkunde ist im Rahmen der Taktik zu lehren)	10	davon ab 4. Ausbildungswoche 4 Stunden für Geländebesprechung
2.	Politische Schulung	4	
3.	Heerwesen	3	davon in jeder 2. Woche 1 Stunde Anleitung u. Schulung in der Unterrichtserteilung

4.	Ausbildung in der eigenen Waffe	16	= Gefechtsausbildung. davon 2 Stunden je Woche Waffentaktik
5.	Allgemeiner praktischer Truppendienst	7	Exerzierausbildung, Schießausbildung, Formalausbildung
6.	Leibesübungen	2	
7.	Waffenlehre	1	
8.	Pionierlehre	1	
9.	Nachrichtenlehre	1	
10.	Kraftfahrwesen u. Ausbildung (Veterinärwesen u. Reitausbildung)	1	
11.	Sanitätswesen (Gasunterricht)	1	
12.	Panzerlehre	1	
	Summe:	48	

Aufschlüsselung der Wochenstunden
für versehrte Führer-Bewerber
im 8. Kriegs-Junker-Lehrgang
1941/42

Lfd. Nr.	Stoffgebiet	Stundenzahl	Bemerkungen
1.	Taktik und Geländekunde (allgemeine Taktik)	10	davon ab 4. Ausbildungswoche 4 Stunden für Geländebesprechung
2.	Politische Schulung	8	
3.	Heerwesen	6	davon in jeder 2. Woche 1 Stunde Anleitung und Schulung in der Unterrichtserteilung
4.	Verwaltungswesen	3	
5.	Leibesübungen	6	
6.	Waffenlehre	1	
7.	Pionierlehre	1	
8.	Kartenkunde	1	
9.	Nachrichtenlehre	1	
10.	Kraftfahrwesen u. Ausbildung	1	
11.	Sanitätswesen (Gasunterricht)	1	
12.	Panzerlehre	1	
	Summe:	40	

Aufschlüsselung der Wochenstunden
7. Kriegs-Reserve-Führer-Anwärter-Lehrgang
1941

Lfd. Nr.	Stoffgebiet	Stundenzahl	Bemerkungen
1.	Taktik u. Geländekunde (Allgemeine Taktik) (Kartenkunde ist im Rahmen der Taktik zu lehren)	8	
2.	Politische Schulung	3	
3.	Heerwesen	4	davon in jeder 2. Woche 1 Stunde Anleitung u. Schulung in der Unterrichtserteilung
4.	Ausbildung in der eigenen Waffe	18	davon 2 Stunden je Woche Waffentaktik
5.	Allgemeiner praktischer Truppendienst	11	Exerzierausbildung, Schießausbildung, Inf. Gefechtsausbildung
6.	Leibesübungen	2	
7.	Waffenlehre	1	
8.	Pionierlehre	1	
9.	Nachrichtenlehre	1	
10.	Panzerlehre	1	
11.	Kraftfahrwesen u. Ausbildung (Veterinärwesen u. Reitausbildung)	1	
12.	Sanitätswesen	1	
	Summe:	52	

SS-Junkerschule Tölz   Bad Tölz, den 13.Nov.1942.

Schlußprüfung des 8.Kriegs-Reserve-Führeranwärter-Lehrgangs
Heerwesen

I. **Aufgaben:**

1. Welche Vorschriften gibt es über den militärischen Schriftverkehr?
2. Was sind Verschlußsachen?
3. Wie heißen die Bezeichnungen für V.S. (gestaffelt nach dem Grad der Geheimhaltung), wie werden sie abgekürzt und welche Einbände müssen sie erhalten, wenn sie in Buchform erscheinen?
4. In welchen Fällen kann eine Straftat gegen das M.St.G.B. disziplinarisch geahndet werden?
5. Welche Maßnahmen hat der Disziplinarvorgesetzte zu ergreifen, wenn er sich zur disziplinaren Erledigung einer Straftat gegen das M.St.G.B. entschließt?
6. Welche Personalunterlagen führen die Feldeinheiten?
7. Welchen Betrag soll der Geldbestand der Kasse des Rechnungsführers einer Kompanie zwischen den Hauptauszahlungstagen nicht überschreiten?
8. Warum ist beim Feldheer großer Wert auf die Eintragungen im Soldbuch betr.
   a) Bekleidung und Ausrüstung
   b) Waffen und Gerät
   zu legen?
9. Welche Bedeutung haben die Eintragungen in die Kopfleisten in Verwendungskarte und Wehrstammbuch?
10. Wann sind die Voraussetzungen der vorläufigen Festnahme durch die Polizei gegenüber Angehörigen der Waffen-SS gegeben?

II. **Arbeitszeit:** 120 Minuten.
III. **Hilfsmittel:** keine.

Der Kommandeur der SS-Junkerschule Tölz
Debes
SS-Brigadeführer
und Generalmajor der Waffen-SS.

SS-Junkerschule Tölz   Bad Tölz, den 14.Nov.1942.

Schlußprüfung des 8.Kriegs-Reserve-Führeranwärter-Lehrgangs Waffenlehre

I. **Aufgaben:**
   1. Welches sind die Kaliber und Höchstschußweiten der schweren Infanteriewaffen?
   2. Wieviele Geschütze hat ein Art.Rgt., und welches sind die Arten, Kaliber und Höchstschußweiten?
   3. Wieviele Geschütze befinden sich bei: II./A.R.X., und welcher Art sind sie?
   4. Wie erzielt man Abpraller?
   5. Womit kann man Deckungswinkel messen oder errechnen?
   6. Bei einer Entfernung von 4 600 m wird im direkten Richten der Aufschlag 20⁻ zu weit rechts gemessen. Muß zur Korrektur mehr oder weniger kommandiert werden? Wieviel Meter lag der Schuß rechts neben dem Ziel, wenn die Entfernung richtig war?
   7. Mit wem nimmt
      a) A.V.Kdo.
      b) V.B.
      Verbindung auf?
   8. Welche Zünderart ist notwendig, um
      a) hohe Sprengpunkte,
      b) Minenwirkung
      zu erzielen?
   9. Unter welchen Voraussetzungen erreicht man günstige Wirkung beim Kampfgas-Schießen?
   10. Womit stellt man beim indirekten Richten die Rohrerhöhung fest?
II. **Arbeitszeit:** 60 Minuten.
III. **Hilfsmittel:** keine.

Der Kommandeur der SS-Junkerschule Tölz
Debes
SS-Brigadeführer
und Generalmajor der Waffen-SS.

SS-Junkerschule Tölz   Bad Tölz, den 5.10.42.
Lehrgruppe B

Hörsaalarbeit des 8.Kriegs-Reserve-Führer-Anw.-Lehrganges in Heerwesen.

I. **Thema:**   Wie soll der Disziplinarvorgesetzte seine Strafgewalt handhaben?
II. **Zeit:**   120 Minuten.
III. **Hilfsmittel:** keine.

Der Kommandeur der Lehrgruppe B
Dallinger
SS-Sturmbannführer.

Schlußprüfung des 7.Kriegs-Reserve-Führeranwärter-Lehrgangs.
Heerwesen

I. **Aufgaben:**

1. Der Fahneneid bindet auch noch den in Gefangenschaft geratenen Soldaten und verpflichtet ihn — auch ohne Waffen — zum weiteren vollen Einsatz für sein Vaterland!
Welche Pflichten erwachsen daraus dem deutschen Soldaten von dem Augenblick an, in dem er erkennt, daß er sich einer Gefangennahme durch nichts mehr entziehen kann?

2. Was steht im Wehrgesetz über Reichsangehörigkeit und Wehrpflichtverhältnis?

3. Welche Vorschriften enthält die H.Dv. 30 (Schrift- und Geschäftsverkehr der Wehrmacht) über
    a) Form der Schreiben?
    b) Unterschrift?

4. Welche Strafarten können Sie als Kp.-Führer nach der SS-Disziplinarstraf- und Beschwerdeordnung für den mobilen Zustand verhängen?

5. Unter welchen Voraussetzungen kann ein Angehöriger der Waffen-SS vor Ablauf der Löschungsfrist einer über ihn verhängten Disziplinarstrafe befördert werden?
Welche Maßnahmen sind zu treffen?

6. a) Wie gliedert sich das Militärstrafrecht?
    b) Welchen Zweck hat es?

7. Wer ist wehrunwürdig?

8. Was ist Beutemachen und Plünderung?

II. **Zeit:** 120 Minuten.

III. **Hilfsmittel:** keine.

Der Kommandeur der SS-Junkerschule Tölz
Dörffler-Schuband
SS-Standartenführer

Schlußprüfung des 8.Kriegs-Reserve-Führeranwärter-Lehrgangs.
Politische Schulung.

I. **Aufgabe:**

Welche Gedanken verbinden Sie mit den Worten des Führers aus „Mein Kampf":
„Die Blutsvermischung und das dadurch bedingte Senken des Rassenniveaus ist die alleinige Ursache des Absterbens aller Kulturen."?

II. **Arbeitszeit:** 90 Minuten.

III. **Hilfsmittel:** keine.

Der Kommandeur der SS-Junkerschule Tölz
Debes
SS-Brigadeführer
und Generalmajor der Waffen-SS.

Hörsaalarbeit des 8. Kriegs-Reserve-Führeranwärter-Lehrgangs
in
Politischer Schulung.

I.   **Thema:**   Das Reich in seiner Stellung zur Welt.
II. **Zeit:**   45 Minuten.
III. **Hilfsmittel:** keine.

Der Kommandeur der Lehrgruppe C
SS-Sturmbannführer

Waffen-Schulen und Fachschulen
der Waffen-SS
für die aktive und Reserveführer-Laufbahn, die technischen und Sonderlaufbahnen:

1. Arnheim:

SS-Unterführerschule Arnheim

Wahrscheinlich Anfang 1944 aufgestellt, wurde die Schule nach der Luftlandung britischer Kräfte im Raum von Arnheim in zwei Kampfgruppen zur Bekämpfung der britischen Verbände eingesetzt. Anschließend wurde die Schule aufgelöst in Zeitz (Niederlande) und das Ausbildungspersonal zur SS- und Waffen-Unterführerschule Lauenburg sowie zur SS-Unterführerschule Radolfzell versetzt.

2. Arolsen:

SS-Führer-Schule des Wirtschafts-Verwaltungsdienstes Arolsen

Entstanden durch Verlegung der SS-Verwaltungsschule von Dachau nach Arolsen.

Die Schule verfügte über zwei Lehrgruppen — A und B — mit den Inspektionen I-VIII mit

      Junker-Lehrgängen,
      Reserve- und Umschulungs-Lehrgängen,
      fremdvölkischen u. Versehrten-Lehrgängen,
      Zugführer-Lehrgängen.

    Lehrplan:
      Kassen- und Abrechnungsbestimmungen mit Übungen
      Verpflegung
      Bekleidung
      Unterkunftswesen
      Arbeitsrecht mit Übungen
      Finanzrecht und Betriebswirtschaft
      Bürgerliches Recht
      Staatsrecht
      Disziplinarrecht mit Übungen
      Völkerrecht (Haager Landkriegsordnung)
      Verwaltungsrecht (Organisation der Verwaltung)
      Gebührniswesen (EWGG)
      Reise- und Umzugskostenrecht
      Besoldungswesen (Kriegs- und Friedensgebührnisse)
      Fürsorge- und Versorgungswesen (W.F. und V.G.)
      WS (SS- und Polizeiwesen)
      Versorgungstaktik
      Militärische Ausbildung
      Geländedienst
      Schießausbildung
      Sport
      Militärischer Unterricht
      Hinzu kamen 2 Lehr-Kompanien

Vgl. Schreiben O. Pohls an den RF-SS betr. Nachwuchs für SS-Verwaltungsführer, o.D., vermutl. 1937 oder Anfang 1938 (BDC: PA Johannes

Baier, Blatt-Nr. 33021 ff.). Den Inhalt der Lehrgänge bestimmte neben der einschlägigen rechts-, wirtschafts- und finanzwissenschaftlichen Einführung sowie den SS-Verwaltungsfragen und Buchführung betreffenden Fächern auch ein systematischer Sportunterricht (Reiten, Fechten, Leichtathletik, Schwimmen), ferner ein obligater Sprachkurs, für den wahlweise alle gängigen west- und südeuropäischen Sprachen (außer Französisch!) wie auch Polnisch, Russisch und Japanisch angeboten wurden (vgl. ebd., sehr informativ auch ein Artikel im SK vom 14.8.1935, S. 3: „Die Verwaltungsführerschule der SS".

Pohl bezeichnete es in einem Schreiben als sein Ziel, „den bürokratischen Beamten einmal durch den soldatischen Beamten zu ersetzen". Just darum, so meinte Pohl, sollten seine Führer auch nach Abschluß ihrer Ausbildung „jährlich einmal 4—6 Wochen aus dem Büro heraus und eine Übung bei der Truppe machen. Damit sie Soldaten bleiben." (Wegner: Seite 256/57)

Im Februar 1945 bildete die Schule eine Kampfgruppe, die als Kampfgruppe „Becker" an der Oderfront eingesetzt und in die neu aufgestellte 32. SS-Freiw.-Grenadier-Division „30. Januar" übernommen wurde.

Die Reste der Schule verließen diese Ende April und lösten sich infolge des amerikanischen Vormarsches nach geringen Kampfhandlungen auf.

3) Aussig b/Metz: Nachrichtenschule der Waffen-SS

4) Braunschweig: SS- und Waffen-Junkerschule (1935) am 1.7.1944 verlegt nach Posen-Treskau

5) Braunschweig: **Musikschule der Waffen-SS**
Aufgestellt am 1. Juli 1941. Im Jahre 1944 verlegte die Schule infolge der steigenden Luftangriffe auf Braunschweig nach Bad Saarow in der Mark Brandenburg, wo der Lehrbetrieb bis Januar 1945 aufrechterhalten wurde. Bei der Auflösung der Schule wurden alle Schüler in ihre Heimatorte bzw. zu ihren Eltern zurückgeschickt.
Aufgenommen wurden musikalisch vorgebildete Jungen ab 14 Jahren. Die fachliche Ausbildung an der Schule dauerte 4 Jahre und erstreckte sich auf
    Unterricht auf einem Hauptinstrument, Unterricht auf einem Nebeninstrument, Klavierunterricht, Musiktheorie, Orchesterspiel, Unterricht in Deutsch, Erdkunde, Geschichte und Mathematik, Leibesübungen usw.

6) Beneschau: SS-Artillerie-Schule II
Das SS-Führungshauptamt befahl mit Wirkung vom 1. August 1942 die Aufstellung der Schule in Janowitz auf dem SS-Truppen-Übungsplatz Beneschau. Am 10. September 1942 wurde der Aufstellungsort nach Prosetschnitz auf dem gleichen Truppenübungsplatz verlegt, und schließlich befahl das SS-FHA am 27. Oktober 1942 die Aufstellung der Schule in Beneschau.

7) Bernau: SS-Lehr- und Versuchsabteilung für Brieftauben

8) Berlin: Funkerschule der Waffen-SS

9) Berlin: SS-Sanitätsschule

10) Binz: SS-Panzerschule

11) Bisenz-Goding: SS-Reit- und Fahrschule

12) Breslau: SS-Unterführerschule

13) Breslau: Funktions-Unterführerschule der Waffen-SS

14) Braunsberg: SS-Unterführerschule

15) Braunsberg: SS-Unterführerschule

16)	Bukowan:	SS-Sturmgeschützschule
17)	Bütow:	SS-Unterführerschule
18)	Celle:	SS-Panzerschule
19)	Dachau:	Waffentechnische Lehranstalt
20)	Dachau:	Kraftfahrschule (techn. der Waffen-SS)
21)	Dahmshöhe:	SS-Kavallerie-Schule
22)	Danzig:	Dolmetscherschule der Waffen-SS
23)	Eipel:	SS-Unterführerschule
24)	Glau:	SS-Artillerie-Schule I

24) Glau:
Aufgestellt durch SS-Führungshauptamt mit Wirkung vom 1. Dezember 1941 als Artillerie-Meß-Schule in Glau.
Ab 1. Juni 1942 führte die Schule die Bezeichnung: SS-Artillerieschule I. Glau.

25) Göttingen: SS-Kavallerie-Schule

26) Graz:

SS-Ärztliche Akademie
Am 27. Mai 1937 erließ der RFSS — SS-Personalkanzlei — Tgb.Nr.280/37 einen Befehl: Betr.:SS-Ärztliche Junkerschule, worin es hieß:

„1.) Die Schule für den ärztlichen Nachwuchs der SS-Verfügungstruppe und SS-Totenkopfverbände ist eine SS-Junkerschule, in der Studenten der Medizin, zunächst auf Planstellen der Sanitäts-Abteilung der VT und TV, als Junker eingestellt und zu SS-Führern und SS-Ärzten herangebildet werden.
Die Dienstbezeichnung lautet:
        „SS-Ärztliche Junkerschule Berlin."
2.) Die SS-Ärztliche Junkerschule untersteht einem Führer und darüberhinaus dem Chef der SS-Personalkanzlei und Reichsarzt-SS.
3.) Die Auswahl der Junker trifft der Chef der SS-Personalkanzlei auf Vorschlag des Reichsarztes-SS.
Ihre Ernennung und Beförderung zum SS-Junker und SS-Standartenjunker erfolgt auf Vorschlag des Reichsarztes-SS durch den Chef der SS-Personalkanzlei nach Genehmigung durch den RFSS.
Die Beförderung zum SS-Standartenoberjunker (Unterarzt) verfügt der RFSS. Der Führer der SS-Ärztlichen Junkerschule hat die Disziplinargewalt des Führers einer Standarte der SS-VT. Die militärische, weltanschauliche und fachliche Ausbildung der Junker regelt der Chef der SS-Personalkanzlei im Benehmen mit dem Reichsarzt-SS.
4.) Das Personal der Schule wird nach Weisung des Chefs des SS-Sanitätsamtes von den San.-Abteilungen SS-VT und TV gestellt.

. . . .

Am 14. Dezember 1938 schon erließ der RFSS einen neuen Befehl:
        „Da ein Teil der Angehörigen der SS-ärztlichen Junkerschule bereits nicht mehr Junker, sondern SS-Führer sind, bestimme ich, daß die SS-ärztliche Junkerschule mit sofortiger Wirkung in
                „SS-ärztliche Akademie"
        umbenannt wird."
Neuer Standort der SS-ärztlichen Akademie wird Graz 1941.
Sie bereitete Medizin-Studenten, die sich zum Dienst in der Waffen-SS gemeldet hatten, auf den truppenärztlichen Dienst vor.

Studium auf der Universität Graz:

Die Universität führte vorklinische und klinische Lehrgänge durch. Neben ihrem Studium mußten die Studierenden als Angehörige der Waffen-SS eine 6—12-monatige Bewährungszeit bei einem Feldtruppenteil der Waffen-SS hinter sich bringen, um praktische Erfahrungen zu sammeln. Erst nach dem Abschluß-Examen erfolgte die Beförderung zum SS-Untersturmführer.

27) Hradischko: SS-Pionierschule

Das SS-Führungshauptamt stellte mit Wirkung vom 1. Juli 1942 auf dem SS-Truppen-Übungsplatz Beneschau die Pionierschule Beneschau auf, die später umbenannt wurde.

Lehrgruppe I:	Reserve-Junker-Lehrgänge
Lehrgruppe II:	Vorbereitungslehrgänge für Führerbewerber und Reserve-Führerbewerberlehrgänge und Unterführer-Lehrgänge
Lehrgruppe III:	Lehrgänge für Schirrmeister (Pi) und Schirrmeister (PT)

28) Hradischko: Pioniertechnische Lehranstalt der Waffen-SS

29) Janowitz: SS-Panzerjäger(Sturmgeschütz-)Schule

30) Kienschlag: SS-Panzer-Grenadier-Schule

Das SS-Führungshauptamt befahl am 24. Dezember 1942 die Aufstellung einer SS-Panzer-Grenadier-Schule in Prosetschnitz auf dem SS-Truppen-Übungsplatz Beneschau mit Wirkung vom 1. Januar 1943.

Die Unterbringung der Schule erfolgte kriegsmäßig in den Häusern der geräumten Dörfer. Nur die Lehrgruppe B konnte in dem ehemaligen Sanatorium untergebracht werden.

Im Januar 1943 lief der erste Reserve-Führer-Lehrgang mit einer Dauer von drei Monaten an. Teilnehmer waren in erster Linie länger dienende Unterführer. Außerdem begann am 1. Mai 1943 der erste Oberjunker-Lehrgang. Mitte 1944 wurde die Lehrgruppe D mit 16 Kompanien für Führer-Anwärter aufgestellt.

Zur Schule gehörte ein Lehr-Regiment, außerdem wurde im Frühjahr 1944 ein Lehr-Btl. (gp.) aufgestellt.

Im Herbst stellte die Schule das Regiment „Schill" auf, welches zur Bekämpfung des Aufstandes in der Slowakei abtransportiert wurde. Im Frühjahr 1945 wurden von der Schule die Kampfgruppen „Böhmen" und „Mähren" gebildet, die in Richtung Wien zum Einsatz kamen. In der Schule selbst verblieb bis Ende des Krieges nur noch ein Rest-Verwaltungsstab.

31) Kienschlag: SS-Panzerschule

32) Klagenfurt: SS- und Waffen-Junkerschule, ab 1.7.1943

33) Krakau: SS-Kraftfahrschule II

34) Landshut: SS-Fahnenjunkerschule der Panzertruppen

35) Laibach: SS- und Waffen-Unterführerschule

Aufgestellt in Posen-Treskau, wurde die Schule im Herbst 1943 nach Laibach verlegt.

Die Schule wuchs rasch an und zählte im Dezember 1944 8 Kompanien und 4 weitere im Aufbau, aus denen im März 1945 20 Kompanien geworden waren. Seit Januar 1945 arbeitete die Schule in drei Lehrgruppen.

In der ersten Hälfte April 1945 wurden 16 Kompanien der Schule zu Fronttruppenteilen überstellt, während 2 weitere Kompanien und zwei Kompanien Jugendlicher unter 17 Jahren mit einem Reststab in Laibach bis zum 8. Mai 1945 verblieben. Behelfsmäßig motorisiert marschierte der Rest der Schule am 13. Mai 1945 in Klagenfurt in britische Gefangenschaft.

| 36) | Lauenburg: | SS- und Waffen-Unterführerschule |

Das SS-Führungshauptamt stellte mit Wirkung vom 1. November 1940 die SS-Unterführerschule in Lauenburg in Pommern mit Stab und drei Kompanien auf. Als Schulgebäude wurde die SS-Unterkunft benutzt, die vorher eine Nervenheilanstalt (Finkenbruch) beherbergt hatte. Ein Barackenlager war dem massiven Gebäude angeschlossen.

1944 umfaßte die Schule den Stab, die Stabs-Kp., Verwaltung und Waffenmeisterei sowie drei Bataillone mit je vier Kompanien.

Neben Reichsdeutschen wurden in der Schule Esten, Letten, Litauer, Italiener, Franzosen und Niederländer ausgebildet.

Anfang Februar 1945 stellte die Schule eine Kampfgruppe auf, welche der Division Bärwalde im Verband des Korps v. Tettau unterstellt wurde. Nach schweren und verlustreichen Kämpfen wurde die Kampfgruppe bei Schievelbein eingeschlossen und brach am 5./6.III.1945 aus. Nachdem die Reste der Kampfgruppe Lauenburg am 15. März 1945 Swinemünde erreicht hatten, wurden sie mit der Bahn nach Pasewalk transportiert, von dort nach Nyborg (Dänemark) verlegt, um hier die Schule wieder aufzubauen. Am 18. April 1945 wurde die Kampfgruppe der Schule von Nyborg mit der Bahn nach Neustadt a.d. Dosse transportiert und hier an der Front eingesetzt. Am 2. Mai 1945 gingen die Reste der Kampfgruppe der Schule im Hagenower Forst in amerikanische Gefangenschaft.

37) Leitmeritz: Nachrichtenschule der Waffen-SS

38) Lingen: SS-Reit- und Fahrschule

39) Lublinsitz: SS-Unterführerschule

Anfang Juni 1940 wurde die Schule aufgelöst, das deutsche Stammpersonal wurde den SS-Standarten „Nordland" und „Westland" überstellt. Nach der Auflösung mit Wirkung vom 15. Juni 1940 wurde die Unterkunft der Schule den Nationalpolitischen Erziehungsanstalten übergeben.

40) Metz: Nachrichtenschule der Waffen-SS

Die in Metz aufgestellte Schule bestand aus den Lehrgruppen I-IV mit je zwei Inspektionen für die Lehrgruppen I, II und III sowie einer Lehr-Abteilung. Nach dem Verlust von Metz 1944 wurde die Schule nach Aussig verlegt.

41) Melnik: Nachrichtenschule der Waffen-SS

42) Mittweida: Berufsschule der Waffen-SS

43) Neustift/Tirol: Gebirgsjäger-Schule der Waffen-SS mit Hochgebirgsschule

44) Neustadt am
Rübenberge: SS-Unterführerschule

45) Neustrelitz: SS-Scharfschützen-Schule

46) Neustrelitz: SS-Spionageabwehr-Schule

47) Nürnberg: SS-Nachrichtenschule

Lehrgruppe I:	Reserve-Junker-Lehrgänge
	Vorbereitungslehrgänge für Führerbewerber und Reserve-Führerbewerber
	Lehrgänge für Technische Führer
	Lehrgänge für Kompanieführer
Lehrgruppe II:	Unterführer-Lehrgänge
Lehrgruppe III:	Funkmeister-Lehrgänge
	Nachrichten-Mechaniker-Lehrgänge
	Panzerfunkwarte-Lehrgänge

48)	Oranienburg:	SS-Lehr- und Versuchsabteilung für Diensthundewesen der Waffen-SS
49)	Oranienburg:	Dolmetscherschule der Waffen-SS
50)	Oberehnheim:	Reichsschule für SS-Helferinnen
51)	Posen-Treskau:	SS-Unterführerschule

Mit Wirkung vom 1. Oktober 1942 wurde die Aufstellung der Schule befohlen, die später nach Laibach verlegt wurde.

52)	Posen-Treskau:	siehe Ziffer 4
53)	Prag:	SS-Junkerschule ab 1.6.1944
54)	Prag:	Kriegsblindenschule der Waffen-SS
55)	Prag:	SS-Reichsschule für Leibeserziehung
56)	Prag:	SS-Sanitätsschule
57)	Predazzo/Dolomiten:	SS-Gebirgskampf-Schule mit Gebirgs-Scharfschützen-Ausbildungsabteilung

SS-Gebirgsjäger-Schule

Das SS-Führungshauptamt stellte mit Wirkung vom 15. September 1942 in Neustift im Stubaital (Tirol) die Schule auf. Die Hochgebirgs-Schule, wie sie von der Aufstellung bis April 1944 hieß, war gegliedert in den Stab sowie eine Lehrgruppe mit 6 Inspektionen für Bergführerausbildung, Geb.-Jäg.-Unterführer, Gebirgs-Pioniere, Gebirgs-Nachrichten, Gebirgs-Sanitäter und Tragtierführer.

Im April 1944 wurde die Schule in Gebirgsjäger-Schule umbenannt und erheblich vergrößert durch die Aufstellung von weiteren drei Lehrgruppen. Die II. Lehrgruppe bestand aus der SS-Gebirgs-Kampfschule mit einer verstärkten Lehrkompanie in Predazzo, die III. Lehrgruppe übernahm die Gebirgs-Scharfschützen-Ausbildung, und die IV. Lehrgruppe war Führerschule für Gebirgsjäger. Im September 1943 beteiligte sich die Schule an der Entwaffnung italienischer Truppenverbände im Raum Reschenpaß–Mals-Schlanders und Meran. Anschließend bekämpften Teile der Schule Partisanen im Gebiet Tonalepaß — Sondrio und Como-See. Die Gebirgskampfschule in Predazzo (Fleimstal-Südtirol) bekämpfte Partisanen im Gebiet des Rollepaß und wurde bei Ende des Krieges 1945 geschlossen im Raum Salurn zum Einsatz gebracht, wo sie auch in amerikanische Gefangenschaft gehen mußte. Teile der Hochgebirgsschule in Neustift wurden im April 1945 durch den Gauleiter von Tirol im Raum Scharnitz und Seefeld eingesetzt und kapitulierten am 3. Mai 1945 in Neustadt gegenüber amerikanischen Verbänden.

58)	Radolfzell:	SS-Unterführerschule

Aufgestellt durch SS-Führungshauptamt mit Wirkung vom 15. Februar 1941 „zur Sicherung eines geeigneten Unterführernachwuchses" auf Befehl des Reichsführers-SS und untergebracht in der SS-Unterkunft.

Nachdem im Dezember 1940 ein Vorkommando die neuen Kasernen des III. Bataillons der SS-Standarte „Germania" in Radolfzell am Bodensee übernommen hatte, wurde im Februar 1941 die Schule mit zuerst 4 und später 6 Kompanien übernommen, bzw. die Ausbildung begonnen.

Im November 1944 stellte die Schule eine Kampfgruppe auf, die mit der Bezeichnung SS-Regiment Braun, Kampfverband Braun, Kampfgruppe Braun oder SS-Regiment Radolfzell im Dezember 1944 im Elsaß eingesetzt wurde. Nach verlustreichen Kämpfen in den Vogesen und im Brückenkopf Colmar, setzten sich auch die restlichen Teile der Schule in Richtung auf Tirol ab und lösten sich am 4. Mai 1945 auf.

59)	Rekoe:	SS-Unterführerschule

60)	Riga:	SS-Sanitätsschule
61)	Sbirow b/Pilsen:	SS-Kraftfahrschule I
62)	Sophienwalde:	SS-Panzer-Grenadier-Schule

Aufgestellt im Juni 1944 mit Stab, Stabs-Kp., einem Lehr-Bataillon und 4 Lehrgruppen mit je drei Inspektionen, ein Ziel, das aber infolge der militärischen Ereignisse nicht erreicht werden konnte. Von Juni bis August 1944 war die Schule in Lauenburg i.P. untergebracht, wurde dann nach Sophienwalde in Westpreußen verlegt. Als erste Lehrgangsteilnehmer trafen im Juli 1944 55 französiche Offiziere und Unteroffiziere ein. Später kamen Flamen, Italiener und Bulgaren. Nach dem sowjetischen Durchbruch bei Schneidemühl im Herbst 1944 wurden die Angehörigen der Schule — Stammpersonal und „Schüler" — gruppenweise zum Fronteinsatz herangezogen, so daß im Februar 1945 fast die gesamte Schule im Kampfeinsatz stand. Im Februar erhielt der Kommandeur der Schule den Befehl, den Schulbetrieb wieder aufzunehmen, wozu alles wieder in Sophienwalde versammelt wurde. Während die zur Schule kommandierten Führer wieder zu ihren Stammtruppenteilen zurückkehrten, verlegte die Schule mit dem Stammpersonal unter erheblichen Schwierigkeiten nach Vordingburg in Dänemark. Im April — der Lehrbetrieb war inzwischen kaum wieder aufgenommen worden — erhielt die Schule Befehl zum Fronteinsatz. Nach Hin- und Herfahrten kam das Stammpersonal der Schule am 2. Mai 1945 in Hamburg-Langenhorn an und wurde zu einer Kampfgruppe überführt, die Anfang Mai in der Lüneburger Heide kapitulierte.

63)	Schröttersburg:	SS-Kraftfahrschule III

Das SS-Führungshauptamt befahl am 6. November 1942 mit Wirkung vom 10. November 1942 die Errichtung einer 3. SS-Kraftfahrschule „zur Aus- und Weiterbildung von Kraftfahrern der Waffen-SS".
Die Schule war im Seminar in Schröttersburg untergebracht.

64)	Teinitz:	SS-Panzergrenadier-Schule
65)	Tölz:	SS-Junkerschule (seit 1934)
66)	Westpreußen Tr.Üb.Platz	SS- und Waffen-Unterführerschule
67)	Wien-Schönbrunn:	Kraftfahrtechnische Lehranstalt der Waffen-SS
68)	Wien:	SS-Sanitätsschule
69)	Windau:	SS-Unterführer-Schule
70)	Wunsdorf:	SS-Panzertruppenschule
71)	Unna:	SS-Panzerschule

Soweit eigene Schulen der Waffen-SS für bestimmte Waffengattungen nicht bestanden, wurde der Führernachwuchs an den entsprechenden Schulen des Heeres ausgebildet.
Dem AMT FÜR FÜHRERNACHWUCHS unterstanden unmittelbar nur die 4 Junkerschulen, während ihm das Inspektionsrecht an allen übrigen Ausbildungsstätten und in allen Ausbildungsphasen des Ausbildungsvorganges zustand.

Ein Rückblick

Ein Teilnehmer des 1. Kriegslehrgangs und späterer Ritterkreuzträger erinnert sich:

Bei uns war alles anders. Schon, wie wir anrückten! Unsere Uniformen konnten trotz aller Putz- und Flickstunden den Polenfeldzug nicht verleugnen. Vor der Abfahrt zur Junkerschule mußten wir alle Ausrüstung und Bekleidung abgeben, bis auf das, was wir am Leibe trugen. Selbst das Seitengewehr blieb bei der Kompanie. Unsere wenigen persönlichen Habseligkeiten trugen wir in einem Pappkarton. Hätten wir nicht so strahlend ausgesehen, man hätte uns für die ersten polnischen Gefangenen halten können.

Der Lehrgang war in zwei Kompanien, diese in Züge eingeteilt. Auch das unterschied ihn von den Friedenslehrgängen. Die 1.Kp. führte Hauptsturmführer Lang, ein bulliger Kommißkopf und exzellenter Ausbilder. Meine 2.Kp. führte Hauptmann Grünwälder, ein frisch vom Heer übernommener Offizier. Er war durch eine Denkschrift bekannt geworden, in der er neue Gedanken zur Ausbildung des Soldaten vertrat. Diese schienen beim Heer auf wenig Verständnis gestoßen zu sein. Einen besonderen Eindruck machten auf uns die Zugführer. Bei ihnen spürten wir jenen Geist, den wir in unserer Truppe suchten. Der Kommandeur war Brigadeführer Freiherr von Scheele, ein alter Gardeoffizier. Über ihn haben wir uns manchmal amüsiert, wenn ihm das Monokel aus dem Auge fiel.

Der Lehrgang stand unter enormem Zeitdruck. In knapp vier Monaten sollten die Offiziere für die geplante Vergrößerung unserer Truppe ausgebildet werden. Schon die harte Auslese bei der Einheit hatte uns gezeigt, daß das nicht zu Lasten der Anforderungen gehen würde. So wurde der Lehrgang improvisiert. Geländedienst, Schießen und Sport beherrschten die Tage. Aber der Unterricht kam nicht zu kurz, der den kommenden Offizieren das erforderliche theoretische Rüstzeug für ihr Handwerk geben sollte.

Die unerbittliche Auslese vor Augen, setzte jeder sein Bestes ein. Nächtelang studierten wir die Vorschriften und büffelten für den Unterricht.

Zu Weihnachten bekamen wir Urlaub. Nur 10 Tage, mehr hatte der Schulkommandeur nicht erlaubt. Mit einigen Kameraden machte ich Urlaub in der Schule. Wir genossen die Freiheit und versuchten, im Schnee mit den verflixten Brettern vertraut zu werden. Ausgelassen feierten wir Sylvester. Als die Glocken das Jahr 1940 einläuteten, standen wir am Fenster und schauten in die mondübergossene Schneelandschaft.

Im Januar fuhren wir zum Winterschießen auf den alten k.u.k.-Truppenübungsplatz Bruck an der Leitha. Die primitiven Unterkünfte gaben ihm den Spitznamen „Bruch an der Leiter". Unangenehm pfiff ein eisiger Ostwind aus der Puszta. Wir waren nicht böse, als das Schießen vorzeitig abgebrochen wurde und wir mit einem Sonderzug nach Berlin gefahren wurden. Wir froren erbärmlich in den ungeheizten Waggons. Bei der Durchfahrt durch das Protektorat versuchten wir, uns mit Slivovitz aufzuwärmen. Keiner von uns ahnte, daß er zwei Jahre später unter viel härteren Umständen Eis und Schnee ausgesetzt werden würde.

In Berlin sprach Adolf Hitler zu den Offiziersanwärtern des Heeres und der Waffen-SS. An den Inhalt der Rede habe ich keine Erinnerung mehr. Ich weiß nur, daß wir begeistert waren und das Heer beim „Heil"-Rufen zu übertreffen suchten. Eine Episode bleibt unvergessen. Vor der Rede forderte ein Offizier des Heeres alle Soldaten auf, die das EK 1 im Polenfeldzug bekommen hatten, nach vorne zu kommen, wo sie dem Führer persönlich vorgestellt werden sollten.

Ausgang in Berlin. Die meisten von uns sahen die Reichshauptstadt zum erstenmal. Wir bummelten „Unter den Linden". Im „Mokka Efti" spielte Bernhard Etté mit seinem Orchester. Bei einem Schuhmacher ließen wir uns Maß für die eigenen Stiefel nehmen.

Wieder in Tölz, flogen die letzten Wochen dahin. „Bubi" Reder, unser Zugführer, holte sich jeden Mann seines Zuges auf sein Zimmer und teilte ihm mit, wie seine Leistungen beurteilt wurden. Es wurde stark gesiebt, ein beachtlicher Teil bestand den Lehrgang nicht.

Es ist erstaunlich, wie stark die Erinnerung an diese vier Monate geblieben ist. Erinnerungen, das sind verarbeitete Erlebnisse. Nach vierzig Jahren stellt sich die Frage: „Was ist davon geblieben?".

Die Auffassung über das Selbstverständnis unserer Truppe wird beim Einzelnen aus seinem persönlichen Erleben heraus geprägt sein. Stärker, als das beim Heer möglich war, haben unsere Kommandeure der Truppe ihren Stempel aufgedrückt. Bei mir war es Felix Steiner, in dessen Bannkreis ich bis zum Kriegsende geriet. Eine beeindruckende Persönlichkeit. Aus seinen Ideen waren die Ansätze einer Heeresreform zu erkennen.

Was unsere Soldaten in die Geschichte eingehen läßt, das ist das hohe Maß an Moral, das sie auszeichnete. Das moralische Element, das nach Moltke im Kriege die Bedingung jeglichen Erfolges ist. Die geistige, seelische Haltung, der Wille zur Selbst- und Mitverantwortung, die Pflichterfüllung, die Bereitschaft zum Dienen, aber auch der freie Ton in unseren Reden sind auch Elemente alten preußischen Soldatentums. Aber ohne Zweifel kam bei uns eine revolutionäre Dynamik hinzu, die auf den Schlachtfeldern zerschlagen wurde.

Die Geschichte gibt keine Chance zweimal. Die Welt hat sich tiefgreifender gewandelt, als wir das damals für möglich hielten und als es uns heute bewußt ist. Als Hölderlins Jünglinge zogen wir in die Schlacht, als gereifte Männer mit Leiderfahrung kamen wir aus den Lagern der Sieger heim.

Karl Lorenz stellt fest, daß die Scheu des modernen Menschen vor Unlustgefühlen zum Wärmetod der Gefühle und zu einer Langeweile führt, die das Leben sinnlos erscheinen läßt. Er schildert die Erfahrung von Psychiatern, daß Menschen, die in eine Grenzsituation des Lebens geworfen wurden, plötzlich ihr Leben wieder als sinnvoll empfinden. An der Front und in der Gefangenschaft haben wir lange Jahre in dieser Grenzsituation gestanden. Wilhelm Ritter von Schramm schreibt in einer Besprechung zu John Keegans „Das Antlitz des Krieges":

„. . . aber im Kriege kommt eben noch hinzu, was jüngere angelsächsische Kriegshistoriker gerne abstreiten: die sogenannte „Kriegsgewöhnung", die in der Tat nicht für Hinz und Kunz gilt, aber für Hunderttausende europäischer Kriegsteilnehmer der beiden Weltkriege. Ihr unauslöschliches Erlebnis wurde eben das, was man heute Gruppendynamik nennen würde: Das gesteigerte Lebensgefühl und die dementsprechende Akkumulation von Leistung und Bewährung durch Beispiel und Gemeinschaft im Kriege. Sonst unerträgliche Situationen, Nöte und Strapazen wurden dadurch nicht nur bestanden, sondern gemeistert. Es ergab sich ein Esprit de corps, der heute noch nachwirkt. Die Kameradentreffen dreißig und mehr Jahre nach dem Krieg sind alles andere als Demonstrationen alter Militaristen."

Was bleibt, ist das Erlebnis der Kameradschaft. Keiner von uns hätte Krieg und Gefangenschaft überlebt ohne den Kameraden an der Seite. Das ist ein Grundwert, daß man sich aufeinander verlassen konnte! Alles muß sich im Strom der Zeit bewähren. Was in Krieg und Gefangenschaft noch nicht abgestoßen wurde, mußte sich in Beruf und Familie neu bewähren. Wenn unsere Vision von einer besseren Zukunft Bestand haben sollte, dann muß sie sich hier bewährt haben.

In der neuen TF heißt es (Nr. 43):

„Vertrauen zwischen Führern und Geführten ist Voraussetzung jeden Erfolges und die Grundlage für den Zusammenhalt in Not und Gefahr. Vertrauen erwirbt, wer führen kann, wer beherrscht und maßvoll ist, Gerechtigkeit und Geduld übt, für seine Truppe sorgt sowie immer wahrhaft und sich selbst treu bleibt."

Das Wissen um diesen hohen Anspruch an einen Führer haben wir aus Tölz mitgenommen.

Das Ende der Junkerschule Tölz: Die Division Nibelungen

Mit Erreichen des Rheins in der ersten März-Dekade 1945 war General Eisenhowers Dreiphasenplan für die Schlacht im Rheinland durchgeführt. Binnen 6 Wochen waren die deutschen Truppen von der Westgrenze des Reiches bis an den Rhein zurückgedrängt worden. 293 000 deutsche Soldaten gerieten während dieses Zeitabschnittes in Gefangenschaft, 60 000 Gefallene waren zu beklagen.

In der Nacht zum 24. März 1945 begann der alliierte Angriff über den Rhein. Der Vorstoß über den unteren Rhein, von General Montgomery sorgfältig geplant, gelang: am Abend des 24. März 1945 standen Montgomerys Truppen etwa 10 km ostwärts des Stromes, zwei Tage darauf waren bereits 12 Brückenstellen in Betrieb.

Am 26. März löste Hitler die sogenannte West- und Ostgotenbewegung aus mit der Alarmierung aller noch im Reich stehenden Kräfte. Sie wurden — wie die 12. Armee des Generals Wenck — aus der Notlage heraus geboren, improvisiert. Zu spät aufgestellt, zu spät versammelt, die Divisionen wurden unfertig und ungenügend ausgerüstet zum Einsatz gebracht. Andere Divisionen erreichten nicht einmal ihre Versammlungsräume — sie sind vorher schon in Kämpfe verwickelt und zerschlagen worden.

Auch die Junkerschule Tölz lag seit Tagen in Alarmbereitschaft, als Hitler am Nachmittag des 27.März 1945 die Aufstellung von drei Divisionen für den Westen befahl und in diesem Rahmen die „Zuführung von 8000 Rekruten des Jahrganges 1928 zu den etwa 1000 Junkern der Junker-Schule Tölz". Gleichzeitig befahl er als Bezeichnung für diese neue Division „Junker-Schule", der Name wurde aber durch den Schulkommandeur in „Nibelungen" geändert und auch an höherer Stelle akzeptiert.

Im Raum Freiburg-Feldberg-Todtnau sollte die Junkerschule zur Grenadier-Division mit 3 Regimentern, einem Artl.-Regiment mit 4 Abteilungen, einer Aufklärungsabteilung, Sturmgeschütz-Abteilung und anderen Divisionseinheiten umgebildet werden. Doch infolge der kriegerischen Ereignisse erreichten viele dieser Einheiten nicht mehr die sich in ständiger Verlegung befindliche Division. Außer den 8000 (teilweise noch nicht eingekleideten) Rekruten stießen zur Division die älteren Jahrgänge der Adolf-Hitler-Schule Sonthofen, ein Zollschutz-Btl., ältere Jahrgänge des Reichsarbeitsdienstes, später noch Reste der französischen Division „Charlemagne" und das deutsche Rahmenpersonal der Waffen-Grenadier-Division der SS (Weißruthenische Nr. 1).Die Lehrgruppenkommandeure der Junkerschule übernahmen die Aufstellung und Führung der Regimenter, die Inspektionschefs die Bataillone, die Junkerschaftsführer die Kompanien, während die nach Abschluß ihres Lehrgangs beförderten Standartenoberjunker Züge übernahmen oder in die Spezialeinheiten versetzt wurden.

Nach harten und verlustreichen Kämpfen besonders im Donauraum und dauernden Rückzügen bis in die Berge im Raum Traunstein kapitulierte die Division „Nibelungen" mit letzten Teilen in Reit im Winkl gegenüber der 101.US-Luftlande-Division.

Nach dem Ausrücken der Junkerschule war der Gebäudekomplex Durchgangsstation zahlreicher Stäbe und Dienststellen der Waffen-SS auf dem Weg in die „Alpenfestung", Sammelplatz für Junker aus den aufgelösten Lehrgängen der Waffen- und Junkerschule der SS in Klagenfurt und für Schüler der Adolf-Hitler-Schule Sonthofen, soweit sie nicht zur Division „Nibelungen" getreten waren. Beim Näherrücken der US-Truppen wurde auf Befehl des AOK 1 aus dem noch vorhandenen Personal der Schule, Junkern und Adolf-Hitler-Schülern eine Kampfgruppe unter Sturmbannführer Dietsche aufgestellt, die sich aus dem Kampfgruppenstab,

      etwa 1 Kompanie Junker

      und 2—3 Kompanien Adolf-Hitler-Schülern sowie

      einem Panzer-Jagd-Kommando Mörth (Stärke ca. 80 Mann, darunter 50 Adolf-Hitler-Schüler.)
zusammensetzte.

Nach Kämpfen im Raum Kochel, Bichl und Lenggries und Besetzung und Verteidigung von strategisch wichtigen Punkten und Zugängen zum Karwendelgebirge wurden diese versprengten Gruppen gefangengenommen. Die Junkerschule Tölz wurde das Hauptquartier der 3.US-Army unter dem berühmten Panzer-General George S. Patton, jun. In den Patton-Papers, seinen Papieren und Briefen wird berichtet, daß das Hauptquartier verlegt wurde

„into a 900-room-building on a 40-acre site, formerly an SS-Officers training school. It was, he told his brother-in-law, the best laid out building I have ever seen. If I were planning a headquarters building for an Army, I would copy it"

... eine derart einmalig konzipierte Anlage, wie ich sie nie zuvor gesehen habe, und wenn ich ein Hauptquartier für eine Armee zu planen hätte, ich würde diese kopieren ...

Und damit endet die Geschichte der Junkerschule Tölz.[216]

Schlußbemerkung

Alle für den Führernachwuchs der Waffen-SS zuständigen Einrichtungen haben eine außerordentliche Leistung vollbracht, die ich darzustellen versuchte.

Als ehemaligem Kommandeur der SS-Junkerschule Tölz und Verfasser dieses Buches mag mir erlaubt sein, dem hinzuzufügen:

Tölz war mehr als eine Junkerschule. Hier zeichnete sich ab 1942/43 eine neuartige Entwicklung ab, nämlich die Erziehung von Freiwilligen aus über 12 Nationen. Hierfür gab es kein Beispiel, keine Richtlinien vorgesetzter Dienststellen. Es war ein Experiment, überlegt, geplant und ausgeführt von jungen Kommandeuren und Ausbildern, unterstützt durch den Idealismus junger Europäer.

Auch wenn es heute nicht gern gehört wird: Die Inspekteure aller Wehrmachtsteile für den Führernachwuchs sowie die Kriegsschulkommandeure fast aller Kriegsschulen von Heer, Marine und Luftwaffe besichtigten Tölz, und ab 1944 weilten die Kurse für Generalstäbler der Kriegsakademie für einige Tage in Tölz. Wie ihr damaliger Kommandeur sagte, „waren sie von der einmaligen, neuen und vorbildlichen Offiziersausbildung beeindruckt".

Durch diese Besuche kam es zum Austausch der Lehrpläne, und Lehrer der Junkerschulen wurden vorübergehend zu verschiedenen Kriegsschulen kommandiert, um dort beispielsweise über die „musische Erziehung" zu berichten oder — wie bei der Marine — über die Gefechtsausbildung zu unterrichten.

Nicht ohne Stolz haben wir im Buch des Amerikaners Stein über die Waffen-SS ein Zitat gelesen, das er dem Buch des Engländers Reitlinger entnommen hat:

„Unter dem Einfluß von Haussers Kadettenschulen entwickelte die Waffen-SS das wirksamste aller militärischen Ausbildungssysteme des Zweiten Weltkrieges."

Stimmt diese Behauptung? Ist sie eine Übertreibung?

Wir ehemaligen Absolventen einer Junkerschule sind vielleicht befangen — möge das Urteil auch hier die Militärgeschichte schreiben.

Frontansicht der Schule in Bad Tölz mit der Benediktenwand

Innenhof

Die Gesamtanlage
in Bad Tölz
ostwärts
der Stadt

Wohn- und Schlafraum
der Junker.
Spinde ohne Schlösser!
Achtung vor dem Eigen-
tum; Vertrauen zum Ka-
meraden. Diese Grundsät-
ze hielten später bis in
den vordersten Graben.
Die Truppe war stolz dar-
auf. Hier hatte ihr Korps-
geist eine seiner Wurzeln.

Junkerschullehrgang Bad Tölz

Auch die Geselligkeit
gehörte dazu

Pionier-
Geräte-
Kammer

Waffenkammer

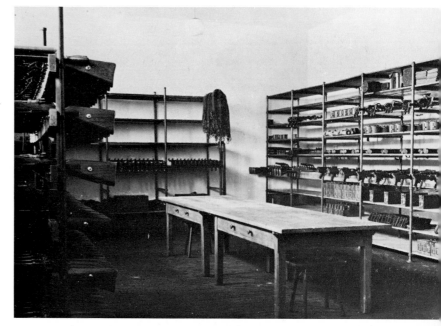

Kraftfahrzeugprüfstände
und Hebebühnen

Schlosserei ▶

◀ Heizung

Beschlagschmiede für
120 Reitpferde

Bildstelle

Im Welfenschloß war die Junkerschule Braunschweig untergebracht

Ihr 1. Kommandeur war der spätere SS-Oberstgruppenführer und Generaloberst der Waffen-SS Paul Hausser (hier zu Pferd)

SS-Oberführer Götze war der Nachfolger Hausser's,
als Kommandeur der Schule Braunschweig,
gefallen 1940 in Frankreich.
Hausser wurde Inspekteur der SS-Verfügungstruppe.

Die Schule paradiert 1937 ▼

Großer Saal
der Schule
Braunschweig

Führerheim
im Braunschweiger
Schloß

Führerheim
in Tölz

Kraftfahr-Reparatur-
Werkstatt

Waffenmeisterei

7,5 cm leichtes
Infanteriegeschütz
Schußweite
3550 m bis 4600 m
Schußleistung/min 8-12
Geschoßgewicht 5,5 kg

3,7 cm Pak
6800 Schußweite
Gewicht 450 kg
Schuß/min 12-15
Geschoßgewicht 0,685 kg
Durchschlags-Leistung
auf 600 m 27 mm

Segelausbildung in Prien am Chiemsee

Mit dem Dingi
der Kajütenyacht

„Piratenlieder"

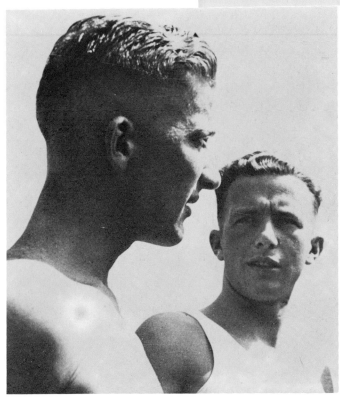

Gesichter „Damals"

Leichtathletik

und

Skiausbildung

in Bad Tölz

Die moderne Schwimmhalle

Sport
und
Körperpflege
waren
selbstverständliche
Disziplinen

Der Boxring

Gymnastik mit Medizinbällen

Fechtausbildung

SS-Untersturmführer Tripps
mit beinamputierten
Offiziersbewerbern
bei praktischen Übungen.
Unsere Kriegsversehrten
wurden auf den Innendienst
vorbereitet.

Tripps und Wokun
— Wokun war noch 1944
an der Junkerschule Prag,
zusammen mit Gramlich
von der Fußballnational-
mannschaft

Auch der Start
muß geübt werden

Unterführerschule Posen-Treskau. SS-Oberführer Borchert, Kommandeur der Schule,
mit Obersturmbannführer Schimmelpfennig und Trautwein bei der Morgenfeier mit Musikzug des Heeres.

4. Junkerschaft
SS-Hauptsturmführer Bollert
SS-Hauptsturmführer Lang

Ärmelstreifen

SS-Schule Braunschweig

SS-Schule Tölz

◀

Schulterstücke
SS-Untersturmführer
(Leutnant) und

▶

Standartenjunker
(Fähnrich)

2. Lehrgang — Aufsicht A — Bad Tölz
(Mitte: Taktiklehrer Schwedler)

Sport-
und Zeltlager
Bad Tölz

Die Schule
auf dem Marsch

1. Lehrgang Tölz 1934
Aufsicht C
mit dem Schulkommandeur
Paul Lettow

Auch zur Polizei
wurden Junkerschüler
versetzt wie zum Heer.
Hier ein Leutnant
der Schutzpolizei.

Braunschweiger Junker
kehren 1935 von einer
Gefechtsübung heim

15. Kriegsjunkerlehrgang in Klagenfurt. Nach dem Schwimmen im Wörthersee.

Beim Kugelstoßen
ist die Konzentration
der halbe Erfolg

Zum Sportplatz

1935 noch
in schwarzen
Uniformen,
feldgrau
ab 1935

Der zum Heer kommandierte damalige SS-Obersturmführer Peter-A. Kausch. Ehemalige Junker wurden auch zum Heer kommandiert. Sie trugen nach Weisung der
jeweiligen Befehlshaber zur Uniform das Hoheitsabzeichen der Wehrmacht.

Eine Kompanie des Heeres geführt von einem SS-Obersturmführer

Die Beförderung zum SS-Untersturmführer (Leutnant)

Ausbildung am Scherenfernrohr

Pionierübung: Fahren mit Sturmbooten

Gemeinsame Übungen mit der Luftwaffe

Junkerschaft
auf Rädern

Ausbildung an 10,5 cm
Weltkriegshaubitze, 1935

Winterkampfübung der Junker

Finnische und norwegische Junker bei der Hochgebirgsausbildung

Im Gelände

Rückmarsch

Feuer
und
Bewegung

Kritik!

Auf dem Schießstand
am MG 42 beim Üben
kurzer Feuerstöße
mit Glasbeobachtung

8 cm Granatwerfer

5 cm Pak (38)
in Tölz

Winterausbildung

Schießausbildung

Schußweite
3550-4600 m
Kaliber 7,5 cm

Leichtes Infanteriegeschütz 18

Rückkehr vom Schießplatz

Junkerschaftsführer
mit seiner Junkerschaft ▶

Übungszweck: Flußübergang über die Drau; Schule Klagenfurt

Junker-Schule Klagenfurt

15. Kriegs-Junkerlehrgang
in Klagenfurt.
Die I. Inspektion rückt
vom Truppendienst ein.

Der Ulrichsberg,
Kärnten's Wahrzeichen,
über dem Sportplatz
der Schule

Beethoven, Mozart, Schubert — in den Schulen galt musische Erziehung als Teil der Ausbildung

Am Manual
der Orgel
Obersturmführer
Wiemann

Großer Hörsaal mit Orgel

Unterrichtsraum
(Sandkästen)

und Sporthalle
Bad Tölz

Ehemaliger Junker
als Leutnant der
Ordnungspolizei

Ehemalige Junker wurden in
viele hohe Adjutantenstellungen
versetzt.
Hier die Obersturmführer
l. Hansgeorg Schulze
r. Hans Pfeiffer
Beide fielen beim Fronteinsatz

Ausbildungsoffizier
Hermann Buch

Fritz Klingenberg
(vorletzter Schulkommandeur)
als Divisionskommandeur
17. SS-Panzergrenadierdivision
„Götz von Berlichingen"
gefallen

Ausbildungsoffizier
Megerle

Hausser besucht die Junkerschule Tölz
Links der Schulkommandeur Dörffler-Schuband

Der Autor und Fritz Klingenberg

Das Führerkorps der Junkerschule vor dem Führerheim anläßlich eines Besuchs von Hausser

Der Hörsaal

SS-Oberstgruppenführer
und Generaloberst der
Waffen-SS P. Hausser
und SS-Standartenführer
Klingenberg 1944
in der Schule Bad Tölz

Im Hörsaal
(Bundesarchiv)

Der Finne Palmgren und der Isländer Björnsson, Sohn des damaligen isl. Staatspräsidenten

Im Hörsaal der JS Tölz 1942 (Bundesarchiv)

Standartenoberjunker einer Inspektion der JS Braunschweig 1943

13. Junkerschaft
IV. Inspektion

Lehrgruppen-Kommandeur
Markus Faulhaber,
hier noch als Taktiklehrer

Schiedsrichter
SS-Obersturmführer Tripps
mit Offizieren des Heeres

Zwei Inspektionschefs

Generalstabslehrgang an der Kriegsakademie.
Oberst i.G. Wenck, später General der Panzertruppen (Bildmitte),
links hinter ihm SS-Hauptsturmführer Braun,
später Chef des Stabes IX. Waffen-Gebirgskorps der SS (kroatisch).

Generalstabslehrgang an der Kriegsakademie.
Ganz links SS-Hauptsturmführer Schönfelder, später Chef des Stabes IV. SS-Panzerkorps.

Major i.G. Wolfram und SS-Sturmbannführer Hubert Meyer,
später 1. Generalstabsoffizier
12. SS-Panzerdivision „Hitlerjugend"

Rast bei Geländebesprechung. Oberstleutnant i.G. Kriebel Kriegsakademie des Heeres
und SS-Sturmbannführer Hubert Meyer, 10. Kriegslehrgang und weitere Teilnehmer.

Die Führerschule der Wirtschaftsverwaltungsdienste befand sich während des Krieges in der Friedenskaserne des II. Batl./„Germania"

Dem Panzer-Junker-Sonderlehrgang II ging in Putlos der Panzer-Junker-Sonderlehrgang I voraus. Die Junker in diesen Lehrgängen hatten als Lehroffiziere vorwiegend Kameraden der Wehrmacht (Kommandeur Oberstleutnant Wolf). Taktiklehrer und Inspektionschefs waren fast ausschließlich Offiziere der Wehrmacht (Panzertruppe). Die Zusammenarbeit war vorbildlich. Die Kameradschaft in diesem gemischten Offizier-/Führerkorps war entsprechend. Wir jungen Aufsichtsführer der Waffen-SS haben in jenerzeit sehr viel lernen können.

SS Ärztliche Akademie in Graz

Die Hochgebirgsschule der Waffen-SS lag in Neustift im Stubaital (Tirol)

Der Reitstall in Bad Tölz. Junker beim Ausritt

Sportplatz
in der
Hochgebirgs-
landschaft

Generalfeldmarschall Model
in der Maginotlinie,
begleitet von SS-Sturmbannführer
Hein Springer (ehem. Junker),
seinem Begleitoffizier

SS-Brigadeführer
und Generalmajor der Waffen-SS
Lothar Debes
als Schulkommandeur
bei einer Übung der Pioniere

Auf der Hauptstraße in Bad Tölz

Trauerparade
gestellt von Standartenjunkern

4 Nationen
auf einer Stube,
der Schweizer Rodio,
der Finne Palmgren,
der Norweger Kjelstrup,
die Niederländer de Laat
und ter Mors

Fähnriche aus 12 Nationen

Finnische Offiziere
in Bad Tölz

▲Zwei dänische Offiziere — Christian Peder Kryssing und
Knud Børge Martinsen, rechts in der Uniform der
Waffen-SS als Angehörige des FREIKORPS DANMARK

▲

Der dänische Junker Sören Kam
— hier als SS-Obersturmführer
(Oberleutnant) nach der Verleihung
des Ritterkreuzes

▶

Der französische
Oberstleutnant
Gamory-Dubourdeau,
Teilnehmer 1. frz.
Sonderlehrgang

▼ Ehem. frz. Junker Cance (rechts) als SS-Hauptsturmführer u. Btls. Kommandeur

v.l.n.r.
Untersturmführer
Hans Reiche,
Sturmbannführer
Schäfer,
Hauptsturmführer
Pierre Cance

Unterscharführer
Croise.
Vater und Brüder
waren ebenfalls
Junker.

Oberjunker
Prinz Protopopoff,
als Zugführer
in Berlin
Ende April 1945
gefallen

Lettische Junker und Teilnehmer eines
germanischen Offiziers-Lehrganges in Tölz

Der frz. Ritterkreuzträger
und ehem. Tölzer Henri Fenet

Lehrgruppenkommandeur W. Schmidt u. Schulkommandeur vor der Front

SS-Sturmbannführer W. Schmidt mit Offizieren des Heeres, die als Schiedsrichter an einer Geländeübung teilnahmen.

Besprechung des Schulkommandeurs SS-Obersturmbannführer Schulze-Kossens (letzter Schulkommandeur) vor einer Übung mit den Lehrgruppenkommandeuren Walter Schmidt und Markus Faulhaber

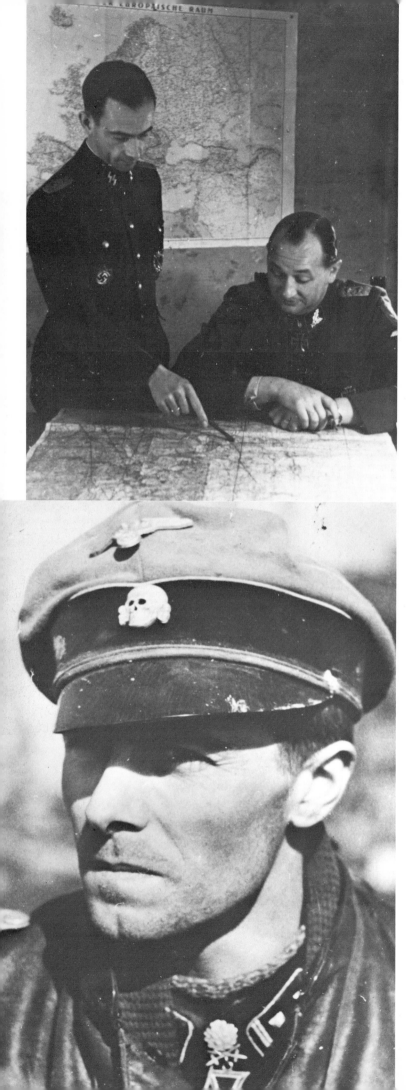

Otto Baum, als Oberführer
u. Divisionskommandeur
der 16. SS-Panzergrenadier-Division
mit seinem 1. Generalstabsoffizier
Ekkehard Albert, später Chef
des Stabes XIII. SS-Armeekorps,
ehem. Junker

Otto Weidinger, SS-Obersturmbannführe[r]
als Kommandeur des
Panzer-Grenadier-Regiments „Der Führe[r]"
ehem. Junker

SS Obersturmbannführer Jochen Peiper
als Kommandeur des 1. SS-Panzerregiments
„Leibstandarte" ehem. Junker

Ehemalige Junker, die Generalsrang erreichten

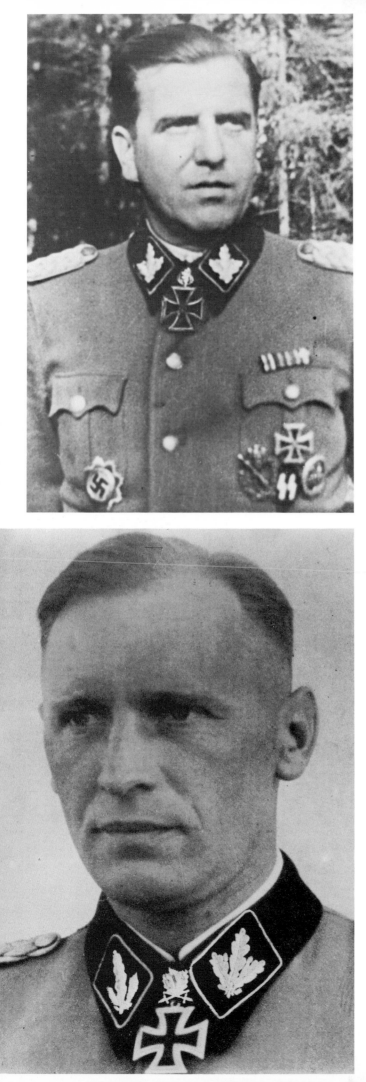

◄
Franz Augsberger
gefallen als Divisionskommandeur
20. SS-Division (estnische Nr. 1)

Hugo Krass, zuletzt Divisionskommandeur
12. SS-Panzerdivision Hitlerjugend

◄
Silvester Stadler,
zuletzt Divisionskommandeur
9. SS-Panzerdivision „Hohenstaufen"

Maximilian von Herff,
SS-Brigadeführer und
Generalmajor der Waffen-SS
begraben in London,
war Personalchef
der Waffen-SS
Vorher war v. Herff
im Afrika-Korps.
Er hat sich als Eroberer
des Halfaja-Passes
im April 1941 hoch bewährt.

In Tölz wurden auch Einzelkämpfer der Kriegsmarine
z.B. als Einmann-Torpedofahrer, ausgebildet

Dokumenten-Anhang

1. Status der SS-Führerschulen und späteren SS-Junkerschulen.
   Auszüge aus den wichtigsten Erlassen.
2. Schreiben des Wehrmachtsamtes an die Heeresleitung über Status der SS-Führerschulen.
3. Schreiben des SS-FHA über Stellung der zu Junkerschulen versetzten oder kommandierten Angehörigen der SS.
4. Befehl über Umbenennung der SS-Führerschulen in SS-Junkerschulen.
5. Befehl über die SS-Ärztliche Junkerschule Berlin.
6. Beurteilung der Psychologischen Prüfstelle II des Heeres über einen SS-Führeranwärter.
7. Befehl über schriftliche Monatsarbeiten der aus den Junkerschulen hervorgegangenen SS-Führer.
8. Versetzungsverfügung von der SS-Verfügungstruppe zum Heer.
9. Versetzungsverfügung von SS-Führeranwärtern der Junkerschule Tölz zur Luftwaffe.
10. Befehl über Beförderungen der aus SS-Junkerschulen hervorgegangenen SS-Führer.
11. Befehl über Heiratsgenehmigungen für die aus den SS-Junkerschulen hervorgegangenen SS-Führer.
12. Aufhebung einer Verfügung über Heiratsgenehmigung.
13. Befehl über die militärische Ausbildung der germanischen Offiziere in Tölz.
14. Befehl über den 1. Sonderlehrgang für französische Offiziere in Tölz.
15. Dänische Freiwillige der Waffen-SS.
16. Brief des dänischen Kriegsministeriums vom 8.7.1941.
17. Brief des dänischen Kriegsministeriums vom 1.6.1943.
18. Brief des Hauptmanns Thygesen vom dänischen Kriegsministerium vom 13.6.1942.
19. Auszug aus dem französischen Gesetzblatt Nr. 175 v. 23.7.1943 über die Aufstellung eines französischen Freiwilligenverbandes innerhalb der Waffen-SS zum Kampf gegen den Bolschewismus.
20. Aufruf von norwegischen Pfarrern zum Kampf gegen den Bolschewismus.
21. Befehl der Lehrgruppe B der Junkerschule Tölz über den Kirchgang der Wallonen.
22. Befehl über den Generalstabsnachwuchs während der Krieges.
23. Stärkemeldung einer Inspektion nach Nationalitäten der Junkerschule Tölz.
24. Beurteilung eines Teilnehmers am Generalstabslehrgang v. 9. Mai 1942.
25. Beurteilung eines Teilnehmers am Generalstabslehrgang v. 8. August 1942.
26. Beurteilung eines Teilnehmers am Generalstabslehrgang v. 15. März 1941.
27. Beurteilungsnotiz eines abqualifizierten Junkers in Tölz.
28. Beurteilungsnotiz eines zum Führer geeigneten Junkers in Tölz.
29. Beurteilungsnotiz eines Feldmarschalls über seinen Begleitoffizier der Waffen-SS.
30. Beurteilung eines schwedischen SS-Junkers.
31. Beurteilung eines französischen Teilnehmers am 1. Sonderlehrgang für französische Offiziere.
32. Ernennungsurkunden.
33. Personalverfügung über die Kommandierung von SS-Standartenjunkern zur Luftwaffen-Inspektion in Tölz.
34. Beurteilung eines Führeranwärters durch die Heeresnachrichtenschule Halle.
35. Tagesbefehl der Lehrgruppe B nach einer Besichtigung der Junkerschule Tölz durch die Inspekteure des Führernachwuchses der Wehrmacht.
36. Kriegsstärkenachweisung der Führerschule des W.V.-Dienstes.

Status der SS-Führerschulen
und der späteren SS-Junkerschulen
Auszüge aus den wichtigsten Erlassen

24. September 1934:

Am 24. September 1934 erläßt der Reichsverteidigungsminister Nr. 1139/34 g.K.L. II a, Betr.: SS-Verfügungstruppe, folgenden Befehl, in dem unter Ziffer 8 steht:

„Die Führer der SS-Verfügungstruppe werden durch die SS selbst aus deren Angehörigen herangebildet. Die Beförderungsgrundsätze sind denen der Wehrmacht anzugleichen. Die Heranbildung der Führer erfolgt in **3 SS-Führerschulen**, deren Etat vom Reichsführer-SS aufgestellt und vom Reichsverteidigungsminister (Heeresleitung, Allgemeines Heeresamt) genehmigt wird.

Ziffer 13:

a) Kommandierung von Lehroffizieren des Heeres zur Verfügungstruppe und den Führerschulen der SS.

b) Kommandierung von SS-Führern zur Dienstleistung bei Truppenteilen und zur Teilnahme an Lehrgängen (Schulen) des Heeres.

13. November 1934:

Am 13. November 1934 erfolgt ein Erlaß: Geheime Kommandosache, Allgemeines Heeresamt, Nr. 10470/34 g.Kdos. Allg. (III b), Betr.: St.N. der SS-Einheiten

Es folgt hier die **Stärkenachweisung für SS-Führerschule**

27. November 1934:

Am 27. November 1934 bestimmt der Reichsverteidigungsminister als g.Kdos. Nr. 1909/34 L II a:

„Ich genehmige die Aufstellung von **zwei SS-Führerschulen** (in Tölz und Braunschweig) im Rahmen der SS-Verfügungstruppe. Zur Festsetzung von Stärken und Ausrüstungen dieser Schulen setzt sich der Reichsführer-SS unmittelbar mit der Heeresleitung (Allgemeines Heeresamt) in Verbindung.“

18. Dezember 1934:

Am 18. Dezember 1934 erläßt der Chef der Heeresleitung T.A.Nr. 5530/34 g.K.T.2 IV, Vorgang: Der Reichsverteidigungsminister Nr. 1139/34 g.K.L.II a (Chef H.L.T.A. Nr. 5367/34 g.K.T. 2 IV v. 15.10.34):

„III. Ausbildung der Führer

1. Schulausbildung:

Die Richtlinien für die militärische Ausbildung des Führernachwuchses erläßt die Heeresleitung (T 4), die auch die Besichtigungen der Schulausbildung unmittelbar veranlaßt.

2. Sonderausbildung:

Die Spezialausbildung der SS-Führer ist Aufgabe des Heeres. Nähere Weisungen ergehen mit den Richtlinien gemäß A II 1.“

5. März 1935:

Am 5. März 1935 schreibt das Wehrmachtsamt Nr. 691/35 g.Kdos. L II a, Bezug: TA Nr. 745/35 g.Kdos. T 2 III A v. 20.2.35 an H.L. (Ta/T 2):

„Die Folgerung der H.L. aus der Tatsache, daß die **SS-Führerschulen in Tölz und Braunschweig** in dem Befehl des Führers und Reichskanzlers v. 2.2.35 nicht aufgeführt sind, ist nicht zutreffend. Die SS-Führerschulen sind für die Ausbildung der Führer und Unterführer der SS-Verfügungstruppe vorgesehen und somit ein Bestandteil der SS-

Verfügungstruppe. Der Befehl Reichsverteidigungsminister Nr. 1909/34 g. Kdos. L II a v. 27.12.34, mit dem ihre Aufstellung im Rahmen der SS-Verfügungstruppe genehmigt worden ist, ist nicht aufgehoben worden."

16. Oktober 1935:

Am 16. Oktober 1935 schreibt der Reichs- und Preußische Minister des Innern an den Reichsführer-SS:
Der Reichs- und Preußische Minister des Innern Nr. I A S 263 II/3631 geh.

GEHEIM
Betrifft: SS-Führerschulen in Braunschweig und Tölz.

„Bei der Besprechung in meinem Ministerium am 18. Juli 1935 war zugesagt worden, die Frage der Zugehörigkeit der beiden SS-Führerschulen Braunschweig und Tölz zur Verfügungstruppe durch Herbeiführung einer Stellungnahme des Reichskriegsministers und Oberbefehlshabers der Wehrmacht zu klären. Diese Stellungnahme ist inzwischen erfolgt. Danach sind zwar die beiden Schulen im Rahmen des 50-Millionen-Haushalts 1935 der Verfügungstruppe genehmigt worden. Die Zahl der auf ihnen auszubildenden Schüler übersteigt jedoch nach Mitteilung des Reichskriegsministers den Bedarf der SS-Verfügungstruppe um ein Vielfaches. Die beiden Schulen können daher nur teilweise als zur Verfügungstruppe gehörend angesehen werden. Sie sind aus diesem Grunde in dem Befehl des Führers und Reichskanzlers vom 2. Februar 1935 — Nr. 15/35 g.Kdos. —, in dem die Zusammenstellung der SS-Verfügungstruppe angeordnet war, nicht aufgeführt. Auch wird die durch Erlaß des Führers und Reichskanzlers vom 22. Mai 1935 (Reichsgesetzblatt I S. 614) auf ein Jahr festgesetzte aktive Dienstpflicht bei der Wehrmacht zwar durch einen entsprechenden Dienst bei den Standarten und Sturmbannen der SS-Verfügungstruppe, nicht aber bei einer der beiden SS-Führerschulen erfüllt.
Nach dieser Stellungnahme des Reichskriegsministers können die SS-Führerschulen Braunschweig und Tölz nicht als Einheiten der SS-Verfügungstruppe angesehen werden.
Im Einvernehmen mit dem Reichsminister der Finanzen bin ich daher lediglich in der Lage, aus den für die SS-Verfügungstruppe zur Verfügung gestellten Mitteln einen Zuschuß für die beiden Schulen zu leisten.
Für das Haushaltjahr 1935 soll es entsprechend der Ziffer IV meines Schreibens vom 11. Juli 1935 — I A S 223/3631 geh. bei einem Zuschuß in Höhe des angegebenen Bedarfs von 4.947.000 RM verbleiben. Die Stellungnahme zum Reichszuschuß für die beiden Schulen im Rechnungsjahr 1936 bleibt den Haushaltsverhandlungen vorbehalten. Da die SS-Führerschulen Braunschweig und Tölz nicht als Teile der SS-Verfügungstruppe gelten, unterliegt die Reichsführung der SS hinsichtlich dieser Schulen auch nicht den Bestimmungen, die für die SS-Verfügungstruppe aufgestellt worden sind. In allen Verträgen, die hinsichtlich dieser Schulen und ihrer Angehörigen abgeschlossen werden, würde daher nicht das Reich, sondern die NSDAP, vertreten durch den Reichsschatzmeister, Vertragspartner sein . . ."

18. Oktober 1935:

Eine Aktennotiz des Reichsführers-SS nach einer Besprechung beim Führer und Reichskanzler am 18. Oktober 1935 besagt:
„**Die Führerschulen** wurden vom Führer grundsätzlich genehmigt und sollen im Rahmen der Zusammenfassung der Gesamtpolizei unter den Reichsführer-SS, entweder als Staatssekretär im Innenministerium oder unmittelbar unter den Führer gestellt werden."

24. Februar 1936:

Am 24. Februar 1936 folgt ein Schreiben des Reichskriegsministers an den Reichsführer-SS:
Der Reichskriegsminister und Oberbefehlshaber der Wehrmacht Nr. 5/36 geh. L II 2. Ang.,
Betr.: Anrechnung der Dienstzeit auf den **Führerschulen** Braunschweig und Tölz
Bez.: Dort. I/V.T.Nr. 2441/36 geh. vom 20.1.36
„Nach der Aussprache am 12.2. in Garmisch-Partenkirchen glaube ich auf nähere Erörterungen über Umfang und Ziele der SS-Führerschulen verzichten zu können.
Meine Stellungnahme, daß die SS-Führerschulen in Braunschweig und Tölz in ihrer Gesamtheit nicht als Teile der SS-Verfügungstruppe anerkannt werden können, ist vom Beginn der Verhandlungen an mündlich und schriftlich (Chef Wehrmachtsamt Nr. 1107/35 g.Kdos. L II a vom 20.3.35 an Reichsführer-SS) zum Ausdruck gebracht worden. Auch der Herr Reichs- und Preuß. Minister des Innern hat sich mit seinem Schreiben I AS 263 II/3631 geh. vom 16.10.35 dieser Ansicht angeschlossen.

Der Standpunkt, wie ich ihn in meinem Schreiben vom 8.1.36 Nr. 5/36 geh. L II klargestellt habe, ist also keineswegs neu. Ich muß auch weiterhin an ihm festhalten. Um jedoch die in Ihrem Schreiben vom 20.1. Nr. I/V.T. 2441/36 geh. geschilderten Nachteile für die zur Ausbildung auf die Führerschulen Braunschweig und Tölz überwiesenen Führeranwärter der SS-Verfügungstruppe auszuschalten, bin ich mit folgender Regelung einverstanden:

Der jährliche Bedarf an Führernachwuchs für die SS-Verfügungstruppe muß festgelegt werden. Unter Zugrundelegung der Stärke der SS-Verfügungstruppe halte ich eine Zahl von etwa 20-25 Führeranwärtern jährlich für angemessen. Dieser Führernachwuchs der SS-Verfügungstruppe wird nach hinreichender militärischer Ausbildung in der Truppe zur weiteren Ausbildung auf die Führerschulen Braunschweig und Tölz kommandiert. Nach beendeter Ausbildung treten diese Führer, die während ihrer Kommandierung Angehörige der SS-Verfügungstruppe bleiben, zur SS-Verfügungstruppe zurück und finden dort als Führer Verwendung. Diesen Angehörigen der SS-Verfügungstruppe wird die während der Ausbildung auf den Führerschulen geleistete Dienstzeit bei Übertritt in die Wehrmacht voll angerechnet. Als Stichtag für die SS-Führerschule Tölz kommt der Gründungstag der SS-Verfügungstruppe mit dem 1.10.34, für die SS-Führerschule Braunschweig der von Ihnen vorgeschlagene Stichtag 1.2.35 in Frage.

Im übrigen weise ich nochmals darauf hin, daß die auf den Führerschulen geleistete Dienstzeit nicht als Erfüllung der aktiven Dienstpflicht im Sinne des § 8 des Wehrgesetzes gilt.

Ich bitte, mir Ihr Einverständnis zu der vorgeschlagenen Regelung baldigst zu übermitteln.

Falls Sie meinem Vorschlag nicht zustimmen, werde ich die Frage der Dienstzeitanrechnung zurückstellen und bei Übernahme von Angehörigen der SS-Verfügungstruppe in die Wehrmacht die Möglichkeit einer Anrechnung von Dienstzeit von Fall zu Fall prüfen und endgültig entscheiden."

17. August 1938:

Am 17. August 1938 erläßt der Führer und Reichskanzler eine geheime Kommandosache zur Vereinheitlichung und Neugliederung der Deutschen Polizei.

Zur Regelung dieser Aufgaben sowie zur Abgrenzung der gemeinsamen Aufgaben der SS und der Wehrmacht „ordne ich zusammenfassend und grundlegend an:

I. Allgemeines

    1. . . .

    2. Für besondere innenpolitische Aufgaben des Reichsführers-SS und Chef der Deutschen Polizei, die ihm zu stellen ich mir von Fall zu Fall vorbehalte, oder für die mobile Verwendung im Rahmen des Kriegsheeres (SS-Verfügungstruppe) sind von den Anordnungen der Ziffer 1 (sie besagt, daß die SS in ihrer Gesamtheit . . . keiner militärischen Gliederung und Ausbildung bedarf und unbewaffnet ist . . .) folgende bereits bestehende bzw. für den Mob.-Fall aufzustellende SS-Einheiten **ausgenommen:**

    Die SS-Verfügungstruppe

    Die SS-Junkerschulen

    . . .

II. Die bewaffneten Einheiten der SS

    A. Die Verfügungstruppe . . .

    B. **Die SS-Junkerschulen**

        1. Die SS-Junkerschulen einschließlich der SS-ärztlichen Junkerschule bilden den Führernachwuchs für die bewaffneten Teile der SS und für die **Deutsche Polizei** heran[1].

        2. Die Junker, die mindestens 1 Jahr Frontdienst in der SS-Verfügungstruppe geleistet, dann die SS-Junkerschulen und den Zugführer-Lehrgang mit Erfolg besucht haben und demnach über 2 Jahre unter den Waffen gedient haben, haben damit ihre Wehrpflicht (§ 8 des Wehrgesetzes) erfüllt.

        Bei Dienstleistungen bzw. Übernahme in die Wehrmacht werden Führer und Führeranwärter, die den Zugführerlehrgang mit Erfolg besucht haben, mit dem Dienstgrad eingegliedert, der ihrem Dienstgrad bei den bewaffneten Teilen der SS bzw. Polizei entspricht.

        3. Die Haushaltspläne der SS-Verfügungstruppe, der Totenkopfverbände und der Deutschen Polizei tragen dementsprechend die Anteilkosten der Schulen für diejenige Anzahl von Junkern, die ihrem errechneten Führerbedarf entspricht.

---

1 Vgl. Vortrag Himmlers auf einem Nationalpolitischen Lehrgang der Wehrmacht vom 15.-23. Januar 1937: „Ich ergänze nun die Bestände der Polizei, soweit es mir möglich ist, aus ausscheidenden Männern der Verfügungstruppe und der Totenkopfverbände, ergänze das Polizeioffizierkorps aus SS-Führern, die von den beiden Führerschulen Tölz und Braunschweig auf dem Wege über die Verfügungstruppe in die Polizei kommen . . . Ich kämpfe darum, daß das Polizeioffizierkorps nicht ein zweitklassiges Offizierkorps wird." (IMT, Bd. XXIX, S. 228).

4. Diese Bestimmungen für die SS-Junkerschulen treten mit dem 5. März 1935 rückwirkend in Kraft."

8. März 1940:

Erlaß des Oberkommandos der Wehrmacht
   Az. 12 i 12 10 AHA/Ag/E (IIc)
   Nr. 85/40 geh. v. 8.3.1940:
Betr.: Wehrdienstverhältnis und Wehrüberwachung der Angehörigen der Waffen-SS während des Krieges.
Ziffer 1: Gemäß Befehl des Reichsführers-SS vom 1.12.1939 gehören zur Waffen-SS die Angehörigen folgender Verbände und Ämter:
   1. . . .
   2. . . .
   3. . . .
   4. die **SS-Junkerschulen**
Ziffer 9: Aktiver Wehrdienst:
   a) Für die Angehörigen der SS-Junkerschulen gilt der abgeleistete Dienst als aktiver Wehrdienst gemäß Erlaß des Führers und Obersten Befehlshabers der Wehrmacht vom 18.5.1939 (bekanntgegeben mit OKW Nr. 1187/39 g. Kdos. WFA/L II vom 25.5.39).

   Wehrmachtsamt   5.3.1935
   Nr. 691/35 g.Kdos. L II a.
Bezug: TA Nr. 745/35 g.Kdos. T 2 III A vom 20.2.35.

Die **Folgerung der H.L.** aus der Tatsache, daß die SS-Führerschulen Tölz und Braunschweig in dem Befehl des Führers und Reichskanzlers vom 2.2.35 nicht aufgeführt sind, ist **nicht** zutreffend. Die SS-Führerschulen sind für die Ausbildung der Führer und Unterführer der SS-Verfügungstruppe vorgesehen und somit ein Bestandteil der SS-Verfügungstruppe. Der Befehl Reichsverteidigungsminister Nr. 1909/34 g.Kdos. L II a vom 27.12.34, mit dem ihre Aufstellung im Rahmen der SS-Verfügungstruppe genehmigt worden ist, ist nicht aufgehoben worden.

v. Reichenau

SS-Führungshauptamt   Berlin W 80, den 18.3.41
Amt für Führerausbildung   Kaiserallee 188
VII Az: 29n/18.3.41/Bh
Tgb. Nr. 868/41 geh.

Betr.: Stellung der zu den SS-Junkerschulen versetzten oder kommandierten Angehörigen der SS

Auf Grund des kürzlichen undisziplinierten Verhaltens eines holländischen SS-Unterscharführers, der an der SS-Junkerschule Braunschweig Dienst tut, ist die Frage aufgerollt worden, ob ein Offizier der Wehrmacht Vorgesetzter eines Angehörigen einer SS-Junkerschule ist.
Ich verweise dieserhalb auf folgende Geheimverfügung:
   „Durch **Erlaß des Führers vom 17.8.1938** (Anlage zu Nr. 1164/38 g.Kdos. WFA/L II) wurde unter I **befohlen, daß die SS-Junkerschulen Einheiten der SS-Verfügungstruppe sind.** Dies wurde nochmals im einzelnen unter Punkt 2 und Punkt 6 erläutert. In Ziff. 4 wurde dann noch angeordnet: „**Diese Bestimmungen über die SS-Junkerschulen treten mit dem 15. März 1935 rückwirkend in Kraft.**" In einem weiteren Erlaß vom 18.5.1939 hat der Führer das aktive militärische Verhältnis der SS-Junkerschulen noch besonders betont.
   Durch das Oberkommando der Wehrmacht wurde in der Geheimverfügung OKW-Nr. 1187/39 g.Kdos. WFA/L II vom 25. Mai 1939 diese Stellung der SS-Junkerschulen auch bekanntgegeben.
   Durch eine weitere Geheimverfügung des Oberkommandos der Wehrmacht Az. 12 i. 1210 AHA/Ad/E (IIc) — Nr. 85/40 geh. wurde nochmals unter Ziff. 9, Aktiver Wehrdienst, a) ausdrücklich angeordnet, daß der bei

den SS-Junkerschulen abgeleistete Dienst für die Angehörigen der Schulen als aktiver Wehrdienst gemäß Erlaß des Führers und Obersten Befehlshabers der Wehrmacht vom 18.5.1939 (bekanntgegeben mit OKW-Nr. 1187/39 g.Kdos. WFA/L II vom 25.5.39) gilt."

Infolge der grundsätzlichen Bedeutung, die der angeschnittenen Frage zukommt, bitte ich um Stellungnahme, ob aus der angezogenen Geheimverfügung nicht eindeutig hervorgeht, daß jeder Angehörige einer SS-Junkerschule einem im Vorgesetztenverhältnis stehenden Angehörigen des Heeres zu gehorchen hat und umgekehrt.

Berlin, den 5. Mai 1937

Betr.: SS-Führerschulen Tölz und Braunschweig.

Verteiler I.

Der Reichsführer-SS hat angeordnet:

1. unter dem 12.4.1937:
   Die SS-Führerschulen Tölz und Braunschweig werden mit Wirkung vom 1. Mai 1937 dem Chef der SS-Personalkanzlei unterstellt. Mit dem gleichen Tage gehen die Befugnisse des Inspekteurs der SS-Führerschulen auf den Chef der SS-Personalkanzlei über. Dieser wird zum Inspekteur der SS-Führerschulen ernannt.
2. unter dem 28.4.1937:
   Die SS-Führerschulen Tölz und Braunschweig erhalten mit Wirkung vom 1. Mai 1937 die Bezeichnung **„SS-Junkerschulen Tölz u. Braunschweig".**

Der Chef der SS-Personalkanzlei

Berlin, den 27. Mai 1937

1.) Die Schule für den ärztlichen Nachwuchs der SS-Verfügungstruppe und SS-Totenkopfverbände ist eine SS-Junkerschule, in der Studenten der Medizin, zunächst auf Planstellen der Sanitätsabteilung der SS-V.T. und T.V., als Junker eingestellt und zu SS-Führern und SS-Ärzten herangebildet werden.
   Die Dienstbezeichnung lautet:

   „SS-Ärztliche Junkerschule Berlin".

2.) Die SS-Ärztliche Junkerschule untersteht einem Führer und darüber hinaus dem Chef der SS-Personalkanzlei und dem Reichsarzt-SS.
3.) Die Auswahl der Junker trifft der Chef der SS-Personalkanzlei auf Vorschlag des Reichsarztes-SS.
   Ihre Ernennung und Beförderung zum SS-Junker und SS-Standartenjunker erfolgt auf Vorschlag des Reichsarztes-SS durch den Chef der SS-Personalkanzlei nach Genehmigung durch den Reichsführer-SS.
   Die Beförderung zum SS-Standartenoberjunker (Unterarzt) verfügt der Reichsführer-SS.
   Der Führer der SS-Ärztlichen Junkerschule hat die Disziplinargewalt des Führers einer Standarte der SS-V.T. Die militärische, weltanschauliche und fachliche Ausbildung der Junker regelt der Chef der Personalkanzlei im Benehmen mit dem Reichsarzt-SS.
4.) Das Personal der Schule wird nach Weisung des Chefs des SS-Sanitätsamtes von den San.-Abteilungen SS-V.T. und T.V. gestellt.
5.) Den Haushalt und die Verwaltung der Schule regelt das Verwaltungsamt-SS.

Die ersten Friedens-Lehrgänge mußten sich vor der Kommandierung zur Junkerschule einer auch für alle Heeres-Offiziersanwärter gültigen psychotechnischen Prüfung beim Heer unterziehen.
HIER ein Gutachten eines Prüfungsausschusses!

Psychologische Prüfstelle II
Lfde. Nr. der Beurteilung 4479
Lfd. Nr. der Nachweisung des Psychologischen Laboratoriums (II. Dv. 26, Anl. 15): 462

Gutachten des Prüfausschusses

Familienname: **Rufname:**   **Geb.-Tag:** 2.10.1914
Falls bereits Soldat, Angabe des Dienstgrades: ./.
SS-F.A. Offz.Anwärter **Prüftag:** 1./2.4.35
Truppenteil, bei dem gemeldet: Reichsführung der SS
Falls Abiturient oder Nichtabiturient aus der Truppe, Dienstgrad: ./.
                  Truppenteil: ./.
Geburtsort (Kreis): Spandau   **Beruf des Vaters:** Hauptmann im Rw.Min.

Psychologischer Befund: Sch. ist ein gut erzogener, offenherziger Mensch, in dem sich ein gesundes idealistisches Streben mit einer sorgfältigen, gründlichen und geordneten Denkhaltung verbindet, die ihn auch kleinen Dingen gegenüber ein achtsames und korrektes Verhalten einnehmen läßt. Dieser Wesenszug, der ihn besonders im praktischen Handeln zu einem ruhig-gelassenen Vorgehen zwingt, hilft ihm auch schwierige Anforderungen erfüllen. Dabei zeigt er sich in allen Lebenslagen von großer Willigkeit und Bereitschaft, sich voll für eine Sache einzusetzen. Da er aus seiner natürlich-bescheidenen und von reichen Gefühlswerten durchdrungenen Wesensart heraus im Umgang mit Menschen sich selbst nicht bewußt in den Vordergrund rückt, wirkt sein Auftreten innerhalb einer menschlichen Gemeinschaft zur Zeit noch nicht sehr nachdrücklich und bestimmt. Nach genügender Stärkung seines Selbstvertrauens durch eine bessere Einsicht in seine Fähigkeiten und eine stärkere Formung durch das Leben werden sich bei seinem bildsamen und wertvolle Anlagen in sich schließenden Charakter auch bald bestimmtere und festere Umrisse in seinem Persönlichkeitsbild bemerkbar machen.

Befund des Psychiaters: Ohne Befund   gez. Dr. Long
                                                    Generalarzt a.D.

Psychologisches Urteil für Sonderausbildung: ./.

Ärztlicher Untersuchungsbefund für Sonderausbildung: ./.
(zur etwaigen späteren Eintragung durch Heeres-Personalamt oder durch Inspektion des Bildungswesens der Marine):

Besteht Neigung des Prüflings für Sonderausbildung: ./.

     Kraftfahrtechnische
bzw.   **Veranlagung:** ./.
     Funktechnische

                                    Unterschrift des Prüfers: gez. Dr. Oelrich
Besondere Bemerkungen der militärischen Mitprüfer:
Offenherziger, ehrlicher Mensch, noch etwas befangenes und zurückhaltendes Wesen. Energischer Einsatzwille, zäh und ausdauernd. Anständig, zuverlässig und gewissenhaft. Seine militärische Haltung, wie sein Auftreten wirken infol-

ge jugendlicher Befangenheit und persönlicher Bescheidenheit noch matt. Sein Selbstvertrauen bedarf der Stärkung. Im ganzen ein anständiger, wertvoller Mann mit guter militärischer Veranlagung. Zum Führer geeignet.

gez. Keshler
Hauptmann

Eignungsurteil des Prüfausschusses:

Eine gut erzogene, achtungsbereite Persönlichkeit mit mehr idealistischer Grundhaltung. Dem Leben gegenüber besitzt er aber durchaus ein gesundes Urteil. Seine geistigen und willentlichen Anlagen sind recht gut. Im Auftreten muß er noch fester und energischer werden; läßt jedoch bereits gute Führeranlagen erkennen, zumal er auch charakterlich als wertvoll erscheint.

Der Prüfausschuß

I.V.

gez. Keshler
Hauptmann
(zgl. **milit. Mitprüfer**)

gez. Dr. Long
Generalarzt a.D.

gez. Dr. Oelrich
Heerespsychologe

gez. Lindstaedt
Heerespsychologe

Eignungsgrad **Der Prüfling ist nach Ansicht der militärischen Mitprüfer**
(geeignet, bedingt geeignet, nicht geeignet): **geeignet**

gez. Keshler
Hauptmann. I.R. Stettin.

Berlin, den 17. Dezember 1938

Betr.: Weiterbildung der aus den SS-Junkerschulen hervorgegangenen jungen Führer durch schriftliche Monatsarbeiten.

Durch mehrfachen Einsatz und Abkommandierungen in den letzten Monaten ist eine Stockung in der Anfertigung der schriftlichen Monatsarbeiten eingetreten und damit scheinbar bei zahlreichen Bearbeitern die Neigung aufgekommen, sich auch künftig weiteren Bearbeitungen zu entziehen.

Da nunmehr äußere Ruhe herrscht, wünsche ich, daß die Arbeiten mit allem Nachdruck wieder aufgenommen werden, und habe kein Verständnis dafür, wenn eine Reihe junger Führer sich diesen Arbeiten zu entziehen trachtet und in diesem Bestreben von ihren Dienststellen unterstützt wird.

Die Arbeiten sind für die Fortbildung und vielseitige Verwendung der jungen Führer ein unbedingtes Erfordernis, und ich will von Befreiungsgesuchen nur in sehr seltenen, ganz besonders begründeten Fällen hören. Zur Zeit vermag ich an keiner einzigen Stelle Grund zu Befreiungen zu erblicken.

Die Arbeiten sind gewissenhaft und pünktlich einzureichen. Die SS-Personalkanzlei weise ich an, mir jeden Verstoß gegen diesen Befehl zu unnachsichtlicher Bestrafung zu melden.

Zu SS-Hauptsturmführern beförderte und von der SS-Personalkanzlei mit Führung einer Kompanie beauftragte Führer der SS-V.T. und SS-T.V. — diese für die Dauer der Beauftragung — scheiden aus der allgemeinen Weiterbildung aus, **ebenso die auch für das erste Halbjahr '39 zur Wehrmacht kommandierten Führer.**

Der Reichsführer-SS

Generalkommando V. Armeekorps
(Wehrkreiskommando V)
Abt. II a Az. 22b/39. (SS)

Stuttgart S, den 13. Jan. 1939
Olgastraße 13
Fernsprecher 9 07 51

Eilt sehr!

Herrn   SS-Obersturmführer Frank
        SS-Oberabschnitt SW. Stuttgart

Herrn   SS-Obersturmführer Baum
        SS-Standarte „Der Führer " Wien/Radetzkyplatz

Nach Mitteilung des Oberkommando des Heeres hat sich der Herr Reichsführer-SS mit Ihrer Übernahme in das Heer einverstanden erklärt. Es ist beabsichtigt, Sie mit Wirkung vom 1.2.39 und mit einem R.D.A. als Lt.: 1.4.36 (Oblt.: 1.4.39) in das aktive Heer einzustellen.

Um umgehende Mitteilung wird gebeten, ob Sie mit Ihrer endgültigen Übernahme einverstanden sind.

Für das Generalkommando
Der Chef des Generalstabes:
I.A.
Oberst

Ein bemerkenswertes Dokument! Es beweist, daß Versetzungen nicht nur von der Wehrmacht zur Waffen-SS erfolgt sind, sondern auch umgekehrt — und zwar schon vor dem Kriege — von der SS-Verfügungstruppe zur Wehrmacht (Heer oder Luftwaffe). Dabei wurde die Dienstzeit in der SS-Verfügungstruppe als „militärischer Dienst" ebenso voll anerkannt wie die Offiziersausbildung auf den SS-Junkerschulen und ein in der SS-Verfügungstruppe erlangter Dienstgrad. Die Dienstleistungen in der Wehrmacht und in der SS-Verfügungstruppe/Waffen-SS waren demnach rechtlich und tatsächlich gleichgestellt, und dem Grundsatz der vollen Gleichstellung entsprach auch das Übernahmeverfahren. Heute wird dem Dienst in der SS-Verfügungstruppe die rechtliche Qualität „militärischer Dienst" abgesprochen und z.B. den zur Wehrmacht oder Schutzpolizei versetzten SS-Offizieren die Wirksamkeit ihrer Beförderungen — selbst der nachfolgenden in der Wehrmacht oder Polizei — aberkannt, weil sie „auf einer engen Verbindung zum Nationalsozialismus" beruhen.

Schreiben der SS-Junkerschule Tölz über die Versetzung von SS-Führeranwärtern zur Luftwaffe

SS-Junkerschule Tölz   Bad Tölz, den 6. März 1940
II o Az. 9 m/24.2.40

Betr.:   Abgabe von SS-Führeranwärtern zur Luftwaffe.

Im Nachgang zu diesseitigem Schreiben überreicht die SS-Junkerschule Tölz in der Anlage die heute hier eingegangenen Untersuchungsergebnisse der m.W.v. 1.3.40 zur Flugzeugführerschule Prag-Gbell versetzten SS-Führeranwärter:

Amschl	Heinz
Denda	Kurt
Eichhoff	Elfried
Lüders	Rudolf
Lübke	Herbert
Lüthgens	Ulrich

Der Führer der SS-Junkerschule Tölz

Der Reichsführer-SS   Berlin, den 26. Januar 1939
(SS-Pers.Kanzlei Tgb.Nr. 20/39
    Az. B 16 d)

Betr.: Beförderungen der aus den SS-Junkerschulen hervorgegangenen SS-Führer.

Für die Beförderungen der aus den SS-Junkerschulen hervorgegangenen SS-Führer werden folgende Richtlinien festgesetzt:

1.) Die Beförderung zum SS-Obersturmführer erfolgt 2 Jahre nach der Beförderung zum SS-Untersturmführer. (Bisher Mindestalter 24 Jahre).
SS-Führer, die mit 23 Jahren oder mit einem höheren Alter zum SS-Untersturmführer ernannt wurden, können bereits nach 1 Jahr SS-Obersturmführer werden.

2.) Für die Beförderung zum SS-Hauptsturmführer ist Voraussetzung das vollendete 27. Lebensjahr.

Beförderungen erfolgen nur bei guten Leistungen und guter, einwandfreier Beurteilung durch die vorgesetzten Führer.

Beförderungsvorschläge sind von jetzt ab von den Einheiten der SS-Personalkanzlei einzureichen.

Der Reichsführer-SS

Personalkanzlei   Berlin, den 30. August 1937
Tgb.Nr. 419/37
Az. B 10 K/30.8.37.

Betr.: Heiratsgenehmigung für die aus den SS-Junkerschulen hervorgegangenen SS-Führer

Ich fordere von den hauptamtlichen SS-Führern die Frühehe. Vor dem vollendeten 25. Lebensjahr werden Heiratsgenehmigungen jedoch nicht erteilt.
Für die aus den SS-Junkerschulen hervorgegangenen SS-Führer ist, falls sie das 25. Lebensjahr erreicht haben, zur Erteilung der Heiratsgenehmigung Voraussetzung, daß sie mindestens 2 Jahre vor ihrer Eheschließung zum SS-Untersturmführer ernannt wurden und somit einen Teil der von mir vorgesehenen SS-Führerausbildung erhalten haben.

Der Reichsführer-SS

Der Reichsführer-SS   Berlin, den 30. Januar 1939
SS-Personalkanzlei
Az.: B 10 k/30.8.37.

Betr.:   Heiratsgenehmigung für die aus den SS-Junkerschulen hervorgegangenen SS-Führer

Ich hebe meine Verfügung vom 30. August 1937 betr. Heiratsgenehmigung der aus den SS-Junkerschulen hervorgegangenen SS-Führer auf.
Die Heiratsgenehmigung wird nach Vorlage der Stellungnahme vom RuS-Hauptamt und der Beurteilung durch die vorgesetzten SS-Führer von mir persönlich erteilt.

Der Reichsführer-SS

Abschrift!

SS-Führungshauptamt   Berlin-Wilmersdorf, den 3. Mai 1943
Amtsgruppe B Amt XI
Az. 34 B 1/Mz.

Betr.:   Militärische Ausbildung der germanischen Offiziere

1. Die militärische Ausbildung sämtlicher für die Übernahme in die Waffen-SS in Betracht kommenden germanischen Offiziere erfolgt im Rahmen eines Lehrganges für germanische Offiziere an der SS-Junkerschule Tölz.
2. Kein germanischer Offizier darf mit seinem in der früheren Wehrmacht innegehabten Dienstgrad in die Waffen-SS oder Legion übernommen werden oder in Angleichung an seinen früheren Dienstgrad befördert oder eingestuft werden, bevor er nicht an dem Offiziers-Lehrgang teilgenommen und dort den Nachweis für den in Frage kommenden Dienstgrad geführt hat.
3. Die Teilnahme ist abhängig von dem Ergebnis einer Prüfung durch einen Eignungsprüfer des SS-Hauptamtes über die rassische Eignung des Bewerbers.
4. Die Übernahme und Beförderung erfolgt durch eine besondere Prüfungskommission, die den Bewerber bei Abschluß des Lehrganges auf seine Leistung und weltanschauliche Haltung zu überprüfen und beurteilen hat.
5. Die Prüfungskommission setzt sich zusammen aus:
    1. dem Kommandeur der Schule,
    2. einem Führer des SS-Führungshauptamtes, Amtsgruppe B, Amt XI,
    3. einem Führer der Amtsgruppe D „Germanische Leitstelle".

6. Die Auslese wird nach folgenden Gesichtspunkten durchgeführt:
   a) Eignung für die Übernahme als Führer der Waffen-SS,
   b) Eignung für die Übernahme als Führer in den Legionen der Waffen-SS,
   c) Nichteignung.

Die zu 6a genannten germanischen Offiziere haben ihren Wunsch, in die Waffen-SS übernommen zu werden, durch Ausfüllung eines A.- und V.-Scheines zum Ausdruck zu bringen.

7. Auf Grund des Ergebnisses der Prüfung erfolgt die Übernahme in die Waffen-SS bzw. Legion der Waffen-SS mit dem Dienstgrad, der dem früheren Dienstgrad in der außerdeutschen Wehrmacht entspricht, sofern die Prüfungskommission nicht einen anderen Dienstgrad für angemessen hält.

8. Während des Lehrganges tragen die Teilnehmer in und außerhalb des Dienstes, auch soweit sie der Waffen-SS oder Legion nicht angehören, die von der Waffen-SS gestellte Uniform mit dem Dienstgradabzeichen eines SS-Unterscharführers.

Diese Regelung bedeutet keine Beförderung zum SS-Unterscharführer, sondern lediglich eine Beleihung mit dem Dienstgrad für die Dauer des Lehrganges und hat auf die Besoldung, die nach besonderem Befehl erfolgt, keinen Einfluß.

SS-Führungshauptamt   Berlin-Wilmersdorf, 28. Jan. 1944

Betr.:   1. Sonderlehrgang für franz. Offz. vom 10.1.-11.3.44 an der SS-Junkerschule Tölz

1) In der Zeit vom **10.1.—11.3.44** wird an der SS-Junkerschule Tölz der
1. Sonderlehrgang für französische Offiziere
(1. Sonderlehrg. f. franz. Offz./Tölz)
durchgeführt.

2) Zu diesem Lehrgang werden nach Vereinbarung und auf Vorschlag des SS-Hauptamtes die in Anlage 1) aufgeführten

28 ehem. franz. Offz. bzw. Offz.-Anwärter mit Wirkung vom 10.1.44
kommandiert.

Einstellung der Lehrgangteilnehmer zu einem Ersatztruppenteil der Waffen-SS erfolgt später nach Weisung SS-FHA. Amt V, Abt. IIa.

Die Lehrgangteilnehmer sind bereits am 7.1.44 bei der SS-Junkerschule Tölz eingetroffen.

3) **Lehrpersonal:**
Lehrpersonal stellt die SS-Junkerschule Tölz; dazu gemäß Befehl Reichsführer-SS:

SS-Hstuf. Kostenbader,	SS-Unterführerschule Posen-Treskau, als Inspektions Chef,
SS-Ostuf. Bender,	SS-Junkerschule Klagenfurt, als Lehrer für Weltanschauliche Schulung,
SS-Ustuf. Reiche,	SS-Ausb.-Lager Sennheim, als Aufsichtsführer und Dolmetscher.

Die Genannten haben ihren Dienst am 3.1.44 angetreten.

4) **Heeresgerät — Lehrmittel:**
Zur Durchführung des Lehrgangs erforderliches Gerät, Waffen und Munition sind über SS-FHA. Amt XI bei SS-FHA. Org. I b zu beantragen. Anforderungen an Lehrmitteln sind unmittelbar an das Amt XI zu richten.

5) **Bekleidung und Ausrüstung:**
Zusätzlich erforderliche Bekleidungsgegenstände und Ausrüstungsstücke sind von der Schule beim SS-FHA. Amt IV, nachrichtlich an Amt XI, zu beantragen.

II. Ausbildung

6) **Ziel des Lehrgangs** ist die kurzfristige, einheitliche Ausrichtung und Ausbildung der ehem. franz. Offiziere bzw. Offz.-Anwärter.

Als Grundlage dient die bereits genehmigte Lehrstoffeinteilung der SS-Junkerschule Tölz vom 29.12.43 mit folgenden Abänderungen:

a) Das bisherige Lehrfach „Weltanschauliche **Erziehung**" ist ab sofort und in allen künftigen Lehrgängen in „Weltanschauliche **Schulung**" umzubenennen.

b) Von den 3 vorgesehenen Wochenstunden für „Leibeserziehung" ist 1 Stunde zu streichen. Dafür ist die Zahl der Wochenstunden für „Deutschunterricht" um 1 Stunde auf 6 Stunden zu erhöhen.

7) In der Schlußbeurteilung ist zu folgenden Fragen ausführlich Stellung zu nehmen:

Mit welchem Frw.-Dienstgrad kann der Lehrgangsteilnehmer auf Grund seiner Haltung und Leistung sowie rassischen Eignung in die Waffen-SS übernommen werden?

       (SS-Frw.-Hauptsturmführer,
       SS-Frw.-Obersturmführer,
       SS-Frw.-Untersturmführer,
       SS-Frw.-Oberscharführer (RFA.)

In welcher Waffengattung und Dienststellung kann er in einer französischen Frw.-Einheit der Waffen-SS verwendet werden?

III. Zeiteinteilung

8) Dauer des Lehrgangs	9 Wochen
Eintreffen der Lehrgangsteilnehmer	7.1.44
Unterrichtsbeginn	10.1.44
Schlußprüfung in der 6. Woche vom	14.-16.2.44
Schlußprüfungskonferenz	28.2.44
Entlassung der Lehrgangsteilnehmer	11.3.44

IV. Termine

9) Über das Ergebnis der Schlußprüfung ist dem SS-FHA. Amt XI bis **4.3.44** zu berichten.

Die Abgangszeugnisse mit Schlußbeurteilung und Verwendungsvorschlag sind in **3-facher** Ausfertigung vorzulegen.

10) Erfahrungsbericht ist dem SS-FHA. Amt XI **5 Tage nach Abschluß** des Lehrgangs einzureichen.

11) Über die Vorlage der üblichen Personalpapiere ergeht besonderer Befehl.

V. Dienstgradabzeichen, Beförderungen und Ernennungen

12) Sämtliche Lehrgangsteilnehmer tragen einheitlich während der Dauer des Lehrgangs am Dienst- und Ausgehanzug die Dienstgradabzeichen eines SS-Unterscharführers, ohne jedoch zu diesem Dienstgrad befördert zu werden. Die besoldungsmäßige Einstufung wird hierdurch nicht berührt.

13) Bei vorzeitiger Ablösung vom Lehrgang rücken die Betreffenden mit dem vor der Kommandierung zum Lehrgang innegehabten Frw.-Dienstgrad bei der Truppe ein.

14) Lehrgangsteilnehmer, welche die Schlußprüfung bestanden haben, werden durch SS-FHA. Amt XI dem SS-FHA. Amt V Abt. IIa zur endgültigen dienstgradmäßigen Einstufung als SS-Frw.-Führer oder SS-Frw.-Oberscharführer (RFA.) vorgeschlagen werden.

VI. Schlußprüfungskonferenz

15) An der Schlußprüfungskonferenz am 28.2.44 (Uhrzeit wird noch befohlen) nehmen teil:

       der Kommandeur der Schule,
       Lehrkörper,
       ein Vertreter des SS-Hauptamtes, Amtsgr.D, (Germ. Leitstelle),
       ein Vertreter des SS-FHA. Amt V Abt. IIa,
       ein Vertreter des SS-FHA. Amt XI.

SS-Junkerschule Tölz meldet dem Amt XI bis **20.2.44** genauen Zeitpunkt der Schlußprüfungskonferenz, die mit der Schlußkonferenz des 3. Lehrgangs für germ. Offz. zeitlich zusammenzulegen ist.

Im Falle der dänischen Freiwilligen wurde durch „Aide-mémoire fra Udenrigsministeriet verdrorende Frikorps DAN-MARK" vom 7.7.1941 ausdrücklich ihre Freistellung zugestanden und ihre Rückkehr in ihre alten Stellungen innerhalb der dänischen Wehrmacht garantiert. Nach Kriegsende nahm jedoch der Reichstag auf Vorschlag der dänischen Widerstandsbewegung am 1.6.1945 ein Gesetz an, das mit rückwirkender Kraft nicht nur alle diese Garantien aufhob, sondern den Kriegsdienst für Deutschland mit hohen Strafen, Vermögenseinzug, Verlust politischer und anderer Rechte usw. belegte. Dies alles geschah, obwohl die dänischen Berufsoffiziere samt und sonders im Besitz einer königlichen Genehmigung waren, die ihnen deutsche Kriegsdienste gestattete und vom Kriegsminister unterzeichnet war.

Der Kriegsminister verlieh dem FREIKORPS DANMARK vor der Verlegung an die Ostfront im Namen des Königs eine Fahne.

Krigsministeriet.

København, den 8/7 1941.

Til Tjenestebrug.

A. 2764/4059

Til

Hærens Afdelinger m.fl.

Den danske Regering har givet Tilladelse til, at faste Befalingsmænd af Linien, Reserven (Forstærkningen) o.l. og hjemnendte værnepligtige (Befalingsmænd o.l. og menige) fra den danske Hær melder sig til Frikorps „Danmark". Medlemmer af Frikorpset vil fsa Lønning m.v. i. Overensstemmelse med tyske Bestemmelser og for deres Person og Familie være undergivet de almindelige tyske Forsorgsbestemmelser.

Adgang til at melde sig til Indtræden i Frikorpset har enhver til Hæren hørende fast Befalingsmænd af Linien, Reserven (Forstærkningen) o.l., samt enhver hjemsendt værnepligtig (Befalingsmand o.l. og menig). Tjenstgørende værnepligtige (Befalingsmænd o.l. og menige) til pligtig Tjeneste har ikke Adgang til at melde sig. Anmeldelse til Frikorpset sker paa de i Pressen opgivne Steder.

Ovenstaaende vil af Afdelinger m.fl. være at bekendtgøre for tjenstgørende faste Befalingsmænd af Linien, Reserven (Forstærkningen) o.l., ligesom der vil være at give de paagældende fornøden Frihed til Anmeldelse (Mønstring) ved Frikorpset.

Faste Befalingsmænd af Linien, Reserven (Forstærkningen) o.l., der efter Anmeldelse til Korpset faar Meddelelse om at være antaget, indsender Ansøgning om Tilladelse til at træde uden for Nummer samt om Rejsetilladelse til Udlandet. Personel, der faar Tilladelse til at træde uden for Nummer, vil kunne forvente at faa Tilladelse til at genindtræde i Nummer, naar Tjenesten ved Korpset ophører paa lovlig Vis.

Samtlige Ansøgninger fra faste Befalingsmænd o.l. i Sagens Anledning fremsendes uopholdeligt ad Kommandovejen til Krigsministeriet, Ingen kan frigøres, førend Krigsministeriets Bestemmelse foreligger. Ansøgninger vil kunne forventes imødekommet i det Omfang, Tjenesten tillader dette.

Hjemsendte værnepligtige (Befalingsmænd o.l. og menige), der ønsker at indtræde i Frikorpset, skal indsende Ansøgning om Rejsetilladelse til Udlandet gennem deres militære Underafdeling. Saadan Rejsetilladelse meddeles de paagældende af den dertil beføjede Myndighed, idet der ses bort fra, om de paagældende maatte være bestemt til Genindkaldelse.

Det maa ikke vanskeliggøres for de paagældende at indtræde i Korpset.

S. Brorsen

/Thygesen.

Abgedruckt vom Buch: „Forrædere", Erik Haaest, Bogan 1975

Kriegsministerium

Kopenhagen, den 8.7.1941

Für den Dienstgebrauch

A. 2764/4059

Die dänische Regierung hat die Erlaubnis erteilt, daß Offiziere und Unteroffiziere des aktiven Dienstes und der Reserve sowie entlassene Wehrpflichtige (Offiziere, Unteroffiziere und Soldaten) des dänischen Heeres sich zum FREI-KORPS „DANMARK" melden können. Mitglieder des Freikorps werden deutschen Bestimmungen entsprechend entlohnt und unterliegen mit ihren Familien den allgemeinen deutschen Versorgungsbestimmungen.

Die Genehmigung, sich zum Eintritt in das Freikorps zu melden, hat jeder dem Heer angehörende Offizier und Unteroffizier des aktiven Dienstes, der Reserve sowie jeder entlassene Wehrpflichtige (Offiziere, Unteroffiziere, Soldaten). Diensttuende Wehrpflichtige (Offiziere, Unteroffiziere, Soldaten) erhalten keine Genehmigung sich zu melden. Die Anmeldung zum Freikorps erfolgt bei den in der Presse angegebenen Stellen.

Die obenstehende Anordnung ist den diensttuenden Offizieren und Unteroffizieren des aktiven Dienstes und der Reserve von den Abteilungen bekanntzugeben, ebenso ist ihnen die erforderliche Freiheit zur Anmeldung (Musterung) beim Freikorps zu gewähren.

Offiziere und Unteroffiziere des aktiven Dienstes und der Reserve, die nach der Meldung zum Korps die Mitteilung erhalten haben, daß sie angenommen sind, reichen einen Antrag auf Zulassung außer Nummer zu treten sowie um Reiseerlaubnis ins Ausland ein. Personen, die die Erlaubnis erhalten, außer Nummer zu treten, können erwarten, die Erlaubnis zu erhalten, wieder rangmäßig eingestuft zu werden, wenn der Dienst beim Korps gesetzmäßig aufhört. Alle Anträge aktiver Offiziere und Unteroffiziere in dieser Angelegenheit sind unverzüglich auf dem Kommandoweg an das Kriegsministerium einzureichen. Niemand kann vom Dienst entbunden werden, bevor die Zustimmung des Kriegsministeriums vorliegt. Anträgen wird in dem Umfang stattgegeben, wie es der Dienst erlaubt.

Entlassene Wehrpflichtige, (Offiziere, Unteroffiziere und Soldaten), die in das Freikorps einzutreten wünschen, müssen den Antrag auf Reisegenehmigung ins Ausland über ihre militärische Unterabteilung einreichen. Diese Reisegenehmigung wird den Betreffenden von der dazu befugten Behörde erteilt, wobei davon abzusehen ist, ob die Betreffenden zur Wiedereinberufung bestimmt sein sollten.

Es darf den Betreffenden nicht erschwert werden, in das Korps einzutreten.

S. Brorsen

/Thygesen

Krigsministeriet.   **Til Tjenestebrug.**
København, den 1/6 1943.   A. 2152/3917

Til

Hærens Afdelinger m.fl.

Enhver fast Befalingsmand af Linien, Reserven (Forstærkningen), der ønsker sig fritaget for Tjeneste i den dankse Hær for at indtræde som frivillig i en Formation under den tyske Hær, eller i den finske Hær, har Adgang til, jfr. bl.a. Krigsministeriets Skrivelse til Afdelingerne m.fl. af 8/7 1941, at søge om Tilladelse til at træde uden for Nummer uden Lønning. Ansøgninger herom vil ligesom hidtil blive bevilget i det Omfang, som er foreneligt med Varetagelsen af de Opgaver, der under de nuværende Forhold tilfalder den dankse Hær.

Særlig bemærkes, at Befalingsmænd kan indsende Ansøgning om Fritagelse for den dem ifølge Hærlovens § 62 og 63 paahvilende Tjenestepligt, og at de vil kunne forvente en saadan Ansøgning imødekommet.

En Befalingsmand, der saaledes træder uden for Nummer for at gaa i tysk eller finsk Krigstjeneste, beholder sin Plads i Aldersordenen. Der er tilvejebragt særlig Hjemmel for, at Genindtræden i Nummer kan ske til ethvert Tidspunkt, uanset om der er noget Nummer ledigt, saaledes at den paagældende altsaa indtræder i overtalligt Nummer med alle sine Rettigheder i Henhold til sin Grad.

Det Tidsrum, i hvilket en Befalingsmand har staaet uden for Nummer for at deltage i tysk eller finsk Krigstjeneste, bliver medregnet ved Bedømmelsen af hans Forfremmelsesmuligheder. Regeringen vil drage Omsorg for, at dette Tidsrum ligeledes medregnes ved Beregning af Alderstillæg og Pension.

Ministeriet vil i givet Fald optage til velvillig Overvejelse Spørgsmaalet om at tilvejebringe Hjemmel for, at de Befalingsmænd, der er egnede til Forfremmelse, og som har staaet uden for Nummer i mere end tre Aar, kan forfremmes inden et Aar, efter at de paa ny er indtraadt i Nummer i den danske Hær.

Det fremgaar af foranstaaende, at danske Befalingsmænd, der træder uden for Nummer for at melde sig til frivillig Tjeneste i den tyske eller den finske Hær, ikke vil blive stillet ringere end andre danske Befalingsmænd med Hensyn til Forfremmelse og Retsstilling i Hæren.

Abgedruckt vom Buch „Forrædere", Erich Haaest, Bogan 1975

Kriegsministerium
Kopenhagen, den 1.6.1943

Für den Dienstgebrauch
A. 2152/3917

Jeder Offizier und Unteroffizier des aktiven Dienstes und der Reserve, der vom Dienst im dänischen Heer entbunden werden möchte, um in eine Formation des deutschen oder finnischen Heeres als Freiwilliger einzutreten, ist u.a. laut Schreiben des Kriegsministeriums vom 8.7.1941 an die Abteilungen berechtigt, die Erlaubnis zu erhalten, ohne Lohn außer Nummer zu treten. Anträge hierüber werden wie bisher in dem Umfang bewilligt, wie es die Aufgaben erlauben, die dem dänischen Heer unter den jetzigen Umständen auferlegt sind.

Es wird besonders darauf aufmerksam gemacht, daß Offiziere und Unteroffiziere einen Antrag auf Entbindung von der ihnen laut Heeresgesetz § 62 und 63 obliegenden Dienstpflicht stellen und daß sie damit rechnen können, daß einem solchen Antrag stattgegeben wird.

Ein Offizier oder Unteroffizier, der somit außer Nummer tritt, um in deutsche oder finnische Kriegsdienste zu treten, behält seinen Platz in der Dienstaltersliste. Es ist eine besondere gesetzliche Grundlage geschaffen worden, daß ein Wiedereintritt in die Nummer zu jedem Zeitpunkt erfolgen kann, auch wenn keine Nummer frei ist, so kann der Betreffende in eine überzählige Nummer und zwar mit allen seinem Dienstgrad entsprechenden Rechten.

Die Zeit, in der ein Offizier oder Unteroffizier außerhalb der Nummer gestanden hat, um am deutschen oder finnischen Kriegsdienst teilzunehmen, wird bei der Beurteilung seiner Beförderungsmöglichkeiten angerechnet. Die Regierung wird dafür sorgen, daß diese Zeit bei der Berechnung der Alterszulage und der Pension angerechnet wird.

Das Ministerium wird zu gegebener Zeit wohlwollend in Erwägung ziehen, um die gesetzlichen Grundlagen dafür zu schaffen, daß Offiziere und Unteroffiziere, die sich zur Beförderung eignen und mehr als drei Jahre außer Nummer gestanden haben, innerhalb eines Jahres nach Wiedereintritt in die Nummer des dänischen Heeres befördert werden können.

Aus dem Vorhergehenden geht hervor, daß dänische Offiziere und Unteroffiziere, die außer Nummer zu treten wünschen, um sich freiwillig zum Dienst im deutschen oder finnischen Heer zu melden, nicht geringer gestellt werden sowohl in der Beförderung als auch der Rechtsstellung wie andere dänische Offiziere und Unteroffiziere.

gez.

Kaptajn T. K. Thygesen.
Chef for Krigsministeriets 1. Kontor.

Telf.: 1 40 03.
Lokal 301.

København, den 13. Jun. 1942

A. 2374/3551

Kjære Hr. Kaptajn.

I Anledning af Hr. Kaptajnens Underhaandsforespørgsel den 12/6 1942 hvor De rejste Spørgsmaalet om, hvorvidt Deres Forsættelse fra Frikorps „Danmark" til en anden Afdelingen indenfor Waffen-S.S. maatte bevirke nogen Ændring i Deres hidtidige Stilling og Vilkaar overfor den danske Hær, kan jeg meddele, at den omhandlede Forsættelse ikke medfører nogen Ændring i Deres hidtidige Stilling og Vilkaar overfor den danske Hær.
Med venlig Hilsen og alt godt i Fremtiden Deres
hengivne

Thygesen

Velbaarne
Hr. Kaptajn Thor Jørgensen,
Ridder af Dannebroge.

Abgedruckt vom Buch „Forrædere", Erik Haaest, Bogan 1975

Hauptmann T.K. Thygesen
Chef des Kriegsministeriums
1. Kontor
Kopenhagen, den 13. Juni 1942   A. 2374/3551

Lieber Herr Hauptmann.

Anläßlich der vertraulichen Anfrage des Herrn Hauptmann vom 12.6.1942, in welcher Sie anfragten, ob Ihre Verset-
zung vom Freikorps „Danmark" zu einer anderen Abteilung innerhalb der Waffen-SS eine Änderung Ihrer bisherigen
Stellung und Ihres Verhältnisses dem dänischen Heer gegenüber bewirken würde, kann ich mitteilen, daß Ihre erwähn-
te Versetzung keine Änderung Ihrer bisherigen Stellung und Ihres Verhältnisses zum dänischen Heer bewirkt.
Mit freundlichen Grüßen und alles Gute für die Zukunft
Ihr ergebener

gez. Thygesen

**Gesetz der französischen Regierung zur Aufstellung eines französischen Freiwilligenverbandes
innerhalb der Waffen-SS zum Kampf gegen den Bolschewismus.**

Soixante-quinzième année. — N° 175.   Le Numéro: 1 fr. 50.   Vendredi 23 Juillet 1943.

JOURNAL OFFICIEL
DE L'ETAT FRANÇAIS
LOIS ET DÉCRETS
ARRÊTÉS, DÉCISIONS, CIRCULAIRES, AVIS, COMMUNICATIONS, INFORMATIONS ET ANNONCES

JOINDRE LA DERNIÈRE BANDE aux renouvellements et réclamations	DIRECTION, RÉDACTION ET ADMINISTRATION VICHY (ALLIER)	POUR LES CHANGEMENTS D'ADRESSE AJOUTER 2 FRANCS

LOI n° 428 du 22 juillet 1943 relative aux engagements volontaires dans les formations antibolchevistes.

Le chef du Gouvernement,
Vu les actes constitutionnels n°s 12 et 12 **bis**:
Le conseil de cabinet entendu,
Décrète:
Art. 1er. — Les Français peuvent contracter un engagement volontaire pour combattre le bolchevisme hors du territoire
dáns les formations constituées par le gouvernement allemand (Waffen-S.S.) pour y être groupés dans une unité
française.
Art. 2. — Ceux qui, appartenant à cette unité, combattront effectivement hors du territoire, bénéficieront des avantages
prévus par les lois et règlements relatifs à la Légion des volontaires français contre le bolchevisme.
Art. 3. — Le présent décret sera publié au **Journal officiel** et exécuté comme loi de l'Etat.
Fait à Vichy, le 22 Juillet 1943.

Pierre Laval.

Art. I   Den Franzosen ist es erlaubt, sich freiwillig zu melden, um den Bolschewismus außerhalb des Staatsgebietes in
den von der deutschen Regierung gebildeten Truppen (Waffen-SS) innerhalb einer französischen Einheit zu
bekämpfen.
Art. II   Die tatsächlich außerhalb des Staatsgebietes kämpfenden Angehörigen dieser Einheit werden auf die für die
Legion der französischen Freiwilligen vorgesehenen Vergünstigungen Anspruch haben.
Art. III Dieses Gesetz wird im Gesetzblatt des Staates veröffentlicht und als Staatsgesetz ausgeführt werden.

Der Regierungschef
Pierre Laval

Am 6. August 1943 erging folgende Presseerklärung der französischen Regierung:

„Par la loi du 22 Juillet 1943, le Président Laval, avec l'assentiment du Chef de l'Etat, Monsieur le Maréchal Pétain, a reconnu à tous les Français le droit de s'engager dans les formations de la Waffen-SS à l'Est, afin d'y prendre part aux combats pour l'existence et l'ávenir de l'Europe . . .“

„Durch Gesetz vom 22. Juli 1943 hat Präsident Laval mit Zustimmung von Staatschef Marschall Pétain allen Franzosen das Recht zuerkannt, sich den Einheiten der Waffen-SS im Osten anzuschließen, um dort an den Kämpfen für den Fortbestand und die Zukunft Europas teilzunehmen . . .“

Norske prester maner til Korstog mot bolsjevismen.
Det gjelder om vi skal få beholde vår kristentro, vår moral og kultur.

Den avgjørende sluttkamp mot bolsjevismen og den internasjonale gudløshetsbevegelse er nu igang. Alle må nu være klar over hvad det gjelder. Det gjelder hvorvidt våre barn fortsatt skal ha en kristen opdragelse og en kristen skole. Det gjelder i det hele hvorvidt vi fremdeles skal beholde kristen tro, moral og kultur i dette land.
Undertegnede prester opfordrer det norske folk til å stå samlet i denne skjebnetunge tid for vårt land og folk.
For Norge og Finnland mot bolsjevismen.
Johs. Andersen, prest. Johan Beronka, sogneprest. Peder Blessing Dahle, sogneprest. Georg Falk-Hansen, sogneprest og kst. prost. Sigmund Feyling, prost. Lars Frøyland, sogneprest. Knut Geelmeyden, sogneprest. Andreas Gjerdi, prest. Marcus Gjessing, sogneprest. Sig. Haga, sogneprest. Hans Olaf Hagen sogneprest. Christian Fr. Hansteen, sogneprest. Øivind Johan Hoem, sogneprest. Haakon Hovdin, sogneprest, Ansgar Høyer, prost. C.J. Ingier, prost. R.S. Kreutz, sogneprest. Aksel Kvam, pastor. O.B. Kvasnes, prost. O.J. Modvar, res. kap. A.M. Olay, sogneprest. J.E. Sivertsen, prost. Peder Ulleland, sogneprest. Reidulf Wormdal, sogneprest. Dagfinn Zwilgmeyer, sogneprest. Lsudvig Daae Zwilgmeyer, sogneprest.

Aufruf von 27 norwegischen Pfarrern, dem sich weitere 13 anschlossen in der Zeitung „Fritt Folk“, am 15.7.1941 und in anderen Zeitungen. Die Pfarrer stellen fest, daß der entscheidende Endkampf gegen den Bolschewismus und die internationale Gottlosigkeit begonnen hat und fordern das norwegische Volk auf, in dieser schicksalschweren Zeit für Volk und Land zusammenzustehen. Der Aufruf endet: Für Norwegen und Finnland gegen den Bolschewismus . . .

Lehrgruppe B   Bad Tölz, den 21.10.43
Az.: 36 o /Gi./Di.

Betr.:   Sonntagsdienst der Junker.

Von dem an den Sonntagen stattfindenden Dienst kann grundsätzlich niemand befreit werden. Die Wallonen sind so **in die Kirche** zu schicken, daß sie trotzdem an dem festgesetzten Sonntagsdienst teilnehmen können. Es sind lediglich Kurzurlauber ausgenommen.
Sämtliche Appelle sind von den Junkerschaftsführern abzuhalten, dienstanwesend sind dabei die Stabsscharführer.

a.B.
Ahlborn

SS-Führungshauptamt   Berlin W 80, den 11.4.1942
Amt für Führerausbildung
VII Az: 34 x Bi/Bh

Tgb.Nr. 2277/42 geh.

Betr.:   **Generalstabsnachwuchs während des Krieges**

Für die Auswahl und Ausbildung des Generalstabsnachwuchses der Waffen-SS gelten ab 1.4.1942 folgende Bestimmungen:

I. Auswahl des Generalstabsnachwuchses.

Zur Ausbildung im Generalstabsdienst können vorgeschlagen werden: Aktive SS-Führer im Range eines SS-Ober- oder Hauptsturmführers, die sich nach Charakter, Begabung, Wissen und Können sowie hervortretende Leistungen im Feldheer für Verwendung im Generalstabsdienst eignen (Altersgrenze bis 32 Jahre).
     Die Verantwortung für die Auswahl der SS-Führer liegt bei den Truppenkommandeuren.
Bei der Auswahl ist maßgebend, daß die SS-Führer die sichere Gewähr bieten, sich in zeitlicher Kürze die notwendigen Grundlagen für den Generalstabsdienst aneignen zu können und die Voraussetzung nach Persönlichkeit und innerer Gestaltungskraft vorhanden ist, die die Truppe selbst von dem Führer im Generalstabsdienst erfüllt sehen will.

II. Vorlage der Namhaftmachungen.

1) Die für die Generalstabsausbildung vorgesehenen SS-Führer sind jeweils zum 1.2., 1.5., 1.8., 1.11. durch die Divisionen und Brigaden dem SS-Führungshauptamt, Amt für Führerausbildung, zu melden.
   Die bereits bei den Divisionen im Truppen-Generalstabsdienst in Ausbildung stehenden Führer sind dem Amt für Führerausbildung durch **Fernschreiben bis zum 8.5.1942 zu melden.**
   Namhaftmachungen von SS-Führern der Ersatztruppenteile und Schulen sind dem Amt für Führerausbildung durch die Inspektionen im SS-Führungshauptamt vorzulegen.
2) Über jeden zur Ausbildung im Generalstabsdienst vorgeschlagenen SS-Führer stellt der Bataillons- usw. -Kommandeur eine Beurteilung aus. Diese Beurteilung muß ein klares Persönlichkeitsbild des Menschen und des Soldaten geben und u.a. zu folgenden Punkten ein eindeutiges Urteil enthalten:
   Haltung als SS-Mann? (Diese Beurteilung fällt später fort.)
   Gerader ehrlicher Charakter?
   Bei Kameraden geachtet?
   Gesunder Ehrgeiz?
   Vertretung eigener Ansichten?
   Im praktischen Frontdienst über Durchschnitt, unter Durchschnitt, Durchschnittsoffizier?
   Behandlung der Untergebenen?

Allgemeine geistige Neigungen?

Gesundheitszustand?

Außerdienstliches Auftreten?

Geordnete persönliche Verhältnisse?

Ferner sind Schulbildung, Rangdienstalter und Lebensalter anzugeben. **Das Schlußurteil muß die uneingeschränkte Eignung zur Generalstabsausbildung** zum Ausdruck bringen.

III. Gang der Ausbildung.

1) Praktische Ausbildung im Truppen-Generalstabsdienst durch Verwendung bei Divisionsstäben der Waffen-SS und höheren Stäben des Heeres.

Hierzu Versetzung in die Führer-Reserve SS-Führungshauptamt unter Kommandierung:

a) 6 Monate zu einem Divisionsstab;

b) 3 Monate zu einem höheren Stab des Heeres (Gen.Kommando, Armee-Oberkommando, Heeresgruppen-Kommando).

2) Ausbildung in einem 8wöchigen Generalstabslehrgang des Heeres.

3) Versetzung in eine Generalstabsstelle.

IV. Durchführung der Ausbildung.
Praktische Ausbildung im Truppen-Generalstabsdienst.

4) 6monatiges Kommando zu einem Divisionsstab.

Während dieser Zeit:

a) Ausbildung bei Ia und Ib;

b) Waffenkommando zur:

Infanterie (etwa 4 Wochen);

Artillerie (etwa 4 Wochen);

Pioniere (etwa 14 Tage);

Nachrichtentruppen (etwa 14 Tage),

jedoch nicht zur Stammwaffe.

Nach Vereinbarung mit dem OKH GenStdH-GZ- dreimonatiges Kommando zu einem höheren Stabe, möglichst Generalkommando.

Während dieser Zeit:

a) Ausbildung bei Qu und Ic. Schwergewicht liegt in der Ausbildung bei Ic.

b) Waffenkommando zu einem Panzerregiment (etwa 4 Wochen). Regelung dieses Waffenkommandos erfolgt durch die Heeresgruppen, denen durch OKH (GenStdH-GZ-) die Namen der in ihren Bereich kommandierten SS-Führer und ihre Kommandodienststelle mitgeteilt wird.

5) **Zweck der Ausbildung bei den Stäben:**

a) Praktische Einführung in die Generalstabsgebiete Ia, Ib (Qu), Ic.

Vertretung des Ib und Ic ist anzustreben.

b) Schulung in der Befehlsgebung.

c) Erkennen der Persönlichkeit und Prüfung der Gestaltungskraft, Spannkraft und der Eignung für den Generalstabsdienst.

6) **Zweck der Waffenkommandos:**

Vermittlung der für die Kampfführung der verbundenen Waffen notwendigen Kenntnisse in der Führung und Ausbildung der betr. Waffe.

Hierzu sind die kommandierten Führer Kompanien (Batterien) zuzuteilen. Es ist ihnen Gelegenheit zur Führung dieser Einheiten zu geben.

7) Verantwortlich für die Ausbildung der kommandierten SS-Führer bei den Divisionen sind die ersten Generalstabsoffiziere nach Weisung ihrer Kommandeure. Der Gang der Ausbildung bleibt den Divisionen überlassen. Sie werden nach Vorbildung der SS-Führer und taktischer Lage verschieden sein.

Durch die Ausbildung bei den Divisionen muß sichergestellt sein, daß für die Kommandierung zu höheren Stäben des Heeres und zu den Generalstabslehrgängen nur solche SS-Führer vorgeschlagen werden, deren Eignung für den Generalstabsdienst sich eindeutig abzeichnet.

V.

Im Verlaufe der Ausbildung bei den Divisionen sind folgende Beurteilungsnotizen aufzustellen:

8) Von den Kommandeuren der Truppenteile, bei denen die Waffenkommandos abgeleistet worden sind.

9) Von den Divisionskommandeuren unter Beifügung der unter 8) aufgeführten Beurteilungsnotizen.

Die Beurteilungsnotizen müssen ein klares Persönlichkeitsbild des Menschen und des Soldaten ergeben und haben sich darüber auszusprechen, ob der SS-Führer

a) die Waffenkommandos erfolgreich abgelegt hat und ob er

b) nach Persönlichkeit und dienstlicher Leistung zur weiteren Generalstabsausbildung geeignet ist.

Die Beurteilungsnotizen sind zu Beginn des 6. Monats der Kommandozeit dem SS-Führungshauptamt, Amt für Führerausbildung, vorzulegen. Eine Zweitschrift der Beurteilung ist der neuen Kommandodienststelle (Generalkommando pp.), zu der der SS-Führer durch das SS-Führungshauptamt nach Vereinbarung mit dem OKH kommandiert wird, unmittelbar zu übersenden.

10) Für SS-Führer, deren Nichteignung für die weitere Generalstabsausbildung während der Kommandozeiten festgestellt wird, ist Aufhebung des Kommandos unter Beifügung der Beurteilungsnotizen beim SS-Führungshauptamt, Amt für Führerausbildung, zu beantragen.

VI.

Zur Überleitung des bisherigen Verlaufes der Ausbildung des Generalstabsnachwuchses in den zukünftigen Gang der Ausbildung wird für kurze Zeit die Dauer der Kommandozeiten zu den Divisionen verkürzt werden.

Der Chef des Stabes

Dieser Befehl wurde im Laufe der Jahre durch weitere ergänzt, der letzte vom 15.9.1944 besagt***:

532. Namhaftmachung von SS-Führern für die Gen.Stabs-Laufbahn

1. Die in „Allgemeine Heeresmitteilung" 11. Jahrgang, 18. Ausgabe vom 7.8.1944 aufgeführte Ziffer 418, wonach Namhaftmachungen zur Generalstabsausbildung bis auf weiteres entfallen, hat für die Waffen-SS keine Gültigkeit.

2. Es können ab sofort laufend aktive SS-Hauptsturmführer und aktive SS-Sturmbannführer gemeldet werden, wenn sie das 30. Lebensjahr noch nicht überschritten haben.

3. Für alle Meldungen wird auf V. Bl.d.Waffen-SS, 5. Jahrgang vom 1.5.1944, Ziffer 198 hingewiesen.

SS-FHA/Id

*)   Model „Der deutsche Generalstabsoffizier"
**)   SS-FHA, Amt f. Führerausbildung VII Az: 34x Tgb.Nr. 2277/42 geh.
***)   V. Bl.d.W-SS, 5. Jahrg. Nr. 18, Ziffer 532 v. 15.9.44

Stärkemeldung nach Nationalitäten

| | Ist-Stärke: | | | | Antretestärke: | | | |
| | Junker | | | Summe | Junker | | | Summe |
Nationen:	10	11	12		10	11	12	
Deu.-Deutsche	13	14	13	40	9	12	12	33
Nor.-Norweger	1	4	1	6	1	4	1	6
Ndl.-Niederländer	4	3	3	10	4	3	3	10
Dän.-Dänen		1		1			1	1
Swe.-Schweden			1	1			1	1
Est.-Esten	6	8	7	21	—	3	—	3
Fla.-Flamen	3	3	—	6	3	3	—	6
Wal.-Wallonen	2	—	1	3	1	—	1	2
Let.-Letten								
Lit.-Litauer								
D.-Rum.	1	—	2	3	1	—	2	3
D.-Ung. finn. Offz.		5		5		5		5
Schweizer	2	—	1	3	1	—	1	2
D.a.D.			1	1			1	1
D.a.Lit.			1	1			1	1
	32	38	31	101	20	30	24	74

Drei Beurteilungen von Absolventen der Kriegsakademie, die dem 2. Lehrgang der Junkerschule Tölz 1935 angehörten.

Generalstabslehrgänge Berlin

Beurteilung
zum 9. Mai 1942

über den SS-Hauptsturmführer ▬▬▬▬▬▬▬▬▬▬

I. Geboren am 30.1.1914
   in:
   verheiratet: ja
   Diensteintritt: 1.1.1934
   Rangdienstalter: 1.7.1940
   Datum der Übernahme der oben angegebenen Stellung:
   Besoldungsdienstalter:

Religion: gottgl.

Kinder: 1 (1) Sohn, 1 (1) Tochter

II. Körperliche Eignung:

Große, elegante militärische Erscheinung. Zäh und ausdauernd. Wird allen Anforderungen voll gewachsen sein.

Wirtschaftliche Verhältnisse:
Bestrafungen:
Stammwaffe:
Sonderausbildung:

III. Allgemeines Urteil:
Sichere, gewandte, taktvolle und starke Persönlichkeit mit besonders guter taktischer Begabung und guten Leistungen auf allen anderen Gebieten. Tadellose Befehlssprache. Schneller, schwungvoller, dabei sorgfältiger Arbeiter. Im Kameradenkreise innerhalb kürzester Frist vor allem wegen seines unverwüstlichen Humors sehr beliebt und angesehen.
Verdient besondere Beachtung.
Wird jede seinem Alter entsprechende Generalstabsstellung sehr gut ausfüllen.
Für ein Kommando zum Generalstab
geeignet.

8.5.1942

gez. von Bonin
Major i.G. und Hörsaalleiter

Einverstanden. Schwungvolle, starke Persönlichkeit, die besondere Beachtung verdient.

8.5.1942

gez. Wechmann
Generalmajor und Kommandeur

Kriegsauszeichnungen:
E.K. II
E.K. I
Inf. Sturm-Abzeichen

Generalstabslehrgänge Berlin
Nr. . . .

Beurteilung
zum 8. August 1942

über den SS-Hauptsturmführer ████████████

(Dienstgrad)

(Dienststellung)

(Ruf- und vollständiger Familienname)

I. Geboren am 20.4.1914
in:
verheiratet: nein
Diensteintritt: 1.10.1934
Laufbahn*):
Rangdienstalter: 25.5.40
Datum der Übernahme der oben angegebenen Stellung:
Besoldungsdienstalter:

II. Körperliche Eignung:

Wirtschaftliche Verhältnisse:
Bestrafungen:
Stammwaffe:
Sonderausbildung:

Religion: gottgl.

Kinder:

Schlanke soldatische Erscheinung.
Voll leistungsfähig.

*) Für E-Offiziere:
   Laufbahn:
Ausgeschieden aus dem aktiven Dienst:
Außer Dienst:
Landesschutzdienst
Seit wann I- oder E-Offizier

III. Allgemeines Urteil:

Hochanständiger, besonders sympathischer Charakter. Ausgesprochene Führerpersönlichkeit von bester soldatischer Haltung. Energisch, aktiv, begeisterungsfähig und optimistisch. Klug und klar im Urteil, Blick für das Wesentliche. Taktisch gut veranlagt. Vertritt seine Ansichten freimütig, bestimmt und taktvoll. Vielseitig interessiert. Er verkörpert in hohem Maße die großen Ideen des Nationalsozialismus und des Soldatentums und versteht es, dieses weltanschauliche Gedankengut auch auf andere zu übertragen.

Genoß im Kameradenkreise wegen seiner stets hilfsbereiten, frohsinnigen und vorbildlich kameradschaftlichen Art hohes Ansehen.

Sehr gewandt im dienstlichen und gesellschaftlichen Verkehr. Tadellose Umgangsformen.

Verspricht ein guter Generalstabsoffizier zu werden.

Für ein Kommando zum Generalstab geeignet.

8.8.1942

Oberstleutnant i.G.
und Hörsaalleiter

Einverstanden.

8.8.1942

Generalmajor und Kommandeur

Orden und Ehrenzeichen:
E.K. II
E.K. I
Verw.Abz. schwarz
Österreich-Med.
Sudeten-Med. m.Sp.
Memel-Med.
Danziger Kreuz II. Kl.
Ostmedaille

Abschrift

Generalstabslehrgänge Berlin.

Zu Nr. 898/41 g., GZ 1 Staff.
Berlin, den 15. März 1941

Beurteilung
(für Offiziere in Gen.St.Stellen)
über den

SS-H.St.Führer ▓▓▓▓▓▓▓▓▓▓▓▓▓

geb.

Laufbahn: — — —

GenStbs.Lehrg.Berlin
Letzte Friedensdienststelle: SS-Rgt.
„Der Führer"
R.D.A. — 1.9.38

Art der Verwendung: Lehrgangsteilnehmer seit 6.1.41	
Kurze Beurteilung: (Persönlichkeitswert, Bewährung vor dem Feinde, dienstl. Leistungen.)	Hochanständiger, offener Charakter, geistig sehr gut veranlagt, sehr klare, gefestigte Persönlichkeit. Hat bei besonders guter taktischer Begabung sich schnell in die größeren taktischen Verhältnisse hineingefunden. Sicher, schnell und klar im Entschluß, in der Durchführung und Befehlsgebung klar und bestimmt. Hat ausgesprochenen Blick für das Wesentliche. Ein besonders beliebter Kamerad mit sehr guten Umgangsformen. Für ein Kommando zum Generalstab **geeignet**.
Sprachkenntnisse: (abgelegte Prüfungen/Jahr)	Englisch u. Französisch (Schulkenntnisse)
Wie wird jetzige Stelle ausgefüllt?	
Eignung zur nächsthöheren Verwendung	
Eignung für besondere oder anderweitige Verwendung	
Wann und zu welchen Punkten einer etwaigen ungünstigen Beurteilung ist Eröffnung erfolgt?	

gez. Doerr,
Oberstlt. i.G. u. Hörsaalleiter

185

Grundsätzliches zu den Beurteilungsnotizen:

Die Junker wurden während des gesamten Zeitraums von allen Lehrkräften ständig beurteilt. Die Beurteilungsnotizen (siehe Anlage . . .) wurden am Ende des Lehrgangs zu einer Gesamt- und Abschlußbeurteilung zusammengefaßt. Vorher fand eine Beurteilungsbesprechung mit allen Lehrkräften durch den Lehrgruppenkommandeur und Schulkommandeur statt. Erst danach entschied man über die Eignung zum Führer in der Truppe.

Beurteilungsnotizen
der einzelnen Lehrer, nach denen sodann das Schlußzeugnis ausgestellt wurde

eines abqualifizierten Junkers
eines als geeignet qualifizierten Junkers
eines als geeignet qualifizierten schwedischen und französischen Junkers

Beurteilungsnotiz eines abqualifizierten Junkers

SS-Junkerschule Tölz   Bad Tölz, den 25. Juni 1941
    II. Inspektion

Beurteilung

des SS-Junker

                                        Vor- und Zuname

Geburtsort: Regenwalde/Pommern   Geburtsdatum: 2.3.22
SS-Nr. — —   Truppenteil: 9./SS-I.R. 8

Urteile:

1. Durch den Junkerschaftsführer
   R. ist eine mittelgroße, nicht besonders ansprechende Erscheinung mit einem anständigen, ehrlichen, aber unentschlossenen und verweichlichten Charakter. Im Wesen ist er schläfrig und still. Geistig und militärisch ungünstig veranlagt.
   Haltung und Auftreten sind schlaff, energielos und werden den Anforderungen eines zukünftigen SS-Führers nicht entsprechen.
   Zum SS-Führer nicht geeignet.

                                       SS-Obersturmführer

2. Durch den Inspektionschef
   Ruhiger und verschlossener Charakter. Unausgeprägt; macht stets einen eingeschüchterten Eindruck; mangelndes Selbstvertrauen. Versteht es nicht, sich durchzusetzen.
   Zum SS-Führer ungeeignet.

                                       SS-Hauptsturmführer

3. Durch den Waffenlehrer
   Es fehlen die Voraussetzungen! Starke Lücken sind vorhanden. Erscheint unsicher und schwankend in seiner Willensmeinung. Nur ein Mitläufer, der die Arbeit erschwert.
   Zum SS-Führer nicht geeignet.

                                       SS-Obersturmführer

4. Durch den Nachrichtenlehrer
   Weich, nicht sehr rege Beteiligung am Unterricht.

                                       SS-Obersturmführer

5. Durch den Pionierlehrer
   Wenig Begabung, kommt nicht mit.

                                       SS-Hauptsturmführer

6. Durch den Lehrer für Panzerwesen
   Siehe Nachrichtenlehrer.
7. Durch den Lehrer für Flugwesen
   Siehe Kartenkunde.
8. Durch den Lehrer für Kartenkunde
   Macht einen schwerfälligen, weichen Eindruck. Geistig unter Durchschnitt. Wird das Ziel der Schule nicht erreichen.

   SS-Obersturmführer

9. Durch den Sportlehrer
   R. trat wenig in Erscheinung.

   SS-Untersturmführer

10. Durch den Reitlehrer

11. Durch den Lehrer für weltanschauliche Schulung
    Sehr verschlossenes und gedrücktes Wesen; hat anscheinend Minderwertigkeitsgefühle, da er Volksschüler ist. Unsicher und schwankend. Die gezeigten Leistungen unter dem Durchschnitt.
    Zum SS-Führer nicht geeignet.

    SS-Obersturmführer

12. Durch den Taktiklehrer

13. Stellungnahme des Lehrgruppenkommandeurs
    Die genannten Mängel sind so schwerwiegend, daß R. nicht zum SS-Führer geeignet erscheint.

14. Stellungnahme des Kommandeurs

    Der Kommandeur
    der SS-Junkerschule Tölz

Beurteilungsnotiz eines zum Führer geeigneten Junkers

SS-Junkerschule Tölz
II. Inspektion

Bad Tölz, den 25. Juni 1941

Beurteilung

der SS-Junker ████████████████
Vor- und Zuname

Geburtsort: Dergenthin/Potsdam   Geburtsdatum: 18.2.21
SS-Nr. 364 167   Truppenteil: 20./LSSAH

Urteile:

1. Durch den Junkerschaftsführer
P. ist eine mittelgroße, ausreichende militärische Erscheinung. Sein Charakter ist offen und anständig, zeigt immer frische Lebhaftigkeit. P. ist einwandfrei, zielbewußt und gewissenhaft. Besitzt gesunden Ehrgeiz. Ist selbständig im Denken. Die geistige Begabung ist ziemlich gut. Das Verhalten gegen Vorgesetzte ist taktvoll.
Zum SS-Führer geeignet.
SS-Obersturmführer

2. Durch den Inspektionschef
Kräftige soldatische Erscheinung. Charakterlich offen, zielbewußt; bescheidenes Wesen; ausgeglichen und sicher. Fröhliches Temperament; arbeitet gut mit; schnelles Denkvermögen. Taktvoll, gewandt und zurückhaltend außer Dienst und gegenüber Vorgesetzten.
Zum SS-Führer geeignet.
SS-Hauptsturmführer

3. Durch den Waffenlehrer
Durchschnitt, tritt nicht in Erscheinung.
SS-Obersturmführer

4. Durch den Nachrichtenlehrer
Feste, bestimmte und entschlossene Haltung.
SS-Obersturmführer

5. Durch den Pionierlehrer
Entspricht.
SS-Hauptsturmführer

6. Durch den Lehrer für Panzerwesen
Siehe Nachrichtenlehrer.

7. Durch den Lehrer für Flugwesen
Siehe Kartenkunde.

8. Durch den Lehrer für Kartenkunde
Geistig sehr rege und aufmerksam.
Verspricht das Ziel der Schule zu erreichen.
SS-Obersturmführer

9. Durch den Sportlehrer
Setzt sich beim Sport mit Fleiß ein. Sein Auftreten und seine Haltung waren zufriedenstellend.
SS-Untersturmführer

10. Durch den Reitlehrer

11. Durch den Lehrer für weltanschauliche Schulung
Wirkt zeitweilig etwas unbeweglich und arbeitet wenig im Unterricht mit. Geistige Begabung ist vorhanden.
Zum SS-Führer geeignet.
SS-Obersturmführer

12. Durch den Taktiklehrer
Klare, straffe Erscheinung, dabei frisch und aufgeweckt. P. ist überdurchschnittlich begabt. Führereigenschaften sind ihm eigen. Innerlich bescheiden, besitzt er eine klare Linie. Charakterlich ist P. offen und anständig. Auftreten und Haltung sachlich und bestimmt.
Er erscheint zum SS-Führer geeignet.
SS-Hauptsturmführer

13. Stellungnahme des Lehrgruppenkommandeurs

14. Stellungnahme des Kommandeurs

Bad Tölz, den . . .

Der Kommandeur
der SS-Junkerschule Tölz

**DER OBERBEFEHLSHABER
DER HEERESGRUPPE B**

zu Akt Nr. /0 7/ ?

H.Qu. den 4. Februar 1945

D i e n s t l e i s t u n g s z e u g n i s

für den
SS-Sturmbannführer Springer,
1.Ord.Offz.des Ob der H.Gr.B

SS-Sturmbannführer S p r i n g e r war vom 30.8.44 bis zum 4.2.45 mein 1. Ord.Offz.

Mit besonderem Eifer und unermüdlichem Fleiß hat er sich in dieses umfangreiche Aufgabengebiet überraschend schnell eingearbeitet. Geistig sehr rege, körperlich zäh und ausdauernd veranlagt, war er mir, auch in schwierigsten Lagen, eine wertvolle Hilfe.

Er verfügt über einen guten taktischen Blick und eine schnelle Auffassungsgabe. Gibt Eindrücke, Erkundungsergebnisse und Kampflagen klar und erschöpfend wieder. Mit besonderer Sicherheit führt er im Gelände und versteht es, die ihm unterstellten Männer fest zu führen und immer wieder zu neuen Leistungen anzuspornen.

Sein dienstliches und außerdienstliches Auftreten ist gewandt und zuvorkommend. Er ist anpassungsfähig und versteht es, auch mit höchsten Dienststellen und Kommandobehörden bestimmt und doch taktvoll zu verkehren.

Im Kameradenkreis ist S p r i n g e r durch sein offenes, frisches und stets bejahendes Wesen besonders beliebt.

Generalfeldmarschall

Beurteilungsnotiz eines schwedischen Junkers

SS-Junkerschule Tölz
    IV. Inspektion

Bad Tölz, den 25.2.1944

Beurteilung

der SS-Standartenjunker   (S)
Geburtsort: (Schweden)   Geburtsdatum:
SS-Nr. — — —   Entsendende Einheit: SS-Pz.Gren.A.u.E.Btl. 5

B. entstammt geordneten Familienverhältnissen. Sein Vater war Professor, 1940 gestorben. Er ist unverheiratet.

Er besuchte drei Jahre eine Privatschule, 6 Jahre die Realschule und 5 Jahre das Realgymnasium.

Vom 20.6.38–1.6.41 diente er im schwedischen Heer und wurde als Sergeant entlassen. Sein Eintritt in die Waffen-SS erfolgte am 15.1.1943, wo er in der Ersatz-Einheit **als Schütze** Verwendung fand.

B. ist eine mittelgroße, kräftige Erscheinung. Er ist ein zuverlässiger und pflichtbewußter Mann mit geradem und offenen Charakter, natürlichem und unbekümmertem Wesen und gutem körperlichem Leistungsvermögen. Seine soldatische Haltung ist verbesserungsbedürftig. Sein Benehmen ist rücksichts- und taktvoll.

Geistig ist er gut veranlagt. Seine Allgemeinbildung und sein Allgemeinwissen sind gut. Er verfügt über ein sehr gutes Sprachtalent und hat durch viele Reisen durch die ganze Welt einen sehr gesunden Überblick und sicheres Urteilsvermögen erhalten.

B. verfügt über eine gute Redebegabung und besitzt die Fähigkeit, andere in freier Rede zu überzeugen.

Seine Leistungen in den Unterrichtsfächern sind in jeder Hinsicht gut, im Truppen- und Gefechtsdienst genügend. Vor der Front muß er sich jedoch zu einer freieren, schwungvolleren Haltung durchringen (seine Befehls- und Kommandosprache muß schärfer und mitreißender werden).

Zum Führer der Waffen-SS und Pz.-Zugführer geeignet.

Seine Verwendung als Pz.-Zugführer wird vorgeschlagen.

                                                        SS-Obersturmführer
                                                      u. Inspektions-Chef

Beurteilung eines französischen Junkers

SS-Junkerschule Tölz
Lehrgruppe A

Bad Tölz, den 28. Februar 1944

Geheim!

Abgangszeugnis
Der SS-Junkerschule Tölz

Der   Frankreich

| Name, Vorname | Nation | SS-Nr. | Geburtstag |

hat während des 1. Sonderlehrgangs für ehemalige französische Offiziere an der SS-Junkerschule Tölz vom 10.1.1944 bis 4.3.1944

	Note	mal	Punkte
1. in der weltanschaulichen Schulung	6	8	48
2. in der Taktik	5	8	40
3. im Heerwesen	6	6	36
4. im Truppendienst	5	6	30
5. in der Geländekunde	4	3	12
6. in der Leibeserziehung	3	3	9
Gesamtpunktzahl			175

erreicht und somit die Schlußprüfung . . . bestanden.

Allgemeine Beurteilung der Persönlichkeit:

Student der Philosophie, aktiver Offizier, Schulbildung Abitur, Milizführer. Unverheiratet.

Vater, Amtsgehilfe, verstorben 1943.

3 Jahre aktive Dienstzeit in der Infanterie. Kriegsschule St. Haixent 1942. Letzter Dienstgrad Leutnant. Teilnahme am Feldzug 1939/40 gegen Deutschland. 1941/42 Dienst in Afrika. Ausgezeichnet mit dem Kriegskreuz 1939/40.

Eintritt in die Waffen-SS am 18.10.1943. Teilnahme am Vorbereitungslehrgang im SS-Ausbildungslager Sennheim.

. . . ist mittelgroß und kräftig; eine ausgesprochen westische Erscheinung, in Haltung und Auftreten korrekt, taktvoll und sicher. Körperlich erscheint er leistungsfähig und den Anforderungen gewachsen, ist jedoch sportlich sehr ungeübt und steif.

Charakterlich ruhig und zurückhaltend, ist er im Wesen bescheiden, höflich und zuvorkommend. Im Dienst kann er sich durchsetzen, bei den Kameraden ist er beliebt und geachtet.

Sein Allgemeinwissen ist sehr vielseitig, auf Grund seiner guten geistigen Veranlagung konnte er den gebotenen Stoff ohne Schwierigkeiten verarbeiten.

Er kann Gedanken logisch zum Ausdruck bringen, verfügt jedoch nicht über ausgeprägte Redegewandtheit.

Im Unterricht konnte er mühelos folgen, war fleißig, aufmerksam und stets gut vorbereitet. Die gestellten Aufgaben löste er zuverlässig und mit viel Geschick.

Im Gefechtsdienst zeigte er brauchbare Leistungen, Entschlußkraft und -freudigkeit. Seine Kenntnisse der Waffen, Befehlstechnik und Kommandosprache bedürfen noch der Förderung.

. . . ist ein sehr intelligenter, geschickter Soldat, der zuverlässig und pflichtbewußt arbeitet und die ihm gestellten Aufgaben mit Sicherheit lösen wird.

Er hat das Lehrgangsziel erreicht und ist zum Führer geeignet.

Verwendungsvorschlag: Kp.Führer oder Btl.Adjutant.

Der Kommandeur der Lehrgruppe A
Rothe
SS-Sturmbannführer

Der Kommandeur
der SS-Junkerschule Tölz
Dörffler-Schuband
SS-Brigadeführer
und Generalmajor der Waffen-SS

Gegen Ende des Krieges wurden zwei Inspektionen von Fähnrichen der Luftkriegsschule Fürstenfeldbruck nach Tölz kommandiert, um vom dortigen Lehrpersonal für den Einsatz in Fallschirmjäger- oder Luftwaffen-Felddivisionen ausgebildet zu werden. Dafür wurden auch SS-Standartenjunker abgestellt.

SS-Junkerschule Tölz
——————————————————
IIc

Bad Tölz, den 21.2.1945

Personalverfügung

Mit Wirkung vom 22.2.1945 werden die

Stand.Junker der W-SS Lau,	Gustav	20.4.23	V. Insp.
Stand.Junker der W-SS Nansen,	Andreas	27.9.13	IV. Insp.
Stand.Junker der W-SS Pölzlbauer,	Karl	10.4.20	IV. Insp.
Stand.Junker der W-SS Pickard,	Karl	6.8.20	IV. Insp.

    als   Zugführer
    zur Luftwaffen-Inspektion
Lager Sachsenkam kommandiert.
Meldung am 22.2.1945 — 12.00 Uhr — beim 22. FBL. in Sachsenkam.
Während der Kommandierung sind Obengenannte dem Lehrgangsleiter der FBL. disziplinarisch unterstellt.
Personalpapiere verbleiben bei den Inspektionen.

Der Kommandeur
der Junkerschule Tölz
gez. Schulze

SS-Junkerschule Tölz
——————————————————
IIc

Bad Tölz, den 5.3.1945

Personalverfügung

Die Kommandierung des

             Stand.Ju.d.W-SS Karl Pickard, geb. 6.8.20

    von IV. Inspektion
    zur Luftwaffeninspektion
    als Zugführer
wird aufgehoben. P. tritt sofort wieder seinen Dienst bei der IV. Insp. an.
Mit sofortiger Wirkung wird der

             Stand.Ju.d.W-SS Kurt Donath, geb. 28.11.23

    von V. Inspektion
    zur Luftwaffeninspektion
    als Zugführer
kommandiert. Meldung am 5.3.1945 bei SS-Stubaf. Schmidt in Sachsenkam.

Der Kommandeur
der SS-Junkerschule Tölz
gez. Schulze

Kommandierung eines Führeranwärters zur Spezialausbildung an die Heeresnachrichtenschule

Heeresnachrichtenschule
Lehrgruppe I (Offizier-Anw.)
2. Offizier-Anw.-Inspektion

Halle (Saale), den 3. Mai 1940

Beurteilung

über den

Dienstgrad, Vor- und Zuname: SS-Unterscharführer Siegfried Kepp
Feldtruppenteil:
Werdegang: SS-Führeranwärter
Stammtruppenteil:
    bzw.
Wehrersatzdienststelle, stellv. A.K.:

Teilnahme am 3. Offizieranwärter-Lehrgang an der Heeresnachrichtenschule vom 5.2. bis 4.5.1940.

1. Allgemeines Urteil über Charakter und Persönlichkeit:
Offen, ruhig, energisch, fleißig und gewissenhaft, zielbewußt, sicheres Auftreten, straffer Soldat, ausreichende Umgangsformen.

2. Dienstliche Befähigung:
    a) Auftreten vor der Front und Kommandosprache: gut (2)
    b) Leistungen und Verhalten als Führer: befriedigend (3)
    c) Dienstliche Kenntnisse in den Hauptfächern (vgl. Rückseite).
    d) Geistige Anlagen und körperliche Leistungsfähigkeit: klar/ausdauernd
    e) Führung: sehr gut

3. Außerdienstliches Verhalten: einwandfrei

4. Schlußurteil:
    a) Eignung: 1. zum Offizier   zum SS-Führer geeignet
              2. zu welcher Verwendung   Zugführer einer Fernsprechkompanie
    b) Ernennung zum Offizieranwärter: —

(Stempel)
Kommando der Heeresnachrichten-
    schule

gez. Peter
Hauptmann und Inspektionschef

Zu Ziffer 2 c):
    Dienstliche Kenntnisse in den Hauptfächern:
    Taktik und Waffenlehre: befriedigend (3)
    Einsatz der Nachrichtenmittel: ausreichend (4)
    Heerwesen: befriedigend (3)
    Fernsprech-Gerätelehre: ausreichend (4)
    Nichtzutreffendes streichen.

Zusätze des Lehrgruppenleiters:

Einverstanden

gez. Bartusch
Oberstleutnant und Lehrgruppenleiter

Zusätze des Kommandeurs des Lehrstabes A der Heeresnachrichtenschule:
(Nur im Falle der Nichteignung.)

Oberstleutnant und Kommandeur

Tagesbefehl
nach dem Besuch von Inspekteuren des Führernachwuchses der Wehrmacht

Lehrgruppe B   Bad Tölz, 22.6.44

An Chef

V.-VIII. Inspektion
Ich bitte den Männern für ihre Haltung und Einsatzfreudigkeit anläßlich der Besichtigung meinen Dank zu sagen.
Die Inspekteure des Führernachwuchses im Heer und Kriegsmarine sowie der Kommandeur der Luftkriegsschule Breslau haben besonders die Disziplin, den harten Einsatzwillen und die soldatische Haltung der Junker bewundert und nachahmenswert gefunden.
Der 20./21.6.44 hat gezeigt, daß von Junkern der Waffen-SS alles verlangt werden kann. Mögen die Leistungen sich weiter verbessern, damit der Kriegs-Junker-Lehrgang 1944 ein in jeder Weise hervorragender wird.

gez.Schulze

Kriegsstärkennachweisung (SS)

SS-Führerschule des SS-W.V.-Dienstes	Kopfzahl			Waffen			
	Führer	Unterführer	Mannschaften	Gewehre Karabiner	Pistolen (Masch.-Pist.)	s.M.G. (le.M.G.)	besp. (unbesp.) Geschütze u. Werfer
Zusammenstellung I. Kommandostab							
a) Kommandeur	1						
b) Adjutantur	2	3					
c) Abteilung Ib	1	5					
d) Gerichts-Fürsorgeführer	1						
e) Verwaltung (IVa)	2	13					
f) Abt. IVb	2	4					
g) Abt. V	1	1					
h) Abt. WE und VI	1	2					
Gesamtstärke I. Kommandostab	11	28					
Zusammenstellung II. Lehrgruppe A							
a) Stab	2	2	1				
b) Lehrstab	20						
c) I. Inspektion	4	2	(120)				
d) II. Inspektion	4	2	(120)				
e) III. Inspektion	4	14	(120)				
f) IV. Inspektion	4	11	(120)				
Gesamtstärke II. Lehrgruppe A	38	31	(480)				
Zusammenstellung III. Lehrgruppe B							
a) Stab	1	2	1				
b) Lehrstab	9						
c) V. Inspektion	4	12	(120)				
d) VI. Inspektion	4	12	(120)				
e) VII. Inspektion	4	12	(120)				
f) VIII. Inspektion	4	12	(120)				
Gesamtstärke III. Lehrgruppe B	26	50	(481)				

51. Kriegs-Reservejunker-Lehrgang

Anlage zum Befehl über die Durchführung des 51. Kriegs-Reserve-Lehrgangs vom 5.12.44

Lehrplan: Stunden:

Kassen- u. Abrechnungsbestimmungen mit Übungen	SS-Hstuf. Flörke	18
Verpflegung	SS-Hstuf. Artbecker	30
Bekleidung	SS-Hstuf. Artbecker	15
Unterkunftswesen	SS-Hstuf. Flörke	10
Arbeitsrecht mit Übungen	SS-Ustuf. Thiele	15
Finanzrecht u. Betr. Wirt.	SS-Ustuf. Thiele	15
Bürgerliches Recht	SS-Hstuf. Dr. Rohrbacher	15
Staatsrecht	SS-Hstuf. Dr. Rohrbacher	15
Disziplinarrecht m. Übungen	SS-Hstuf. Dr. Rohrbacher	12
Völkerrecht (Haager Landkriegsordnung)	SS-Hstuf. Dr. Rohrbacher	4
Verwaltungsrecht (Organisation der Verwaltung)	SS-Hstuf. Weber	6
Gebührniswesen (EWGG)	SS-Ostuf. Franke	12
Reise- u. Umzugkostenrecht	SS-Hstuf. Johannisson	8
Besoldungswesen (Kriegs- u. Friedensgebührnisse)	SS-Hstuf. Johannisson	12
Fürsorge- u. Versorgungswesen (W.F. u. V.G.)	SS-Hstuf. Schürmann	12
W.S. (SS- u. Pol. Wesen)	SS-Ustuf. Müller	48
Versorgungstaktik	SS-Hstuf. Weber	12

Milit. Ausbildung

Geländedienst	40
Schießausbildung	40
Sport	24
Milit. Unterricht	48

gez. Thöle
SS-Sturmbannführer
und stellv. Kommandeur

SS-Junkerschule Tölz

Der Kommandeur der SS-Junkerschule Tölz hat den

_____

SS-Nr. .... -- .... geb. ....

mit Wirkung vom .... zum

SS-Junker

ernannt.

Bad Tölz, den ....

Der Kommandeur der SS-Junkerschule Tölz

SS-Standartenführer

ϟϟ=Junkerschule Tölz

Der Chef des Amtes für Führerausbildung im ϟϟ=Führungs=
hauptamt hat den

ϟϟ=Junker

_____

ϟϟ=Nr. --_____ geb._____

mit Wirkung vom_____ zum

ϟϟ=Standartenjunker

befördert.

.

Bad Tölz, den_____

Der Kommandeur der Lehrgruppe   A

Gesele

ϟϟ=Hauptsturmführer

SS-Junkerschule Tölz

Der Chef des Amtes für Führerausbildung im SS-Führungs-hauptamt hat den

SS-Standartenjunker

_____

SS-Nr. ____ geb. _____

mit Wirkung vom 15. September 1941 zum

SS-Standarten-Oberjunker

befördert.

Bad Tölz, den 16. 9. 1941

Der Kommandeur der Lehrgruppe A
m. d. F. b.

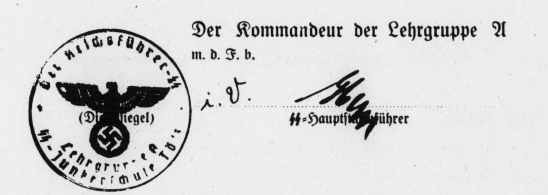

i. V.

SS-Hauptsturmführer

Verzeichnis der Abkürzungen

A.A.	Aufklärungs-Abteilung	l. le.	leicht
Abt.	Abteilung	LAH	L(SS)AH Leibstandarte-SS
AHA	Allgemeines Heeresamt		„Adolf Hitler"
AK	Armee-Korps		
Art.	Artillerie	MG	Maschinengewehr
Aufkl.	Aufklärung	MA	Militärarchiv
A. u. V. Schein	Annahme- und Verpflichtungsschein	MPi.	Maschinenpistole
A. u. E. Btl.	Ausbildungs- und Ersatz-Bataillon	Mob. Fall	Mobilmachungs-Fall
		mot.	motorisiert
Bttr.	Batterie		
BA	Bundesarchiv	NA	National Archives Washington
BDC	Berlin Document Center	Nachr.	Nachrichten
Btl.	Bataillon	Napola NPEA	Nationalpolitische Erziehungsanstalt
Brig.	Brigade	NfD	Nur für den Dienstgebrauch
		NS	Nationalsozialismus
DAL-SS	Dienstaltersliste-SS		
Div.	Division	OA	Offiziers-Anwärter
		OB	Oberbefehlshaber
FHA	(SS-)Führungshauptamt	OKH	Oberkommando des Heeres
FH	Feldhaubitze	OKW	Oberkommando der Wehrmacht
Fla.	Flieger-Abwehr	Org.Abt.	Organisations-Abteilung
Flak	Flieger-Abwehrkanone		
FS	Fernschreiben	PA	Personal-Amt
		Pak	Panzer-Abwehrkanone
geh.	geheim	Pi.	Pionier
g.Kdos.	Geheime Kommandosache	Pol.	Polizei
gep.	gepanzert	Pz.	Panzer
GFM	Generalfeldmarschall	Pz.Tr.	Panzer-Truppe
Gen.Kdo.	Generalkommando		
Gen.St.	Generalstab	Qu	Quartiermeister
Gren.	Grenadier		
Gr.W.	Granatwerfer	RAD	Reichsarbeitsdienst
		Rd.Schr.	Rundschreiben
HA	Hauptamt	Res.	Reserve
H.Gr.	Heeresgruppe	Rgt.	Regiment
HJ	Hittler-Jugend	Rgts.Kdr.	Regiments-Kommandeur
HPA	Heeres-Personalamt	RFSS	Reichsführer-SS
		RFSSuChdDtPol.	Reichsführer-SS
i.A.	im Auftrag		und Chef der Deutschen Polizei
i.V.	in Vertretung		
Ia	1. Generalstabsoffizier	s. schw.	schwer
	(Führungs-Abteilung)	San.	Sanitäts-
Ib	2. Generalstabsoffizier	Schtz.	Schützen
	(Quartiermeister-Abteilung)	Slg.Schum.	Sammlung Schumacher
Ic	3. Generalstabsoffizier		(im Bundesarchiv)
	(Feindaufklärung und Abwehr)	SS	Schutzstaffel
IIa	Adjutant	Stu.Gesch.	Sturmgeschütz
IMT	Internationales Militär-Tribunal	Statist. JB der SS	Statistisches Jahrbuch der SS
	(Nürnberg)	St. N.	Stärke-Nachweisung
Inf.	Infanterie		
ID Inf.Div.	Infanterie-Division	Tgb. Nr.	Tagebuch-Nummer
IR Inf. Rgt.	Infanterie-Regiment	T-Sta.	(SS-)Totenkopf-Standarte
IG	Infanterie-Geschütz	TV	(SS-)Totenkopfverbände
i.G.	im Generalstab		
		Ustascha.	kroatische Miliz
JB-SS	Jahrbuch der SS		
JS	(SS-)Junkerschule	VdS	Verband deutscher Soldaten
		Vet.	Veterinär
Kdo.	Kommando	vgl.	vergleiche
Kdo.Amt d. W-SS	Kommandoamt der Waffen-SS	verst.	verstärkt
Kav.	Kavallerie	VT	(SS-)Verfügungstruppe
Kdr.	Kommandeur		
Kp.	Kompanie		
Krad	Kraftrad	WASt	Wehrmacht-Auskunftsstelle
KStN	Kriegsstärkennachweisung	WS	Weltanschauliche Schulung
KTB	Kriegs-Tagebuch	WVHA	Wirtschafts-Verwaltungs-Hauptamt
kv.	kriegsverwendungsfähig		
kv. SE	kriegsverwendungsfähig		
	— Sonder-Einheit		

Quellenverzeichnis

1. Institute und Archive

1. Bundesarchiv Koblenz
   Militärarchiv Freiburg
2. National-Archiv Washington
3. Archiv Nietsch
4. Archiv Schneider
5. Archiv Vopersal

2. Amtliche Unterlagen

6. Dienstalterslisten der Schutzstaffel der NSDAP
   Berlin, Reichsdruckerei/SS-Personalhauptamt, 1934-44
7. Personalveränderungsblätter der Schutzstaffel
   Berlin, SS-Personalhauptamt, 1943-45
8. Tätigkeitsbericht des Heerespersonalamtes 1942 — November 1944
   NA-T-78 Roll 39, Frames 6 001 231-6 001 550

3. In- und ausländische Literatur

9. Below, Nicolaus von „Als Hitlers Adjutant 1937-45", Mainz, Verlag von Hase & Koehler 1980
10. Blindheim, Sven „Nordmen under Hitlers fane", Oslo, Verlag Noreg Boklag 1977
11. Blumenson, Martin „The Patton Papers 1940-1945", Houghton Mifflin Company, Boston, 1974
12. B., W. „Die weltanschauliche Schulung an der SS-Junkerschule Tölz", Studie 1981
13. Bracher, Karl Dietrich „Die Deutsche Diktatur", Köln-Berlin, Verlag Kiepenheuer & Witsch 1969
14. Buchheit, Gert „Hitler der Feldherr", Rastatt, Grotesche Verlagsbuchhandlung 1958
15. Buss, P.H. „The Non-Germans in the German Armed Forces 1939-45", Canterbury, Phil.Diss. 1974
16. Buchheim, Hans „Die SS — Das Herrschaftsinstrument — Befehl und Gehorsam", Stuttgart, dtv-Dokumente 1979
17. Bihl, Wolfdieter „Zur Rechtsstellung der Waffen-SS", Berlin-Frankfurt, Wehrwissenschaftliche Rundschau Heft 7, Verlag E.S. Mittler & Sohn 1966
18. Dörffler-Schuband, Werner „Führernachwuchs der Waffen-SS", Historical Division Headquarters US-Army Europe, „Foreign Military Forces" 1947
19. Frauenfeld, A.E. „Denkschrift des Generalkommissars für die Krim" 1944
20. Gelwick, R.A. „Personnel Policies and Procedures of the Waffen-SS", The University of Nebraska, Ph.D. History modern 1971
21. Hausser, Paul „Soldaten wie andere auch", Osnabrück, Munin-Verlag 1966
22. Heiber, Helmut „Reichsführer", Stuttgart, Deutsche Verlagsanstalt 1968; „Hitlers Lagebesprechungen", Stuttgart, Deutsche Verlagsanstalt 1962
23. Heuer, Dr. Gerd „Paul Hausser", Pabel-Verlag Rastatt, Landser-Magazin Nr. 437
24. Höhne, Heinz „Der Orden unter dem Totenkopf", Gütersloh, Sigbert Mohn Verlag 1967
25. Klietmann, Dr. K.G. „Die Waffen-SS, eine Dokumentation", Osnabrück, Verlag DER FREIWILLIGE 1965
26. Krellmann, Paul „Bemerkungen zum weltanschaulichen Unterricht an der Junkerschule Tölz" und „Die weltanschauliche Schulung nach 1933 in der Partei und SS", Starnberg, Studie 1980/81, Archiv Nietsch
27. Landemer, Henri „Les Waffen-SS", Verlag Balland, Paris 1972
28. Mabire, Jean „La Brigade Frankreich", Paris, Librairie Arthème Fayard 1973

29. Neulen, Hans Werner „Eurofaschismus und der zweite Weltkrieg, Europas verratene Söhne", München, Universitas Verlag 1980

30. Plesse-Verlag „Waffen-SS im Bild", Göttingen 1957

31. Reitlinger, Gerald „The SS-Alibi of a Nation", New York, Viking Press 1957

32. Sartamorinen, Armas „Hitlers Svenska förtrupper", Stockholm 1947

33. Seemen, Gerhard von „Die Ritterkreuzträger", Nauheim, Podzum-Verlag 1955 und 1976

34. Seraphim, Hans Günther „SS-Verfügungstruppe und Wehrmacht", Wehrwissenschaftliche Rundschau Heft 12, Darmstadt, Verlag E.S. Mittler & Sohn 1955

35. Schneider, Jost „Verleihung genehmigt", San José/Cal. USA, James Bender Publishing 1977

36. Schulze-Kossens, Richard „Affidavit vor dem Int.Mil.Gericht, Berger-Dokument Nr. 22", Nürnberg, 1948

37. Stein, George H. „Geschichte der Waffen-SS", Düsseldorf, Droste-Verlag 1967, in USA: The Waffen-SS, Hitlers Elite Guard at War 1939-45", Ithaka/New York, Cornell University Press 1966

38. Steiner, Felix „Die Armee der Geächteten", Göttingen, Plesse-Verlag 1963.

39. Toland, John „Adolf Hitler", Bergisch-Gladbach, Lübbe-Verlag 1977

40. The Times „Hitlers Pretorian Guard, a fighting Police", London 1943

41. Veld „de SS en Nederland, Documenten uit SS-Archiv 1935-45", Amsterdam, Dok.Nr. 87, 1976

42. Völkischer Beobachter „Die entgleiste Retourkutsche, bolschewistische Greuelmärchen über Bad Tölz", Wien, 56. Jahrgang Nr. 179, 1943

43. War Department „Handbook on German Military Forces, Technical Manuel TM", Washington 1943

44. Wegner, Dr. Bernd „Die Garde des Führers und die Feuerwehr der Ostfront", Freiburg, Militärgeschichtliche Mitteilungen I/1978 und „Das Führerkorps der bewaffneten SS von 1933-45", Unveröffentlichte Dissertation, Hamburg 1980

45. Weidinger, Otto „Division Das Reich", Osnabrück, Munin-Verlag 1973

46. Westphal, Siegfried „Heer in Fesseln", Bonn, Athenäum-Verlag 1950 und „Erinnerungen", Mainz, von Hase & Koehler-Verlag, 1975

Die Führerdienstgrade der Waffen-SS

Dienstgrad	Abk.	Vergleichbarer Wehrmachtsdienstgrad
SS-Oberstgruppenführer (und Generaloberst der Waffen-SS)	(Oberstgruf.)	Generaloberst
SS-Obergruppenführer (und General der Waffen-SS)	(OGruf.)	General
SS-Gruppenführer (und Generalleutnant der Waffen-SS)	(Gruf.)	Generalleutnant
SS-Brigadeführer (und Generalmajor der Waffen-SS)	(Brif.)	Generalmajor
SS-Oberführer	(Oberf.)	—
SS-Standartenführer	(Staf.)	Oberst
SS-Obersturmbannführer	(OStubaf.)	Oberstleutnant
SS-Sturmbannführer	(Stubaf.)	Major
SS-Hauptsturmführer	(HStuf.)	Hauptmann
SS-Obersturmführer	(OStuf.)	Oberleutnant
SS-Untersturmführer	(UStuf.)	Leutnant

Personenregister

Afdelinger 174, 175
Ahlborn 179
Aichinger, Ritter von 111
Albert 108
Altvater-mackensen 35
Amery 24
Apell, von 95
Artbecker 195
Amschl 170
Augsberger 108
Az 110

Bach 72
Ballauf 35
Barner 108
Bartusch 192
Baum 105, 108, 169
Baumann 104
Becker 105
Beethoven 72
Below, von 17
Bender 172
Berger, Georg 109
Bernhard 105
Bestmann 42
Bittrich 102
Björnsson 24
Blindheim 24
Blume 101
Bonin, von 183
Bongen 68
Brack 103
Bracher 17
Braun 103
Brenner 106
Briesen, von 90
Brorsen 174
Broser 109
Brunaes 9
Bucheim 14, 82
Buchmann 9
Buchsein 107
Bulke 94

Chabert 23
Christmann 71
Churchill 24
Clausewitz, von 79
Conrad 108
Cummerow 88, 89, 97

Dallinger 146
d'Alquen 20
Darré 21
Debes 35, 111, 146
Degrelle 80
Deisenhofer 105
Demelhuber 110
Denda 170

Deuster 9
Diehm 110
Diembeck 106
Diergarten 106
Doldi 107
Dietrich 74, 102
Doerr 185
Donath 191
Dörffler-Schuband 35, 87, 147, 190
Dörner, Helmut 105
Dörner, Hermann 102
Dürer 79

Eberhard 105
Elfenau, von 111
Eggers 24
Eichhoff 170
Einem, von 112
Engel 109
Etté 156
Ewert 102

Faltz 107
Fiscer 105
Flörke 195
Franke 195
Freitag 107
Friedrich 68
Fritscher 109
Fromme 68
Funk 108

Gaiss 54
Gambrill 67
Gamory-Dubourdeau 57, 58
Gelwick 14, 17, 24
Gerschler 71
Geyer 94
Giese 112
Gille 102
Glanert 105
Glonig 107
Götze 35
Goldacker, von 105
Golling 72
Gottberg, von 164
Gottschalk 108
Graf 109
Gramlich 68
Greindl 106
Grensing 105
Grieg 72
Grothmann 21, 100
Grünwälder
Guderian 95
Günther 84

Haaest 175, 176
Hack 95

Hahn 103
Halder 99
Hampel 107
Hamsun 24
Harbig 68
Harmel 106
Hartmann 72
Harzer 106
Harzig 111
Hausser 15, 20, 21, 23, 24, 35, 36, 52, 77, 98, 113, 165
Heder 9
Heiber 20
Heike 107, 112
Heinrici 105
Henke, Dr. 9
Hepp 104
Heuer, Dr. 9
Himmler 18, 20, 21, 26, 27, 37, 48, 55, 58, 79, 81, 82, 85, 87, 113, 116
Hitler 27, 47, 55, 57, 80
Hochhauser 107
Höhne 17
Hofmann 102
Hoffmeister 101
Holst 9
Huhn 71

Jankuhn 102
Jencio, Dr. 44
Jens 106
Joerchel 43
Johannisson 195

Kaether, Dr. 44
Kausch 93
Kjelstrup 9
Keller 103
Keller, W. 103
Kepp 192
Keppler 111
Keshler 167, 168
Kielmansegg, von 95
Kiesling-Rosenstengel 72
Kirchner 106
Kleinheisterkamp 104
Klingemann 35
Klingenberg 35, 51, 80
Knabe 9
Knigge, von 119
Knoblauch 57
Koop 108
Kostenbader 172
Kowatsch 105
Kraemer 102, 112
Kreuznacher 95
Krieger 111
Krüger, F.W. 103

Anmerkungen:

1) B. Gelwick: „Personnel Policies and Procedures of the Waffen-SS" The University of Nebraska, Ph. D. 1971 History modern

2) Gelwick Seite 24

3) Gelwick Seite 28, siehe auch Gert Buchheit „Hitler der Feldherr" Grote-sche Verlagsbuchhandlung KG Rastatt 1958 Seite 74.

4) Gelwick Seite 45/46

5) War Department, Technical Manuel TM 30-541 Handbook on German Military Forces (Washington, Sept. 1, 1943 Seite 224

6) Dr. Bernd Wegner: „Die Garde des Führers und die Feuerwehr der Ostfront", Militärgeschichtliche Mitteilungen Freiburg 1/78, Seite 227

7) Brief Wiemann an Verfasser vom 12.1.1976 (Archiv Nietsch)

8) Frans Leemans in einem Grußwort zum Junkertreffen 1976

9) George H. Stein „Geschichte der Waffen-SS", Droste-Verlag Düsseldorf 1967, in USA: The Waffen-SS, Hitlers Elite Guard at War 1939-1945" by Cornell University Press, Ithaka, New York 1966

10) Heinz Höhne „Der Orden unter dem Totenkopf" Sigbert Mohn Verlag 1967 Seite 428

11) Nicolaus von Below „Als Hitler's Adjutant 1937-1945 von Hase & Koehler-Verlag Mainz 1980. Seite 236, siehe auch Stellungnahme dazu in DER FREIWILLIGE, Munin-Verlag Osnabrück, Heft 6/1981 Seite 10 ff.

12) Rundfunkvortrag des Schriftstellers J.B.Priestley vom 19.7.1943 über Bad Tölz (NA:T-175/56/1668 ff)

13) Gelwick Seite 16 und 37: „. . . similar objective accounts may be found in the British offical histories of the war. (History of the Second World War series" London, Her Majesty's stationary office.)

14) Gelwick Seite 668/669 und Bracher „Die deutsche Diktatur" Verlag Kiepenheuer und Witsch, Köln-Berlin 1969 Seite 415

15) Gelwick Seite 668

16) THE TIMES, Friday July 16, 1943 „Hitlers Pretorian Guard, a fighting Police" London

17) VÖLKISCHER BEOBACHTER, Wiener Ausgabe 56. Jahrgang Nr. 179 v. 28.6.43 über einen in der schwedischen Zeitung „Nya Daglight Allehanda" erschienenen Bericht.

18) Armas Sartamorinen „Hitlers Svenska förtrupper" Stockholm 1947

19) Brief des ehemaligen Junkers Dr. K. vom 15.5.1981 an Verfasser

19a) Über die Bewertungsmaßstäbe des Offiziersnachwuchses an den einzelnen Schulen steht im Tätigkeitsbericht des Heeres-Personalamtes unter dem 7.5.1943:

7.5.43
Der Chef HPA nimmt an einer Besprechung teil, die der Chef des Ausbildungswesens, General der Pioniere Kuntze, abhält.
Zu dieser Besprechung sind sämtliche Kommandeure der Schulen des Ersatzheeres versammelt.
Chef HPA hält einen Vortrag über die Forderungen, die von PA aus gestellt werden müssen unter besonderer Betonung, daß die Zahl der Offizier-Anwärter weiter gesteigert werden muß, vordringlich die der Infanterie und Panzergrenadiere.
Der hohe Bedarf läßt es nicht mehr zu, einen willkürlichen Bewertungsmaßstab anzulegen, da der Bedarf für die Front ständig im Steigen ist. Als Richtlinie wird herausgegeben, daß von den einzelnen **Schulen 70 %** als **geeignet** zu erklären sind, **20 % bedingt geeignet** und **10 % ungeeignet.**

Ferner gibt Chef PA bekannt, daß in Zukunft die Feldwebel-OA. nicht wie bisher nach Abschluß des Lehrgangs zum Offizier ernannt werden, sondern erst nach dem Kompanieführer-Lehrgang, der auf den Schulen bezw. in den Wehrkreisen für die Feldwebel der Reserve abgehalten wird.
Es soll damit eine Leistungssteigerung der angehenden, jungen Offiziere erreicht werden.
Als neuer Dienstgrad soll wieder der Oberfähnrich und der Oberfähnrich der Res. eingeführt werden.
5.9.44
H'Gruppe Mitte schlägt vor, zur Behebung des starken Offiziermangels alle Unteroffiziere und Feldwebel, die bereits Züge führen und die Eignung zum Offizier besitzen, kurzfristig in einem Lehrgang zu erfassen und im Anschluß daran zum Leutnant zu befördern.
Gen.Lt. Burgdorf nimmt diesen Gedanken auf und trägt ihn dem Führer vor.
Der Führer gibt seine Zustimmung mit der Maßgabe, daß diese Unteroffiziere vorher zurückgezogen und auf einem Lehrgang **weltanschaulich geschult** werden.
13.9.44
Auf Antrag einer Heeresgruppe, die meldet, daß eine erhebliche Zahl von älteren bewährten Unteroffizieren in der Front stehe, die seit längerer Zeit Züge führen, werden 4-Wochen-Lehrgänge eingerichtet mit dem Ziele, diese bewährten Unteroffiziere und Zugführer zu Offizieren zu befördern.
Der Führer entscheidet, daß er mit einer Zusammenziehung dieser Unteroffiziere in 4-Wochenlehrgängen einverstanden ist.
Die 4-Wochenlehrgänge sollen schwerpunktmäßig **weltanschaulich** und auf die Erziehung ausgerichtet sein.
(Tätigkeitsbericht des HPA, NA: T78, Roll 39, Frames 6 001 231 - 6 001 550)
21.8.44
Der Reichsführer SS stimmt dem Antrag zu, daß für 8 Tage der Kriegsakademie-Lehrgang und der Lehrgang für höhere Adjutanten zur SS-Junkerschule Tölz verlegt werden, um den Offizieren des Heeres Gelegenheit zu geben, in die weltanschauliche Schulung und Ausbildung der Waffen-SS Einblick zu gewinnen und um ferner mit den Aufgaben der Waffen-SS, der Polizei und des RSD bekannt gemacht zu werden.
26.9.44
Der laufende Adjutantenlehrgang war bei der SS-Junkerschule in Bad Tölz. Der Besuch hat nicht 100 %ig die Masse der Lehrgangteilnehmer befriedigt, da ihnen ein Schulbetrieb vorgeführt wurde in einer **friedensmäßigen Form,** wie **sie kaum vor Beginn des Krieges an den Kriegsschulen des Heeres geboten** werden konnte.
Die Eindrücke über die weltanschauliche Erziehung und Ausbildung der germanischen Jugend waren durchaus überzeugend und lehrreich.

20) „Tätigkeitsbericht des Heerespersonalamtes vom 2.10.1942 — 29.11.1944 (T-78 Roll 39 Frames 6 001-231 — 6 001-550) Eintragung vom 21.8. und 26.9.44. Im Besitz des Verfassers.

21) Brief Wiemann vom 12.1.1976 an Verfasser (Archiv Nietsch)

22) Wiemann am 12.1.1976 an Verfasser (Archiv Nietsch)

23) Wegner, Dr. Bernd „Das Führerkorps der bewaffneten SS von 1933-45" Unveröffentlichte Dissertation Hamburg 1980, erscheint Ende 1981 auch als Buch

24) Helmut Heiber: „Reichsführer! Briefe an und von Himmler" Deutsche Verlagsanstalt Stuttgart 1968

24a) Gespräch mit Hitler in Anwesenheit des Verfassers, aufgezeichnet in: Dr. Henry Picker: „Hitlers Tischgespräche im Führerhauptquartier" Verlag Wilh. Goldmann Taschenbuchausgabe 6/79, Seite 470/71 27.7.1942: „Die überragende Bedeutung des RFSS sind nicht . . . die Waffen-SS oder die Polizeiverbände, sondern die Beauftragung als Reichskommissar und Beauftragter der NSDAP für die Festigung des deutschen Volkstums. (Seit dem 7.10.1939 war Himmler Reichskommissar für die Umsiedlung.) Keine gleiche Wertung des Mannes der Waffen-SS und der Partei-SS ist möglich. Heute werden an den Mann der Waffen-SS insbesondere soldatische Maßstäbe angelegt, und wahrscheinlich wird es auch in Zukunft so sein und sein müssen. Ist der Mann der Waffen-SS ein besonders guter Soldat, so wird man unter Umständen es ihm sogar nicht nachrechnen, wenn er weltanschaulich nicht so überragend beschlagen ist."

25) Helmut Heiber: „Reichsführer" Seite 151/152
26) d'Alquen, mündliche Auskunft an Verfasser, siehe auch Neulen „Europas verratene Söhne" Universitas-Verlag München 1980, Seite 129'
27) Der Reichspropagandaleiter der NSDAP, gez. Dr. Goebbels, Berlin W8 vom 15.2.1943 Geh. und Pers.Stab RFSS Tgb. Nr. 36/62/43 geh.
28) Felix Steiner „Die Armee der Geächteten", Plesse-Verlag Göttingen 1963
29) Reitlinger: „The SS, Alibi of a Nation 1922-45", Viking-Press New York 1957, Seite 77
30) Reitlinger: „The SS, Alibi of a Nation 1922-45", Viking-Press New York 1957, Seite 77/78
31) John Toland: „Adolf Hitler" Lübbe-Verlag Berg. Gladbach 1977 Seite 111
32) Schweizer-Flamen-Wallonen-Niederländer-Franzosen-Dänen-Schweden-Norweger - Esten - Letten-Liechtensteiner-Finnen.
33) Hans Werner Neulen: „Eurofaschismus und der 2. Weltkrieg, Europas verratene Söhne" Universitas-Verlag München 1980 Seite 115
34) Hans Werner Neulen: Seite 133
35) Jean Mabire: „La Brigade Frankreich" Librairie Arthème Fayard, 1973, Seite 145
36) Paul Hausser: „Soldaten wie andere auch" Munin-Verlag Osnabrück 1966 Seite 97
37) Hans Werner Neulen: Seite 23
38) Hans Werner Neulen: Seite 102
39) siehe Ziffer 36
40) Sven Blindheim: „Nordmen under Hitlers fane" Verlag Noreg Boklag Oslo 1977, Seite 8 (Einleitung) und 162/63
41) John Amery, Sohn von Leopold Stennett Amery, Indienminister im Kabinett Churchill von 1941—45 und in den 20er Jahren bereits Erster Lord der Admiralität und Kolonialminister.

SS-Standarte „Kurt Eggers"

Die Kriegsberichter-Einheiten der Waffen-SS hatten im Westfeldzug 1940 durch ihre Wort- Bild- und Filmberichterstattung wesentlich dazu verholfen, daß der besondere Einsatz der ersten SS-Divisionen nicht nur in Deutschland, sondern in der ganzen Welt, deutlich erkennbar und damit gefürchtet oder respektiert wurde. Es gelang dabei schon frühzeitig, durch eine Auswahl guter und tapferer Frontberichter und mit einer unkonventionell wirksamen Zentralredaktion nicht nur die europäischen Medien von Freund und Feind — bis zum bitteren Ende — an dieser aktuellen und stets frontnah-verläßlichen Informationsquelle zu interessieren.

So verfügte die SS-Kriegsberichter-Abteilung sehr bald und analog den europäischen Kontingenten in der Gesamttruppe, über erstklassige Journalisten, Rundfunk- und Bildexperten aus allen diesen Ländern, die sich in überproportionalen Ausmaßen freiwillig für diese Spezialeinheit meldeten. Mit 15 europäischen Nationen — England und die Schweiz eingeschlossen —, bildeten diese Soldaten der Waffen-SS neben ihren meist schon mitgebrachten hohen fachlichen Qualitäten — die militärischen erwarben sie an der Front oder vor allem in Tölz — ein ganz besonders qualifiziertes Führer- und Unterführerkorps. Diese Einheit wurde dann im November 1943 durch Führerbefehl zu einem selbständigen Regimentsverband erhoben. Der dabei verliehene Name: „SS-Standarte Kurt Eggers". Auch die neue Einheit war nach wie vor für eine wahrheitsgemäße und selbstbewußte Kriegsberichterstattung über den reichsdeutschen, und weltweit über diesen Rahmen hinausgehenden Anteil der Waffen-SS am großen Kriege zuständig. Sie hatte, wie die Truppe, bei der sie stets zu Hause war, immer schwerere Verluste, vor allem an ihren oft unersetzbaren Fachkräften zu tragen. Als sich dann aber zusätzliche und anwachsend größere Aufgaben, besonders im Rahmen der „Psychologischen Kriegsführung" stellten, bewährte sich nun besonders die Tatsache, daß sich in diesem Regiment eine ungewöhnlich wirksame Ansammlung Europäischer Intelligenz bereits zusammengefunden und formiert hatte. Diese besondere Kraft verhalf wesentlich zu oftmals schnellerer Überwindung kleindeutscher Vorurteile oder ideologischer Starrheit, sie half wirksam beim Zupacken und Lösen von erstaunlichen Spezialaufgaben in ganz neuen Bereichen des so totalen Krieges.

Wenn man von der Waffen-SS als einer modernen Truppe sprechen kann, vor allem, was den Menschen und seine soldatischen Möglichkeiten angeht, so war dieses Spezialregiment der Waffen-SS eine ebenso moderne Einheit, die außerdem noch Methoden, Möglichkeiten und Gedanken eines Gesamteuropäischen Freiwilligen-Verbandes frühzeitig unter Beweis stellte.

Die großen Namen am langen Wege der Waffen-SS wie Charkow, Demjansk, Normandie, Ardennen, gehörten ebenso in die Geschichte dieses Regimentes. Symbole und Schlüssel wie „Wintermärchen, Scorpion-Ost, Scorpion-West. Wlassow, Südstern", das alles sind Begriffe ihrer besonderen Einsätze, Aufträge und Erfolge.

Die immer umfangreichere Zuständigkeit, die stets gute und freundschaftlich-faire Art des mannschaftlichen Zusammenwirkens mit Heer, Luftwaffe und Marine läßt dann in den letzten, hier ebenso erdrückenden Phasen des Krieges die Übernahme der Verantwortlichkeit für den Gesamtbereich des „Chef der Propagandatruppen der Deutschen Wehrmacht" durch die SS-Standarte „Kurt Eggers" nur folgerichtig erscheinen.

42) Siegfried Westphal: „Heer in Fesseln" Athenäum-Verlag Bonn, 1950 und in seinen "Erinnerungen", Verlag von Hase & Koehler, Mainz 1975 Seite 103, 181, 220, 309, 315, 246 ff.
43) Gelwick, Seite 34: The volumes in the official series UNITED STATES ARMY in World War II: „The European Theater of operations pay tribute to the fighting qualities of the Waffen-SS Divisions on the western front".
Seite 37: . . . similar objective accounts may be found in the British official histories of the war" (History of the II. Wold War series „LONDON: Her Majesty's Stationary Office")
44) General von Mackensen an Himmler, 26.12.1941, RFSS/T-175, 108/2632287 ff.
45) „Waffen-SS im Bild" Plesse Verlag K.W. Schütz, Göttingen 1957 Seite 229 ff.
46) Paul Hausser: „Soldaten wie andere auch" Munin-Verlag GmbH Osnabrück 1966 Seite 88.
47) SS-Dienstaltersliste 1936
Gerhard von Seemen: „Die Ritterkreuzträger" 2. Auflage 1976 Podzun-Verlag Friedberg
Jost Schneider: „Verleihung genehmigt" James Bender Publishing San José/Calif. USA 1977

Status der SS-Führerschulen

48) Der Reichsverteidigungsminister Nr. 1139/34 g.K.L.II a Betr: SS-Verfügungstruppe

49) Vgl. Stärkenachweisung für SS-Führerschulen, o.D., vermutl. Februar 1935 (NA: T-78/301/2298 ff.). Bewilligt wurde für die Planstelle als Schulleiter schließlich nur ein Standartenführer.
Siehe auch Dr. Bernd Wegner ''Das Führerkorps der bewaffneten SS von 1933-45'' Unveröffentlichte Dissertation, Hamburg 1980, Seite 182/83

50) Wegner: Seite 183-186

51) Ein Haushaltsvoranschlag vom 27.2.1935 (BA: R 2/12 186) weist für die beiden Führerschulen Ausgaben in Höhe von insgesamt 7,6 Mill. RM aus; von diesen entfielen allein 3,6 Mill. als ''einmalige Ausgaben'' auf die JS Tölz.

52) Die Zahl der Führerplanstellen lag in den Jahren 1935-1938 bei 41 bis 49 je Schule (vgl. die Haushaltsvoranschläge für die SS-JS in BA: R 2/12 178, 12 182, 12 184 - 12 186).

53) Dieser betrug nur etwa 15 - 20 %, jener der Personalkosten dagegen 40 - 50 % der Gesamtausgaben (BA: ebd.).

54) Der RVM vom 24.9.1934, Teil II/8.
Mitteilung des Reichs- und Preussischen Min. d. Innern an den RF-SS vom 16.10.1935 (NA: T-175/70/7677).

55) Der Reichskriegsminister und OBW an den RF-SS vom 24.2.1936 betr. Anrechnung der Dienstzeit auf den Führerschulen Braunschweig und Tölz (NA: T-175/70/7679).

56) Vgl. RVM vom 24.9.1934, Teil II./8.

57) Schreiben des RFSSuChdDtPol (i.A. Dr. Best) an den RMin. der Finanzen vom 16.4.1939 betr. Haushalt der SS-Junkerschulen für 1938 (BA: R 2/12 172).

58) Charakteristisch für die sich aus der Stellung der Junkerschulen ergebenden dienstrechtlichen Probleme ist etwa der Fall des SS-OStubaf. Demme, dem fast ein Jahr nach seiner Versetzung zur SS-JS Tölz von der Personalkanzlei mitgeteilt wurde, daß durch die Versetzung sein Dienstverhältnis bei der SS-VT erloschen sei (BDC: PA Demme; Schreiben Demmes an die SS-Personalkanzlei vom 10.12.1938). Da mit der Aufhebung des Dienstverhältnisses u.a. auch der Verlust der Pensionsberechtigung verbunden war, konnten, wie SS-Verwaltungschef O. Pohl klagte, fällig werdende Pensionierungen von SS-Führern, die an den Junkerschulen Dienst taten, nicht erfolgen; hierzu fehlten ebenso wie für jegliche Planstellenanforderungen einfach die gesetzlichen Grundlagen (vgl. Schreiben Pohls an die SS-Personalkanzlei vom 20.1.1939. — BA: Slg. Schum./433).
Wegner: Seite 183/86

59) Vgl. Aktennotiz Himmlers ''nach Vortrag beim Führer am 18.10.1935'' (NA: T-175/70/7676). Auch Blombergs Schreiben vom 24.2.1936 wurde von Himmler mit der Randbemerkung ''Führer'' versehen. (Akennotiz, 18.10.1935)

60) Erlaß Hitlers vom 17.8.1938 (BA: NS 19/neu 1652). Indem hier wiederum eine definitive Bestimmung über die zulässige Kapazität der Schulen umgangen wurde, blieben freilich die konkreten Schwierigkeiten, die ja gerade um die Frage kreisten, wie hoch denn der Führerbedarf der Verfügungstruppe wirklich sei, nach wie vor bestehen;

61) Noch am 24.2.1936 nämlich hatte Blomberg eine Anrechnung der an den SS-Führerschulen geleisteten Dienstzeit auf die Wehrpflicht (im Sinne des § 8 Wehrgesetz) ausdrücklich abgelehnt; vgl. Anm. 155.

Der Einfluß der Junkerschulen.

62) George H. Stein: ''Geschichte der Waffen-SS'' Droste-Verlag Düsseldorf 1967 Seite 11/12.

63) Befehl RFSS betr.: ''Aufstellung und Einsatz ausländischer Freiwilligenverbände'' vom 6.11.1941 NA: T-175/roll 109-3820 ff. Siehe auch Dr. Wegner: ''Auf dem Wege zur pangermanischen Armee'' Militärgeschichtliche Mitteilungen 2/80 Seite 104 ff.

64) Hans Günther Seraphim: ''SS-Verfügungstruppe und Wehrmacht'' Wehr-Wissenschaftliche Rundschau, Verlag E.S. Mittler & Sohn GmbH Darmstadt, 5. Jahrgang Heft 12 v. Dezember 1955 und
Wolfdieter Bihl: ''Zur Rechtsstellung der Waffen-SS'' Wehr-Wissenschaftliche Rundschau, Verlag E.S. Mittler & Sohn GmbH Berlin-Frankfurt, 16. Jahrgang Heft 7 v. Juli 1966

65) Mit der Konsequenz ihrer Ernennung zum Untersturmführer bestanden den 1. Lehrgang Tölz (1934) 62, den 2. Lehrgang Tölz (1935) 69, den 1. Lehrgang Braunschweig (1935) 138, insgesamt 269 Lehrgangsteilnehmer. Das entsprach bei unterschiedlicher Aufnahmekapazität der Lehrgänge einer Erfolgsquote von 68 Prozent. Von diesen 269 Absolventen der ersten drei Friedenslehrgänge sind 111, gleich 41 % gefallen.
Von der Gesamtzahl der 269 Absolventen nahmen 15 mit Erfolg an der Generalstabsausbildung auf der Kriegsakademie des Heeres teil, 10 erreichten die Dienststellung als Schul-(Junkerschul-) oder Divisionskommandeur.
An diese 269 Absolventen wurden verliehen:
47 Deutsche Kreuze in Gold
40 Ritterkreuze
15 Eichenlaub zum Ritterkreuz
 5 Schwerter zum Ritterkreuz.
SS-Dienstalsterliste 1936
Jost Schneider: ''Verleihung genehmigt''. James Bender Publishing, San José/Cal. USA 1977
Die Gesamtzahl der an den SS-Junkerschulen ausgebildeten und zu Führerdienstgraden beförderten SS-Angehörigen erhöhte sich zwischen Nov. 1936 und Nov. 1938 um 179 %, während, zum Vergleich, der Umfang der VT insgesamt im gleichen Zeitraum nur um 34 % zunahm (Berechnungsgrundlage: DAL-SS vom 1.12.1936, S. 238 ff. und vom 1.12.1938, S. 434 ff. Sowie die Statist. JB der SS von 1937, S. 47 und von 1938, S. 73).
Wegner: Seite 251
Ende 1937, also kaum drei Jahre nach dem ersten Tölzer Lehrgang, hatte die Gesamtzahl der bis dahin aus den Junkerschulen hervorgegangenen Führer den Umfang des gesamten damaligen VT-Führerkorps — 541 Mann — bereits annähernd erreicht. Wenn dennoch in den Jahren 1937 und 1938 der Anteil der Junkerschulabsolventen am Führerkorps der bewaffneten SS (VT, TV, JS) bei nur 24 bzw. 32 % lag, so allein darum, weil in dieser Zeit rd. 50 — 60 % der an den Junkerschulen militärisch ausgebildeten Führer außerhalb der bewaffneten SS ihren Dienst versahen. Diese Situation änderte sich in den Monaten nach Kriegsausbruch grundlegend: von 1138 bis Jahresende 1939 aus den Junkerschulen erwachsenen Führern waren fünf Monate später

bereits 54 % in den Frontverbänden der SS-Divisionen, weitere 20 % in den Ersatztruppenteilen, den T-Standarten und Schulen eingesetzt.

Vgl. als Berechnungsgrundlage:

Statist. JB der SS, 1937, S. 48 u. 52, ebd., 1938, S. 78 u. 87. Danach ergeben sich im einzelnen folgende Anteile von Junkerschulabsolventen

	1937	1938
am Führerkorps der SS-VT:	25,0 %	33,7%
am Führerkorps der SS-TV:	21,8 %	30,2 %

(Wegner: Seite 265/66)

Vgl. DAL-SS v. 1.10.1942, S. 95 f. Lediglich zwei im SD tätige ehem. Junkerschüler waren bereits 1939 zu Sturmbannführern befördert worden.

Die Zahl der Beförderungen ehemaliger Junger zu Sturmbannführern betrug:

    1941: 20
    1942: 39
    1943: 106
    1944: 80 (Bis 1.9.)

(VGl. DAL-SS v. 1.10.1942, S. 95 f.; 1.10.1943, S. 82 ff. und 1.10.1944, S. 98 ff.)

Vgl. ebd. sowie DAL-WaSS v. 1.7.1944 („Zahlenmäßige Übersicht“).

Vgl. ebd. — Die ersten Beförderungen ehemaliger Junker zu OStubaf. erfolgten Ende 1942/43, verstärkt dann seit Juni 1944.

Schon seit Anfang 1938 waren Junkerschulabsolventen zu Hauptsturmführern befördert worden, doch fanden sie in der Verfügungstruppe zunächst kaum Verwendung. Durch Beförderung zum Sturmbannführer in die Stabsoffizierslaufbahn gelangen die ersten ehemaligen Junker im Frühjahr 1941. Wenngleich deren Zahl seitdem kontinuierlich zunahm, so erreichte sie doch bis Juli 1944 kaum mehr als 20 Prozent aller in der Waffen-SS dienenden Sturmbannführer; noch entsprechend niedriger, nämlich bei nur 12 bis 13 Prozent ist zum gleichen Zeitpunkt der Anteil der Junkerschüler unter den Obersturmbannführern anzusetzen. Es zeigt sich, daß im Juni 1944 jeder dritte Regiments-, Abteilungs- oder Bataillonskommandeur im Range eines Sturmbann- bzw. Obersturmbannführers Absolvent einer Junkerschule war; d.h. die relative Zahl der ehemaligen Junker war unter den in Kommandeurstellen fungierenden Dienstgradinhabern wesentlich höher als es ihr oben angegebener Anteil von 20 bzw. 12 — 13 % am jeweiligen Gesamtumfang der beiden Dienstgrade war.

Der erste JS-Absolvent, dem der Aufstieg in die WaSS-Generalität gelang, war der Österreicher Franz Augsberger, der im Juni 1944, d.h. 9 Jahre nach seinem Braunschweiger Führerlehrgang, im Alter von 38 Jahren zum SS-Brif. und Generalmajor d. WaSS avancierte; Augsberger fiel im Frühjahr 1945.

Die beiden anderen JS-Absolventen, die zu Generalen befördert wurden, waren Silvester Stadler und Hugo Kraas.

Unter 46 an den JS ausgebildeten Stubaf./OStubaf. des Jahres 1942 war lediglich **einer** als Kdr. eingesetzt; 1943 waren es schon 63 von 119 (= 52,1 %); 1944 schließlich 103 von 223 (= 46,2 %). Vgl. DAL-SS v. 1.10.1942, S. 95 f.; 1.10.1943, S. 82 ff.; 1.10.1944, S. 96 ff.

Der Anteil ehem. Junkerschüler unter den Kommandeuren betrug im Juni 1944 bei den OStubaf. 23,2 %, bei den Stubaf. 38,7 %. Zählt man allein die aktiven Führer ohne Berücksichtigung der Reservisten, so erhöhen sich die Prozentsätze auf 27,1 resp. 49,4. Schon diese Zahlen deuten an, wo im Sommer 1944 die Generationsgrenzen verliefen, nämlich quer durch das untere Stabsoffizierkorps sowie zwischen aktivem und Reserveführerkorps (Berechnungsgrundlage: DAL-WaSS v. 1.7.1944 und PA des BDC).

(Wegner: Seite 270/71)

Allein 1944 lag die Zahl der Beförderungen zum Standarten-Oberjunker bei rd. 7.000; davon erfolgten etwa 1.000 Beförderungen wegen Tapferkeit, d.h. ohne Besuch der Führerlehrgänge; vgl. W. Dörffler-Schuband: Führer-Nachwuchs der Waffen-SS. Erfassung, Lenkung und Ausbildung, S. 12 (Historical Division: MS = D 178).

66) In diesem Zusammenhang erscheinen vergleichbare Zahlen des Heeres von Interesse. Sie sind dem „Tätigkeitsbericht des Heerespersonalamtes“ (NA: T-78, Roll 39, Frames 6 001 — 6 001 550) entnommen:

28.7.43

Zahlenmäßiger Überblick über das Offizierkorps:

Vom 25.4. bis jetzt war der Istbestand des Offizierkorps ohne San-, Vet.- u. (W)-Offiziere 159 701 Offiziere.

Das **gesamte** Offizierkorps der Sonderlaufbahnen und Sonderführer betrug 243 555 Offiziere.

Seit Kriegsbeginn eingetretene **Verluste**:

Stand: 25.4.43: 59 000 Offiziere.

Die Zahl enthält die Gefallenen, Vermißten und 1/3 der Verwundeten, die erfahrungsgemäß für eine Feldverwendungsfähigkeit auf absehbare Zeit nicht mehr in Betracht kommen. Diese Zahl beträgt etwa 1/4 des Istbestandes.

Demgegenüber Offiziere der Luftwaffe:

Iststärke	49 475 Offiziere,
Verluste	9 733 Offiziere.

Offiziere der Marine:

Iststärke	8 353 Offiziere,
Verluste	1 600 Offiziere.

Unwiederbringliche Verluste der 3 Wehrmachtteile:

Heer	1.084 000
Marine	24 000
Luftw.	61 000

Darstellung der Ereignisse:

Besondere Schwierigkeiten für die Ergänzung und Erhaltung des Offizierkorps:

Verluste Stalingrad rund 7 000 Offiziere, einschließlich Offizier-Nachwuchs.

Verluste Tunis: rund 3 600 Offiziere.

Durch die Winterschlacht 42/43 im Osten war ein Fehlbestand am verkürzten Notetat von 7 000 Offizieren eingetreten.

Für den Wiederaufbau der Stalingradarmee werden 7 000 Offiziere benötigt, für die weiteren Neuaufstellungen des Jahres 1943 weitere 7 000 Offiziere.

Seit Beginn der Offensive am 8.7. „Zitadelle" sind bis zum 25.7. 3 000 Offizierverluste eingetreten.

Die durchschnittlichen Ausfälle an blutigen Verlusten betragen:

a) bei laufenden Operationen täglich

    35 — 40 Offiziere gefallen,

    50 — 70 Offiziere verwundet.

Im Jahre bedeutet das ein Ausfall von 14 500 Offizieren.

b) in Zeiten ohne besondere Kampfhandlungen

    10 Offiziere gefallen

    30 — 40 Offiziere verwundet.

Demgegenüber steht die Offizierergänzung:

Lehrgangsstärke der OA-Lehrgänge durchschnittlich 12 000, von denen 10 000 zum Offizier befördert werden.

Dazu kommen rund 6 000 Offiziere, die in der Front ohne OA-Lehrgang befördert werden; ergibt im Jahre

    36 000 Offiziere.

15.10.43

Überblick über Offizierverluste:

Seit Kriegsbeginn gefallen:

    32 266 Offiziere,

vermißt   9 700 Offiziere.

Davon entfallen allein auf die Infanterie:

    15 626 Offiziere.

Prozentual tragen die höchsten Verluste folgende Waffengattungen:

Panzergrenadiere, Panzer, Infanterie, Pioniere, Artillerie.

Seit Juli 1943 beträgt der Ausfall an blutigen Verlusten täglich

    155 Offiziere.

Das bedeutet im Jahre unter Berücksichtigung der geringen Verluste bis Juli 43 —

    30 000 Offiziere.

Von Dezember 42 bis November 43 wurden rund

    43 000 O.A. zu Leutnanten befördert.

Bis zum 15.10.43 war durch die hohen Verluste ein Fehlbestand von

    7 000 Offizieren

eingetreten.

Für die Neuaufstellungen 43/44 wurden etwa 15 000 Offiziere benötigt. Dem Nachwuchs von 43 der Leutnante stehen gegenüber

    30 000 Offizierverluste,

     7 000 Fehlbestand,

    15 000 Bedarf für Neuaufstellungen,

insgesamt 52 000 Offiziere.

Ungedecktes Fehl am Kriegsetat

    9 000 Offiziere

11.5.44

Gesamtverluste während des Krieges:

        40 391   Tote,

         8 070   Vermißte   Offz.

         2 633   in Gefangenschaft

67) Vergleichsweise sei hier auf die Entwicklung des Offizierkorps des Heeres hingewiesen. Man beachte die Diskrepanz zwischen den bei der fechtenden Truppe und anderen Truppenteilen eingesetzten Offiziere:

3.10.42

Mit der Übernahme der Geschäfte des Generalmajor Schmundt am 1.10.42 war der Stand der Offizierspersonalien des Heeres in groben Zügen folgender:

Am 1.9.39 trat das Heer mit einem Istbestand von 89 075 Offizieren in den Krieg ein.

(Tätigkeitsbericht des HPA. NA: T-78, Roll 39, Frames 6 001 — 6 001 550)

Darstellungen der Ereignisse:

25.4.43

Überblick über die Verwendung der Offiziere im Feld- und Ersatzheer (ohne die Offz. der Sonderlaufbahnen San.- Vet.-, Ing. u. (W).-Offz.)

Stand: 25.4.43:

Nach Meldung der Heeresgruppen und Stellv. Kom.Gen.:

A. **Feldheer:**

Fechtende Truppe	69 632 Offz.	
Versorgungs-Truppe	11 002 Offz.	
Sicherungs-Truppe	10 186 Offz.	91 562 Offz.
Sonstige	742 Offz.	

B. **Ersatzheer:**

Offz. in Truppenverwendung	57 489 Offz.	
Offz. in Lazaretten	9 076 Offz.	
Offz. der Wehrersatz-Dienststellen usw.	14 338 Offz.	85 974 Offz.
Offz. in übrigen Dienststellen	5 071 Offz.	

insgesamt   177 536 Offz.

C. **Offiziere im Truppendienst:**

Fechtende Truppe	69 632 Offz.
Sicherungs-Truppe	10 186 Offz.
Truppenverwendung im Ersatzheer	57 489 Offz.
Versorgungstruppe	11 002 Offz.
Offz. in Lazaretten	9 076 Offz.

157 385 Offiziere

von insgesamt   177 536 Offizieren.

D . **Im Feld- und Ersatzheer stehende Offiziere, die nicht in der Truppe stehen:**

Feldheer	722 Offz.	
Ersatzheer	19 409 Offz.	20 131 Offz.

von insgesamt   177 536 Offz.

1.7.43
Iststärke des Offizierkorps
⸱ 248 537 Offiziere
ohne u.k. gestellte Offiziere.

1.7.44
Iststärke des Offizierkorps:
238 760 Offiziere

19.7.44
Der Führer verlangt die Feststellung des Verhältnisses zwischen Offizieren und Mannschaften des Feldheeres. Zusammen mit der Org Abt. Gen.St.d.H. werden folgende Zahlen festgestellt:

Stand 15.7.44:
1.) Gesamtstärke (bis Regimenter ohne rückwärtige Dienste und Stäbe)
1 553 000
davon Offiziere (**fechtende Truppe** bis Rgt.Stab einschl.)
57 600 Offz.

Verhältnis 1 : 26,7
2.) Tagstärken (wie zu 1.) dazu rückw. Dienste und Stäbe):
2 100 000
davon Offz. (wie zu 1.) dazu Stäbe bis H'gruppen):
68 300

Verhältniszahl: 1 : 30
(Tätigkeitsbericht des HPA
NA:T-78, Roll 39, Frames 6 001 231 — 6 001 550)
Verluste der Waffen-SS nach Auskunft der „Deutsche Dienststelle für die Benachrichtigung der nächsten Angehörigen von Gefallenen der ehemaligen deutschen Wehrmacht" vom 12.7.1972.
(Beglaubigte Abschrift im Besitz des Verfassers)

68) Mit sehr viel Verspätung übernahm auch das Heer die Auswahlkriterien der Verfügungstruppe — der späteren Waffen-SS.
9.10.42 Neuregelung des Annahmeverfahrens für die aktive Offizierlaufbahn des Heeres:
Bisher war als Grundbedingung für die Annahme als aktiver Offizierbewerber das Abschlußzeugnis der Schulbildung auf einer höheren Lehranstalt erforderlich. Diese einseitige Voraussetzung entspricht nicht dem nationalsozialistischen Leistungsprinzip. In Zukunft soll jeder junge Deutsche aus allen Kreisen der Bevölkerung ohne Rücksicht auf Herkunft, nur ausgelesen auf Grund der Persönlichkeit und Bewährung vor dem Feinde, die Möglichkeit haben, Offizier zu werden. Den vom Chef HPA vorgetragenen Gedanken stimmte der Führer zu.
Die beabsichtigten Maßnahmen werden auf die gesamte Wehrmacht ausgedehnt. Am 10. und 11.10.42 wurde darüber eine Presseveröffentlichung herausgegeben.
Anlage 3
Erfahrungen:
Neben der grundsätzlichen Bedeutung dieser Frage war mitbestimmend, daß bereits nach den zahlenmäßigen Unterlagen der Offizierbedarf aus den Abiturienten allein nicht annähernd gedeckt werden konnte. Dazu kam die gute Erfahrung aus dem Reserve-Offizierkorps, wo diese Voraussetzungen nicht gemacht wurden. Mit der Aufhebung der DAL. C war das Prinzip außerdem schon durchbrochen.
Anlage 4
13.10.42
Die Neuregelung der Annahme von Bewerbern für die aktive Offizierlaufbahn des Heeres, Einstellungstermin 1943, wurde im Sinne der Pressenotiz v. 10.10.42 in Befehlsform gebracht und in den Verordnungsblättern veröffentlicht.
3.12.42
Der Führer ordnete eine Überprüfung des gesamten **Fragebogenwesens** an. Chef PA gab davon dem OKW Kenntnis.
Sofern das PA zuständig ist, werden die notwendigen Maßnahmen angeordnet nach dem Grundsatz, daß im Kriege **nicht Herkunft, Vermögenslage** und sogenannte **standesgemäße** Voraussetzungen, sondern in erster Linie Persönlichkeitswert und Leistung entscheidend sind. Die Beibringung von Bürgen bedeutet nur noch eine äußere Form und kann daher abgeschafft werden.

An Stelle der Bürgen muß die Auskunft von verantwortlichen Persönlichkeiten bezw. Dienststellen aus Partei und Staat treten, soweit ein militärischer Vorgesetzter die betr. Persönlichkeit nicht selbst genügend kennt und zu beurteilen vermag. (Tätigkeitsbericht des HPA
NA: T-78, Roll 39, Frames 6 001 231 — 6 001 550)

69) Rede Himmlers vom 22.5.1936 (NA: T-175/89/1569-1571).

70) Runderlaß des SS-FHA/Kdo. Amt der WaSS vom 4.11.1940 betr. Führernachwuchs (MA: RS 4/622).

71) Schon früher hatte das FHA die Truppenkommandeure wiederholt um eine besondere Berücksichtigung der Abiturienten bei der Auswahl des Führernachwuchses ersucht; vgl. etwa RdSchr. der Insp. (E) der SS-VT vom 18.4.1940 und des Kdo. der WaSS v. 16.7.1940 betr. „Einberufungen zum Vollehrgang der SS-Junkerschulen Tölz und Braunschweig" (beide MA: RS 5/v. 712).
Vgl. Schreiben Bergers vom 12.11.1940 an den Chef des Stabes im SS-FHA, Brif. Jüttner (NA: T-175/127/2245 f.).
Der Begriff wurde offiziell eingeführt mit Befehl des SS-FHA vom 2.12.1940 (MA: RS 4/622).

72) „Merkblatt betr. Laufbahnbestimmungen für die Dauer des Krieges für die aktive Führerlaufbahn und die Führerlaufbahn des Beurlaubtenstandes", hrsg. v. SS-FHA, 16.6.1941 (BA: NS 19/25); vgl. ferner undatiertes „Merkblatt für die Dauer des Krieges für den Eintritt als Führerbewerber in die Waffen-SS" (BA: Slg. Schum./443). Zum Sonderlaufbahnwesen allgemein vgl. auch R.A. Gelwick, Diss., S. 363 ff.

73) SS-FHA/Amt XI/2 Az: 36 0 vom 30.6.1944

74) Die SS-Verfügungstruppe — später die Waffen-SS — kannte keine Sonderführer und hatte deshalb auch nicht die Schwierigkeiten, die das Heer mit ihren Sonderführern und deren Anerkennung hatte. Im Tätigkeitsbericht des HPA ist vermerkt:
27.10.42
Nach den Bestimmungen des Mobilmachungsplanes war vorgesehen, daß Offizierstellen, die im Augenblick der Mobilmachung nicht mit Offizieren besetzt werden können, durch **Sonderführer** wahrzunehmen sind. Dieser Zustand sollte nur ein Übergang sein. Allmählich sind aber die Sonderführer zur Dauereinrichtung geworden. Vielfache Klagen aus der Front veranlaßten den Chef des HPA, diese Frage aufzugreifen, da mit Recht die Soldaten an der Front den zum Teil ungedienten Sonderführern nur unwillig die notwendigen Ehrenbezeigungen erwiesen, weil sie sich ihre **Offiziereigenschaft** nicht vor dem Feinde erworben hatten.
Durch das Personalamt wurde die HDv. 83 herausgegeben, die erneut festlegt, daß die Einrichtung des Sonderführers eine Übergangsmaßnahme ist und zweitens alle Sonderführer in ihrer militärischen Ausbildung soweit gefördert werden müssen, daß sie die Offiziereigenschaft zu Recht tragen. Die Vorschrift regelt im einzelnen die Ausbildung, Ernennung, Entleihung und den Einsatz der Sonderführer.
Erfahrung:
Aus Bequemlichkeit wurde an dem einmal gegebenen Zustand festgehalten, ohne die Sonderführer zu zwingen, ihre Offizier-Eigenschaft unter Beweis zu stellen. Ein nicht unerheblicher Teil der unerfreulichen Intelligenz nutzte diese Möglichkeit außerdem aus, um der eigentlichen Frontverwendung zu entgehen. Aus Gerechtigkeitsgründen der Front gegenüber mußte hier eingegriffen werden.
(Tätigkeitsbericht des HPA. NA: T-78, Roll 39, Frames 6 oo1 231 — 6 001 550)

75) T-175, Roll 37, **Persönlich Stab-RFSS** Folder 2, Frame 2546306, Order, RFSS, **Verteiler V (SS-Verfügungstruppe** und **SS-Totenkopfverbände)**, „Auswahl von Anwärtern für die SS-Führerlaufbahn," vom 11. April 1938.

76) SS-FHA VII/2 Az: 17 vom 18.7.1941
Mitt. des Insp. d. JS vom 2.12.1939 unter Bezug auf Bericht des SS-Oberf. v. Treuenfeld zur „Auswahl von SS-Führeranwärtern" (MA: RS 3-1/26).

77) „Vorschlag für die Ansprache des Reichsführer-SS am 18. ds. M. (d.i.: 18.12.1940) an die Kommandeure", o.D., Verf. vermutl. der Insp. d. JS, v. Treuenfeld (NA: T-175/112/6908 ff.). Vgl. ferner die Kritik im RdSchr. des SS-FHA/Chef des Stabes v. 15.7.1941 betr. „Kommandierung von SS-Führerbewerbern zu den SS-Junkerschulen" (BA: NS 19/25 „Bei sämtlichen Meldungen ist im Bezug auf Können und Wissen und körperliche Eignung der strengste Maßstab anzulegen. Diese Punkte und nicht der Zivilberuf, allgemeine Ausbildung der Betr. usw. sind vor allem anderen maßgebend für die Meldung zur Junkerschule." (RdSchr. der Inspektion (E) der SS-VT, IIa/Az. 17 b, vom 18.4.1940, Ziff. 5 — MA: RS 5/v. 712). (Wegner: Seite 274)

78) SS-FHA Amt XI v. 8.5.43 Betr: Vorbereitungslehrgang für Res. Führerbewerber, Sammlung Schu/432/II

79) SS-FHA Amt XI v. 23.3.43 Betr: Vorbereitungslehrgang für SS-Führerbewerber, Sammlung Schu/442

80) Sammlung von Beurteilungen MA: RS 3-8/9 (Anlage)

81) Zuständig für die Führerausbildung war in den allerersten Jahren das SS-Hauptamt bzw. in territorialer Hinsicht die SS-OAbschn. „Süd" und „Mitte", in deren Bereich die JS lagen. Nach Entstehen der Insp.-VT übernahm diese auch die Kompetenz für die beiden Schulen, während die übrige Führerausbildung Sache der SS-PersKanzlei blieb. Nach Umwandlung zum SS-PersHA im Juni 1939 fiel diesem die Gesamtverantwortung für die Führerausbildung zu, bis im Nov. 1940 ein eigenes Amt „Führerausbildung" (später „Amt XI") im Rahmen des SS-FHA etabliert wurde, bei dem fortan bis Kriegsende — alle mit der Lenkung, Überwachung und inhaltlichen Gestaltung des Ausbildungsganges zusammenhängenden Fragen konzentriert blieben. Eine Ausnahme bildete allein die weltanschauliche Schulung des Führernachwuchses, die inhaltlich Sache des SS-Hauptamtes war. Im Febr. 1945 wurde das Amt „Führerausbildung" aus unbekannten Gründen dem SS-PersHA zugeschlagen. Vgt. RdErl. des SS-FHA (Jüttner) v. 25.11.1942 (MA: RS 5/v. 570) und vom 18.3.1943 (ZSL: CSSR/396/Bl. 401 f.), ferner Entwurf zum Stabsbefehl Nr. 3/45 vom 28.2.1945 (NA: T-175/191/9736 f.); W. Dörffler-Schuband, Führer-Nachwuchs, S. 1 sowie P. Hausser, Soldaten, S. 45.

82) SS-FHA /Amt für Führerausbildung VII (1) Az: 36 o Bi/Bh v. 14.5.1942. Im Herbst 1944 wurde die Lehrgangsorganisation der Junkerschulen aus Gründen der Personaleinsparung vereinfacht, indem die Stäbe der Lehrgruppen-Kdre aufgelöst wurden; vgl. Verfügung des SS-FHA/Amt XI v. 17.10.1944 (NA: T-175/192/ 0848 f.).

83) 1. Unterlagen Bestand SS-JS Klagenfurt (BA:RS 5)
2. Mitteilungen des ehem. Kommandeurs Bestmann
3. VO-Bl. d. W-SS, Jahrgang 1944, Nr. 11, Ziffer 268 v. 1.6.44
4. Vfg.SS-FHA /Amt XI (2/I) Az. 136 o v. 11.10.44 betr.: u.a. 19.KJL.

84) 1. VO-Blatt der W-SS, Jahrgang 1944, Nr. 11, Ziffer 268 vom 1.6.44

85) In Tölz vertretene Nation: Flamen-Wallonen-Franzosen-Niederländer-Schweizer-Dänen-Norweger-Schweden-Finnen-Esten-Letten-Litauer-Liechtensteiner.
(Siehe auch Stärkemeldung der IV. Inspektion v. 26.2.1945)

86) T-611, Roll 9, Order Nr. 443, RFSS, **SS-Hauptamt, Abteilung B I F,**:Erfassung und Ausbildung des Aktiven Offiziers bzw. Führer-

nachwuchs des Heeres und der Waffen-SS in Kriegslehrgängen an den NPLA, Adolf-Hitler-Schulen, der Reichsschule der NSDAP. Feldafing und ausgewählten Heimschulen," (undatiert).

87) SS-FHA Amt XI(Führernachwuchs) Abt. 2/II Az: 36 o und Amt B I (SS-Hauptamt) vom 24.7. und 14.12.1944
88) SS-FHA Amt XI(Führernachwuchs) Abt. 2 v. 20.12.1944 und Zusatzbefehl Nr. 3 vom 3.1. 1945

Versehrten-Lehrgänge

89) SS-Führungshauptamt — Der Chef des Stabes — VII (2) Az: 22b14/Bh vom 5.3.1942
90) SS-Führungshauptamt/Amt XI 1/IV/b Az: 22b16 vom 6.7.1944
91) SS-Führungshauptamt Amtsgruppe B Amt XI Az: 22 b vom 20.4.1943
92) Teilabschnitt eines Berichtes, dessen Verfasser unbekannt ist und der in einem Archiv gefunden wurde. . .

Germanische Offizierslehrgänge

93) Dr. Bernd Wegner: „Auf dem Wege zur pangermanischen Armee. Dokumente zur Entstehungsgeschichte des III.(germ.) SS-Panzerkorps. Militärgeschichtliche Mitteilungen 2/80 Seite 101 ff. Siehe auch: Dr. B. Wegner: Das Führerkorps der bewaffneten SS. 1933-1945. Unveröffentlichte Dissertation, Hamburg 1980, demnächst auch als Buch, Paderborn 1981.
94) Letztere vor allem aus der Schweiz. Vergleiche „Übersicht des Chefs des Ergänzungsamtes v. 4.5.1940 NA-Washington Mikrofilm T-175/roll 104 — Endnummer 6381 ff.
95) Robert A. Gelwick: Personnel Policies and Procedures of the Waffen-SS, Lincoln, Nebraska 1971 Seite 542 ff.
96) Danach umfaßte die Standarte „Westland" zu diesem Zeitpunkt 382, die Standarte „Nordland" über 245 ausländische Freiwillige. NA-T 175/roll 104-6145
97) G.H. Stein: „Geschichte der Waffen-SS" Droste-Verlag Düsseldorf 1967, Seite 34 ff.
98) Statistische Übersicht, Stand 15.11.1942 NA-T-175/roll 109-3910
99) Stat. Übersicht, Stand 30.6.1943 (einschl. aller Toten, Verwundeten und wieder Entlassenen) NA-T-175/roll 59-4713
100) Gelwick: Seite 537
101) P.H. Buss: The Non-Germans in the German Armed Forces 1939-1945 Canterbury, Phil.Diss. 1974 Seite 189 ff.
102) Befehl RFSS betr: Aufstellung und Einsatz ausländischer Freiwilligenverbände vom 6.11.1941 NA T-175/roll 109-3820 ff.
103) Rundschreiben Himmlers vom 6.11.1941, abgedruckt bei N.K.C.A. in't Veld: „de SS en Nederland. Documenten uit SS-Archiv 1935-1945 Band 1 Amsterdam 1976, Dok, Nr. 87, Seite 591 f.
104) Wegner: Seite 105, siehe auch Schreiben Bergers an Rauter vom 9.4.1942 und Staf de Clercq, Leider Vlaamsch National Verbond NA T-175/roll 111-5465 Vermerk „betr. Die Freiwilligen Legion Flandern" März 1942 NA T 175/Roll 111-5485
105) Wegner: Seite 105 und: Schreiben Himmlers an Berger und Jüttner vom 13.4.1942 BA-NS 19/neu 2305
106) Krigsministeriet Til Tjenestebrug A 2764/4059 v. 8.7.1941 (siehe Dokumentenanhang).
107) Krigsministeriet Til Tjenestebrug (siehe Dokumentenanhang) A 2152/3917 v. 1.6.1943
108) siehe auch: Brief Kaptaja Thygesen Chef for Krigsministeriets 1. Kontor an Kaptajan Thor Jorgensen v. 13.6.1942
109) NA T-175/roll 59-4743 ff: RFSS an SS-FHA v. Januar 1943 (ohne Datum) und Statistische Aufstellung, SS-FHA (ohne Datum) Stand: 2.2.1943.
110) NA T-175/roll 59-4743 ff: RFSS an SS-FHA v. Januar 1943 (ohne Datum) und Statistische Aufstellung, SS-FHA (ohne Datum) Stand: 2.2.1943
111) BA-MA: RS 2-3/2
112) Journal officiel de l'État Francais „Lois et décrets" Nr. 175 Vendredi 23, Juillet 1943
113) NA- T 175/roll 56-0860, 0865-0872

Der Stellenwert der weltanschaulichen Unterweisung in der Ausbildung des Führernachwuchses.

114) Paul Krellmann: „Bemerkungen zum weltanschaulichen Unterricht an der Junkerschule Tölz" und „Die weltanschauliche Schulung nach 1933 in der Partei und SS" vom 2.12.1979/Archiv Nietsch, Briefe Krellmann an Verfasser vom 27.3.1978, 25.1.81 und 14.2.1981/Archiv Nietsch
115) Seite 3/27.3.78 Paul Hausser: „Soldaten . . ." Seite 316
116) Scherzhafte Bezeichnung für Politische Leiter mit ihren goldenen Rangabzeichen.
Mit Schreiben vom 13.6.1940 beschwerte sich der Reichsorganisationsleiter der NSDAP, Dr. Ley, bei Himmler über den Kommandeur der Junkerschule Tölz über seine abwertenden Bemerkungen, die er über den Parteinachwuchs anläßlich einer Begrüßungsrede vor Junkern gemacht habe.
BDC: PA Scherner, Wegner: Führerkorps S/336.
117) Denkschrift des Generalkommissars für die Krim, Gauleiter A.E. Frauenfeld vom 10.2.1944 an den Reichsführer-SS über die Zustände im besetzten Ostgebiet. (Gauleiter A.E. Frauenfeld F/Lu V.S.Nr. 1282/44 geheim. Adj. Tgb.Nr. 575/44 g.)
118) W. B.: „Die weltanschauliche Schulung an der Junkerschule Tölz der Waffen-SS". Juni 1981/Archiv Nietsch, Seite 13
119) Dr. Wegner: „Das Führerkorps. . ." Seite 301, Anmerkung 165
120) W. B. Seite 13
121) W. B. Seite 13 ff
122) W. B. Seite 8 f
123) Otto Weidinger: „Division Das Reich" Band III Munin Verlag GmbH Osnabrück 1973 Seite 492 ff
124) Dr. Wegner: Seite 303
2.5.43
Chef HPA fliegt nach Sonthofen und hält einen Vortrag im Rahmen eines Lehrgangs für **wehrgeistige** Führung, der von Feldmarschall Keitel für alle 3 Wehrmachtteile einberufen worden ist, über die Personalpolitik.

31.10.42

Mehrere Vorfälle gaben Veranlassung, auf die **Einstellung des Offiziers zum Judentum** als einen kriegsentscheidenden Teil der nat. soz. Haltung des Offiziers eindeutig hinzuweisen. Eine entsprechende Verfügung, die den einzunehmenden Standpunkt klarstellt, wird durch die Ag P 2 herausgegeben.

(Tätigkeitsbericht des HPA)

NA: T-78, Roll 39, Frames 6 001 231-6 001-550

125) Dr. Wegner Seite 301, Anmerkung 164
126) Dr. Wegner Seite 304, Anmerkung 171
127) Brief Dr. K., Zeitung Abschlußlehrgang JS Klagenfurt Sommer 1944
128) Dr. Wegner Seite 301, Anmerkung 165
129) Lehrgangsplanung der Junkerschulen 1944/45 (Dokumentenanhang)
130) Krellmann vom 2.12.1979 Seite 5
131) siehe Dokumentenanhang
132) Bezeichnung des Reichsführers in der Truppe
133) W. B. Seite 4
134) Krellmann vom 2.12.1979 Seite 3
135) Krellmann vom 27.3.1978 Seite 3
136) Wegner Seite 304
137) Krellmann vom 2.12.1979 Seite 9
138) Krellmann vom 2.12.1979 Seite 7
139) Gesandter Daitz in einem Vortrag am 22.7.1944 über „Biopolitik" an der SS- und Waffen-Junkerschule Klagenfurt
140) W. B. Seite 9
141) Krellmann vom 2.12.1979 Seite 1
142) Krellmann vom 2.12.1979 Seite 1
143) Krellmann vom 27.3.1978 Seite 8
144) Krellmann vom 2.12.1979 Seite 2
145)

Reichsdeutsche	39	
Volksdeutsche	5	(Rumänien, Lettland, Dänemark)
Norweger	6	
Niederländer	10	
Esten	21	
Flamen	6	
Wallonen	3	
Finnische Offiziere	5	
Schweizer	3	
Dänen	1	
Schweden	1	
	100	

146) Leon Dégrelle auf dem Internationalen Schriftstellerkongreß im Dezember 1944 in Wien. Neulen: „Eurofaschismus. . . " Seite 144
Das gleiche Problem war auch im Heer akut, wie aus einer Eintragung im Tätigkeitsbericht des HPA v. 2.8.43 hervorgeht.

2.8.43

Bei einem Vortrag entwickelte Oberst von Hellermann Chef HPA gegenüber, daß er es für unbedingt notwendig hielte, zur geistigen Ausrichtung des Offizierkorps eine Zusammenstellung von Fragen herauszugeben, in der die Probleme behandelt werden, die für den Schicksalskampf unseres Volkes entscheidend sind und deshalb von Offizieren aller Grade immer wieder gestellt werden. Die Beantwortung kann in den meisten Fällen nur unbefriedigend sein, da die Einstellung der Obersten Stelle nicht immer bekannt ist. Um dem Ganzen einen Rahmen zu geben, könnte als große Überschrift gewählt werden:

„Wofür kämpfen wir?" oder

„Wozu kämpfen wir?"

Auf die Fragen müssen dann klare Antworten gegeben werden.

2.10.43

Die im August gefaßte Idee der Herausgabe eines Heftes:

„Wofür kämpfen wir!"

hat insoweit Gestalt angenommen, als der erste Entwurf vorliegt.

Chef HPA hatte im September Oberst Hübner dazu herangezogen, die Unterlagen dafür zu sammeln. Oberst Hübner hatte als Regimentskommandeur in der Front die Notwendigkeit der Ausrichtung des Offizierkorps und der Truppe erkannt und aus eigenen Mitteln durchgeführt.

Oberst Hübner hat sich mit den maßgebenden Stellen des SS-Schulungs-Hauptamtes in Verbindung gesetzt, um den rein politischen Teil nach den festliegenden Weisungen des Führers sicherzustellen.

Zu dem Buch

„Wofür kämpfen wir"!

mit dessen Erscheinung im Laufe des Januars gerechnet werden kann, wird der Führer voraussichtlich das Vorwort schreiben.

(Tätigkeitsbericht des HPA vom 2.8. und 2.10 1942 NA: T-78, Roll 39, Frames 6 001 231- 6 001 550)

147) Affidavit Schulze-Kossens vor dem Int.Mil.Gericht Nürnberg, Berger-Dokument Nr. 22 vom 13.1.1948
Siehe auch:
Hitlers Lagebesprechungen 1942-45 v. Helmut Heiber, Die Protokollfragmente seiner militärischen Besprechungen. Deutsche Verlagsanstalt Stuttgart 1962, Seite 862.

Zum Inhalt der weltanschaulichen Erziehung:

148) Dr. Wegner: „Das Führerkorps . . .“ Seite 122
149) Dr. Wegner: „Das Führerkorps . . .“ Seite 123
150) Dr. Wegner: „Das Führerkorps . . .“ Seite 124 ff.
151) Dr. Wegner: „Das Führerkorps . . .“ Seite 69
152) Dr. Wegner: „Das Führerkorps . . .“ Seite 109
153) Dr. Wegner: „Das Führerkoprs . . .“ Seite 123
154) W. B., Die weltanschauliche Schulung an der Junkerschule Tölz der Waffen-SS. Seite 6 Juni 1981
155) W. B. Seite 7
156) P. Krellmann, Bemerkungen zum weltanschaulichen Unterricht an der Junkerschule Tölz Seite 7 vom 2.12.1979
157) W. B. Seite 16
158) W. B. Seite 14
159) P. Krellmann vom 2.12.1979 Seite 1
160) P. Krellmann vom 2.12.1979 Seite 3
161) Buchheim: „Die SS — Das Herrschaftsinstrument“ — Befehl und Gehorsam — dtv-Dokumente 2915 2.Aufl. 1979 Band I Seite 276
162) P. Krellmann vom 2.12.1979 Seite 1 und 5
163) P. Krellmann vom 2.12.1979 Seite 5
164) W. B. Seite 8
165) P. Krellmann Seite 5
166) W. B. Seite 8
167) P. Krellmann vom 2.12.1979 Seite 5
168) W. B. Seite 14
169) George H. Stein: „Geschichte der Waffen-SS „Droste-Verlag Düsseldorf 1967, Seite 131 ff.
170) Dr. Wegner Seite 90
171) P. Krellmann vom 27.3.1978 Seite 5
172) W. B. Seite 12
173) Lehrplan für weltanschauliche Erziehung 1943
174) Gesandter Daitz, Vortrag über „Biopolitik“ am 22.7.1944 vor der SS- und Waffen-Junkerschule Klagenfurt/Archiv Nietsch
175) Gesandter Daitz in Klagenfurt am 22.7.1944
176) Gesandter Daitz in Klagenfurt am 22.7.1944
177) P. Krellmann vom 27.3.1978 Seite 7
178) Dr. Wegner Seite 304 f. und Anmerkungen 172 f
179) Aussage Dr. K. und seine Arbeit im Sommer 1944 an der SS- und Waffen-Junkerschule Klagenfurt über: „Anhaltspunkte für die Geschichtsbetrachtung bei der weltanschaulichen Schulung“/Archiv Nietsch
180) Lehrgangsplanung der Junkerschulen 1944/45 (siehe Dokumentenanhang)
181) P. Krellmann vom 2.12.1979 Seite 5

Die Weiterbildung im Frieden

182) Der Reichsführer-SS
    Personalkanzlei
    P 1 C./Laa. vom 7.4.1938
183) Der Reichsführer-SS
    17.12.1938 Betr: Weiterbildung der aus den SS-Junkerschulen hervorgegangenen jungen Führer durch schriftliche Monatsarbeiten.
184) Tagesbefehl Junkerschule Tölz Nr. 11/44 v. 14.3.1944
185) (Lehrgangschronik Tölz 1938/39, verfaßt von Hein Springer).

Kommandierungen zum Heer

186) H.G. Stein „Geschichte der Waffen-SS“ Droste-Verlag Düsseldorf 1967 Seite 26
187) Siehe „Status der Junkerschulen“
188) Dr. K.G. Klietmann: „Die Waffen-SS — eine Dokumentation“ Verlag „DER FREIWILLIGE“ GmbH Osnabrück 1965 Seite 26
189) Klietmann: Seite 30
190) Klietmann: Seite 31
191) RFSS am 8.11.1938 vor Gruppenführern der Allgemeinen SS NA: T 175-2612563

Ausbildung als Generalstabsoffizere.

192) Dr. K.G. Klietmann: „Die Waffen-SS — eine Dokumentation“ Verlag „Der Freiwillige“ GmbH Osnabrück 1965 Seite 34.
193) OKH Az. 34 x Ausb.Abt. (Ib)GenStdH Nr. 1230/39 v. 18.11.1939
194) Tätigkeitsbericht über die Aufstellung des Korps-Kommandos für das III. (germ.) SS-Panzerkorps v. 26.5.1943 — 31.3.1944
195) Hansgeorg Model: „Der deutsche Generalstabsoffizier“ Verlag Bernard & Graefe 1968, Seite 117
196) Generalstabsstellenbesetzung in der Waffen-SS, Stand vom 1.8.1944 Anlage 1 zu SS-FHA /Id(III)Az: 34 x 31 S Nr. 2319/44 g.Kdos, vom 1.8.44
197) Insgesamt 32 Führer, die die Generalstabsausbildung mit Erfolg bestanden.

198) Dr. B. Wegner: Das Führerkorps der bewaffneten SS von 1933-45" Unveröffentlichte Dissertation, Hamburg 1980 Seite 59 „Richtlinien des SS-FHA/Amt f. Führerausbildung v. 11.4.1942 betr. „Generalstabsnachwuchs während des Krieges" (NA: T-175/127/2657 ff.).
Die vom SS-FHA erstellten Kriterien für die Eignung zur Generalstabsausbildung betrafen durchweg militärische Qualifikationen sowie allgemeine charakterliche Neigungen. Lediglich einer von elf Beurteilungspunkten bezog sich auf die „Haltung als SS-Mann" (ebd.).
Bemerkenswerterweise wird dieser Punkt in einer Neufassung der Auswahlbestimmungen VOBl. d. WaSS, 4. Jg./19 v. 1.10.1943, Ziff. 358 (NA: T-175/208/8802) nicht mehr erwähnt. Weitere Änderungen im Auswahlmodus führten vor allem zu strengeren Anforderungen in bezug auf die praktische Fronterfahrung der Bewerber; vgl. auch VOBl. d. WaSS 4. Jg./15 v. 1.8.1943; Ziff. 293 (ebd./8748); 5. Jg./9 vom 1.5.1944, Ziff. 198 (ebd./8997) sowie 5. Jg./18 vom 15.9.1944, Ziff. 532 (NA: T-175/209/9145).

199) Wegner: Seite 592, Personalakte Hausser, BDC, Schreiben Hausser an RFSS v. 15.3.1943
200) Wegner: Seite 593, BDC, Schreiben Hausser an RFSS v. 15.3.1943
201) Brief Manfred Schönfelder an Verfasser, April 1981
202) Brief General der Pz.Tr. Walther Wenck an Verfasser, 10.5.1981

Der Führernachwuchs der Waffen-SS
Aufbau und Abzeichen

Quellen:
203) Dr. Klietmann: „Die Waffen-SS" '— Eine Dokumentation —, Osnabrück, 1965, S .421.
204) Hausser: „Soldaten wie andere auch" — Der Weg der Waffen-SS —, Osnabrück,. 1966, S. 43.
205) „SS-Befehlsblatt", 2. Jg. Nr. 10, Ziff. 5, München, 15. Oktober 1935, S. 3-4.
206) „SS-Befehlsblatt", 3. Jg. Nr. 3, Ziff. 16, Berlin, 25. März 1935, S. 3-4.
207) „Neues Volkslexikon", 16. völlig neubearbeitete Aufl., Stuttgart, 1968, S. 289.
208) US-Intelligence Service: „The German Replacement Army" — Ersatzheer — Ausg. Februar 1945.
209) V.Bl. d. W.-SS, 1. Jg. Nr. 12, Ziff 297, Berlin, 1. November 1940.
210) V.Bl. d. W.-SS, 2. Jg. Nr. 23, Ziff. 487, Berlin, 15. Dezember 1941 und
V.Bl. d. W.-SS, 3. Jg. Nr. 2, Ziff. 28, Berlin, 15. Januar 1942.
211) V.Bl. d. W.-SS, 2. Jg. Nr. 23, Ziff, 488, Berlin, 15. Dezember 1941.
212) V.Bl. d. W.-SS, 2. Jg. Nr. 7, Ziff. 178, Berlin, 15. April 1941.
213) V.Bl. d. W.-SS, 4. Jg. Nr. 14, Ziff. 268, Berlin, 15. Juli 1943.
214) V.Bl. d. W.-SS, 4. Jg. Nr. 15, Ziff. 294, Berlin, 1. August 1943.
215) V.Bl. d. W.-SS, 5. Jg. Nr. 18, Ziff. 555, Berlin, 15. September 1944.

Das Ende der Junkerschule Tölz: Die Division „Nibelungen"
216)   a. Unterlagen des Verfassers
       b. Unterlagen Archiv Vopersal (Bestand: SS-KGr. Dietsche)
       c. Mitteilungen der Stadt Bad Tölz v. 25.9.1971